Hans Michael Lezius · Heinrich Beyer
Menschen machen Wirtschaft

HANS MICHAEL LEZIUS
HEINRICH BEYER

MENSCHEN MACHEN WIRTSCHAFT

BETRIEBLICHE PARTNERSCHAFT ALS ERFOLGSFAKTOR

CIP-Titelaufnahme der Deutschen Bibliothek

Lezius, Michael:
Menschen machen Wirtschaft : betriebliche Partnerschaft als Erfolgsfaktor / Hans Michael Lezius ; Heinrich Beyer. Mit e. Beitr. von Reinhard Mohn. – Wiesbaden : Gabler ; Frankfurt am Main : Frankfurter Allg. Zeitung, 1989
ISBN-13: 978-3-322-89977-4   e-ISBN-13: 978-3-322-82828-6
DOI: 10.1007/978-3-322-82828-6
NE: Beyer, Heinrich:

© Frankfurter Allgemeine Zeitung GmbH, Frankfurt am Main 1989
© Betriebswirtschaftlicher Verlag Dr. Th. Gabler GmbH, Wiesbaden 1989
Softcover reprint of the hardcover 1st edition 1989
Satz: Lichtsatz Michael Glaese GmbH, Hemsbach

Das Werk einschließlich aller seiner Teile ist urheberrechtlich geschützt. Jede Verwertung außerhalb der engen Grenzen des Urheberrechtsgesetzes ist ohne Zustimmung des Verlages unzulässig und strafbar. Das gilt insbesondere für Vervielfältigungen, Übersetzungen, Mikroverfilmungen und die Einspeicherung und Verarbeitung in elektronischen Systemen.

ISBN-13: 978-3-322-89977-4

Vorwort

Die Zahl der Publikationen, die sich mit Fragen der Unternehmenskultur, Führungsgrundsätzen, Mitarbeiterbeteiligung, betrieblicher Partnerschaft oder Wertewandel beschäftigen, ist seit etwa 1984 sprunghaft angestiegen. Handelt es sich dabei wiederum um eine bestimmte „Welle", die von Zeit zu Zeit durch die Diskussion um die richtige Form der Unternehmensführung rollt und wie sie zum Beispiel in der Auseinandersetzung um den Taylorismus, den *human-relations*-Ansatz und die Debatte um die Unternehmensstrategie bereits eine Tradition hat?

Die Autoren sind nicht dieser Meinung. Die Diskussionen um Unternehmenskulturen, wertorientierte Unternehmensführung und um die zukünftige Unternehmensentwicklung im allgemeinen spiegeln das Bemühen von Unternehmen und Unternehmern wider, neue Arbeits- und Organisationsformen zu schaffen, die den strukturellen Veränderungen in Wirtschaft und Gesellschaft gerecht werden. Die Bedeutung des Menschlichen und der sozialen Aspekte des betrieblichen Miteinanders sind dabei als weitere wesentliche Bestimmungsgründe für den Unternehmenserfolg neben einer effizienten Wirtschaftstätigkeit erkannt worden.

Daß diese Zusammenhänge in einzelnen Unternehmen und von einzelnen Unternehmern nicht erst seit vier oder fünf Jahren erkannt wurden, davon handelt dieses Buch: Es werden traditionsreiche und junge Unternehmen vorgestellt, die unabhängig von der aktuellen Diskussion betriebliche Partnerschaft zum Teil schon seit den fünfziger und sechziger Jahren praktizieren. Die Initiatoren dieser „Modelle", in der Regel die Unternehmer, können mit Recht als Pioniere einer partnerschaftlichen Unternehmensentwicklung angesehen werden.

Menschen machen Wirtschaft – das bedeutet, daß hier Personen aktiv gestalterisch tätig sind, in wirtschaftlicher und sozialer

Hinsicht. Die Entwicklung eines Unternehmens ist verbunden mit und geprägt von Persönlichkeiten, deren Lebensphilosophien sich in partnerschaftlichen Unternehmensmodellen niederschlagen.

Die folgenden Beiträge handeln von sehr unterschiedlichen Unternehmern und Unternehmen. Die dargestellten Personen sind hinsichtlich ihrer Lebensauffassung, Lebensgeschichte und in ihren Einstellungen zu gesellschaftlichen und wirtschaftlichen Fragen zum Teil fundamental verschieden, sofern Persönlichkeiten überhaupt miteinander verglichen werden können. Und ähnliches gilt auch für die Unternehmen und das betriebliche Miteinander. Diese Unterschiede dürfen und sollen nicht verwischt werden, denn sie lassen die dennoch vorhandene Gemeinsamkeit um so bemerkenswerter erscheinen: Diese Unternehmer und Unternehmen betrachten die wirtschaftliche Funktion nicht isoliert, sondern sehen die Unternehmung auch oder in erster Linie als Ort sozialen Zusammenlebens und Zusammenarbeitens, der von der Umgebung, der Gesellschaft, der Natur und dem Markt beeinflußt wird und darauf wieder zurückwirkt. Der Grad der Betonung des sozialen Elements der Unternehmung und die konkreten unternehmensinternen Regelungen, Vereinbarungen und Zielsetzungen sind unterschiedlich – die Betrachtung des Unternehmens als für viele Menschen lebensbestimmende und sinnstiftende Einrichtung ist allen gemeinsam. In der sozialen und gesellschaftsorientierten Gestaltung dieser Einrichtung wird eine Hauptaufgabe des Unternehmers oder der unternehmerisch Tätigen gesehen.

Bei der Erstellung der einzelnen Beiträge wurde in erster Linie Originalmaterial der Unternehmen selbst verwendet: Informationspapiere, Selbstdarstellungsdokumente und Werbematerial. Dies wurde ergänzt durch ausführliche Interviews oder schriftliche Befragungen der handelnden Personen. Die Unternehmer und ihre Unternehmen sollten überwiegend selbst oder in Form von Originaldokumenten zu Wort kommen. Es ist daher auch nicht der Anspruch der Autoren, schwerpunktmäßig auf die Diskrepanz zwischen Unternehmensmodell und alltäglicher Realität, zwischen dem Anspruch der handelnden Personen und der Wirklichkeit aufmerksam zu machen. Denn daß die Umsetzung von Ideen und die Veränderungen von Strukturen sind Entwicklungsprozesse, bei denen nicht schlagartig alle menschlichen Konflikte gelöst und alle wirtschaftlichen Zwänge abgebaut werden, ist eine Binsenwahrheit. Natürlich fallen Anspruch und Wirklichkeit bei allen hier dargestellten Unternehmen auseinander – ein Aspekt, auf den viele Mitwirkende ausdrücklich hingewiesen haben.

Eine differenzierte Bewertung der Unternehmensmodelle und eine Diskussion über die gesamtgesellschaftliche und volkswirtschaftliche Bedeutung kann hier nicht geleistet werden. Ziel dieses Buches ist es vielmehr, darzustellen, daß Unternehmertum mehr ist als das Management eines Betriebes und daß viele Unternehmen ihre Aufgabe auch darin sehen, sozial gestalterisch und gesellschaftlich engagiert tätig zu werden. Dieses Engagement wiederum ist nicht zu trennen von der reinen Wirtschaftstätigkeit selbst. Es wird im Gegenteil als Grundlage oder wesentlicher Bestandteil der Funktion einer Unternehmung in einer demokratischen Gesellschaft angesehen und sowohl nach innen, gegenüber den Mitarbeitern, als auch nach außen, gegenüber den Kunden, Lieferanten und der Öffentlichkeit, in den vielfältigsten Formen offensiv herausgestellt.

Die Gestaltung von Unternehmensverfassung, Produktpolitik, Marketing, Personalentwicklung und innerbetrieblicher Arbeitsorganisation sind in ihren jeweiligen Ausprägungen vom sozialen oder gesellschaftlichen Engagement des Unternehmers beeinflußt. Im folgenden sollen daher die Werthaltungen und Lebenseinstellungen der Personen und die daraus entstandenen Unternehmensmodelle mit ihren Ansprüchen und Zielsetzungen dargestellt werden. Der Schwerpunkt der Betrachtung liegt dabei immer auf besonders ausgeprägten Merkmalen der jeweiligen Unternehmenskultur.

Kassel, im März 1989 *Hans Michael Lezius*
Heinrich Beyer

Inhalt

Vorwort 5

1. Kapitel
Bausteine der Partnerschaft im Unternehmen 13
Wirtschaftlicher und gesellschaftlicher Strukturwandel . 16
Chancen zur Veränderung – partizipative
Unternehmensentwicklung 19
Elemente einer partnerschaftlichen
Unternehmensentwicklung 21
Auswirkungen einer partizipativen
Unternehmensgestaltung 33
Pioniere einer neuen Unternehmensentwicklung 37

2. Kapitel
**Betriebliche Partnerschaft – *Keramik Manufaktur
Kupfermühle* GmbH & Co. KG** 43
Betriebliche Partnerschaft bei *KMK* 47
Umbau und Vergrößerung der Abteilung Malerei 50
Betriebliche Partnerschaft – warum? 51
Partnerschaft und Glaubwürdigkeit 55
Unternehmenskultur 57
Verantwortlichkeit über das Unternehmen hinaus 59
Kreativität 60

3. Kapitel
Technik für das Leben – *Drägerwerk* AG 65
Die Identität eines Unternehmens 69
Unternehmensziele und Unternehmensgrundsätze 72
Innere und äußere Qualität 77
Beteiligung durch Genußscheine 83
Wertorientiertes Management 86

4. Kapitel
Ein mittelständischer Unternehmer – *Wieseler Haustechnik* GmbH 93

Handwerkliche Organisationsstruktur und
moderne Mitarbeiterführung 96
Bodenständigkeit und Kundenorientierung........... 102
„Ein klares Wort" 103
Die Chance des einzelnen 105

5. Kapitel
Anthroposophie und unternehmerisches Handeln – *WALA-Heilmittel* GmbH 109

Das *WALA*-Unternehmensmodell 112
Rudolf Steiner und die Anthroposophie............. 115
Anthroposophie und wirtschaftliches Handeln 118
Kapital und Arbeit 122
Karl Kossmann: Anthroposoph und Unternehmer 123

6. Kapitel
Partnerschaft im Einzelhandel – *OBI*-Bau- und Heimwerkermärkte 129

Eine Idee setzt sich durch 132
Das *OBI*-Führungsdreieck......................... 133
Organisationsentwicklung nach GRID 139
Neue Wege der Mitarbeiterschulung 143
Neues Führungsverhalten 145

7. Kapitel
Ökologische Unternehmensentwicklung – *Christof Stoll* GmbH & Co. KG 147

Stoll – Geschichte eines Familienunternehmens....... 149
Materielle Mitarbeiterbeteiligung 153
Gesundheit und ökologisches Bewußtsein 156

Inhalt 11

8. Kapitel
Unternehmensgestaltung – *Wilkhahn, Wilkening und Hahne* **GmbH & Co.** 163
Sozialismus und Bauhaus 166
Mitarbeiterbeteiligung bei *Wilkhahn* 168
„*Wilkhahn*. Sitzt." 172
Unternehmen und Gesellschaft 178

9. Kapitel
Personal- und Organisationsentwicklung – *Taylorix Organisation Stiegler, Haußer* **GmbH & Co.** 185
Dienstleistungen für den Mittelstand 187
Entstehung und Entwicklung der
Taylorix Organisation 189
Personal- und Organisationsentwicklung 194
Verbesserung von Führung und Zusammenarbeit 199
Planung und Koordination 203
Soziales Lernen im Betrieb 208

10. Kapitel
Unternehmenskultur – *Hewlett-Packard* **GmbH** 213
Das Unternehmen im Überblick 215
HP Deutschland: Partnerschaft durch Vertrauen 217
HP-Way in der Praxis 223

11. Kapitel
Informationstechnologie – *Gesellschaft für Prozeßsteuerungs- und Informationssysteme* **mbH** 231
Das „Modell *PSI*" 236
Organisation als permanenter Prozeß 241
Selbstregulierung von Konflikten 245
Stärken und Schwächen 249

12. Kapitel
Selbständigkeit und Partnerschaft – *Gruppe Ingenieurbau* **München** 253
Innerbetriebliche Demokratie 256

Selbständigkeit in der Partnerschaft 261
Streben nach Freiheit 262
Geschulte Realisten 264

13. Kapitel
Selbstverwaltung und Unternehmertum –
***Krebsmühle* GmbH** 269

ASH-Menschen machen Wirtschaft 273
Die „Aussteiger"? 280
Die neuen Unternehmer? 285

14. Kapitel
Ein neues „System Arbeit" – *randstad Organisation*
***für Zeit-Arbeit* GmbH** 289

randstad – mehr als Zeitarbeit 293
„*randstad* ... das ist eine Haltung" 297
Das „System Arbeit" 306
Flexibilisierung der Arbeit 310
Demokratische Unternehmenskulturen 316

15. Kapitel
Wird der Unternehmer noch gebraucht? 321
von Reinhard Mohn

Literaturverzeichnis 355

Verzeichnis der Abbildungen und Dokumente 357

1. Kapitel

Bausteine der Partnerschaft im Unternehmen

Der Wandel der Werte in unserer Gesellschaft dringt in immer neue Bereiche vor, auch in den betrieblichen Arbeitsprozeß. Selbstverwirklichung und Kreativität stehen im Vordergrund der Bedürfnisse und wollen nicht mehr durch Werte wie Disziplin und Gehorsam unterdrückt werden. Demokratische Mitbestimmung wird gefordert, ein Ausleben der Persönlichkeit, auch im Unternehmen. Unternehmerisches Handeln muß sich dem anpassen und braucht eine wertorientierte Basis, um das persönliche Engagement der Mitarbeiter zu wecken und zu fördern. Doch lassen sich neue Gestaltungsformen nicht von außen verordnen. Sie müssen sich mit dem Unternehmen entwickeln und in das Bewußtsein aller Beteiligten eindringen.

Der wohl weltweit erfolgreichste Bestseller der Managementliteratur war in den letzten Jahren das Buch von Thomas S. Peters und Robert H. Waterman, „In Search of Excellence" – deutsch: „Auf der Suche nach Spitzenleistungen". Die Autoren untersuchen darin, welche Faktoren erfolgreiche und innovative Unternehmen von anderen, weniger erfolgreichen unterscheiden. Das wirklich Besondere an den besonders erfolgreichen (amerikanischen) Unternehmen kommt nach deren Erfahrungen in folgenden acht Merkmalen zum Ausdruck:

1. Primat des Handelns – „Probieren geht über studieren",
2. Nähe zum Kunden – „Der Kunde ist König",
3. Freiraum für Unternehmertum – „Wir wollen lauter Unternehmer",
4. Produktivität durch Menschen – „Auf den Mitarbeiter kommt es an",
5. Sichtbar gelebtes Wertesystem – „Wir meinen, was wir sagen – und tun es auch",
6. Bindung an das angestammte Geschäft – „Schuster, bleib bei deinem Leisten",
7. Einfacher flexibler Aufbau – „Kampf der Bürokratie",
8. Straff-lockerere Führung – „Soviel Führung wir nötig, so wenig Kontrolle wie möglich".

Alle diese Merkmale beziehen sich auf das Verhalten von Menschen und auf deren Einstellung zur Arbeit in einem Unternehmen. Faktoren wie verwendete Technologie, Kapitalausstattung, Marktposition, Aufbau- und Ablauforganisation oder Managementstrategie kommen in der Aufzählung nicht vor. Es sind hier also eindeutig die „weichen" Faktoren, die in erster Linie als bestimmend für den Unternehmenserfolg angesehen werden. Eine positive Entwicklung der „harten" Faktoren wird als Ergebnis dieses Erfolges angesehen.

Das Buch kann als Ausgangspunkt einer intensiven publizistischen und wissenschaftlichen Auseinandersetzung mit den immateriellen Aspekten des betrieblichen Miteinanders angesehen werden.

Während sich Veröffentlichungen in diesem Bereich in den sechziger und siebziger Jahren überwiegend mit „Führungstechniken", „Unternehmensplanung" oder „Organisationsstruktur" beschäftigten, also mehr die technisch-instrumentelle Gestaltung der Produktions- und Geschäftätigkeit des Unternehmens behandelten, kommen in der neueren Literatur hauptsächlich Begriffe wie „Kultur", „Werte", „Partnerschaft", „Motivation", „Ethik" und „Einstellung" vor. Was sind die Ursachen dieses bemerkenswerten Wandels?

Eine Häufung von Veröffentlichungen zu einem speziellen Thema spiegelt natürlich immer ein zunehmendes Interesse der Öffentlichkeit oder eines bestimmten Publikums an den aufgegriffenen Fragestellungen wider. Die Zeit muß für diese Themenstellungen also reif sein. Es ist daher zu vermuten, daß sich seit einigen Jahren bemerkenswerte Veränderungen im wirtschaftlichen und gesellschaftlichen Gefüge der Bundesrepublik Deutschland und auch der anderen Industrieländer vollzogen haben, die die Unternehmung als eine der wichtigsten Institutionen der Wirtschaft und das unternehmensinterne Miteinander unmittelbar betreffen. Die Diskussion um neue Formen der Unternehmensentwicklung und eine erweiterte Betrachtungsweise der Aufgaben und Funktionen von Unternehmensführung kann als Reaktion auf neue Herausforderungen an die Gestaltung des betrieblichen Arbeitsprozesses angesehen werden.

Wirtschaftlicher und gesellschaftlicher Strukturwandel

Strukturveränderungen, die den Prozeß der Unternehmensentwicklung, also die Lebenszyklen von Produkten, Firmen, Branchen oder Wirtschaftsbereichen, beeinflussen (Kaltenbach, Horst G., siehe Literaturverzeichnis), vollziehen sich insbesondere in vier Bereichen:

– im Prozeß der wirtschaftlichen Entwicklung,
– in der technischen Entwicklung,
– aufgrund ökologischer Beschränkungen und
– bezüglich des gesellschaftlichen Wertewandels.

Die Zeit des stark exponentiellen Wachstums geht zu Ende. Die durch den Wiederaufbau nach dem Zweiten Weltkrieg ausgelösten großen Wachstumsschübe der fünfziger und sechziger Jahre sind Vergangenheit.

Die abnehmenden Zuwachsraten der Inlandsnachfrage können heute auch nicht mehr durch eine weitere Erschließung neuer Auslandsmärkte ausgeglichen werden. Die Bundesrepublik ist bereits eine der bedeutendsten Exportnationen und damit zugleich auch anfällig für nicht beeinflußbare Turbulenzen auf dem Weltmarkt, wie sie zum Beispiel in Form von Wechselkursschwankungen in den letzten Jahren häufig aufgetreten sind. Die Unternehmen müssen sich also auf einen noch stärkeren Wettbewerb einrichten – nicht zuletzt auf eine zusätzliche Konkurrenz ausländischer Anbieter nach Vollendung des EG-Binnenmarktes.

Das Ende des exponentiellen Wachstums ging einher mit einem rapiden Anstieg der Arbeitslosigkeit. Seit Jahren leistet sich die Gesellschaft der Bundesrepublik einen Sockel von etwa zwei Millionen Erwerbslosen. Die soziale Dimension dieses Problems, die daraus resultierenden Verteilungskämpfe um Arbeitszeit und Arbeitsentgelt und die gesamtwirtschaftlichen Kosten der Arbeitslosigkeit sind eine gesellschaftliche Herausforderung ersten Ranges. Die Häufung der Probleme auf der einen Seite ist begleitet von einem zunehmenden Versagen der klassischen wirtschaftspolitischen Instrumente des Staates auf der anderen Seite.

Die Entwicklung neuer Techniken, insbesondere im Bereich der Informations-, Kommunikations- und Prozeßsteuerungstechniken, hat die Arbeitswelt im Vergleich zu den sechziger und siebziger Jahren revolutionär verändert. Der Prozeß der technischen Innovation und deren Umsetzung in den Betrieben hat sich rapide beschleunigt. Damit verbunden sind neue Arbeits- und Qualifikationsanforderungen an die Beschäftigten, was wiederum das gesamte Personal- und Organisationswesen der Betriebe vor neue Aufgaben stellt.

Die Wirtschaftstätigkeit wieder in Einklang mit der Natur zu bringen, ist eine weitere Herausforderung, der sich in der

Zukunft noch viele Generationen stellen müssen. Die Ausbeutung der natürlichen, nicht regenerierbaren Ressourcen, die Belastungen der Luft, des Wassers und der Erde durch Rückstände und Abfälle, die nicht gelösten Probleme bei der Nutzung der Kernenergie, die Schäden der Freizeitkultur und des Tourismus haben Folgen, von denen auch die Unternehmen nicht unbeeinflußt bleiben. Denn mit dem Aufkommen eines ökologischen Bewußtseins in weiten Teilen der Bevölkerung werden auch zunehmend Fragen nach der ökologischen Verträglichkeit der Wirtschafts- und Unternehmenstätigkeit gestellt. Höhere betriebliche Kosten für eine umweltgerechte Produktion und Fragen nach der Sinnhaftigkeit und Nützlichkeit der hergestellten Produkte sind Aspekte, mit denen sich die Unternehmensführung auseinandersetzen muß.

Die ökologischen und sozialen Folgen des Wirtschaftsprozesses und die grundlegenden Werte der Arbeits- und Wirtschaftsordnung werden zunehmend kritisch hinterfragt. Seit einigen Jahren wird besonders bei jungen Menschen ein „Wertewandel" konstatiert, der sich massiv auf das traditionelle Rollenverständnis und die Arbeitseinstellung der Arbeitnehmer auswirkt. Traditionelle Werte wie Disziplin, Gehorsam, Pflichterfüllung, Fleiß oder Leistung verlieren zunehmend an Bedeutung, während Werte wie Emanzipation, Demokratie, Partizipation, Kreativität, Selbstverwirklichung oder Eigenständigkeit immer wichtiger werden (Klages, H., siehe Literaturverzeichnis). Ursachen für diesen Wertewandel sind der Anspruch, die Normen einer demokratischen Gesellschaft in den Betrieb zu übertragen, die bessere materielle Ausstattung der Menschen, ein höheres Bildungsniveau und die Kritik einer einseitigen Leistungsorientierung, die die ökologischen und sozialen Aspekte des wirtschaftlichen Handelns bisher nicht genügend berücksichtigt hat. Die Unternehmen müssen auch dieser Entwicklung Rechnung tragen. Denn nur wenn es gelingt, die Mitarbeiter zu motivieren und den Sinn der Unternehmenstätigkeit herauszustellen, wird ein entsprechendes Engagement zur Erreichung des Unternehmenszieles vorhanden sein. Anderenfalls werden die Arbeitnehmer ihre arbeitsvertraglichen Pflichten zwar erfüllen, ihre Kreativität und Leistungsbereitschaft aber in der Freizeit ausleben.

Die aktuelle und zukünftige Unternehmensentwicklung steht also vor einer dreifachen Herausforderung:

1. Aufgrund der wirschaftlichen Strukturveränderungen muß der betriebliche Arbeitsablauf noch leistungsfähiger und rationeller gestaltet werden, um Marktanteile zu halten oder auszubauen.
2. Die technische Entwicklung erfordert außerordentlich hohe Anpassungsleistungen.
3. Das innerbetriebliche Zusammenwirken muß zusammen mit den Arbeitnehmern neu gestaltet werden. Denn Mitarbeiter sind nur dann zu wirklichem Engagement für das Unternehmen bereit, wenn ihre persönlichen Ziele und Wertvorstellungen hinsichtlich der Gestaltung der Arbeitswelt mit den betrieblichen Gegebenheiten übereinstimmen.

Chancen zur Veränderung – partizipative Unternehmensentwicklung

In dieser Phase struktureller Umbrüche bieten sich den Unternehmen Chancen für Veränderungen – Veränderungen, die nicht nur den Anforderungen an eine effiziente Wirtschaftstätigkeit gerecht werden, sondern die die gewandelten Bedürfnisse der Menschen in einer demokratischen Wirtschaftsgesellschaft berücksichtigen. Gerade eine „menschengerechte" Gestaltung der Wirtschaftätigkeit kann zu einem wichtigen Faktor für effizientes Wirtschaften werden.

Mit Begriffen wie „Betriebliche Partnerschaft", „Mitarbeiterbeteiligung" und „Unternehmenskultur" werden heute neue Formen der innerbetrieblichen Arbeitsgestaltung beschrieben, die als Reaktion auf die Herausforderungen an die Unternehmen anzusehen sind. Betriebliche Partnerschaft und Unternehmenskulturen sind dabei mehr als Instrumente der Rationalisierung oder der Erhöhung der Effizienz der betrieblichen Produktion. Beide Elemente sollen zu einer humanen Gestaltung des Betriebsablaufes beitragen, die Selbstentfaltungsmöglichkeiten aller Beteiligten verbessern und die Motivations- und Identifikationsbereitschaft der Mitarbeiter fördern. Betriebliche Partnerschaft ist aufzufassen als ökonomisch und sozial begründete innerbetriebliche Innovationsstrategie, mit der sowohl die betriebliche Effizienz, die Zufriedenheit der Mitarbeiter als auch gesellschaftspolitische Ziele erreicht werden sollen (Beyer, H./Lezius, M., siehe Literaturverzeichnis). Betriebliche Partnerschaft und die Herausbildung von Unternehmenskulturen, die eine verbindliche Wertebasis für die Unternehmenstätigkeit hervorbringen sollen, sind Kennzeichen einer neuen Form bewußter Unternehmensgestaltung, die die Bedürfnisse der Mitarbeiter ausdrücklich berücksichtigt und fördert.

In den letzten Jahren entstanden mannigfaltige Formen der innerbetrieblichen Partizipation:

– Erfolgs-, Vermögens- und Kapitalbeteiligungsmodelle,
– Mitwirkungs- und Mitbestimmungsmodelle,
– Stiftungsunternehmen,
– Selbstverwaltete Betriebe,
– Arbeitnehmergesellschaften.

Die „Arbeitsgemeinschaft zur Förderung der Partnerschaft in der Wirtschaft" (AGP) definiert betriebliche Partnerschaft als eine „vertraglich vereinbarte Form der Zusammenarbeit zwischen Unternehmensleitung und Mitarbeitern. Sie soll allen Beteiligten ein Höchstmaß an Selbstentfaltung ermöglichen und durch verschiedene Formen der Mitwirkung und Mitbestimmung bei entsprechender Mitverantwortung einer Fremdbestimmung entgegenwirken." Betriebliche Partnerschaft ist abzugrenzen von einem traditionellen Mitbestimmungsbegriff (Betriebsverfassungsgesetz – Mitbestimmungsgesetz), der den Sachverhalt der gesetzlichen Fixierung eines Machtgleichgewichtes von Kapital und Arbeit in den Entscheidungsgremien der Unternehmen kennzeichnet. Der Begriff „Mitarbeiterbeteiligung", wie er zumindest innerhalb der AGP aufgefaßt wird, kennzeichnet einen anderen Sachverhalt: Mitarbeiterbeteiligung läßt sich demnach grundsätzlich untergliedern in materielle und immaterielle Beteiligungsrechte. Während die materielle Form der Partizipation die Vermögensbeteiligung in Arbeitnehmerhand sowie die Erfolgs- beziehungsweise die Kapitalbeteiligung am Unternehmen umfaßt, ermöglicht die immaterielle Beteiligung den Mitarbeitern eine Einflußnahme auf betriebliche Entscheidungsprozesse. Sie beinhaltet damit zusätzliche Informations-, Anhörungs- und Einwirkungsmöglichkeiten und hat in der Regel eine Dezentralisierung und Verlagerung des Entscheidungsprozesses „nach unten" zur Folge. In diesem Sinne soll Mitarbeiterbeteiligung drei Ziele verwirklichen:

1. Die Motivation und Leistungsbereitschaft der Beschäftigten sowie deren Selbstentfaltungsmöglichkeiten sollen durch Förderung der Identifikation mit den Zielen der Unternehmen verbessert werden.
2. Eigenkapitalbasis, Ertragskraft und Effizienz sollen durch eine Kombination von materiellen und immateriellen Elementen der Mitarbeiterbeteiligung nachhaltig gestärkt werden.
3. Es wird eine wirtschafts- und gesellschaftspolitische Zielsetzung verfolgt, die auf eine Stabilisierung des Systems der sozialen Marktwirtschaft ausgerichtet ist.

Die Voraussetzungen und Gestaltungsmaßnahmen zur Realisierung einer betrieblichen Partnerschaft und zur Entwicklung von Unternehmenskulturen sind in jedem Unternehmen anders. Diese Individualität wird gerade mit einer ausgeprägten Unternehmenskultur betont. Dennoch lassen sich zehn Bestandteile einer partnerschaftlichen Unternehmensentwicklung nennen, die in ihren jeweiligen Ausprägungen zu Kennzeichen einer modernen Unternehmensführung geworden sind.

Elemente einer partnerschaftlichen Unternehmensentwicklung

Unternehmenskultur

Unternehmenskultur ist die Summe der gemeinsam von Unternehmensleitung, Führungskräften und Mitarbeitern getragenen Regeln, Normen und Wertvorstellungen, die die betriebliche Wirklichkeit prägen. In diesem Sinne hat jedes Unternehmen eine Unternehmenskultur. Viele Unternehmer vertreten den

Standpunkt, daß die Legitimität der Unternehmung in einer marktwirtschaftlichen Gesellschaftsordnung auf Dauer nur gewährleistet werden kann, wenn die betriebliche Wirklichkeit durch Unternehmensleitung, Führungskräfte und Mitarbeiter gemeinsam gestaltet wird. Voraussetzung hierfür ist eine glaubwürdige betriebliche Sozialordnung, die auf gegenseitiger Achtung und gegenseitigem Vertrauen aller Beteiligten beruht. Im Sinne dieser Zielvorstellung sollte die Unternehmensleitung vorbehaltlos und offen über alle Vorgänge, die die Entwicklung des Unternehmens betreffen, informieren und alle Mitarbeiter ganzheitlich am Unternehmensgeschehen teilhaben lassen. Das betrifft insbesondere die Auswirkungen der technologischen Innovationen auf die Arbeitsplätze.

Die Mitarbeiter müssen bereit sein, Verantwortung zu übernehmen und innovativ mitzudenken, das heißt an fortschrittlichen neuen Lösungen mitzuarbeiten. Mitwirkung und Mitgestaltung am Arbeitsplatz und im Unternehmen werden in dem Umfang wachsen, in dem es allen Beteiligten ermöglicht wird, einen Lern- und Reifeprozeß zu durchlaufen, der die persönlichen Bedürfnisse der Mitarbeiter mit den betrieblichen Erfordernissen in Übereinstimmung bringt. So werden aus Betroffenen Beteiligte.

Eine in dieser Weise verstandene Unternehmenskultur ist dem gesellschaftlichen und ökologischen Umfeld verpflichtet, um die Lebensgrundlagen des Unternehmens im Rahmen der sozialen Marktwirtschaft auch für die Zukunft sicherzustellen. Eine kooperative und innovative Unternehmenskultur fordert von allen, die am Unternehmensgeschehen beteiligt sind, eine Veränderung der Einstellung und des Verhaltens. Nur durch ein langfristiges, strategisches Konzept, das Wissen, Wollen und Können der Beteiligten systematisch entfalten hilft, ist dieses Ziel zu erreichen.

Bei einer so gelebten Unternehmenskultur sind Humanität, persönliche Wertvorstellungen und Effektivität im Sinne einer offen ausgetragenen Konfliktlösung in Einklang zu bringen. Auch wenn Unternehmer und Arbeitnehmer für das Wohl des Unternehmens Nachteile in Kauf nehmen müssen.

Kommunikation und Information

Die Unternehmenskultur, die es zu entwerfen gilt, orientiert sich an den Zielen der Partnerschaft in der Wirtschaft. Gemeint ist die Partnerschaft von Mitarbeitern, Management und Kapital, wie sie auch in der individuellen und gegenseitigen Teilhabe an Informations-, Lern- und Entscheidungsprozessen und dem Unternehmensergebnis zum Ausdruck kommt. Information und Kommunikation sind wesentliche Bausteine zur Entwicklung einer immateriellen Mitarbeiterbeteiligung im Unternehmen. Voraussetzung für einen guten Informationsfluß ist die Bereitschaft und Fähigkeit aller Beteiligten, zu kommunizieren, das heißt Informationen zu vermitteln und aufzunehmen. Informieren bedeutet:

– Hintergründe, die zu Entscheidungen führen, transparent zu machen;
– Zusammenhänge aufzuzeigen, um den Mitarbeitern die Möglichkeit zu geben, an diesen Entscheidungsprozessen teilzuhaben.

Das heißt letztlich: Abgeben von Macht durch das Management beziehungsweise Teilhabe an der Macht seitens der Mitarbeiter. Denn durch das gezielte Einsetzen von Informationen kann und wird im Unternehmen Macht ausgeübt. Deshalb ist die erste Voraussetzung zur Zusammenarbeit die Bereitschaft aller Beteiligten, Informationen weiterzugeben. Soll dies erreicht werden, müssen Unternehmensleitung und Führungskräfte mit gutem Beispiel vorangehen. Mit der Weitergabe von Informationen soll die Möglichkeit geschaffen werden, Mitarbeiter an Planungs- und Entscheidungsprozessen zu beteiligen, um das vorhandene Potential der Mitarbeiter an Wissen, Erfahrung und Kreativität zu nutzen, die Qualifikationen und Kompetenzen zu verbessern und letztlich eine höhere Leistungsbereitschaft und Leistungsfähigkeit der gesamten Organisation zu erreichen. Ein solches Vorhaben kann nur realisiert werden, wenn die Führungskräfte als Multiplikatoren gelernt haben, mit Gruppenprozessen umzugehen. Die Vorteile einer Verbesserung von Information und Kommunikation sind in kleinen Schritten von oben nach unten einsichtig zu machen. Einsicht und Bereitschaft der Führungskräfte allein genügen jedoch nicht, um eine offene Kommunikation umzusetzen. Die Führungskräfte müssen auch in der Lage sein, Informationen aufzunehmen und weiterzugeben. Daher ist es erforderlich, daß zunächst die Führungskräfte Interaktionsprozesse verstehen lernen und durch ihr Verhalten ihren Mitarbeitern ein Beispiel geben. Sie sollen in der Lage sein:

– den eigenen Standpunkt offen zu vertreten und zu erklären;
– Fragen zu stellen und zuzuhören;
– mit Kritik und Anerkennung angemessen umzugehen und eigene Fehler einzugestehen;
– Gruppenprozesse zu erkennen und gegebenenfalls transparent zu machen;
– Störungen wahrzunehmen und anzusprechen;
– selbst Risiko und Verantwortung zu übernehmen;
– sich einzufühlen und ein ehrliches Interesse an den Gedanken, Problemen und Meinungen ihrer Mitarbeiter zu haben.

Dies macht aber auch deutlich, daß die Verbesserung von Kommunikation und Information nicht allein durch die Einführung organisatorischer und technischer Maßnahmen erreicht werden kann. Die Zusammenhänge sind vielschichtig und erfordern umfassend ausgebildete Führungspersönlichkeiten auf allen Hierarchieebenen. Sie sind der Schlüssel zur weiteren Entwicklung des gesamten Unternehmens.

Personalentwicklung und Organisationsentwicklung

Jedes Unternehmen ist auch ein soziales Gebilde, in dem Menschen für begrenzte Zeit zusammenleben und zusammenarbeiten. Da die Motive und die Ziele der einzelnen Mitarbeiter durchaus unterschiedlich sind, können in dieser Gemeinschaft soziale Spannungen und Konflikte entstehen. Um diese Spannungsfelder und -prozesse auf das gemeinsame Ziel auszurichten, bedarf es der Organisation (zum Beispiel Bildung von Stellen und Abteilungen, Festlegung von Handlungsanweisungen und Spielregeln). Das Verhalten der Menschen einerseits und die Organisation andererseits sind also eng miteinander verbunden. Es entstehen und bestehen unauflösliche Wechselbeziehungen.

Partnerschaftliche Unternehmensentwicklung 25

Wenn man die individuellen Fähigkeiten des Menschen als wertvollste Ressource eines Unternehmens ansieht, dann darf der Mitarbeiter nicht in einen anonymen betrieblichen Rahmen gestellt werden, dem er sich hoffnungslos ausgeliefert fühlt und den er nicht mitbeeinflussen beziehungsweise mitgestalten kann. Ist das Schicksal der Menschen in einem Unternehmen auf der einen Seite eng mit der Organisation verbunden, dann beeinflussen auf der anderen Seite auch die Eignung, das Verhalten und die Erwartungshaltungen der Menschen die organisatorischen Strukturen.

Betriebliche Personalentwicklung (PE) hat die Aufgabe, den Mitarbeitern die Qualifikationen zu vermitteln, die zur optimalen Wahrnehmung ihrer jetzigen und künftigen Aufgaben erforderlich sind. Dabei müssen die persönlichen und beruflichen Interessen der Mitarbeiter berücksichtigt werden. Personalentwicklung ist nicht statisch, sondern setzt Veränderungsprozesse in Gang. Zunächst vollziehen sich solche Prozesse am einzelnen Mitarbeiter, an seiner Aufgabe und Funktion, und springen dann zwangsläufig auf die Arbeitsgruppe und im weiteren Verlauf auf die größeren Organisationseinheiten über.

Organisationsentwicklung (OE) dagegen ist ein umfassender, längerfristig angelegter Veränderungs- und Entwicklungsprozeß von Organisationen und Menschen. In diesem Prozeß lernen alle Betroffene ständig durch praktische Erfahrungen. Das Ziel besteht darin, gleichzeitig die Leistungsfähigkeit der Organisation und die Qualität des Arbeitslebens zu verbessern. In diesem Sinne wird Organisationsentwicklung als ein Vorgang verstanden, in dessen Verlauf einerseits die Menschen in einem Unternehmen durch ständige Lernerfahrung ihr Verhalten ändern, andererseits die organisatorischen Strukturen und Spielregeln in Bewegung bleiben. Organisations- und Personalentwicklung bedeutet: bedarfsorientiertes Lernen und damit verbundene Verhaltensveränderungen von Menschen in dem Organisationsgebilde Unternehmung. PE- und OE-Prozesse ähneln sich sehr stark, denn sie haben den gleichen Ausgangspunkt: den Menschen. Die Zielsetzungen sind jedoch unterschiedlich. Während sich PE-Prozesse an den und für die im Unternehmen tätigen Menschen vollziehen, zielt Organisationsentwicklung darauf, Organisationen effektiver und humaner zu gestalten.

Folgende Personalentwicklungsprozesse werden, da sie auch die Organisationsstrukturen der Unternehmung berühren, Organisationsentwicklungsprozesse in Gang setzen:

– Aufgabenerweiterung nach entsprechend gezielter Vorbereitung;
– Kompetenzerweiterung;
– Übernahme von Stellvertretungsfunktionen;
– Abgesprochene Veränderungen von Arbeitsabläufen;
– Projektbezogene Teamarbeit/Übernahme von Projektleiterfunktionen;
– Trainee-Programme;
– Arbeitskreise, Planungsausschüsse, Stabsarbeit;
– Strukturierte Informations- und Kommunikationsprozesse;
– Dezentralisierung von Entscheidungsprozessen;
– Strukturierung von Arbeitsprozessen/Bildung von Gruppenarbeitsplätzen.

Arbeitsgestaltung, Raumkonzept, Architektur

Die Menschen verbringen einen großen Teil ihres Lebens am Arbeitsplatz. Die Sorgfalt, die auf die Gestaltung der räumlichen Arbeitsbedingungen gelegt wird, ist damit ein wichtiges Merkmal der Unternehmenskultur. Ziel kreativer Raumgestaltung sind Arbeitsbedingungen, die die subjektiven Bedürfnisse der Mitarbeiter nach Geborgenheit, Indentifikation, Ästhetik des Arbeitsumfeldes und Eigensteuerung der Aufgaben ernst nehmen und Mitgestaltung ermöglichen. Den Herausforderungen der Zukunft werden diejenigen Unternehmen besser gewachsen sein, die die Fähigkeit zur Innovation, Flexibilität, Eigenmotivation und Leistungsbereitschaft der Mitarbeiter nicht nur durch organisatorische Maßnahmen, sondern auch durch das bewußt gestaltete Arbeitsumfeld zu erreichen suchen. Sichtbarer äußerer Ausdruck einer „Gestaltungskultur" ist eine entsprechende Architektur. „Andere" Arbeitsplätze und Räume finden ihre logische Konsequenz in entsprechenden Gebäuden. Eine harmonische Gliederung der Bauten, ein gut überlegtes Farbkonzept, Fenster, überraschende formale Gestaltungselemente – auch dekorativen Charakters – und die Verwendung natürlicher Materialien erfordern kaum zusätzliche finanzielle Mittel, wohl aber die Fähigkeit und den Willen bei Auftraggebern und Planungsteam, über eine ästhetisch ansprechende Gestaltung nachzudenken. Die äußeren Arbeitsbedingungen sollten nach den Bedürfnissen der Mitarbeiter gestaltet werden. Langfristig werden ästhetische und gestalterische Elemente neben die reine Organisation treten und so zu einer gesteigerten Motivation der Mitarbeiter führen. Die Menschen sollten das Recht haben, dort Gestaltungschancen wahrzunehmen, wo sie einen Großteil ihres Lebens zubringen.

Arbeitsorganisation

Zur Sicherung der Informations- und Entscheidungswege kann auf eine strukturierte Organisation der Unternehmung grundsätzlich nicht verzichtet werden. Jedoch neigen hierarchische Strukturen – vor allem in größeren Unternehmen – zur bürokratischen Erstarrung und erschweren dann innovative Entwicklungen. Eine Möglichkeit, stark bürokratische Strukturen aufzulockern, besteht darin, Projektteams zu bilden, deren Mitglieder, mit einem konkreten Auftrag versehen, zeitlich begrenzt und gleichberechtigt in der Sache, ohne Ansehen ihrer Stellung im Unternehmen an der kreativen Lösung der Projektaufgabe arbeiten.

Im Bereich der Ablauforganisation ist die betriebliche Wirklichkeit häufig noch geprägt durch tayloristische Arbeitsaufgliederungen. Um die angestrebte Unternehmenskultur zu entwickeln, in der der Arbeitnehmer seine Kreativität und Verantwortungsbereitschaft einbringen kann, werden andere, sinnvollere Arbeitsformen benötigt. Dieses Ziel kann erreicht werden durch:

- *Job rotation:* Zur Vermeidung monotoner Arbeit wird der Arbeitnehmer nach einer entsprechenden Qualifikation im Wechsel auf verschiedenen Arbeitsplätzen eingesetzt.
- *Job enlargement:* Mehrere gleichartige Arbeitselemente werden aneinander gereiht. Der Arbeitsumfang wird somit insgesamt vergrößert.

- *Job enrichment:* Mehrere verschiedene Arbeitselemente, wie zum Beispiel Planungs-, Fertigungs- und Kontrollaufgaben, werden zu einem Arbeitssystem zusammengefaßt.
- *Teilautonome/autonome Gruppen:* Gleichartige und verschiedenartige Elemente werden zusammengefaßt und der Gruppe zur Erledigung übertragen. Die Strukturierung der Arbeitsbeziehungen der Gruppenmitglieder wird der Gruppe selbst überlassen. Dadurch übernimmt die Gruppe mehr oder weniger klassische Führungsfunktionen.

Arbeitszeit und Arbeitsflexibilisierung

Das Vordringen der modernen Techniken erfordert nicht nur Veränderungen in bezug auf die Arbeitsorganisation, sondern auch hinsichtlich der Arbeitszeit. Die Arbeit zu heutigen Preisen wird knapper, falls es nicht gelingt, durch innovative Entwicklungen neue Produkte und Dienstleistungen zu finden, die auf Märkten absetzbar sind.

Eine Reduzierung der faktischen Arbeitszeit wird zumindest für die nächsten Jahre unumgänglich. Als mögliche Varianten der Arbeitszeitreduzierung bieten sich hier die tägliche Arbeitszeit, die wöchentliche, monatliche, die Jahresarbeitszeit und die Lebensarbeitszeit an.

Vor allem ältere Arbeitnehmer sind heute durchaus bereit, bei einer fairen finanziellen Regelung früher in den Ruhestand zu treten; ein Teil der Mitarbeiter wird eine abgestufte Arbeitszeit akzeptieren; der Anteil an Teilzeitarbeitsplätzen kann erhöht werden, und bei einer entsprechenden Absicherung sind auch einzelne Mitarbeiter bereit, aus dem Erwerbsleben vorübergehend auszuscheiden, um an Weiterbildungsmaßnahmen teilzunehmen oder sich im sozialen Bereich zu engagieren.

Neben der Arbeitszeitreduzierung in den angesprochenen Formen bietet sich eine größere Beweglichkeit im Hinblick auf die Ausdehnung der Arbeitszeit an. Denn durch Flexibilisierung der Arbeitszeit können Maschinen und Produktionsmittel besser ausgenutzt, zum Teil auch die Betriebszeit ausgedehnt und persönliche Bedürfnisse besser berücksichtigt werden. Angesichts der hier zur Norm erhobenen Entwicklung einer kooperativen und innovativen Unternehmenskultur sollten Formen gefunden werden, die von den Betroffenen mitgestaltet und infolgedessen als fair akzeptiert werden.

Mitbestimmung

Die soziale Kultur eines Unternehmens drückt sich in der Art aus, wie die dort zusammenarbeitenden Menschen einander begegnen und miteinander umgehen. Diese Kultur ist lebendig, sie will in dem jeweiligen spezifischen gesellschaftlichen Umfeld täglich gelebt und gestaltet werden. Unternehmenskultur zeigt sich in allen Tätigkeitsebenen und Tätigkeitsbereichen. Das fortschreitende Bemühen, den Menschen seiner Würde entsprechend als freie Persönlichkeit einzugliedern, findet im Unternehmen seine Ausprägung insbesondere in Normen und Einrichtungen des Arbeitsrechtes und der Unternehmensverfassung.

Diese Normen sichern den Mitarbeitern umfangreiche Mitwirkungs- und Mitbestimmungsrechte zu: Am Arbeitsplatz ist eine stärkere Einbeziehung des Mitarbeiters über die entsprechenden Vertretungsorgane erfolgt, sein Verantwortungsfeld ist erheblich erweitert worden. In den Unternehmensleitungen ist dem gewachsenen Verantwortungsbewußtsein der Mitarbeiter ebenfalls Rechnung getragen worden.

Für die verschiedenen betrieblichen Tätigkeitsebenen werden zusätzliche Organe sowie Rechte und Aufgaben definiert. Diese beziehen sich auf Information, Anhörung und Beratung, Veto- und Zustimmungsrechte, Initiativrechte und eigene Entscheidungskompetenzen.

Im Sinne einer lebendigen Unternehmenskultur genügen formalrechtliche Bedingungen jedoch nicht. Sie müssen ihrem Inhalt nach von allen Beteiligten gewollt und täglich praktiziert werden. Auf dem Hintergrund der aktuellen technologischen Entwicklung ist die Einbeziehung des einzelnen Mitarbeiters beziehungsweise der Arbeitsgruppe in die Entscheidungsprozesse von ausschlaggebender Bedeutung für die erfolgreiche

Zukunft des Unternehmens. Weitgehende Eigenverantwortung in der Gestaltung von Arbeit und Zeit sowie erweiterte Anhörungs- und Informationsrechte sind Grundlage für die Zufriedenheit und das Engagement des einzelnen Mitarbeiters. Dabei erweist es sich vielfach als günstig, wenn die Mitspracherechte des einzelnen innerhalb von Arbeitsgruppen ausgeübt werden. Die Befugnisse derartiger Gruppen können ausgedehnt werden auf die Beteiligung an Fragen der Arbeitsplanung, der Rationalisierung und der Arbeitsplatzgestaltung. Insbesondere bei Personalfragen und bei der Einführung neuer Technologien werden Mitbestimmungsrechte des Betriebsrates berührt.

Auf jeder betrieblichen Ebene müssen die gesetzlichen Rechte des Betriebsrates beachtet werden. Insbesondere der Wirtschaftsausschuß bietet die Chance zu einer konstruktiven Zusammenarbeit mit der Mitarbeitervertretung. Hier kann der Betriebsrat Impulse für Entscheidungen über Investitionen, Unternehmensentwicklung und Gewinnverwendung geben. Entsprechendes gilt für die Mitwirkung der Arbeitnehmervertreter in den Aufsichtsräten.

Die arbeitsrechtlichen Normen und Werte, die das Zusammenarbeiten in einem Betrieb regeln, müssen ständig geübt und das Bewußtsein hierfür erneuert werden. Formale vertragliche Abmachungen, wie zum Beispiel Betriebsvereinbarungen, schaffen noch keine Unternehmenskultur. Sie sind aber eine entscheidende Hilfe dazu, und sie sind gleichzeitig eine vertrauensbildende Maßnahme, um die Verbindlichkeit von Absprachen glaubwürdig zu dokumentieren.

Teilhabe an unternehmerischen Entscheidungen

Über die vom Gesetzgeber festgelegte Teilhabe an Unternehmensentscheidungen hinaus sollten im Sinne einer kooperativen Unternehmenskultur Entscheidungen auf derjenigen Ebene getroffen werden, auf der die dazu erforderliche Sach- und Fachkompetenz liegt. Voraussetzung dafür ist die Bereitschaft der Unternehmensleitung, Entscheidungskompetenz auf diese Stellen zu übertragen, und das Engagement der Stelleninhaber, diese Kompetenz verantwortlich wahrzunehmen. Auch im Rahmen von Entscheidungen, die wegen ihrer Komplexität und ihrer grundsätzlichen Bedeutung nach wie vor von der Unternehmensspitze getroffen werden müssen, ist es im Willensbildungsprozeß, der den Entscheidungen vorausgeht, nützlich und ökonomisch, die Kenntnisse und Kreativität der Mitarbeiter zu berücksichtigen und zur Verbesserung der Entscheidungsqualität zu nutzen. Die notwendige Beratung der Unternehmensleitung kann durch spezielle Projektteams, die sich aus Mitarbeitern verschiedener Bereiche und verschiedener hierarchischer Ebenen zusammensetzen, geleistet werden.

Außerdem bietet sich eine erweiterte Teilhabe der Belegschaft an Unternehmensentscheidungen dann an, wenn die Mitarbeiter durch Kapitalbeteiligung auch im gewissen Umfang am Risiko des Unternehmens beteiligt sind. Dies könnte durch Bildung von speziellen Vertretungsorganen im Rahmen des Gesellschaftsrechtes erfolgen, zum Beispiel durch paritätisch besetzte Partnerschaftsausschüsse.

Materielle Mitarbeiterbeteiligung

Die materielle Beteiligung stellt den glaubwürdigen Schlußstein eines Prozesses der immateriellen Mitarbeiterbeteiligung dar. Die positiven Auswirkungen der Erfolgs- und Kapitalbeteiligung kommen jedoch nur zur Geltung, wenn die partnerschaftliche Zusammenarbeit stimmt. Die Entwicklung von Partnerschaft geht von der Überlegung aus, daß eine Erfolgs-, Gewinn-, Vermögens- oder Kapitalbeteiligung nicht etwas Endgültiges ist, sondern einem über Jahre andauernden Anpassungsprozeß der Wertvorstellungen aller Beteiligten unterliegt.

Der Vielfalt der betrieblichen Situationen, der Rechtsformen, der Produkte, der Menschen und der gewachsenen Strukturen entspricht auch die Unterschiedlichkeit der materiellen Beteiligungsformen der Arbeitnehmer. Ergänzend zum Lohn und Gehalt erhalten die Arbeitnehmer häufig Betriebserfolgsbeteiligungen. Teile der Erfolgsbeteiligung dienen häufig als Grundlage für eine Vermögens- oder Kapitalbeteiligung. Diese im Unternehmen stehenden Beteiligungen (etwa Mitarbeiterdarlehen, Schuldverschreibungen, Obligationen, stille Beteiligungen,

Genußrechte, Genußscheine, Genossenschaftsanteile, GmbH-Anteile, Kommanditanteile, Aktien, Aktienfonds, Mitarbeiterstiftungen, BGB-Gesellschaften) erhalten eine Gewinn- oder auch Verlustbeteiligung, je nach rechtlicher Ausstattung.

Die freiwillige Einführung einer materiellen Mitarbeiterbeteiligung hat durch die Novellierungen des Vermögensbildungsgesetzes entscheidende Anreize – vor allem für den Mittelstand – erhalten.

Mitarbeiterhaftkapital sichert die Existenz des Betriebes und der Arbeitsplätze, schafft Liquidität und mehr Unabhängigkeit von den Banken. Werden die partnerschaftlichen Randbedingungen erfüllt, steigen Arbeitsproduktivität, Kapitalrentabilität und die Zufriedenheit der Mitarbeiter. Es ist der Anfang eines neuen Miteinanders im Betrieb.

Gesellschaft und Umwelt

Unternehmenskultur ist nicht denkbar, ohne daß sich ein Unternehmen auch seiner Verantwortung gegenüber der Umwelt und der Gesellschaft bewußt ist und seine Entscheidungen danach ausrichtet. Jedes Unternehmen ist naturgemäß in die Gesellschaft – deren Werte, Strömungen und Veränderungen – sowie in die Umwelt eingebettet. Daraus folgt, daß die Unternehmensleitung verpflichtet ist, nicht nur an das betriebswirtschaftliche Einzeloptimum, sondern auch an das gesellschaftliche, umweltbezogene Gesamtoptimum zu denken.

Im Zusammenhang mit der Verantwortung gegenüber der Gesellschaft werden Unternehmen heute unter anderem daran gemessen, wieviel Arbeitsplätze sie zur Verfügung stellen, was sie für die Allgemeinheit tun, in welcher Weise sie ihren Mitarbeitern politisches und soziales Engagement ermöglichen, welche besonderen sozialen Zielsetzungen angestrebt werden und wie stark die Mitarbeiter am Unternehmen beteiligt sind.

Im Bereich der Umwelt müssen sich Unternehmen heute auch daran messen lassen, inwieweit sie etwas gegen die von ihnen ausgehende Luftverschmutzung, Boden- und Abwasserbelastung und Lärmbelästigung tun.

Die Produkte der Unternehmen werden heute nicht mehr nur danach beurteilt, wie hoch ihr Nutzen für den einzelnen Verbraucher ist, sondern auch danach, ob sie umweltfreundlich sind und andere Menschen nicht schädigen.

Die Unternehmen sind eingebettet in das System einer freien und sozialen Marktwirtschaft. Unternehmen, die innerhalb eines solchen Systems angetreten sind, dürfen nicht durch unterschiedliche Auflagen in bezug auf ihre umweltpolitische und gesellschaftspolitische Verantwortung in ihrer Wettbewerbsfähigkeit gefährdet werden. Solange nicht alle Betriebe mit den gleichen strengen Maßstäben gemessen werden, besteht die Gefahr, daß in besonders umweltbewußten und sozialen Betrieben Arbeitsplätze vernichtet werden, weil zusätzliche Kosten die Kalkulation belasten.

Es stellt sich damit die Frage, wie die zweifellos als richtig und notwendig erkannte, langfristig angelegte Strategie der Umwelterhaltung finanziert wird. Diese Aufgabe läßt sich wohl nur lösen, indem die Investitionen für die Erhaltung unserer Umwelt, also unserer Lebensgrundlage, von den Betrieben verantwortet und finanziert werden, ohne daß sie dadurch existenzgefährdende Nachteile in Kauf nehmen müssen. Die Rahmenbedingungen dafür müssen durch die staatliche Gesetzgebung geschaffen werden.

Auswirkungen einer partizipativen Unternehmensgestaltung

Das Zusammenwirken von Menschen in einer Unternehmung oder einem Betrieb ist nicht frei von Konflikten. Unterschiedliche Interessen der Mitarbeiter, der Führungskräfte und der Kapitaleigentümer werden innerhalb des Konzepts der betrieblichen Partnerschaft nicht verdeckt, sondern offensiv diskutiert. „Betriebliche Partnerschaft vollzieht sich in einem Spannungsfeld zwischen individueller Freiheit, betrieblichen Anforderungen und Verantwortung für die Gesellschaft." (Leitbild der „Arbeitsgemeinschaft zur Förderung der Partnerschaft in der Wirtschaft" (AGP Kassel).) So haben zum Beispiel Kapitaleigentümer ein Interesse an möglichst hohen Renditen für ihr Anlagekapital, während die Arbeitnehmer in erster Linie sichere Arbeitsplätze zu den von ihnen gewünschten Bedingungen erwarten. Die Verbraucher schließlich haben ein Interesse an qualitativ hochwertigen und preisgünstigen Produkten. Wenn sich diese Konfliktpotentiale zu Lasten der wirtschaftlichen Effizienz der Unternehmung auswirken, so wird die Notwendigkeit einer Konfliktregulierung, eines Interessenausgleichs deutlich. Eine zentralisierte, hierarchische Unternehmensorganisation, in der solche Konflikte nicht thematisiert werden oder deren Austragung nicht zugelassen wird, wird unter Umständen Effizienzeinbußen im betrieblichen Alltag hinnehmen müssen. Denn die Leistungsfähigkeit aller Mitglieder einer Unternehmung kann nur dann ausgeschöpft werden, wenn die betrieblichen Angelegenheiten zu den persönlichen Angelegenheiten der Mitarbeiter werden, das heißt, wenn die Unterscheidung zwischen individuellen und kollektiven Interessenlagen abgebaut wird. In einer hierarchisch aufgebauten Organisation werden daher oft Kontrollmechanismen eingesetzt, die die persönliche Identifikation durch Überwachung ersetzen sollen. Die mit diesen Mechanismen verbundenen Kontrollkosten gehen zu Lasten der wirtschaftlichen Effizienz der Unternehmung. Darüber hinaus zeigen aber Konflikte auch an, daß innerhalb der Unternehmung „etwas nicht stimmen kann". Mit der Unterdrückung von Konflikten wird gleichzeitig auch oft die Signalfunktion der Konflikte unterdrückt, die vielleicht rechtzeitig einen Leistungsabfall der Unternehmung anzeigen, noch bevor sich negative Einflüsse im Marktverhalten bemerkbar machen.

In wissenschaftlichen Studien wird immer wieder darauf hingewiesen, daß die Förderung „unternehmerischen Denkens" einer der Hauptgründe bei der Einführung eines Beteiligungsmodells war (Guski, H. G./Schneider, H. J., siehe Literaturverzeichnis). Dies macht deutlich, daß Mitarbeiterbeteiligung auf eine Regulierung dieser Konflikte und Interessengegensätze ausgerichtet ist. So weisen in der Praxis Unternehmensberater immer wieder darauf hin, daß die „Verordnung" eines Modells von oben, das heißt die Einführung von Beteiligungsmodellen per Befehl durch die Unternehmensleitung, von den Beteiligten lediglich als geschickter Versuch der Manipulation empfunden wird. Beim partizipativen Führungsstil kommt es entscheidend darauf an, daß die Mitarbeiter eine postitive Einstellung zum Beteiligungsmodell und zur Unternehmung überhaupt gewinnen (corporate identity), denn nur dann können die positiven Wirkungen der Mitarbeiterbeteiligung realisiert werden. Die „Förderung unternehmerischen Denkens" bedeutet nichts anderes als die Bewußtmachung der im Prinzip gleichgerichteten Interessen der Beteiligten, zumindest was den Bestand und die Leistungsfähigkeit des Unternehmens angeht, bei gleichzeitiger Thematisierung und Austragung der bestehenden Konflikte. Dies kann aber nur dann gelingen, wenn alle Beteiligten Einfluß auf das Betriebsgeschehen nehmen können und auch an den Erträgen partizipieren, wenn also wieder eine Verknüpfung zwischen persönlichem Engagement und individuellen Einkünften hergestellt wird. Die materiellen und immateriellen Elemente der Mitarbeiterbeteiligung sind Mittel, um diese Verknüpfung herzustellen.

- Durch Mitarbeiterbeteiligung wird eine neue Motivationsbasis für die Beteiligten in der Unternehmung geschaffen. Zum traditionellen Leistungsanreiz durch Lohn- und Gehaltszahlungen tritt ein persönliches monetäres Interesse am Erfolg des Unternehmens, wenn sich dieser Erfolg in Form einer Gewinn- und/oder einer Kapitalbeteiligung für jeden Mitarbeiter auszahlt. Hinzu kommen mannigfaltige Gestaltungsmöglichkeiten der individuellen Arbeitsumgebung und Einwirkungsmöglichkeiten auf innerbetriebliche Entscheidungsprozesse durch immaterielle Beteiligungsformen.
- Das Entscheidungsverhalten der Unternehmen wird sich in der Regel verbessern, da bei partizipativen Entscheidungsprozessen die Präferenzen und Informationen aller Beteiligten berücksichtigt werden. In hierarchischen Unternehmen werden dagegen die Präferenzen und Informationen der untergeordneten Ebene strukturell unterbewertet. Dies kann hohe Durchsetzungskosten und eine mangelhafte Qualität der Entscheidungen verursachen.
- Die Legitimationsbasis eines dezentralisierten Entscheidungsprozesses wird durch die breite Entscheidungsbeteiligung erheblich erweitert. Den höheren Entscheidungsfin-

dungskosten einer solchen Regelung stehen die Erträge einer allgemeinen Akzeptanz und die geringeren Kosten der Durchsetzung dieser Entscheidungen gegenüber. Partizipation oder Mitarbeiterbeteiligung kann damit als eine Möglichkeit angesehen werden, die ungleiche Informations- und Autoritätsverteilung im Betrieb abzuschwächen, um damit eine mit hohen Kosten verbundene hierarchische Organisation durch vertrauensvolle Kooperation zu ersetzen.
- Schließlich, und dies ist wohl der ausschlaggebende betriebswirtschaftliche Anreiz zur Einführung der Mitarbeiterbeteiligung, wird gerade durch die materielle Beteiligung die Kapitalbasis der Unternehmen erheblich erweitert, mit all den Vorteilen, die solch eine Maßnahme mit sich bringt. Durch materielle Mitarbeiterbeteiligung schaffen sich gerade Klein- und Mittelbetriebe einen Zugang zum „Kapitalmarkt", der sonst in der Regel nur den großen Aktiengesellschaften zur Verfügung steht.

Einseitige Urteile über Mitarbeiterbeteiligung und Unternehmenskultur werden dem Anspruch und den Auswirkungen dieser Elemente einer Unternehmensentwicklung nicht gerecht. Unternehmenskultur ist mehr als eine „Schlüsselgröße des strategischen Managements" und auch mehr als ein Instrument zur sozialen Rationalisierung und Integration, das lediglich die Methoden der technisch-organisatorischen Rationalisierung im Betrieb ergänzt. Mitarbeiterbeteiligung und Unternehmenskultur sind weder subtile Instrumente der Manipulation der Mitarbeiter noch ein Weg zur vollständigen (paritätischen) Demokratisierung der Wirtschaft oder zur „Überwindung des Wirtschafts- und Gesellschaftssystems" überhaupt. Mitarbeiterbeteiligung ist ein aufgeklärter, menschenwürdiger Führungsstil, der angesichts struktureller Konfliktkonstellationen in der Unternehmung zu einem effizienten Unternehmensverhalten, unter Einschluß der Interessen der Mitarbeiter bei einem Letztentscheidungsrecht der Kapitaleignermehrheit, führen soll. Mitarbeiterbeteiligung wird nicht als Überwindung, sondern als Stabilisierung des Systems der sozialen Marktwirtschaft verstanden, als Ausnutzung aller Freiheitsgrade, die dieses System bietet, ohne daß sein Bestand gefährdet wird.

Partizipative Unternehmensgestaltung 37

Auch in empirischen Untersuchungen, die den Motiven und Beweggründen der Unternehmer für die Einführung von Mitarbeiterbeteiligungsmodellen nachgingen, wird an erster Stelle als Motiv fast immer die „Förderung unternehmerischen Denkens" bei den Mitarbeitern oder Umschreibungen dieses Sachverhalts, wie „Motivation", „wirtschaftliches Verständnis", „Identifikation" oder „kooperatives Denken" genannt. Auch Aussagen wie „Erhöhung der Arbeitszufriedenheit", „Überwindung von Klassenkampfdenken" oder „Partnerschaft" lassen sich unter dem Begriff „unternehmerisches Denken" subsumieren. Aussagen, die diese Begriffe nennen, werden wesentlich häufiger gemacht als Aussagen, die rein betriebswirtschaftlich-finanzielle Motive zur Einführung einer Kapitalbeteiligung angeben. Diese Betonung „immaterieller" Gründe bei der Einführung der Mitarbeiterbeteiligung weist darauf hin, daß die Firmenleitung, die in der Regel als Initiator der Modelle auftritt, Mitarbeiterbeteiligung, in welcher Form auch immer, als Mittel zur besseren Ausnutzung der vorhandenen innerbetrieblichen Ressourcen ansieht, die bis dahin aufgrund einer überkommenen betrieblichen Organisation und aufgrund von Konfliktkonstellationen zwischen den Beteiligten ungenutzt geblieben sind.

Pioniere einer neuen Unternehmensentwicklung

Die Aufgaben und Funktionen des Unternehmers haben sich somit im Verlauf des letzten Jahrhunderts entscheidend geändert.

Reinhard Mohns Analyse der traditionellen Unternehmensfunktion des 19. Jahrhunderts (siehe Literaturverzeichnis) lautet denn auch:

„Die Tätigkeit der Wirtschaft war anfangs noch relativ einfach, der Wettbewerb nicht so drängend. Rasch wachsende Märkte, die Technisierung der Produktion und ideale Möglichkeiten der Kapitalbildung schufen für befähigte Unternehmer die Möglichkeit, riesige Betriebe aufzubauen. Die Führungsfunktion war damals noch unkompliziert und konnte autoritär wahrgenommen werden.

Der Unternehmer verstand seine Arbeit eher als persönliche Selbstverwirklichung in Form gestalterischer Möglichkeiten, Kapitalbildung, Anerkennung und Machtausübung. Das Gefühl der Verpflichtung gegenüber den Arbeitern und der Gesellschaft war unterschiedlich, aber eher schwach entwickelt. Die liberale Marktwirtschaft wurde als gerecht und naturgegeben verstanden. Demgegenüber nahmen sich die Möglichkeiten der Mitarbeiter zur Entfaltung recht bescheiden aus. Der Broterwerb und die schiere Selbsterhaltung waren oft die einzigen Ziele. Von einer Selbstverwirklichung des Arbeitnehmers in der Arbeitswelt konnte damals gewiß nicht gesprochen werden. Der Faktor Arbeit war ein notwendiges Übel, ein Kostenfaktor, den es zu minimieren galt."

Reinhard Mohn

Heute dagegen hat der Unternehmer oder der unternehmerisch Tätige andere und vielleicht schwierigere Funktionen zu erfüllen. Es gilt, sowohl innerbetrieblich als auch gesamtgesellschaftlich, wieder einen sozialen Konsens über die Gestaltung der Arbeit und die Struktur der Arbeitsordnung herbeizuführen. Dies kann unter den geschilderten veränderten Bedingungen nur in Kooperation mit den Beteiligten, also in erster Linie mit den Mitarbeitern, Mitarbeitervertretern und Gewerkschaften erreicht werden. Der Unternehmer hat also heute eher eine sozialgestalterische Funktion, die die Organisation einer effizienten Wirtschaftstätigkeit ebenso umfaßt wie die Moderation innerbetrieblicher Gruppenprozesse. Die Realisierung einer auf Konsens, Partnerschaft und Zustimmung beruhenden Arbeitsordnung verlangt neue Fähigkeiten, Einsichten und Geduld. Sie verlangt auch die Teilung von Macht. Denn nur wenn die Werte und Normen eines Unternehmens von allen Beteiligten mitgetragen werden und wenn die Diskrepanz zwischen formuliertem Anspruch und praktisch erfahrbarer Wirklichkeit gering ist, können sich leistungsstarke Unternehmenseinheiten entwickeln. Unternehmerisches Handeln wird dann auch wieder einen gesellschaftlichen Stellenwert erreichen, der diesen Herausforderungen angemessen ist.

Die Anforderungen an eine zukünftige Unternehmensentwicklung lassen sich in drei Punkten zusammenfassen:

1. Neue unternehmerische Aufgaben

Unternehmerisches Handeln braucht wieder eine normative, wertorientierte Basis. Die Gestaltungsaufgabe des Unternehmers konkretisiert sich in der Förderung der Mitarbeiter, in der praktischen Auseinandersetzung, in der Etablierung von Konfliktlösungsstrategien und in der Herstellung von Zustimmung – und nicht in der Kontrolle und Disziplinierung von Mitarbeitern. Patriarchalische und hierarchische Betriebsformen müssen durch kooperative und argumentative Formen der Zusammenarbeit abgelöst werden.

Dazu gehört auch, daß die Unternehmen und die Unternehmer die gesellschaftliche, ökologische und soziale Verantwortung ihres Tuns thematisieren. Fragen der Produktgestaltung, der Produktherstellung, Produktverwendung, des Marketings, der Präsentation nach innen und nach außen, des kommunalen und gesellschaftlichen Engagements, der Arbeitsgestaltung, der Arbeitsumgebung und der Architektur müssen offensiv diskutiert werden. Die Frage nach dem Sinn der Unternehmertätigkeit und der Arbeit des einzelnen muß beantwortet werden. Die Beantwortung dieser Sinnfrage wird die unternehmerische Aufgabe der Zukunft sein.

2. Partizipation der Mitarbeiter

Neue Gestaltungsformen können nicht verordnet werden. Unternehmensentwicklung bedeutet deshalb Einbeziehung und Beteiligung der Mitarbeiter in materieller und immaterieller Hinsicht. Wünsche, Bedürfnisse, Einstellungen und Meinungen müssen ernst genommen und akzeptiert und innerbetriebliche Konflikte durch die Aufgabe traditioneller Rollenzuweisungen gelöst werden. Die Herausbildung effizienter und sachgerechter Entscheidungsstrukturen ist eine der wichtigsten Aufgaben einer partizipativen Unternehmensgestaltung. Entscheidungsbeteiligung und Entscheidungseffizienz müssen dabei angemessen berücksichtigt werden. Kontrolle und Verantwortung der getroffenen Entscheidungen werden dann erleichtert und können delegiert und dezentralisiert werden, wenn eine breite Entscheidungsbasis erzielt werden kann. Kein Kontrollmechanismus kann so effizient sein wie die engagierte und gewissenhafte Aufgabenerfüllung kompetenter und selbstverantwortlicher Mitarbeiter. Die Etablierung dezentraler Einheiten mit weitgehender Autonomie und Selbstkontrolle durch die Beteiligten ist daher jeder hierarchischen Organisation überlegen.

Materielle und immaterielle Beteiligung hat betriebliche und gesellschaftliche Auswirkungen: Sie führt zu höherer Produktivität des Arbeitsprozesses und besseren Bilanzstrukturen auf betrieblicher Ebene sowie zu größerer Zustimmung zur sozialen Marktwirtschaft in einer demokratischen Gesellschaft durch Entscheidungsbeteiligung und Partizipation am Wachstum des Produktivvermögens auf gesellschaftlicher Ebene.

3. Neue Gestaltung der Arbeitsordnung

Um diese Ziele zu erreichen, müssen die in Unternehmen tätigen Menschen von außen unterstützt werden. Insbesondere die Politiker und Tarifpartner sind aufgerufen, Verkrustungen einer an vergangenen Werten und Notwendigkeiten orientierten Arbeitsordnung zu überwinden – zum Wohle der Arbeitnehmer und der Unternehmer. Kollektivvertragliche Regelungen und Rahmenvereinbarungen werden auch in Zukunft zum Schutz der einzelnen Beschäftigten notwendig sein. Aber eine flexible und an den sich verändernden Bedürfnissen der Arbeitnehmer und der Unternehmen orientierte Arbeitsordnung muß Freiräume für gestalterische Eigeninitiativen enthalten. Das Vertrauen in die Funktions- und Steuerungsfähigkeit kleiner Einheiten muß wieder hergestellt werden.

Die Befürfnisse aller Beteiligten können in der Regel von den Betroffenen am besten eingeschätzt und in Übereinstimmung gebracht werden. Autonomie der Beteiligten bedeutet dann aber auch, daß alle zumindest ansatzweise gleiche Einflußmöglichkeiten und Handlungschancen haben. Entscheidungsfreiheit und Chancengleichheit bedingen sich gegenseitig.

Die Gestaltung des Wirtschaftslebens im allgemeinen und Fragen der Unternehmensentwicklung im besonderen werden auch in Zukunft zu den großen Herausforderungen an die demokratische Gesellschaftsordnung gehören.

In den folgenden Kapiteln sind Unternehmen dargestellt, die sich zum Teil schon sehr lange mit dem Prozeß einer wertorientierten Unternehmensentwicklung befassen.

2. Kapitel

Betriebliche Partnerschaft – *Keramik Manufaktur Kupfermühle* GmbH & Co. KG

Die Keramik Manufaktur Kupfermühle GmbH & Co. KG (KMK) ist ein mittelständisches Unternehmen, das Geschirr- und Geschenkserien aus Keramik herstellt. Das Besondere an den Produkten der KMK ist, daß sie zwar maschinell geformt, aber manuell dekoriert werden. Diese Kreativität, die bei der Bearbeitung der Produkte von den Mitarbeitern verlangt wird, wird ebenfalls von der Unternehmensleitung aktiv aufgegriffen und praktiziert. Kreativität und Unternehmenskultur sind bei der KMK denn auch eng miteinander verbunden. Die betriebliche Umgebung kann und soll geformt, die Sozial-Kultur von allen gestaltet werden. Innerbetriebliche Zusammenarbeit soll produktiv vorangetrieben, Konflikte sollen akzeptiert, positiv bewertet und schließlich kreativ gelöst werden.

Das Unternehmen

Die *Keramik Manufaktur Kupfermühle (KMK)* mit ihren rund 70 Beschäftigten hat ihren Sitz in Hohenlockstedt, nördlich von Hamburg. Der Jahresumsatz des Unternehmens beträgt etwa 6 Millionen DM. Der Vertrieb der Produkte erfolgt ausschließlich über den Facheinzelhandel, was eine natürliche Einschränkung des Kundenkreises zur Folge hat. Der Exportanteil ist mit weniger als 10 Prozent für die Branche sehr gering. Die manuelle Dekoration der Einzelteile und die darauf zurückzuführende relative Verteuerung der Produkte im Vergleich zu ausschließlich industriell hergestellter Massenware führen zu einer besonderen Marktstellung der *KMK* im gehobenen Konsum- und Geschenkartikelbedarf. Das Unternehmen kann sich in dieser Marktnische nur behaupten, wenn die Qualität der Be- und Verarbeitung der Produkte einen höheren Marktpreis rechtfertigt.

Grundsubstanz aller Produkte der *KMK* ist Ton aus dem Westerwald. Mehrere Tonsorten werden mit Quarz und Dolomit gemischt, mit Wasser aufgequirlt, gemahlen, gesiebt und wieder entwässert, bis eine formbereite Masse entsteht. Der Anteil der Handarbeit an der Formung ist noch relativ groß. Überschaubare Stückzahlen gewährleisten eine individuelle Bearbeitung der Rohlinge ohne den Einsatz von Formungsautomaten. Allerdings werden zur Formung maschinelle Hilfsmittel eingesetzt, da eine ausschließliche Handformung zu einer Preisgestaltung führen würde, die nicht marktgerecht wäre. Im Gegensatz zu anderen Herstellern werden bei *KMK* die Rohlinge noch nicht gebrannt, was spätere Arbeitsschritte erleichtern würde, sondern zunächst glasiert und dekoriert. Diese Dekoration erfolgt ausschließlich in Handarbeit. Den Malern und Malerinnen werden hohe Qualifikation, Konzentrationsfähigkeit und Erfahrung abverlangt, da eine gewisse Gleichmäßigkeit der Einzelstücke erreicht werden muß, damit sie als Service zusammenpassen. Nach dem Brennen und der Materialprüfung ist der Produktionsvorgang mit der Verpackung abgeschlossen. In einer Informationsbroschüre der *KMK* heißt es dazu: „Es ist ein langer Weg, den jedes Stück in der Fertigung zurücklegt. Trotz aller Rationalisierung wird jedes Stück mindestens zwanzigmal in die Hand genommen, bis es eingepackt ist. Die Kennzeichnung ‚*KMK* manuell' ist keine Übertreibung, denn nur bei ganz wenigen Arbeitsgängen kann eine Maschine wesentliche Hilfe leisten. Das ist der Preis, den wir dafür zahlen, daß wir lieber etwas Nettes machen als immer größere Stückzahlen. Deshalb werden Sie unsere Keramik auch nie in Kaufhäusern finden. Nachkaufmöglichkeit und Beratung werden bei unseren Kunden großgeschrieben, und das bindet uns an den Einzelhandel."

Die Belegschaft der Manufaktur besteht zu 60 Prozent aus Frauen, die überwiegend die Rohlinge bemalen oder die Produkte verpacken. Besonders die Formung und Dekorierung der Artikel erfordert hohes handwerkliches Geschick und langjährige Berufserfahrung. Die Arbeit erfolgt zum Teil im Akkordsystem.

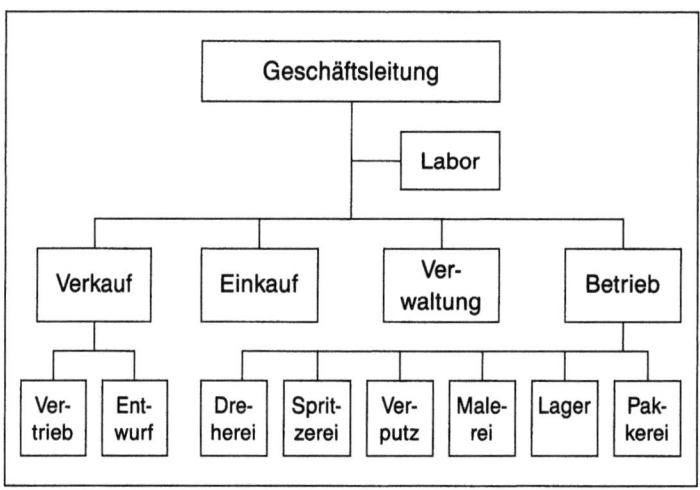

Abbildung 1: Organigramm der *Keramik Manufaktur Kupfermühle*

Quelle: Riekhof, H.-Ch., Der andere Weg – Das Beteiligungsmodell der *Keramik Manufaktur Kupfermühle*, zfo 3/1983.

Die Firma wurde 1948 gegründet und in wirtschaftlich schwierigen Anfangsjahren von Walter Nawothnig, dem Vater des jetzigen Geschäftsführers Peter Nawothnig, geleitet. In den sechziger und siebziger Jahren ist es gelungen, die Firma mit den notwendigen Investitionen auszustatten und eine gesunde Eigenkapitalbasis zu erwirtschaften. Die Firma produziert heute auf eigenem

Gelände, in eigenen Gebäuden und mit solide finanzierten Betriebsanlagen. Auch wenn der Preiswettbewerb heute härter ist als noch vor zehn Jahren und die Konkurrenz der Anbieter von Massenwaren immer deutlicher zu spüren ist, sieht man in Hohenlockstedt doch optimistisch in die Zukunft. Der Qualitätsanspruch der *KMK*-Produkte und die konsequente Vermarktungsstrategie haben dazu beigetragen, daß sich die Firma in einem speziellen Marktsegment gut entwickeln konnte.

Betriebliche Partnerschaft bei *KMK*

Die *Keramik Manufaktur Kupfermühle* ist ein Unternehmen, das sich durch eine umfangreiche betriebliche Mitarbeiterbeteiligung auszeichnet. Die Mitarbeiter sind am Kapital, am Gewinn und an den innerbetrieblichen Entscheidungsprozessen beteiligt. Bereits 1968 wurde die Gewinnbeteiligung eingeführt, zwei Jahre später ein Wirtschaftsbeirat eingerichtet und 1975 folgte eine entsprechende Betriebsvereinbarung, die dessen Tätigkeit absicherte. Schließlich wurden im Jahre 1976 die Mitarbeiter durch die Gründung einer Beteiligungsgenossenschaft zu 50 Prozent Gesellschafter (Kommanditisten) der *KMK* GmbH & Co. KG. Peter Nawothnig, der ehemalige Alleininhaber der Firma (Komplementär), ist heute ebenfalls Kommanditist, (48 Prozent) und Geschäftsführer der Peter Nawothnig GmbH (Komplementär), die 2 Prozent des Eigenkapitals hält.

Alle Mitarbeiter der *KMK* werden nach zweijähriger Betriebszugehörigkeit Gesellschafter der Beteiligungsgenossenschaft. Der Genossenschaftsvorstand vertritt die Genosssenschaft in der Gesellschafterversammlung des Unternehmens und hat ein 50-prozentiges Mitentscheidungsrecht über die Gewinnverteilung.

Darüber hinaus existiert ein Katalog zustimmungspflichtiger Geschäfte, die nicht ohne die Beteiligung der Genossenschaft durchgeführt werden können:

1. Investitionen, die als Einzelmaßnahmen 10 Prozent eines durchschnittlichen Monatsumsatzes übersteigen, sind zustimmungspflichtig. Die nicht zustimmungspflichtigen Inve-

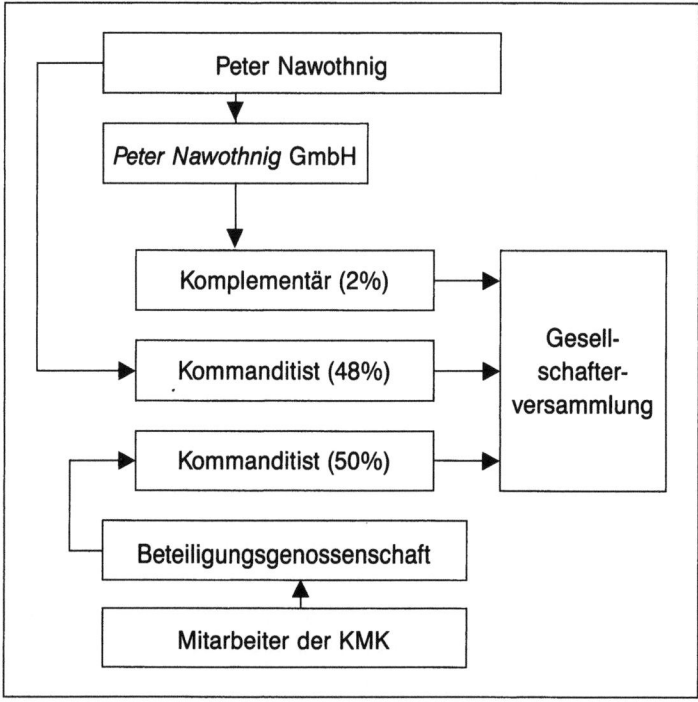

Abbildung 2: Die Beteiligungsverhältnisse bei der *Keramik Manufaktur Kupfermühle*

stitionen dürfen zusammengenommen nicht mehr als ein Drittel eines durchschnittlichen Monatsumsatzes betragen. Bei Raten- oder Mietverträgen sowie beim Abschluß von Verträgen, die zu regelmäßigen Verpflichtungen führen, ist für die Zustimmungspflicht die Gesamtsumme maßgebend.
2. Entlassung und Einstellung leitender Angestellter sowie die Bestellung und der Widerruf von Prokuren.
3. Beteiligung der Gesellschaft an anderen Unternehmen sowie die Beteiligung anderer Unternehmen an der Gesellschaft einschließlich von Kooperations- und Beratungsverträgen.
4. Festlegung der Gehälter leitender Angestellter und des Geschäftsführers der Geschäftsführungs-GmbH.
5. Übernahme von Bürgschaften.

6. Kreditaufnahme, Überziehungskredite von mehr als einem halben Monatsumsatz, langfristige Verbindlichkeiten von mehr als einem Viertelmonatsumsatz (Monatsumsatz ist immer der Durchschnitt der letzten 12 Monate).

Über die Haltung der Genossenschaftsanteile sind die Mitarbeiter am Kapital und am Gewinn des Unternehmens beteiligt. Gleichzeitig kann durch dieses Arrangement jeder Mitarbeiter in den Entscheidungsprozeß der Firma einbezogen werden.

Der Wirtschaftsbeirat ist das wichtigste Beteiligungsgremium; er wurde bereits 1970 geschaffen. Damals stimmten die Mitarbeiter auf einer Betriebsversammlung zunächst für eine Entscheidungsbeteiligung, die dann Grundlage für die weitergehende Beteiligung am Kapital und am Gewinn des Unternehmens wurde. Der Wirtschaftsbeirat setzt sich zusammen aus den von der Belegschaft gewählten Abteilungsleitern, den Bereichsleitern für Verkauf, Verwaltung und Einkauf, dem Betriebsleiter, dem Betriebsrat und dem Geschäftsführer Peter Nawothnig. Die Abteilungen können Beobachter entsenden.

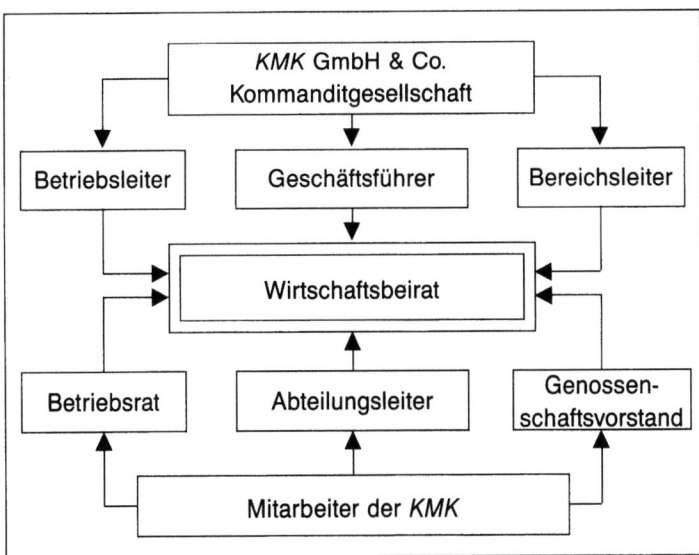

Abbildung 3: Der Wirtschaftsbeirat bei der *Keramik Manufaktur Kupfermühle*

Eine Betriebsvereinbarung regelt die Rechte und Pflichten des Wirtschaftsbeirates (siehe Seite 62). In diesem Beirat und über die Beteiligungsgenossenschaft werden alle Mitarbeiter umfassend über die betriebsrelevanten Vorgänge informiert; sie haben bestimmte Mitbestimmungs- und Mitwirkungsmöglichkeiten auf allen Ebenen. Auch wenn der Wirtschaftsbeirat nur beratende Funktion hat, werden dort die wesentlichen Entscheidungen bezüglich der Arbeitsorganisation und des Arbeitsablaufes diskutiert und vorbereitet. Gemäß dem Grundsatz der unternehmerischen Mitverantwortung haben die Mitarbeiter bei *KMK* über die Beteiligungsgenossenschaft ebenfalls wesentliche Mitspracherechte. Kommt es in der Gesellschafterversammlung bei zustimmungspflichtigen Geschäften nicht zu einer Einigung, so kann ein externer Schlichtungsausschuß angerufen werden. Dies war bisher jedoch noch nicht nötig. Wie die Mitbestimmung im betrieblichen Alltag konkret aussieht, sei am folgenden Beispiel des Umbaus der Malerei dargestellt.

Umbau und Vergrößerung der Abteilung Malerei

1. Der Wirtschaftsbeirat wird von der Geschäftsleitung über das Vorhaben „Umbau" informiert.
2. Der Wirtschaftsbeirat spricht eine Empfehlung über die Notwendigkeit des Umbaus aus.
3. Auch der Genossenschaftsvorstand stimmt dem zu. Da der Umbau durch die hohen Kosten zu den zustimmungspflichtigen Geschäften zählt, entscheidet die Genossenschaft mit.
4. Die Geschäftsleitung arbeitet einen Vorschlag (a) aus, der von jedem einzusehen ist.
5. Der Vorschlag (a) wird diskutiert. Von der Spritzerei wird ein zweiter Umbauvorschlag (b) gemacht, da sie durch den Vorschlag (a) Abstellfläche verlieren würde.
6. Die Malerei entscheidet sich schließlich für den zweiten Vorschlag (b).
7. In den Betriebsferien wird der Umbau fertiggestellt.

Umbau und Vergrößerung

Ein weiteres wesentliches Element der Mitarbeiterbeteiligung ist die Wahl der Abteilungsleiter durch die Abteilungsangehörigen. Diese Form der Mitbestimmung am Arbeitsplatz hat für die Mitarbeiter unmittelbare Bedeutung, da hiervon die täglich direkt erfahrbare Arbeitsplatzebene betroffen ist.

„Diesem Mitwirkungsrecht ist insofern eine besondere Bedeutung zuzumessen, als deren Konsequenzen spürbar werden, während die in den Gremien gefaßten unternehmenspolitischen Entscheidungen weniger Auswirkungen auf die tägliche Arbeit haben. Darüber hinaus ist dieses Wahlrecht eine auch in anderen Unternehmen weitestgehend unübliche Regelung, die den Mitarbeitern den Modellcharakter des eigenen Unternehmens vielleicht am deutlichsten vor Augen führt."

Hans-Christian Riekhof

Betriebliche Partnerschaft – warum?

Wie kam es dazu, daß im Laufe der letzten 20 Jahre ein solch differenziertes Unternehmensmodell auf Initiative von Olga und Peter Nawothnig entwickelt wurde? Was bewog Peter Nawothnig als ehemaligen Alleinunternehmer dazu, die Verfügungsmöglichkeiten über das Firmenkapital und damit die eigene Dispositionsfreiheit zugunsten der Mitarbeiterbeteiligung einzuschränken? Welche Motive haben Unternehmen überhaupt, ihre Mitarbeiter am Gewinn, am Kapital und an den innerbetrieblichen Entscheidungsprozessen zu beteiligen?

Wie viele andere Beteiligungsmodelle auch, entstand das Modell *KMK* Ende der sechziger Jahre und wurde bis Anfang der siebziger Jahre weiterentwickelt. Die Entstehung fällt also zusammen mit einer Zeit der wirtschaftlichen Prosperität.

Am Anfang der Überlegungen standen durchaus finanzielle Erwägungen. Moralische Aspekte wurden erst später zu einem wichtigen Bestandteil des Modells, sind aber im Sinne der betriebswirtschaftlichen Effizienz des Modells und des gesamten Unternehmens nicht zu unterschätzen.

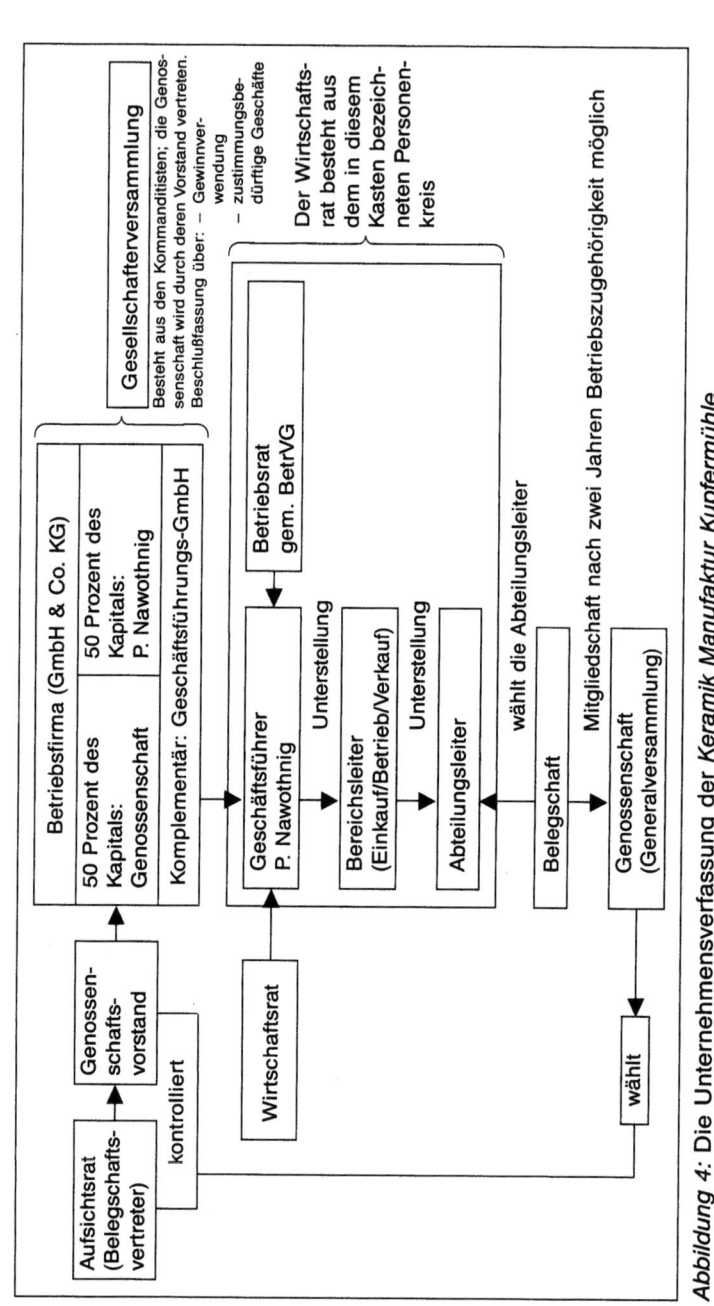

Abbildung 4: Die Unternehmensverfassung der *Keramik Manufaktur Kupfermühle*

Quelle: Riekhof, H.-Ch., Der andere Weg – Das Beteiligungsmodell der *Keramik Manufaktur Kupfermühle*, zfo 3/1983

Peter Nawothnig faßt die Motivation zur Umgestaltung der Unternehmensverfassung in drei Punkten zusammen:

1. Nicht nur den älteren Belegschaftsmitgliedern ist bewußt, daß nach der Währungsreform die Firma am Punkt null begonnen hat. Das bedeutet, daß alles bis jetzt Geschaffene unter wesentlicher Mitwirkung der Belegschaft entstanden ist, doch war sie vom Besitz völlig ausgeschlossen. Dies war nicht wünschenswert und würde eines Tages negative Folgen haben. Im Rahmen des Möglichen mußte man versuchen, die Dinge zurechtzurücken, und zwar rechtzeitig.

2. Die Art der Produktion bei *KMK* erfordert von der Belegschaft ein Mitdenken und Mitarbeiten, das nicht durch Druck, sondern nur durch Auswahl der Mitarbeiter und entsprechende Motivation erreicht werden kann. Wir sind also nicht nur durch einen besonders hohen Lohnkostenanteil von der Belegschaft abhängig, sondern jede Unruhe in der Firma und jede Form des Verteilungskampfes würde für uns größere Risiken als für andere bedeuten. Dem kann man nicht mit halben Maßnahmen begegnen.

3. Der bei *KMK* seit Jahren geübte kooperative Führungsstil der Firma, das heißt die weitgehende Mitwirkung der Belegschaft selbst, hat zu besseren Ergebnissen geführt, als sie ein traditionell autoritärer Führungsstil hätte erzielen können. Gewiß hat ein kooperativer Führungsstil auch seine speziellen Probleme, und auch über die Grenzen des Erreichbaren darf man sich nicht Illusionen hingeben. Aber mit Sorgfalt und Geduld und der Bereitschaft aller Beteiligten, sich dem ständigen Lernprozeß auszusetzen, sind nach und nach die Voraussetzungen für eine echte Mitbestimmung entstanden. Das Erreichte mit Skepsis und im Bewußtsein der Grenzen institutionell abzusichern, war einige Überlegungen wert.

Die Grundsatzentscheidung auf dem Weg zu einer partizipativen Unternehmensverfassung war mit der Einrichtung des Wirtschaftsbeirates getroffen worden und setzte sich mit der Kapitalbeteiligung und der damit einhergehenden Veränderung der Rechtsform fort. Die Veränderung der Rechtsform war begleitet von großen rechtlichen und steuerrechtlichen Problemen, da bei der Übertragung von Kapitalanteilen auf die Belegschaft eine hohe Steuerbelastung und die Aufdeckung der stillen Reserven vermieden werden mußte. Die Gründung der Genossenschaft mit einem Genossenschaftsanteil von 100 DM pro Mitarbeiter und eine ungleichmäßige Ausschüttung der Gewinne zu Lasten von Peter Nawothnig und zugunsten der Genossenschaft führte in den folgenden Jahren langsam zu einer Gleichverteilung der Kaptitalanteile zwischen der Beteiligungsgenossenschaft und dem ehemaligen Alleinunternehmer.

Die Auswirkungen und Ergebnisse des Unternehmensmodells werden bei *KMK* durchaus realistisch eingeschätzt: Als problematisch wird empfunden, daß neu hinzukommende Mitarbeiter, die den Gründungs- und Entwicklungsprozeß der Unternehmensverfassung nicht miterlebt haben, nur schwer in die unternehmensinternen Mitbestimmungsabläufe integriert werden können. Die Identifizierung mit dem Unternehmensmodell und den zugrundeliegenden Unternehmenszielen ist für neue Mitarbeiter nicht selbstverständlich. Darüber hinaus bedauern die Initiatoren des Modells, daß ein Großteil der Belegschaft sich nicht aktiv in den Mitbestimmungsgremien engagiert, um so zu einer Weiterentwicklung des Unternehmensmodells beizutragen. Die Möglichkeit der Mitentscheidung der Belegschaft erfordert einen koordinierten Informationsfluß von der Belegschaft zur Geschäftsführung und umgekehrt. Das bedeutet, daß die Entscheidungsfindung zeitaufwendiger ist als bei einem autoritären Führungsstil. Zeit ist aber gerade im kleinen Unternehmen Mangelware, weil hier notgedrungen gleich mehrere Funktionen in der Hand der Geschäftsführung vereinigt sind.

Positiv ist jedoch hervorzuheben, daß einmal getroffene Entscheidungen in partizipativ strukturierten Unternehmen allgemein verbindlich und anerkannt sind und daß damit den höheren Entscheidungsfindungskosten geringere Durchsetzungskosten gegenüberstehen. Zu den positiven Erfahrungen mit dem Unternehmensmodell gehören außerdem:

1. Viele Entscheidungen wurden nach ausführlicher Diskussion fundierter und sachgerechter getroffen. Der Sachverstand der Betroffenen macht sich positiv bemerkbar.

2. Die Information über alle wichtigen Betriebsergebnisse gab den Mitarbeitern Sicherheit und stärkte das Selbstgefühl und das Verantwortungsbewußtsein für das Unternehmen.
3. Die Fluktuationsrate bei *KMK* ist außerordentlich gering, was sich bei den hohen Anlernkosten positiv auswirkt.
4. Alle Beteiligten, die Geschäftsleitung, die Familie Nawothnig und die Beschäftigten des Unternehmens, sind sich darin einig, daß bei allen Nachteilen diese Art der Unternehmensführung den anderen, etwa autoritären Führungsstilen, überlegen ist.

Partnerschaft und Glaubwürdigkeit

Die besondere Gestaltung des innerbetrieblichen Zusammenarbeitens bei *KMK* geht allein auf die Initiative der Familie Nawothnig – Vater, Mutter und Sohn – zurück und wurde in Kooperation mit dem Betriebsrat umgesetzt und weiterentwickelt. Sie ist Ausdruck einer Vorstellung von den Aufgaben eines Unternehmers, die sich mit den Stichworten „Partnerschaft und Glaubwürdigkeit" beschreiben lassen. Dieses Motto der Familie Nawothnig ist in der Unternehmensführung zur Leitidee geworden. Ein partnerschaftliches Verhältnis zu den Mitarbeitern, den Kunden und Geschäftspartnern, aber auch innerhalb der Familie und zur natürlichen Umwelt ist nach Vorstellung der Nawothnigs das wichtigste Merkmal einer zukunftsweisenden Form des Zusammenlebens und des Zusammenarbeitens. Danach beschreibt Glaubwürdigkeit die persönliche Integrität, die sich sowohl im Verhalten der Menschen als auch in den Resultaten ihrer Arbeit äußert. So ist zum Beispiel eine glaubwürdige Produktgestaltung eines der wesentlichen Anliegen der Familie und zugleich Unternehmenszweck. Die Herstellung und Präsentation glaubwürdiger, „anständiger" Produkte ist gerade im Markt der künstlerisch gestalteten und materiell wertvollen Konsumgüter ein wesentliches Merkmal, das die Produkte der *KMK* von minderwertiger Massenware unterscheiden soll. Das bedeutet auch, daß auf eine optisch ansprechende, aber die wahren Merkmale des Produktes verschleiernde Verpackung und Präsentation verzichtet wird. Das Marketing und der Verkauf der Produkte erfolgen nach klassischen oder „altmodischen" Grundsätzen. Kontakte zum anspruchsvollen Fachhandel, eine bewußte Weiterentwicklung der Kollektion und eine enge Geschäftspartnerschaft zu Kunden und Lieferanten sind die Kennzeichen dieses Marketings. Ziel des Unternehmens ist die Herstellung eines Produktes, „das für sich selbst" und damit für die Keramikmanufaktur Kupfermühle und seine Mitarbeiter spricht. Die Umsetzung des Prinzips „Partnerschaft und Glaubwürdigkeit" nach innen, bei der Gestaltung der innerbetrieblichen Arbeitsverhältnisse, und nach außen, im Umgang mit Kunden und Geschäftspartnern, ist ein Prozeß, an dem die Familie Nawothnig nunmehr seit 20 Jahren erfolgreich arbeitet, der aber wohl nie abgeschlossen sein wird, sondern im täglichen Alltag ständig praktiziert werden muß. Rückschläge, menschliches (Fehl-)Verhalten und Enttäuschung gehören ebenso zu diesem Prozeß wie Erfolgserlebnisse und Freude an der Erreichung eines Zieles. Die partnerschaftliche Gestaltung der innerbetrieblichen Arbeitsverhältnisse, die heute nicht mehr als idealistisches Hirngespinst belächelt wird, sondern deren betriebswirtschaftliche Effizienz und menschengerechte Praktikabilität heute längst erkannt sind, entspringt bei *KMK* einer bewußten Werthaltung der Unternehmerfamilie, die ihre Wertvorstellungen von einer glaubwürdigen und „gerechten" Gestaltung des Privat-, Gesellschafts- und Arbeitslebens in die Tat umzusetzen versucht. Eines der wichtigsten Elemente dieser Werthaltung ist die Erkenntnis, daß Konflikte sowohl im Betrieb als auch in der Familie und anderswo immer dann entstehen, wenn beide Konfliktparteien berechtigte Interessen vertreten. Die Anerkennung der Integrität und der Interessen des Gegenüber sollte, so Olga Nawothnig, die Grundlage jeder Konfliktbewältigung sein. Wenn man erkennt, daß beide Seiten Recht haben, so wird die Erreichung eines Kompromisses und seine Umsetzung von einer wesentlich höheren Tragfähigkeit sein, als wenn Konflikte über Machtmechanismen gelöst werden, bei denen sich immer eine der beiden Parteien ungerecht behandelt fühlt.

Unternehmenskultur

Die Nawothnigs sehen die Aufgabe eines Unternehmers somit gerade darin, den eigenen Gestaltungswillen zur Realisierung einer auf den Prinzipien Partnerschaft und Glaubwürdigkeit basierenden Unternehmensverfassung einzusetzen. Daß dabei Anspruch und Realität oft auseinanderfallen, weiß man in Hohenlockstedt aufgrund langjähriger Erfahrung. Dennoch bleibt das Bestreben, die Realität weitgehend nach den eigenen ideellen Vorstellungen zu gestalten.

Der Gestaltungswille ist für Olga Nawothnig ein wesentliches Merkmal des Unternehmertums. Ein Unternehmer schafft und gestaltet die sozialen Verhältnisse in seinem Betrieb und darüber hinaus. Basierend auf seinen persönlichen Neigungen und Werthaltungen kann er die Lebensumstände seiner Mitarbeiter und Geschäftspartner in verschiedenen Richtungen beeinflussen. „Ein Unternehmer schafft Kultur", indem er innerhalb eines sozialen Gefüges, zum Beispiel in seinem Betrieb, die Gestaltung der sozialen Verhältnisse entscheidend mit beeinflußt.

Gestaltungswille und Gestaltungsmacht sind auch heute noch wesentliche Attribute des Unternehmertums. Die Möglichkeit, zum Wohle des Betriebes, der Mitarbeiter und der betrieblichen Umgebung tätig zu werden, ist seine wichtigste Aufgabe. Olga Nawothnig, die selbst Tochter einer Unternehmerfamilie ist, nennt die Pionierunternehmer des 19. Jahrhunderts als Vorbilder, die zielstrebig, innovativ, verantwortungsvoll und risikobereit die damalige Gesellschaft umgestaltet haben. Für sie hatte und hat auch heute noch der patriarchalische Unternehmer, der mit Strenge und sozialer Fürsorge ein Unternehmen und seine Mitarbeiter führt, eine ebenso große Bedeutung wie die modernen, eher partnerschaftlich orientierten Unternehmer und Manager. Beiden ist gemeinsam, egal ob es sich um die Eigentümer eines Unternehmens handelt oder nicht, daß sie bewußt gestaltend in soziale und gesellschaftliche Prozesse eingreifen und diese gemäß ihren Werthaltungen beeinflussen. In der *Keramik Manufaktur Kupfermühle* ist daraus ein Unternehmen entstanden, das nach den Vorstellungen der Familie Nawothnig bezüglich partnerschaftlicher Zusammenarbeit geprägt ist, das einen Beitrag leistet zur Unternehmenskultur für und durch die Mitarbeiter und für das gesellschaftliche Umfeld.

Um den unternehmerischen Gestaltungswillen zielgerichtet und im Sinne einer positiven Veränderung der sozialen Realität umzusetzen, bedarf es eines auf lange Zeiträume ausgerichteten Denkens. Im Gegensatz zu den kurzen Zeitspannen, in denen zum Beispiel Politiker oft denken, muß der Unternehmer langfristig planen und wirtschaften. Daneben ist es auch die Aufgabe von Unternehmern, sich über das Unternehmen hinaus aktiv an der Gestaltung gesellschaftspolitischer Ziele zu beteiligen. Gerade hier können Unternehmer, so die Vorstellung von Olga Nawothnig, ihre Erfahrungen einbringen und langfristige Perspektiven aufzeigen, um so ein Gegengewicht zur oft kurzfristigen und kurzsichtigen Politik zu schaffen.

Zu den Gestaltungsfreiräumen des Unternehmers gehört aber auch, daß diejenigen, die aktiv handeln, die Verantwortung für die von ihnen geschaffenen Fakten übernehmen. Das Verantwortungsprinzip, das in der Politik oft verwässert wird, ist neben dem Gestaltungswillen ein zweites wesentliches Attribut des Unternehmers. Verantwortung ist dabei nicht teilbar, sondern muß eindeutig an Personen festgemacht werden. Aus dieser Verantwortlichkeit und der Bereitschaft, Konsequenzen zu tragen, entspringt dann auch der Anspruch, gestaltend und bestimmend zu handeln. Peter Nawothnig trägt für alle Entscheidungen des Unternehmens die volle Verantwortung und das unternehmerische Risiko. Auch wenn die Mitarbeiter am Gewinn und an den innerbetrieblichen Entscheidungsprozessen beteiligt sind, sind es doch der ehemalige Alleineigentümer und seine Familie, die die Konsequenzen einer Fehlentscheidung letztlich zu tragen haben. Das heißt dann aber auch, daß gegen den Willen des Verantwortlichen nicht entschieden und gehandelt werden darf. Ein Prinzip, das in der Unternehmensverfassung von *KMK* fest verankert ist. „Kollektive" Verantwortlichkeiten werden von den Nawothnigs nachdrücklich abgelehnt.

Verantwortlichkeit über das Unternehmen hinaus

Partnerschaft, die Akzeptanz von Konflikten und die Respektierung des Gegenüber sind Prinzipien, die nicht nur bei der Gestaltung der innerbetrieblichen Arbeit gelten sollten, sondern die auch im gesellschaftlichen Zusammenspiel und im Umgang mit der Natur beachtet werden müssen. Es gibt nach Meinung der Nawothnigs in der modernen Industriegesellschaft heute durchaus Gestaltungs- und Entfaltungsspielräume für den einzelnen, auch wenn eine vollständige Chancengleichheit wohl niemals erreichbar sein wird. Eine an der sozialen Verpflichtung orientierte Marktwirtschaft ist heute am ehesten geeignet, individuelle Freiheiten, soziale Gerechtigkeit und wirtschaftlichen Fortschritt miteinander zu verbinden. Partnerschaftliches Verhalten im Konflikt, Glaubwürdigkeit der eigenen Aussagen und persönliche Integrität sind im gesellschaftlichen Bereich ebenso notwendig wie in einem Unternehmen. So können Verteilungskämpfe nur dann entschärft werden, wenn beide Konfliktparteien die Interessen der Gegenseite akzeptieren und entsprechend kompromißbereit sind. Die Bezeichnung Sozialpartnerschaft hat demnach in Wirklichkeit eine wesentlich tiefere Bedeutung, als dieser in den Medien oft falsch gebrauchte Begriff vermuten läßt.

Eine marktwirtschaftliche Ordnung ist jedoch nicht nur die Grundlage der sozialen Partnerschaft. Sie lenkt auch den Eigennutz des Menschen, die stärkste Triebfeder des wirtschaftlichen Fortschritts, in gesellschaftlich sinnvolle Bahnen. Auch wenn bei *KMK* ein kooperativer Umgang gepflegt wird, so ist man doch auch hier der Meinung, daß das Eigeninteresse des einzelnen die bedeutendste Handlungsmotivation ist. Ziel des *KMK*-Modells ist es, dieses Eigeninteresse der Mitarbeiter durch eine besonders gestaltete Unternehmensverfassung für den Betrieb nutzbar zu machen, indem jeder Mitarbeiter durch eine Gewinn-, Kapital- und Entscheidungsbeteiligung am Unternehmensergebnis partizipiert.

Über die Schaffung neuer Strukturen, zum Beispiel in Form der Unternehmensverfassung der *Keramik Manufaktur Kupfermühle*, kann auch ein erzieherischer Effekt erreicht werden:

Allen Beteiligten wird deutlich, daß partnerschaftliches Verhalten bei der Erreichung der individuellen Ziele mindestens ebenso effizient ist wie ein ausschließlich an der Realisierung des größten Eigennutzes ausgerichtetes Handeln. Auch für die großen Zukunftsprobleme der Menschheit, die zunehmende Umweltzerstörung und die Begrenzung des wirtschaftlichen Wachstums, scheint eine Ordnung, die sich an partnerschaftlichen Prinzipien und glaubwürdigem Handeln orientiert, die einzige sinnvolle Lösung zu sein. Daß die Grenzen des Wachstums nicht nur für *KMK*, sondern auch gesamtwirtschaftlich erreicht sind, ist für die Beteiligten in Hohenlockstedt nicht zu übersehen. Dies bedeutet aber, daß sich die Unternehmenspolitik an diesen Fakten zu orientieren hat, um durch ständige Produktverbesserungen und durch eine glaubwürdige und einheitliche Kollektion Marktanteile zu halten und auszubauen. Keine billige Massenware, sondern ein unverwechselbares, „wertvolles" Produkt herzustellen, ist das Ziel dieser Unternehmensführung.

Für den Umweltschutz wurden in den letzten Jahren erhebliche Investitionen getätigt, nicht nur um bestehende Auflagen zu erfüllen, sondern in weit umfangreicherem Rahmen. Auch in diesem Bereich kann nach den Vorstellungen der Familie Nawothnig durch eine Kombination aus marktwirtschaftlichen Mechanismen und eindeutigen Vorgaben des Staates eine Lösung des Problems erzielt werden. Gesetze sollten dann allerdings ohne Ausnahmen gelten und nicht zur Konkurrenzverzerrung führen.

Kreativität

In der *Keramik Manufaktur Kupfermühle* wird seit nunmehr 20 Jahren aktiv Partnerschaft praktiziert. Das Partnerschaftsmodell soll nach Aussagen der Initiatoren kein Modell für eine bessere Zukunft sein, weder auf betrieblicher noch auf gesellschaftlicher Ebene. Es soll aber ein Beispiel geben, wie in einem kleinen, fast noch handwerklich strukturierten Betrieb eine moderne Unternehmensführung zu realisieren ist. Daneben manifestieren sich in diesem Modell die grundsätzlichen Werthaltungen und die Lebenseinstellung der Unternehmerfamilie.

Kreativität

Unabhängig von alltäglichen Ereignissen bekommen hier grundsätzliche Werte eine Bedeutung und drücken sich in festgelegten Regeln betrieblichen Zusammenlebens aus. Dieser persönliche Stil der Familie und die zugrundeliegenden Wertvorstellungen vom menschlichen Zusammenleben und -arbeiten sind sicher nicht typisch für alle Unternehmer und Unternehmensführer in unserer Gesellschaft. Sie dokumentieren aber, daß Unternehmertum mehr bedeutet als das Management einer Firma. Unternehmertum ist geprägt von wirtschaftlichem Kalkül und sozialer Verantwortung. Nicht nur die betriebswirtschaftliche Rationalität und die neuesten Führungstechniken gehören zum Repertoire eines Unternehmers – Unternehmensführung ist auch mit einer besonderen Einstellung zu anderen Lebensfragen verbunden.

Der Entwicklungsprozeß bei *KMK* ist noch nicht abgeschlossen. Wie in jedem anderen Unternehmen auch ist der betriebliche Alltag in erster Linie von der zu verrichtenden Arbeit geprägt. Konflikte, Spannungen und Streß sind hier ebenso an der Tagesordnung wie anderswo. Aber der über den Betrieb hinausweisende Modellcharakter des Unternehmens ist allen Beteiligten bewußt und hat zu einer Auseinandersetzung über Fragen des innerbetrieblichen Zusammenarbeitens auf allen Ebenen geführt. Es bleibt die Aufgabe, diesen Prozeß produktiv voranzutreiben.

Für Olga Nawothnig war das Zusammentreffen mit Josef Beuys einer der wichtigsten Eindrücke, die sie während ihrer Tätigkeit in Sachen partnerschaftlicher Unternehmensführung gewonnen hat. Beuys' ganzheitlicher Kunstbegriff und die Vorstellungen der Nawothnigs von einer ganzheitlichen Unternehmenskultur liegen eng beieinander. Durch Kreativität schafft ein Unternehmer in seinem Betrieb ebenso Kultur – Unternehmenskultur – wie dies ein Künstler bei der Gestaltung bestimmter Materialien tut. Die Formung der Umgebung, die Gestaltung von Sozial-Kultur ist für die Nawothnigs wohl die wichtigste Unternehmensfunktion. Für ihren Nachfolger halten die Nawothnigs dann auch folgenden Rat bereit: Akzeptierung und positive Bewertung von Konflikten und Kreativität bei deren Lösung.

Betriebsvereinbarung Wirtschaftsbeirat

Unsere Erfahrung in den letzten Jahren hat gezeigt, daß zahlreiche, besonders innerbetriebliche Probleme in der *KMK* leichter lösbar sind oder gar nicht erst entstehen, wenn ein gemeinsames Gremium aus Geschäftsleitung und Belegschaft existiert, in dem Sachkenntnis, Erfahrung und Information zusammengefaßt sind. Was seit 1970 praktiziert wird, ist in dieser Betriebsvereinbarung nur noch zusammengefaßt.

1. Name

Der Name dieses Gremiums ist Wirtschaftsbeirat.

2. Aufgabe, Rechte und Pflichten des Wirtschaftsbeirates

Die Aufgabe des Wirtschaftsbeirates ist es, durch Abwägen der Belange von Firma und Belegschaft für alle Fragen optimale Lösungen zu erarbeiten. Die im Betriebsgeschehen unvermeidbaren Konflikte und die kollidierenden Interessen sollen nicht ausgekämpft, sondern soweit wie möglich durch Vernunft zum Ausgleich gebracht werden. Um dieser Aufgabe gerecht werden zu können, muß jedem Mitglied des Wirtschaftsbeirates ein erhebliches Maß an Fairneß und Toleranz abverlangt werden sowie die Bereitschaft auch zu unbequemen Einsichten. Der Wirtschaftsbeirat berät die Geschäftsleitung und gibt Empfehlungen, an die sich die Geschäftsleitung halten soll. Tut sie das nicht, muß das Abweichen detailliert begründet werden.

Aufgabe des Wirtschaftsbeirates ist es ferner, als Informations-Bindeglied zwischen Geschäftsleitung und Belegschaft zu wirken. Zu diesem Zweck stehen dem Wirtschaftsbeirat alle Unterlagen aus Buchhaltung und Betriebsstatistik zur Verfügung. Aufgabe der Abteilungsleiter ist es, ihren Abteilungen die Informationen weiterzugeben und zu erläutern, sofern es sich nicht um Dinge handelt, die vertraulich behandelt worden sind. In diesen Fällen steht der Informationspflicht eine sehr ernst zu neh-

Dokument 1: Betriebsvereinbarung Wirtschaftsbeirat der *KMK*

mende Pflicht zur Verschwiegenheit gegenüber. Die lückenlose Informierung des Wirtschaftsbeirates ist nur möglich, wenn man sich auf die Verschwiegenheit der Mitglieder verlassen kann; bei groben Verstößen gegen diese Pflicht zur Verschwiegenheit kann der Wirtschaftsbeirat mit drei Viertel der abgegebenen Stimmen den Ausschluß eines Mitgliedes beschließen.

3. *Zusammensetzung und Wahl*
Der Wirtschaftsbeirat besteht aus zwei Gruppen von Mitgliedern:

a) den gewählten Vertretern der Belegschaft. Dazu gehören der Betriebsrat und die Abteilungsleiter. Die Abteilungsleiter werden von den Abteilungen in geheimer Wahl mit der Mehrheit der abgegebenen Stimmen gewählt. Die Amtsdauer beträgt zwei Jahre mit der Möglichkeit der Wiederwahl.

b) den von der Geschäftsleitung in den Wirtschaftsbeirat entsandten Vertretern. Dazu gehören neben Herrn und Frau Nawothnig der Betriebsleiter sowie der für den Einkauf Zuständige. Der Wirtschaftsbeirat kann mit drei Viertel der abgegebenen Stimmen den Kreis der Teilnehmer erweitern oder verkleinern.

4. *Verfahren und Willensbildung*
Der Wirtschaftsbeirat tagt nach Bedarf. Er soll in der Regel einmal im Monat zusammenkommen. Wenigstens eine Woche vor der Sitzung soll die Tagesordnung aufgestellt sein und am schwarzen Brett aushängen, damit jeder in der *KMK* Tätige Gelegenheit hat, direkt oder über den Abteilungsleiter weitere Tagesordnungspunkte anzumelden.

Beschlüsse im Wirtschaftsbeirat werden mit der Mehrheit der abgegebenen Stimmen gefaßt. Von den Sitzungen wird ein Protokoll angefertigt, das alle Beschlüsse enthält sowie in den Grundzügen auch einen Bericht über die Diskussion. Das Protokoll soll spätestens drei Tage nach der

Dokument 1 (Forts.)

Sitzung des Wirtschaftsbeirates am schwarzen Brett aushängen.

Im Wirtschaftsbeirat müssen manchmal sehr heikle Themen behandelt werden, die zum Teil sehr persönliche Probleme der Mitarbeiter berühren können. Hier gilt wieder, daß der Wirtschaftsbeirat nur dann frei reden und entscheiden kann, wenn, wo es nötig ist, die Vertraulichkeit garantiert bleibt. Auch sind nicht alle Probleme der Firma für die Öffentlichkeit geeignet. In diesen Fällen wird ein vertrauliches Protokoll geführt, das nur den Mitgliedern des Wirtschaftsbeirates zur Verfügung steht.

5. „Feuerwehr"-Ausschuß

Es kommt vor, daß grundsätzliche Entscheidungen, die sonst im Wirtschaftsbeirat diskutiert würden, sehr schnell getroffen werden müssen. Dann tritt der „Feuerwehr"-Ausschuß zusammen, bestehend aus dem Betriebsleiter, dem Betriebsratsvorsitzenden und Herrn Nawothnig. Je nach Art des Falles können weitere Personen hinzugezogen werden.

6. Schluß

Es wird in dieser Vereinbarung bewußt auf den Versuch verzichtet, alles bis ins kleinste Detail festzulegen. Das Funktionieren des Wirtschaftsbeirates hängt so sehr vom guten Willen der Beteiligten ab, daß man diesen genug schöpferische Kraft zutrauen darf, für neue Situationen auch neue Lösungen zu vereinbaren.

Hohenlockstedt, im Dezember 1975

Dokument 1 (Forts.)

3. Kapitel

Technik für das Leben – *Drägerwerk* AG

Die Drägerwerk AG in Lübeck ist überall dort gefordert, wo die Beatmung eines Menschen eine lebensrettende Rolle spielt. Unter der Leitidee „Technik für das Leben" hat das Unternehmen eine führende internationale Marktposition in den Bereichen Medizintechnik, Sicherheitstechnik, Gasmeßtechnik und Druckkammertechnik erlangt. Aufgrund der lebensbedrohenden Auswirkungen, die ein Fehler in der Produktion für den Kunden haben kann, erfordert die Herstellung der Produkte höchste Qualität. Jeder Mitarbeiter muß sich für seine Tätigkeit absolut verantwortlich fühlen und so mithelfen, eine einheitliche Corporate Identity nach außen wie auch nach innen aufzubauen.

Das Unternehmen

Der größte Arbeitgeber Schleswig-Holsteins ist die *Drägerwerk AG* in Lübeck. *Dräger* beschäftigt in der Bundesrepublik über 5500 und weltweit über 7000 Mitarbeiter. Die Produktpalette im Bereich der Medizintechnik, in dem das Unternehmen Weltgeltung hat, umfaßt zum Beispiel Geräte für die Narkose, Beatmung, Kleinkinderpflege, Notfallmedizin, Sauerstofftherapie, zentrale Gasversorgung sowie Gerätepflegezentren und Operationsraumsysteme. Produkte der Sicherheitstechnik sind heute überall dort zu finden, wo es gilt, den Menschen vor schädlichen Umwelteinflüssen zu bewahren. Hauptanwendungsgebiete sind Bergbau, Feuerwehren, Rettungsdienste, Industrie und Luftfahrt. Schon seit Jahrzehnten ist der „*Dräger*-Man" in den USA ein Begriff für die Männer der Grubenfeuerwehr. Heute vertraut das Spezialunternehmen für Bohrfeldbrände „Red Adair" ebenso den *Dräger*-Atemschutzgeräten wie die Feuerwehren in Miami, Wien oder Singapur.

Dräger hat sich seit seiner Gründung 1889 zu einem weltweit operierenden Konzern mit einer vielschichtigen Produktpalette entwickelt, deren Realisierung höchste Ansprüche an die Innovationsfähigkeit, die Qualitätssicherung, die Organisation und das Management stellt. In einem speziellen Marktsegment, auf das man sich in Lübeck ausdrücklich konzentrieren will, hat das Unternehmen eine Spitzenstellung erreicht. Und trotz der Größe und der vielfältigen, weltweiten Verflechtungen hat *Dräger* seinen Charakter als Familienunternehmen bewahrt, das heute in der vierten Generation von Christian Dräger, dem Urenkel des Firmengründers Heinrich Dräger, geleitet wird. Dieser hatte sich, so die Familienchronik, Ende des vorigen Jahrhunderts zunächst als Bastler, Tüftler und Vertreter für Nähmaschinen herumgeschlagen, bis er auf ein die damalige Menschheit schwer belastendes Problem stieß, nämlich schales Bier vom Faß. *Dräger* konstruierte ein Druckminder-Ventil, das für einen konstanten Kohlensäuredruck in den Bierfässern sorgte. Ein wichtiges Datum in der Firmengeschichte war das Jahr 1907. Heinrich Dräger entwickelte in diesem Jahr das erste automatische Sauerstoffwiederbelebungsgerät, den sogenannten Pullmotor, der bald in die ganze Welt verkauft wurde. Im gleichen Jahr gründete Dräger auch die erste Vertriebsgesellschaft in den Vereinigten Staaten.

Mit dem Wiederaufbau des Werkes nach 1945 begann die Entwicklung eines Geräteprogrammes mit neuen Schwerpunkten: Preßluftatmersysteme, Tieftauchtechnik, Langzeitbeatmung, Gasmeßtechnik, Bekämpfung der Säuglingssterblichkeit und die zentrale Versorgung von Krankenhäusern mit medizinischen Gasen und Wartungseinrichtungen. Das Unternehmen meldet seither etwa wöchentlich ein Patent an. Heute gibt es neben zahlreichen Niederlassungen im Inland auch Tochter- und Beteiligungsgesellschaften in allen wichtigen Schlüsselmärkten in Europa und Übersee. Der Anteil des Auslandsumsatzes der *Dräger*-Gruppe beträgt über 50 Prozent.

Geschäftspolitische Aktivitäten in einem solchen Umfang erfordern eine Kapitalausstattung, die Familienunternehmen in der Rechtsform einer Personengesellschaft in der Regel nicht realisieren können. Deshalb erfolgte 1970 die Umwandlung der Firma in die Drägerwerk Aktiengesellschaft. Das Grundkapital von 53,9 Millionen DM besteht aus den Stammaktien der Familie Dräger und stimmrechtslosen Vorzugsaktien, die an der Börse gehandelt werden. Daneben enthält die Bilanz von 1987 Genußscheinkapital der Mitarbeiter in Höhe von etwa 8,8 Millionen DM. Denn seit 1983 werden jährlich Genußscheine zu einem vom Unternehmen subventionierten Kurs an die Mitarbeiter ausgegeben, die über diese Kapitalbeteiligung am Erfolg des Unternehmens ebenso partizipieren wie die Aktionäre. Die Unternehmensführung liegt seit der Gründung in der Hand der Familie Dräger, die auch heute mit dem Vorstandsvorsitzenden Christian Dräger und dem Chef des Finanzressorts, Theo Dräger, die Geschicke des Unternehmens bestimmt. Die Grundsätze des unternehmerischen Handelns werden bei Christian Dräger wie folgt bestimmt (aus der offiziellen Informationsbroschüre der *Drägerwerk* AG, siehe Literaturverzeichnis):

„*1. Dräger will in seinen Arbeitsgebieten zu den international führenden Unternehmen gehören.*

2. Maßstab aller Aktivitäten ist der Kunde; an ihm orientiert sich Dräger von der Entwicklung bis hin zum Service; der Kunde ist der wahre Arbeitgeber.

3. Dräger will finanziell und unternehmerisch unabhängig bleiben; deshalb braucht das Unternehmen gute Erträge.

4. Dräger ist sozial engagiert und steht zu seiner gesellschaftspolitischen Verantwortung.

Um diese Ziele zu erreichen, richtet sich das Denken und Handeln auf die vier Stärken des Unternehmens aus: Mitarbeiter, Qualität, Kundennähe und Innovation."

Die Identität eines Unternehmens

Einer der wichtigsten geschäftspolitischen Grundsätze der *Dräger*-Unternehmensführung ist die Konzentration auf einen angestammten und abgrenzbaren Geschäfts- und Tätigkeitsbereich. Nach dem Motto „Dräger heißt sicheres Atmen" ist das Unternehmen überall dort zu finden, wo es um die menschliche Atmung geht, während andere Konkurrenten auch im internationalen Maßstab nur Teilbereiche dieses Marktes abdecken.

Diese Konzentration auf eine bestimmte Tätigkeit als geschäftspolitische Grundsatzentscheidung hat über die Produktpolitik hinaus auch eine große Bedeutung für die Identität des Unternehmens und seiner Mitarbeiter. Seit Jahren bemüht man sich in der Konzernleitung in Lübeck um eine einheitliche „Corporate Identity", die ein wichtiges Kommunikationsinstrument und eine Klammer für die weltweiten Aktivitäten des Unternehmens darstellen soll. Gegenüber Kunden, Wettbewerbern, der Öffentlichkeit und den eigenen Mitarbeitern will sich *Dräger* verstärkt als ein führendes Unternehmen der Medizin-, Sicherheits-, Gasmeß- und Druckkammertechnik international präsentieren. Die Herausstellung der eigenen Marktposition und des Tätigkeitsbereiches im Rahmen des CI-Programmes wird daher als ein wesentliches identitätsstiftendes Moment angesehen. Besonders die Kunden sollen in allen Teilen der Welt ein einheitliches Bild von dem Unternehmen und von seinen Produkten erhalten.

Dräger will finanziell und unternehmerisch unabhängig bleiben und den Charakter eines Familienunternehmens bewahren. Fortschrittliche Unternehmensführung und Geschäftspolitik und die Bewahrung einer mitarbeiterorientierten Unternehmenstradition schließen sich bei *Dräger* nicht aus. Die Unabhängigkeit von externen Kapitalgebern konnte durch die Ausgabe der stimmrechtslosen Vorzugsaktien und nicht zuletzt durch die Kapitalbeteiligung der Mitarbeiter erreicht werden. Die Brüder Christian und Theo Dräger verkörpern die Tradition des Familienunternehmens, stehen für das „Wir-Gefühl" im Unternehmen, das ein weiteres Element der Corporate Identity und der Unternehmenskultur bei Dräger ist. Die Fähigkeiten und das Engagement der Mitarbeiter werden als das wichtigste Potential des Unternehmens angesehen (Offizielle Informationsbroschüre der *Drägerwerk* AG, siehe Literaturverzeichnis).

„Wir fordern und fördern engagierte Mitarbeiter – bei Dräger zu arbeiten heißt, sich mit Verantwortungs- und Pflichtbewußtsein in seinem Aufgabenbereich einzusetzen, für die Kollegen, für die Qualität der Produkte und somit für das Leben und die Gesundheit der Menschen, die die Produkte benutzen."

Für viele Mitarbeiter bedeutet der Eintritt in die Firma eine lebenslange Beschäftigung. Die Fluktuationsrate ist sehr gering, wozu zum einen das „Wir-Gefühl" eines Familienunternehmens und zum anderen das Bewußtsein, sich für lebensrettende Produkte in der Arbeit zu engagieren, beigetragen haben.

Dräger fördert seine Mitarbeiter mit umfangreichen Personalentwicklungsprogrammen.

– Jährlich werden über hundert neue Ausbildungsverträge in 16 verschiedenen Ausbildungsberufen abgeschlossen.
– Zur Gewinnung von qualifizierten Hochschul- und Fachhochschulabsolventen wird ein systematisches Personalmarketing an Universitäten und Hochschulen betrieben.
– Die Führungs- und Unternehmensgrundsätze wurden 1986 nach einem intensiven Beratungsprozeß festgeschrieben und veröffentlicht. Mit allen Mitarbeitern sollen darüber jährlich Gespräche geführt werden.
– Fort- und Weiterbildung, besonders in den Einsatzbereichen neuer Technologien ist für viele Mitarbeiter seit Jahren obligatorisch.
– Mit der Durchführung von Modellversuchen (zum Beispiel Mädchen in Männerberufen), einer engen Zusammenarbeit

Die Identität eines Unternehmens 71

mit der Industrie- und Handelskammer, dem Arbeitsamt und den Schulen und mit der Durchführung von Projekten aller Art will Dräger darüber hinaus auch einen Beitrag zur Verbesserung der Ausbildungs- und Arbeitsplatzsituation von Jugendlichen und Arbeitslosen leisten.
— Bereits seit 1970 existiert ein betriebliches Vorschlagswesen, das 1983 durch die Einführung von Qualitätszirkeln ergänzt wurde. Beide Maßnahmen sollen die Qualitätssicherung fördern und für die Mitarbeiter ein Forum abgeben, in dem sie Probleme am Arbeitsplatz und im gesamten Arbeitsumfeld diskutieren und lösen können. Besonders die Qualitätszirkel werden als ein wichtiges Element der Mitbestimmung am Arbeitsplatz für die Mitarbeiter angesehen. Gleichzeitig sollen diese Gesprächsrunden das Engagement für das Unternehmen fördern, indem auf Schwachstellen hingewiesen und Verbesserungen realisiert werden. Jeder Mitarbeiter soll aus eigenem Antrieb so handeln und arbeiten, daß eine externe Kontrolle überflüssig wird.
— Die Ausgabe von Genußscheinen ist ebenfalls in diesem Zusammenhang zu nennen. Die Deckung eines größeren Kapitalbedarfs, Vermögensbildung der Mitarbeiter und Förderung des unternehmerischen Denkens werden damit angestrebt.
— Führungskräfte werden in der Durchführung von Gruppengesprächen und Diskussionen geschult. In „Wilderness-Experience-Seminaren" vermittelt Dräger Selbsterfahrung und Persönlichkeitsbildung in Form von „Überlebenstrainings" in einem schwedischen Naturreservat — „denn auch Führungseigenschaften müssen trainiert werden".

Im Geschäftsbericht von 1986 der *Drägerwerk* AG ist denn auch zu lesen:

„Mit der Einführung neuer Technologien und den Veränderungen in der Arbeitswelt hängt die Leistung der Mitarbeiter für das Unternehmen noch mehr vom freiwilligen Engagement und der persönlichen Leistungsbereitschaft ab. Parallel dazu bestehen verstärkt Bedürfnisse nach Freiräumen und Eigenverantwortung bei der Arbeit. Die Mitarbeiter möchten als Persönlichkeit respektiert und anerkannt werden.

Deshalb legt Dräger größten Wert darauf, daß seine Führungskräfte Verständnis für die beruflichen und menschlichen Belange der Mitarbeiter aufbringen. Die soziale Kompetenz der Führungskräfte wird bei Dräger ebenso wichtig angesehen wie die Fachkompetenz; denn das durch Kommunikation und Kooperation geprägte Sozialgefüge eines Unternehmens beeinflußt den Erfolg genauso nachhaltig wie die eingesetzte Technik und die Ablauforganisation."

Unternehmensziele und Unternehmensgrundsätze

Alle Maßnahmen der Personalentwicklung bei *Dräger* basieren auf der Überzeugung der Firmenleitung, die Christian Dräger so formuliert: „Für mich gibt es kein Problem, das sich nicht auf ein Personalproblem zurückführen läßt. Unternehmensführung ist Dienst an der Kreativität unserer Mitarbeiter." „Äußere Qualität", also die der erbrachten Leistung und der Produkte für die Kunden, und „innere Qualität", also die der Arbeitsbedingungen und der Form des Zusammenlebens der Mitarbeiter, sind nicht zu trennende Elemente einer erfolgreichen Unternehmensführung.

Im Jahre 1986 wurden die Unternehmensziele und die Unternehmensgrundsätze festgelegt und den Mitarbeitern und Kunden vorgestellt.

Der Formulierung der „Leitidee" und der „Ziele und Grundsätze" waren intensive Beratungen und Diskussionen der Führungskräfte vorangegangen. Christian Dräger machte in einer Rede vor der Betriebsversammlung jedoch deutlich, daß diese Formulierungen nicht etwas völlig Neues waren, das jetzt den Mitarbeitern als etwas Fremdes vorgestellt wird, sondern daß die Beteiligten versucht haben, in das Unternehmen hineinzuhorchen, und sich dabei fragten: „Was war es, das uns schlechte Zeiten der Vergangenheit so gut hat überstehen lassen, und was hat dazu geführt, daß wir in guten Zeiten so erfolgreich waren?" Unternehmensziele und Grundsätze sollen keine Wunschvorstellungen des Managements sein, sondern die Realität im Unternehmen formulieren und vergegenwärtigen.

Unternehmensziele und -grundsätze

Dräger – Über uns

Unsere Leitidee

Wir sind ein Unternehmen, das weltweit Produkte entwickelt, produziert und vertreibt, die das menschliche Atmen ermöglichen, unterstützen und schützen: *Dräger* heißt sicheres Atmen. Die Verantwortung, die sich daraus ergibt, müssen wir gemeinsam tragen.

Unsere Ziele

An der Präzision unserer Technik, der Qualität unserer Produkte und ihrer Sicherheit bei der Anwendung sowie der Zuverlässigkeit unserer Arbeit werden wir im internationalen Wettbewerb gemessen. Dieser Wettbewerb ist hart. Je geschlossener wir an unserer gemeinsamen Aufgabe arbeiten, desto größer sind unsere Chancen, unsere Spitzenposition im Weltmarkt zu halten und auszubauen und damit unsere Arbeitsplätze und Arbeitsbedingungen zu sichern. Deshalb orientieren wir uns bei der Umsetzung unserer Leitidee an zwei Zielen:

Äußere Qualität

Wir wollen, daß *Dräger* auf seinen Arbeitsgebieten eine herausragende Stellung einnimmt. Dies gilt für die Bedeutung von *Dräger* in seinen Märkten, für die Zuverlässigkeit seiner Produkte, seine Forschung und Ertragskraft.

Innere Qualität

Wir wollen die Arbeitsbedingungen bei *Dräger* auf den arbeitenden Menschen hin gestalten. Wir wollen Sorge tragen für sichere Arbeitsplätze, für gute soziale Leistungen und für ein Betriebsklima, das überdurchschnittliche Leistungen fördert und zur Zufriedenheit der *Dräger*-Mitarbeiter mit ihrer Arbeit führt.

Dokument 2: Unternehmensziele und Unternehmensgrundsätze der *Drägerwerk* AG

Quelle: *Dräger*-Informationsbroschüre „Über uns"

Unsere vier Grundsätze

Bei *Dräger* gab es zum Erreichen dieser Ziele, die nach außen und innen gerichtet sind, immer bestimmte Grundsätze, nach denen wir handelten und die uns zum Erfolg führten. Diese vier Grundsätze zu bewahren und fortzuentwickeln, ist Verpflichtung für alle, die sich engagiert für die Ziele unseres Unternehmens einsetzen.

1. Spitzenposition –
Wir wollen an der Spitze bleiben

Wir haben im Markt Spitzenplätze angestrebt und besetzt. Der Mut, unkonventionelle Ideen zu äußern und zu realisieren, und die Bereitschaft, über seinen eigenen Arbeitsplatz hinaus mitzudenken, bilden im wesentlichen Voraussetzungen für den weiteren Ausbau unserer internationalen Spitzenposition. Spitzenplatz bedeutet für uns auch, herausragend zu sein bei Arbeitsbedingungen und bei dem Verhältnis zwischen Unternehmen und Mitarbeitern.

2. Kundenorientierung –
Wir müssen unsere Kunden überzeugen

Ohne Kunden hätten wir keine Aufträge, keine Arbeit und damit auch nicht unseren heutigen Arbeitsplatz. Wir wissen deshalb, daß sich all unsere Arbeit von der Entwicklung über die Produktion bis zum Vertrieb und Service an den Wünschen unserer Kunden ausrichten muß. Oder anders ausgedrückt: Maßstab all unserer Aktivitäten ist der Markt.

3. Selbständigkeit –
Wir wollen selbständig bleiben

Wir wollen unsere finanzielle Unabhängigkeit erhalten, wollen frei nach unserer eigenen Überzeugung unseren Weg gehen. Unabhängig bleiben wir nur, wenn wir die Finanzierung unseres Unternehmens selbst und mit Hilfe unserer Aktionäre und Genußscheininhaber sichern können. Deshalb müssen wir für unsere Aktionäre und Genußscheininhaber

Dokument 2 (Forts.)

Unternehmensziele und -grundsätze

eine gute Kapitalanlage bleiben, das heißt wir brauchen überdurchschnittlich gute Erträge.

4. Soziale Verpflichtung –
Wir stehen zu unserer Verantwortung

Wir sind Teil unserer Gesellschaft und tragen damit Verantwortung. Das gilt besonders für den Erfolgreichen. Wir haben uns immer verantwortlich gefühlt, als Wirtschaftsunternehmen dort helfend einzugreifen, wo der Staat nur bedingt helfen kann. Sei es bei kulturellen, humanitären oder sozialen Aufgaben.

Unsere vier Stärken

Um unsere Ziele zu erreichen und Grundsätze einzuhalten, richten wir alle Aktivitäten auf die vier besonderen Stärken unseres Unternehmens aus, die wir gleichrangig ausbauen.

1. Mitarbeiter –
Wir fordern und fördern engagierte Mitarbeiter

Das wichtigste Potential unseres Unternehmens liegt in den Fähigkeiten und dem Engagement unserer Mitarbeiter. Das gilt für alle, an welcher Stelle und in welcher Position sie sich auch für unser Unternehmen einsetzen. Dieses Wissen bestimmt unsere Anstregungen bei der Auswahl, Förderung und Weiterbildung unserer Mitarbeiter und bei der Gestaltung unserer Arbeitsbedingungen.

2. Qualität –
Für Qualität ist jeder von uns verantwortlich

Die lebenserhaltende und -schützende Funktion unserer Geräte verlangt ein Höchstmaß an Qualität. Dieser Begriff bedeutet für uns: Zuverlässigkeit und Sicherheit. Qualität darf dabei nicht nur ein Maßstab für Produktion, Technik und Service sein, sondern auch für alle anderen Bereiche unseres Unternehmens. Wir haben ein Qualitätssystem geschaffen, das auf Vorausplanen, Vorausdenken und Zusammenwirken aller Mitarbeiter beruht. Zentraler Grundgedanke für uns ist,

Dokument 2 (Forts.)

jedem Mitarbeiter die Verantwortung für die Qualität seiner Arbeit zu übertragen.

3. Kundennähe –
Unsere Kunden sind unsere Partner
Der Begriff „Kundennähe" heißt für uns: Beratung und Problemlösung stehen vor dem Verkauf. So entscheidend wie das gute Produkt ist der flexible Service. Er gewährleistet die optimale Einsatzbereitschaft unserer Geräte bei unseren Kunden. „Kundennähe" bedeutet auch, daß wir bereit sind, auf individuelle Wünsche einzugehen und unsere Kunden jeden Tag erneut von uns zu überzeugen.

4. Innovation –
Innovationen und neue Ideen bringen uns weiter
Überdurchschnittliche Anstrengungen in Forschung und Entwicklung sowie in der Erneuerung unserer Anlagen sind für uns von elementarer Bedeutung. Innovationen entstehen überall, nicht nur auf dem Reißbrett, im Vertrieb, beim Service oder in der Fabrik. Jeder kann und muß an seinem Arbeitsplatz bereit sein, neue Ideen zu verwirklichen. Unsere Innovationsbereitschaft, unsere Erfindungskraft und Anpassungsfähigkeit, die wir stets aufs neue beweisen müssen, sind Voraussetzungen für den erfolgreichen Ausbau unserer Spitzenposition.

Dokument 2 (Forts.)

Innere und äußere Qualität

Wie viele Beteiligungsunternehmer ist auch Christian Dräger von der Partizipationsfähigkeit der Mitarbeiter überzeugt, wenn die entsprechenden Rahmenbedingungen vorliegen. Vor allem die Führungskräfte müssen lernen, Freiräume zu geben, die Kreativität und Engagement ermöglichen. Qualität kann man nicht hineinkontrollieren – Qualität kann nur erreicht werden, wenn jeder einzelne sie erzielen will und wenn er über die notwendige Fachkompetenz und die Handlungsfreiräume verfügt. Der Begriff Qualität bezieht sich daher nicht nur auf die Beschaffenheit der Produkte, sondern umschreibt alle Aspekte des innerbetrieblichen Zusammenwirkens und auch das Beziehungsgeflecht zur gesellschaftlichen und ökologischen Umgebung des Unternehmens. *Dräger* ist allein als größter Arbeitgeber der Stadt Lübeck ein kommunalpolitischer Faktor ersten Ranges. Das Unternehmen weiß um die Verantwortung, die es gegenüber dem Gemeinwesen hat. Die Öffentlichkeit wird daher umfassend über alle Vorgänge im Unternehmen informiert. *Dräger* betrachtet eine ausgeprägte Öffentlichkeitsarbeit als vertrauensbildende Maßnahme, die die Eingebundenheit des Unternehmens in das lokale und gesellschaftliche Umfeld dokumentieren soll.

Der Begriff Qualität bezieht sich naturgemäß aber vor allem auf die Beschaffenheit der Produkte und der Arbeitstätigkeiten im Unternehmen selbst. Denn die Produktpalette läßt Nachlässigkeiten nicht zu. Man hat daher bei *Dräger* ein Qualitätssystem entwickelt, das in dieser Form in der Industrie wegweisend ist. Da aber das beste Qualitätssystem nutzlos ist, wenn die Mitarbeiter davon nur eine ungenaue Kenntnis haben, wurde 1983 eine 44seitige Qualitätsfibel erstellt, die die Zusammenarbeit aller Beteiligten im „*Dräger*-Qualitätssystem" beschreibt. Zunächst wird darin aufgezeigt, wie kleine Nachlässigkeiten, ungenügende Kooperation oder mangelnder Informationsfluß eine große Wirkung, nämlich kostspielige Reklamationen, zur Folge haben, die darüber hinaus auch zur Abwanderung eines Kunden führen können. Daran anschließend wurden für jeden Arbeitsschritt eines Produktes, von der Produktidee über die

Produktion bis zur Produktbetreuung, detailliert alle Qualitätsschritte, Tätigkeitsmerkmale und Prüfungsverfahren dargestellt, die zu einer einwandfreien Produktqualität beitragen sollen. In den einzelnen Fertigungsstufen und betrieblichen Funktionsbereichen werden alle Mitarbeiter direkt angesprochen:

- Wer soll etwas tun?
- Was soll er tun?
- Wann soll er es tun?
- Wie und womit ist das zu tun?
- Mit wem soll er dabei zusammenarbeiten?

„Jeder einzelne macht Qualität – es gibt im *Drägerwerk* keinen Arbeitsplatz, an dem nicht jeder Mitarbeiter seinen speziellen Beitrag zur Qualität leisten kann. Es genügt im *Dräger*-Qualitätssystem nicht, nur die eigene Arbeit voll zu leisten, sondern man muß dabei mit Kollegen, Vorgesetzten und Spezialisten eng zusammenarbeiten, Fragen stellen, Hinweise geben, über Qualität diskutieren." (*Dräger:* Zusammenarbeit im *Dräger*-Qualitätssystem.)

Das Qualitätswesen ist in einem eigenen Geschäftsbereich zusammengefaßt, der mit allen anderen Geschäftsbereichen eng zusammenarbeitet. Insbesondere die Personalabteilung unterstützt die Bemühungen um Qualität.

Probleme, die die Qualität der Produkte und der innerbetrieblichen Arbeitszusammenhänge betreffen, lassen sich nicht auf dem Dienstweg lösen; sie erfordern das koordinierte und kooperative Zusammenwirken der Beteiligten über Hierarchiegrenzen hinweg. Qualitätszirkel sind ein Teil des Qualitätssystems bei *Dräger*. Diese ursprünglich aus japanischen Firmen übernommene Form der Zusammenarbeit ist eine Problemlösungsmethode, an der alle betroffenen Mitarbeiter beteiligt werden.

„Ein Qualitätszirkel ist eine Gruppe von Mitarbeitern, die sich zusammenfindet, um ein selbst gewähltes Arbeitsproblem zu lösen. Alle Zirkelteilnehmer wissen, wo ‚der Schuh drückt', und sind deshalb auch Spezialisten, wenn es darum geht, Problemlösungen zu suchen und in die Tat umzusetzen. Denn das ist der wichtigste Grundsatz der Qualitätszirkelarbeit: Die Mitarbeiter

Innere und äußere Qualität 79

Die Tätigkeiten aller Mitarbeiter des *Drägerwerkes* sind auf Qualität in unseren Produkten und Leistungen ausgerichtet. Hierbei sollen sie durch ausreichende

Information
Möglichkeiten der Kommunikation
Training

unterstützt werden.

Orientiert an dem jeweiligen Problem und Bedarf werden vom Personalwesen gemeinsam mit den Fachbereichen und dem Qualitätswesen unterschiedliche Maßnahmen entwickelt und durchgeführt.

Beispielhaft seien hier genannt:

Information	**Kommunikation**	**Training**
• Aushang von Plakaten	• Durchführung von Arbeitsbesprechungen und Sitzungen	• Prüfverfahren
• Vorstand informiert in Betriebsversammlung	• Teilnahme an Qualitätszirkeln	• Statistische Auswertungen
• Vierteljährliche Information zur wirtschaftlichen Lage	• Betriebliches Vorschlagswesen	• Führungstechniken für Qualität nutzen
• Einführungsprogramm für neue Mitarbeiter	• Veranstaltungsreihe „Dräger informiert intern"	• Neues Fachwissen
• Geschäftsbericht	• Zielsetzungsgespräche	• Einführung neuer Technologien
• Mündliche Information durch Vorgesetzte (...)	• Verschiedene Ausschüsse (Wirtschaftsausschuß, Arbeitsschutzausschuß usw.)	• Qualitätstechniken
		• Qualitätszirkel moderieren
		• Einweisung in das Qualitätshandbuch für Führungskräfte und technische Fachkräfte (...)

Dokument 3: Das Personalwesen hilft durch Information, Kommunikation und Training

Quelle: Die *Dräger*-Qualitätsfibel

formulieren die Lösungsvorschläge selbst. Und das Thema ist erst dann wirklich vom Tisch, wenn die Lösung umgesetzt ist – durchgeführt und kontrolliert von den Mitarbeitern selbst." (*Dräger:* Mehr Qualität – Aktuelles über die Qualitäts-Zirkel bei *Dräger*, Juni 1986.)

Qualitätszirkel haben gegenüber einer traditionellen Aufdeckung und Bearbeitung von Problemen „auf dem Dienstweg" den Vorteil, daß die Betroffenen selbst entscheiden, welches Problem am dringlichsten ist, daß die Lösung unter Einbeziehung der gesamten Fach- und Handlungskompetenz erarbeitet wird und daß diese erarbeiteten Lösungsvorschläge von den Teilnehmern akzeptiert und umgesetzt werden. Die Interessen der Betroffenen und des Unternehmens fallen hier zusammen. Problemlösungen müssen nicht mittels Weisungsbefugnis von außen durchgesetzt und kontrolliert werden. Die Arbeitsgruppe selbst handelt weitgehend autonom und selbstkontrolliert.

Wichtig ist dabei, daß das jeweilige Problem von der Gruppe bearbeitet und in einer überschaubaren Zeit durchgeführt werden kann. Bisher wurden etwa 80 „Moderatoren" für Qualitätszirkel geschult. Alle Qualitätszirkel finden während der Arbeitszeit statt, und die Personalabteilung wirbt ständig bei den Mitarbeitern um eine rege Beteiligung. Als besonders erfolgreich wird die Arbeit des Qualitätszirkels „Arbeitsplatzgestaltung EDV-Filter" angesehen. Weil sich die Produktion vor einem Trocknungsofen staute, entwickelten die Mitarbeiter ein Verfahren, das völlig ohne Ofen auskommt. Die Idee wurde als Verbesserungsvorschlag eingereicht und erzielte die höchste je bei *Dräger* gezahlte Prämie in Höhe von 36 000 DM. Der „klassische" Arbeitsablauf dieses Qualitätszirkels gliedert sich in sieben Schritte (siehe Dokument 6).

Die Erfahrungen bei *Dräger* bestätigen, daß Qualitätszirkel auch positive Auswirkungen auf das Betriebsklima haben, wie in der Informationsbroschüre „Mehr Qualität" nachzulesen ist:

„Die zielgerichtete Gruppenarbeit wurde von der Mehrzahl aller Teilnehmer sehr positiv und befriedigend beurteilt. Es zeigt sich, daß sich die verbesserte Kommunikation auch nach Beendigung eines Zirkels bewährt: Über auftretende Probleme wird heute

Innere und äußere Qualität 81

Qualitätszirkel werden methodisch durchgeführt. Zu den Arbeitsmitteln gehören Pinnwände, auf denen Papier befestigt wird, Filzschreiber in verschiedenen Farben, Karten, farbige Punkte zum Aufkleben.

Der Gesprächsleiter schreibt das Thema an die Pinnwand, stellt erste Fragen dazu. Die Antworten werden alle auf der Tafel gesammelt. Die Teilnehmer können – je nach gewählter Diskussionsform – in folgender Weise mitwirken:

- Sie können Antworten zurufen, die auf Karten aufgeschrieben und an die Tafel geheftet werden.
- Sie schreiben mit Filzschreiber ihre Antwort selbst auf eine Karte.
- Sie können Antworten mit Klebepunkten bewerten und gewichten.

- Wenn sie einer Aussage widersprechen wollen, so können sie „blitzen" und ihr Gegenargument per Karte dazuheften.

So kann auf den Tafeln viel schneller als in langatmigen Diskussionen eine Übersicht über Mängel, Hemmnisse, Ursachen, hilfreiche Ideen, Schritte der Abhilfe, neue Ziele usw. entstehen. Nichts geht verloren.

Die Teilnehmer fassen zum Abschluß des Qualitätszirkels die Einzelergebnisse auf den Tafeln zusammen. Daraus entsteht der Abschlußbericht, mit dem sie ihre Vorschläge präsentieren. Eine wirkungsvolle Methode, bei der man gerne mitarbeiter. Das haben die Erfahrungen gezeigt.

Dokument 4: Qualitätszirkel im *Drägerwerk*
Quelle: Die *Dräger*-Qualitätsfibel

Arbeitsschritt	Aktivitäten der Gruppe	Beispiel
Probleme beschreiben	Die Zirkelteilnehmer beschreiben möglichst exakt, wie sich die Schwierigkeiten bemerkbar machen.	Eines von vier Hauptproblemen: Zwischen Säge und Faltmaschine stehen zu viele Wagen.
Mögliche Ursachen finden	Alle möglichen Ursachen werden aufgelistet.	Kapazitätsengpaß am Ofen.
Ursachen prüfen	Die Ursachen werden auf ihre Stichhaltigkeit überprüft. Es wird nur weiter bearbeitet, was beweisbar ist.	Bei Schichtbetrieb kein Engpaß am Ofen.
Ziele festlegen	Die Qualitätszirkelteilnehmer beschreiben den angestrebten Zustand.	Mehr Platz bzw. Kapazitätserweiterung am Ofen.
Lösungen finden	Es werden Maßnahmen erarbeitet, die geeignet erscheinen, das selbst gesteckte Ziel zu erreichen.	Faltmaschine mit zweiter Heizung ausrüsten; dadurch entfällt der Fertigungsschritt am Ofen.
Lösungen vorstellen	Dem zuständigen Direktor wird das Arbeitsergebnis zur Entscheidung vorgestellt. Bei dieser Präsentation fällt immer eine Entscheidung. Eine Ablehnung muß begründet werden.	Der Vorschlag wurde angenommen. Eine Faltmaschine soll zur Probe mit einer zweiten Heizung ausgerüstet werden. Der Werkstattleiter organisiert den Einbau. Geschätzter Aufwand: DM 6000,–.
Maßnahmen umsetzen	Die beschlossenen Maßnahmen sollen möglichst unter Beteiligung der Zirkelteilnehmer zügig umgesetzt werden. Die Terminverfolgung wurde durch die Gruppe und den Koordinator (Abteilung Qualitätsplanung) durchgeführt.	Der Probelauf verlief sehr positiv. Das Platzproblem konnte abgestellt werden. Zusätzlich wurde dieser Vorschlag von der Gruppe als Verbesserungsvorschlag eingereicht und bekam die bisher höchste Prämie im Drägerwerk: DM 36000.

Dokument 5: Arbeitsschritte des Qualitätszirkels im *Drägerwerk*

gesprochen, wo früher erst einmal abgewartet wurde. Teamgeist, Toleranz und Verständnis für die Kollegen — eigentlich Selbstverständlichkeiten im Umgang mit anderen Mitarbeitern — erhalten durch die Zirkelarbeit oft eine viel größere Bedeutung für die tägliche Arbeit der Zirkelteilnehmer."

Beteiligung durch Genußscheine

„Gewinn für die Mitarbeiter — Kapital für *Dräger*" — unter diesem Motto bietet das *Drägerwerk* allen Mitarbeitern und Pensionären seit 1983 eine Kapitalbeteiligung durch den Erwerb von Genußscheinen an. Die materielle Mitarbeiterbeteiligung ist seitdem zu einem wichtigen Eigenfinanzierungsinstrument geworden und als konsequente Weiterentwicklung der betrieblichen Mitarbeiter- und Personalpolitik anzusehen. Bis zum Jahr 1979 gab es neben der Familie Dräger keine weiteren Eigentümer. Der zusätzliche Kapitalbedarf, mit dem das Wachstum des Unternehmens finanziert werden mußte, sollte nicht durch eine reine Fremdfinanzierung der Banken aufgebracht werden. Allein der Jahresumsatz stieg jedoch von 432 Millionen im Jahre 1981 auf 609 Millionen DM im Jahre 1985. Gleichzeitig mußten die Bereiche Forschung und Entwicklung ausgebaut werden. 1979 und 1981 fanden deshalb Kapitalerhöhungen von insgesamt ca. 20 Millionen DM statt, die durch die Ausgabe von stimmrechtslosen Vorzugsaktien realisiert wurden. Damit konnte ein Einfluß von externen Kapitalgebern auf die Unternehmenspolitik vermieden werden. Da die Zahl der Vorzugsaktien die der Stammaktien aber nicht überschreiten darf, ist diese Eigenfinanzierungsmöglichkeit allerdings begrenzt. Die Ausgabe von Genußscheinen, die steuerrechtlich als Fremdkapital gelten, betriebswirtschaftlich aber Eigenkapitalcharakter haben, wurde dann als eine in jeder Hinsicht optimale Lösung der Kapitalproblematik angesehen.

Ein Genußscheininhaber hat den gleichen Anspruch auf Zahlung einer Dividende wie der Besitzer von Vorzugsaktien. Gleichzeitig wird aber eine Mindestverzinsung von 5 Prozent garantiert. Ein Stimmrecht in der Hauptversammlung ist wie bei den Vorzugsaktien ausgeschlossen.

Seit 1983 wurden den Mitarbeitern jährlich Genußscheine zum Kauf angeboten. Der Wert des gesamten Genußscheinkapitals (einschließlich des genehmigten Genußscheinkapitals), das von den Mitarbeitern gehalten wird, beträgt mittlerweile über 8,8 Millionen DM. Das Unternehmen verschweigt nicht den betriebswirtschaftlichen Nutzen dieser Maßnahme, die aber auch große Bedeutung für die Mitarbeiterbeziehungen im Unternehmen hat.

„Die Gründe für eine Mitarbeiterbeteiligung liegen auf der Hand. Menschen, die ihr Wissen und Können, ihre beruflichen und sozialen Fähigkeiten sowie ihre Persönlichkeit zur Erreichung der Unternehmensziele einsetzen, sollen die Möglichkeit erhalten, über ihr festes Einkommen hinaus einen Anteil am Erfolg des Unternehmens zu erhalten. Eine derartige Erfolgsbeteiligung bietet *Dräger* seinen Mitarbeitern heute in einer zeitgemäßen Form an. Allen Mitarbeitern wird die Möglichkeit einer günstigen Kapitalbeteiligung geboten. Wer dieses Angebot regelmäßig nutzt, nimmt am langfristigen Wachstum des Unternehmens teil, das aus der Arbeit der Mitarbeiter zusammen mit dem erforderlichen Kapitalbedarf entsteht." (*Dräger:* Vermögen bilden mit Genußscheinen.)

Die bezugsberechtigten Mitarbeiter müssen mindestens ein volles Kalenderjahr bei *Dräger* beschäftigt sein. Grundlage des Preises für einen Genußschein ist der Börsenkurs am Tag der Beschlußfassung. Angeboten werden maximal 16 Genußscheine pro Mitarbeiter. Bei Überzeichnung findet eine Quotierung statt. Der Zuschuß des Unternehmens zum Erwerb der Anteile ist nach der gekauften Stückzahl begrenzt. Damit sollen gerade die Kleinanleger, die nur geringe Stückzahlen erwerben können, besonders bevorzugt werden.

Aufgrund der Novellierung des Vermögensbildungsgesetzes werden heute auch vom Staat erhebliche Zuschüsse zur Vermögensbeteiligung der Mitarbeiter erbracht. Zuwendungen des Unternehmens sind bis zu einem Betrag vom 500 DM steuer- und sozialabgabenfrei. Für die vom Unternehmen subventionierten Genußrechte besteht ein Weiterverkaufsverbot für sechs Jahre. Im Rahmen des Angebotes für das Jahr 1987 wird die Wertsteigerung der *Dräger*-Genußscheine veranschaulicht.

Beteiligung durch Genußscheine

Steuervorschriften	**Angebot**
Das Einkommensteuergesetz wurde Anfang 1987 geändert. Daraus ergeben sich für die Genußscheinkäufer wichtige Vorteile:	4 Genußscheine je DM 74,– Wert zum Ausgabekurs
Wir können Ihnen einen festen Kaufpreis für die Genußscheine nennen.	4 × DM 148,– DM 592,– ./. Dräger-Preisermäßigung DM 296,–
Bis zu DM 500,– der Preisermäßigung von Dräger sind steuer- und sozialabgabenfrei.	Kaufpreis DM 296,–
	50% des Ausgabekurses, d. h. DM 296,– sind steuer- und sozialabgabenfrei.
Ausgabekurs	Die Dräger-Preisermäßigung ist für aktive Mitarbeiter lohnsteuer- und sozialabgabenfrei.
Als Ausgabekurs gilt der Börsenkurs am Tage der Beschlußfassung (05.06.87): DM 148,–	8 Genußscheine je DM 86,50 Wert zum Ausgabekurs
Dräger-Zuschuß	8 × DM 148,– DM 1184,– ./. Dräger-Preisermäßigung DM 492,–
Für den 1.–4. Genußschein beträgt der Firmenzuschuß	Kaufpreis DM 692,–
50%, d. h. je Stück DM 74,–	50% des Ausgabekurses, maximal jedoch DM 500,– sind steuer- und sozialabgabenfrei. Auch hier ist die Dräger-Preisermäßigung für aktive Mitarbeiter lohnsteuer- und sozialabgabenfrei.
Für den 5.–8. Genußschein beträgt der Firmenzuschuß	
33%, d. h. je Stück DM 49,–	16 Genußscheine je DM 98,75 Wert zum Ausgabekurs
Für den 9.–16. Genußschein beträgt der Firmenzuschuß	16 × DM 148,– DM 2368,– ./. Dräger-Preisermäßigung DM 788,–
25%, d. h. je Stück DM 37,–	Kaufpreis DM 1580,–
	DM 500,– der Preisermäßigung sind steuer- und sozialabgabenfrei. Lohnsteuer- und Sozialabgaben betragen ca. DM 120,–.
	Die Jahresrendite
	Jeder Genußscheininhaber bekommt jährlich einen Anteil am Gewinn, die Dividende.
	Für 1986 zahlte Dräger DM 8,– Dividende für jeden Genußschein. Bei dieser Dividendenhöhe errechnen sich die folgenden Jahresrenditen:
	4 Genußscheine $\frac{4 \times \text{DM } 8{,}-}{\text{DM } 296{,}-} \times 100 = 10{,}81\%$
	8 Genußscheine $\frac{8 \times \text{DM } 8{,}-}{\text{DM } 692{,}-} \times 100 = 9{,}25\%$
	16 Genußscheine $\frac{16 \times \text{DM } 8{,}-}{\text{DM } 1580{,}-} \times 100 = 8{,}10\%$
	Vergleichen Sie doch diese Renditen einmal mit der Verzinsung anderer Geldanlagemöglichkeiten. Dräger-Genußscheine brauchen diesen Vergleich bestimmt nicht zu scheuen.

Dokument 6: Dräger-Genußscheine: Das Angebot 1987

Die materielle Mitarbeiterbeteiligung, die Produkt- und Unternehmensstrategie und die Gestaltung der Mitarbeiterbeziehungen sowie das Qualitätssystem sind bei *Dräger* Elemente einer ganzheitlichen Unternehmensphilosophie, die in erster Linie auf einer sozialethischen Wertorientierung der Unternehmerfamilie Dräger basieren.

Wertorientiertes Management

Christian Dräger hat sich seit vielen Jahren mit Fragen einer sozialethisch begründeten Unternehmensführung auseinandergesetzt. Für ihn ist vor allem der Kantsche Imperativ „Handele so, daß die Maxime deines Willens zugleich als Prinzip einer allgemeinen Gesetzgebung gelten könnte" eine wesentliche Richtschnur allen menschlichen und unternehmerischen Handelns. Eine ethische Begründung ist danach das Fundament jeglichen verantwortlichen Handelns – besonders in Zeiten, in denen traditionelle Werte durch strukturelle Umbrüche und einen Einstellungswandel großer Teile der Bevölkerung zunehmend an Bedeutung verlieren und neuen Wertorientierungen weichen.

In der Laudatio anläßlich der Verleihung des Partnerschaftspreises 1987 an die Firma *Nixdorf* meint Christian Dräger:

„Wir spüren alle den gesellschaftlichen Umbruch, in dem wir zur Zeit leben. Die Verbürokratisierung der Großorganisationen nehmen wir alle in der Wirtschaft wie beim Staate wahr und hoffen auf die Dynamik unternehmerischer Menschen innerhalb und außerhalb des Staates und der etablierten Wirtschaft, auf eine Gegenbewegung, eine Verlebendigung unserer Systeme. Die Einführung neuer Technologien, der spürbar wahrnehmbare Wertewandel im Hinblick auf mehr Eigenverantwortlichkeit, Ganzheitlichkeit, Kooperation, Umweltdenken und die Frage nach dem Sinn des Wirtschaftens und des Lebens haben kreative Strömungen frei werden lassen, die sich in neuen Führungskonzepten, in einer neuen Besinnung auf die Grundwerte einer Firma, den neuen Selbständigen und auch in der Ökologiebewegung niedergeschlagen haben."

Christian Dräger

Wertorientiertes Management

Das Bemühen um eine ethische beziehungsweise sozialethische Begründung des unternehmerischen Handelns, aus der heraus neue Antworten auf Fragen nach dem Sinn und der Gestaltung der menschlichen Arbeit in Unternehmen gewonnen werden sollen, ist zur Zeit daher allenthalben zu spüren. Christian Dräger fühlt sich als Unternehmer verantwortlich für die Entwicklung seines Unternehmens, das für so viele Mitarbeiter Stätte einer lebenslangen Beschäftigung und damit der materiellen Existenzsicherung ist. Als Konsequenz aus dieser Verantwortung nennt Christian Dräger fünf Ziele eines wertorientierten unternehmerischen Handelns:

1. Das qualifizierte Überleben als Unternehmensziel,
2. Eine personenbezogene Personalpolitik,
3. Das partnerschaftliche Konzept der Mitarbeiterführung,
4. Eine kundenbezogene Vertriebspolitik,
5. Der Grundsatz, daß die Interessen der Firma vor den Interessen der Familie stehen.

„Wenn mich jemand fragt: ‚Was hält die Firma eigentlich letztlich zusammen, was macht hier die Energien frei, die notwendig sind, um all das Unangenehme und Anstrengende zu leisten, damit wir im Wettbewerb bestehen?', dann kann die Antwort nur lauten: ‚Es ist der gemeinsame Wille aller hier im Werk Tätigen, daß die Firma, die die Stätte ist, an der sie Arbeit und Brot finden, daß diese Firma nicht pleite gehen darf. Es ist der Wunsch der Mitarbeiter, daß diese ihre Firma ihr Ansehen bei den Kunden, in der Öffentlichkeit beibehält und daß die Arbeit hier weiterhin Spaß machen soll. Dieser gemeinsame Wille schafft es, daß die Firma neben ihrer juristischen Kategorie quasi eine moralische Kategorie gewinnt, sie wird gleichsam zu einem Organismus mit Anspruch auf die Unversehrtheit seiner Existenz.'"

Christian Dräger

Alle Ziele und Grundsätze eines Unternehmens sind von vornherein nicht realisierbar, wenn diese Bedingung nicht erfüllt wird: Qualifiziertes Überleben schließt insbesondere das Bemühen um ein Unternehmenswachstum und um die Erschließung neuer Märkte und Tätigkeitsfelder ein. Wesentliche Voraussetzung, um die Überlebensbedingung zu erfüllen, sind zwei Eigenschaften, die die Natur den lebendigen Organismen verleiht, damit sie überleben können: die Vorsorge und die Fähigkeit zur Anpassung.

Zur Vorsorge gehören eine solide Finanzierung und überdurchschnittliche Aufwendungen für die Zukunftssicherung, das heißt für Investitionen, für Forschung und Entwicklung und für die Ausbildung. Das heißt aber auch Risikobegrenzung und sorgfältige Beachtung aller Faktoren bei riskanten Engagements.

Die Fähigkeit eines Unternehmens, sich anzupassen in qualitativer und quantitativer Hinsicht, ist eine zweite Voraussetzung zum erfolgreichen Überleben, deren Bedeutung nicht hoch genug eingeschätzt werden kann. Qualitative Anpassung bedeutet Innovation im technischen, organisatorischen und im personellen Bereich. Innovationen ziehen Veränderungen nach sich, die in der Regel ein großes Konfliktpotential in einem Unternehmen darstellen können – besonders im Personalbereich. Eine an ethischen Werten orientierte Personalpolitik bedeutet nun, daß keine Personalentscheidungen getroffen werden, ohne dabei gleichzeitig an das menschliche Schicksal zu denken, das von solchen Entscheidungen berührt wird.

„Es ist zweifellos der Einfluß der ethischen Grundlagen, wenn man einerseits wegen der Dominanz des Überlebenszieles die erforderlichen Anpassungsmaßnahmen kompromißlos und rigoros betreibt, andererseits es aber nicht an Geist, Phantasie und Energie fehlen läßt, um die damit verbundenen persönlichen Unannehmlichkeiten für die Mitarbeiter auf ein Minimum zu reduzieren."

Christian Dräger

Eine personenbezogene Personalpolitik wird bei notwendigen betrieblichen Anpassungen, die aus neuen Qualifikationsanforderungen, einer veränderten Marktlage oder aus allgemeinen Strukturveränderungen resultieren können, mit Phantasie, gutem Willen, Zeit und manchmal auch Geld daran orientiert sein, menschliche Probleme zu lösen. „Manchmal denke ich mit Neid an die Institution des englischen Oberhauses. Zeigt im Parlament jemand Alterserscheinungen, Erscheinungen der Ermüdung oder Unflexibilität, wird er geadelt, ins Oberhaus befördert, wo er nicht mehr schaden kann."

Eng verwandt mit der personenbezogenen Personalpolitik ist das partnerschaftliche Konzept der Mitarbeiterführung. Der Großvater Christian Drägers würde hier wohl eher vom patriarchalischen Führungsstil sprechen, denn auch Führungsstile sind nicht unabhängig vom Zeitgeist. Aber auch der partiarchalische Führungsstil hat mit einer modernen, partizipativen Unternehmensführung gemeinsam, daß Mitarbeiter nicht in erster Linie als Produktions- und Kostenfaktoren angesehen werden, sondern als Mitmenschen, die in ihrer wirtschaftlichen Existenz dem Unternehmer anvertraut sind.

„Partnerschaftliches Führungskonzept heißt, den heutigen Bedürfnissen der Mitarbeiter Rechnung zu tragen. Daß sie am Arbeitsplatz mitbestimmen wollen, daß sie informiert sein wollen über das, was im Unternehmen geschieht und was auf ihre Arbeit Einfluß hat. Partnerschaftliches Führungskonzept bedingt die Erkenntnis, daß Mitarbeiter sich auch in ihrer Arbeitswelt geborgen fühlen wollen. Deshalb brauchen sie das Gefühl der Sicherheit, das verlangt die Abwesenheit von Willkür, und deshalb brauchen wir Transparenz der Entscheidungen des Unternehmens und des Managements. Unsere Mitarbeiter wollen unsere Entscheidungen nachvollziehen. Deshalb brauchen wir alle offenlegende Unternehmensgrundsätze, wir brauchen Mitbestimmung am Arbeitsplatz, wir brauchen Informationen über das Unternehmen, seine Ziele und seine Grundsätze."

Christian Dräger

„Lever Schaden als Schimp" – hochdeutsch: „Lieber Geld verloren als Vertrauen verloren", war schon der Wahlspruch von Drägers Ur-Urgroßmutter für ihr Vierländer-Leinengeschäft. Diese Maxime einer kundenbezogenen Vertriebspolitik gilt bei der *Drägerwerk* AG noch heute. In jedem Raum, in dem heute Reklamationen bearbeitet werden, hängt ein Schild: „Wir sollten uns über jede Reklamation freuen, denn sie gibt uns Gelegenheit zu zeigen, was für eine gute Firma wir sind." Nur wenn die Kunden als Auftraggeber langfristig zufriedengestellt werden können, wenn auf ihre individuellen Bedürfnisse eingegangen wird, kann eine erfolgreiche Geschäftsbeziehung realisiert werden.

Für Christian Dräger bedeuten alle diese Konsequenzen einer auf das qualifizierte Überleben ausgerichteten Unternehmensführung, daß die Interessen der Familie Dräger gegenüber den Interessen der Firma zurückstehen müssen. Unternehmerisches Handeln, so wie es in der Familie Dräger verstanden wird, ist also sehr stark orientiert an der Verantwortung gegenüber dem Unternehmen selbst, den Mitarbeitern und den Kunden. All diese Restriktionen, denen ein Unternehmer unterliegt, lassen die Frage aufkommen, wo eigentlich die unternehmerische Freiheit bleibt, das sogenannte freie Unternehmertum in einer freien Marktwirtschaft.

„Ich meine, dieses scheinbare Paradoxon löst sich sehr schnell auf, denn es gilt natürlich hier wie in allen anderen Fällen von Freiheit ein allgemeines Gesetz, das man so umschreiben könnte: Ethisches Handeln ist Handeln in Freiheit; das Geheimnis dieser Freiheit ist die Bindung." Die ökonomischen Folgen dieser Bindungen und Einschränkungen unternehmerischer Freiheiten faßt Christian Dräger in einem Satz zusammen: „Dort wo wir erfolgreich waren und wenn wir erfolgreich waren, waren wir es nicht, obgleich wir uns diesen Bindungen unterwarfen, sondern weil wir es taten."

Wenn die geschilderten Konsequenzen einer ethisch begründeten und an einer umfassenden Verantwortung orientierten Unternehmensführung von allen Beteiligten verstanden und akzeptiert werden, sind damit alle wesentlichen Voraussetzungen für eine stimmige Unternehmenskonzeption erfüllt. Denn die Akzeptanz dieser Werte, die bei Dräger eine Tradition über mehrere Generationen hinweg haben, ist wiederum eine wichtige Bedingung dafür, daß sich Mitarbeiter mit dem Unternehmen identifizieren können, was dann wieder eine entsprechende Motivation zur Folge hat.

„Wir können das auch sprachlich nachvollziehen. Um sich identifizieren zu können, braucht man zunächst einmal eine Identi-

tät, hier eine Unternehmensidentität. Identität hängt zusammen mit dem lateinischen ‚idem' – derselbe. Will ein Mitarbeiter sich mit dem Unternehmen identifizieren, muß das gesamte Unternehmen eine eigene Identität haben, müssen alle Erscheinungsformen und Äußerungen des Unternehmens untereinander stimmig sein. Gibt es eine bessere Voraussetzung für eine solche Stimmigkeit als die, daß alle unternehmerischen Entscheidungen und Handlungen einheitliche ethische Grundlagen als Basis haben?"

Christian Dräger

Um eine geschlossene, ethisch begründete Unternehmenskonzeption wirksam werden zu lassen, müssen zwei Voraussetzungen erfüllt sein: Die Unternehmer und die Führungskräfte müssen Vorbild sein und ihr tägliches Handeln an den propagierten Grundlagen und Zielen orientieren. Darüber hinaus müssen systematische Anstrengungen unternommen werden, um eine Unternehmensidentität, eine Corporate Identity aufzubauen und weiterzuentwickeln, die die Einheitlichkeit des Entscheidens, des Handelns und des Auftretens gerade eines international operierenden Konzerns verdeutlicht. Eine mit Leben erfüllte und täglich praktizierte wertorientierte Unternehmensführung ist die Grundlage, die solch eine Einheitlichkeit herbeiführen kann.

„Ich sehe keinen großen Unterschied zwischen einem Unternehmer und einem in der Wirtschaft oder sonstwo Tätigen, der Verantwortung übernommen hat, denn für uns gilt sicher, was Thomas Mann in seiner berühmten Lübecker Rede 1926 gesagt hat: ‚Das Ethische ist recht eigentlich (...) der Sinn für Lebenspflichten, ohne den überhaupt der Trieb zum produktiven Beitrag an das Leben und an die Entwicklung fehlt.' Thomas Mann bezieht dies auf seine Arbeit als Schriftsteller, aber er wird sicher damit einverstanden sein, wenn wir es für alle Arbeitenden, für alle Schaffenden und für alle Verantwortung Tragenden geltend machen."

Christian Dräger

4. Kapitel

Ein mittelständischer Unternehmer – *Wieseler Haustechnik* GmbH

Die Wirtschaftsstruktur der Bundesrepublik Deutschland ist trotz der Dominanz der Großunternehmen geprägt von leistungsfähigen Klein- und Mittelbetrieben. Diese meist im ländlichen Raum angesiedelten Unternehmen haben ein völlig anderes soziales Gefüge als ein Großbetrieb. Der Unternehmer ist hier mehr als ein Vorgesetzter; er ist vor allem Mensch. Zwischenmenschliche Beziehungen spielen im betrieblichen Arbeitsprozeß eine erheblich größere Rolle; die dominierende Persönlichkeit ist der Eigentümer-Unternehmer, der seine Lebensaufgabe mit der Entwicklung der Firma verbunden hat.

Das Unternehmen

Ein Großteil der heute Beschäftigten arbeitet in Klein- und Mittelbetrieben mit weniger als 100 Arbeitnehmern. Diese kleinen Betriebe zeichnen sich bei der Gestaltung der innerbetrieblichen Arbeitsbeziehungen oft durch ein Gefüge von zwischenmenschlichen Beziehungen aus, das über Jahrzehnte gewachsen ist. Während in Großunternehmen ausdrücklich festgelegte Kompetenz- und Verantwortungsbereiche der Mitarbeiter sowie reglementierte Verfahrens- und Verhandlungsweisen verschiedener Interessengruppen (zum Beispiel Geschäftsführung und Betriebsrat) bei der Gestaltung der zwischenmenschlichen Beziehungen überwiegen, sind die sozialen Beziehungen der Mitarbeiter untereinander und die innerbetriebliche Organisation in kleinen Betrieben oft noch durch persönliche, zwischenmenschliche Beziehungen und durch die Person des Unternehmers geprägt.

Ein solcher Unternehmer ist der Elektromeister Theodor Wieseler, Geschäftsführender Gesellschafter der *Wieseler Haustechnik* GmbH und der *Wieseler Stahltechnik* GmbH in Borchen bei Paderborn. Die Firma wurde 1929 von Theodor Wieseler sen. als Einzelhandelsbetrieb für Haushaltsgeräte und Öfen mit angegliederter Reparaturwerkstatt gegründet. 1960 trat Theodor Wieseler jun. als Elektromeister in die Firma ein. Er erweiterte den Betrieb um eine Elektroinstallationsabteilung sowie um Fachabteilungen für Elektroheiztechnik und Kücheneinbau. Mitte der sechziger Jahre wurde das erste eigene Kachelspeicherheizgerät gebaut. Die Nachfrage nach dieser Eigenentwicklung war so stark, daß 1969 eine großzügige Produktionshalle speziell für Speicherheizgeräte und Kachelofenverkleidungen errichtet wurde. Die Firma *Wieseler* produziert für Direktkunden und auch für Industriefirmen.

Theodor Wieseler beschäftigte sich schon sehr früh mit neuen Technologien auf dem Gebiet der Heizungs- und Wärmetechnik. Die erste Wärmepumpe-Heizung der Firma wurde 1974 eingebaut. Bereits 1978 waren 100 Geräte dieser Art installiert, 20 000 Speicherheizgeräte und 3000 Kachelspeicherheizgeräte aus eigener Produktion verkauft. Heute bietet die Firma *Wieseler* den Kunden ein Komplettangebot für den Haushalt – vom Kachelofen bis zum Automatikherd. Außerdem werden Haushaltselektrogeräte und ein entsprechender Kundendienst angeboten. Die Firma *Wieseler* hat sich aus einem Einzelhandel für Fahrräder, Waschmaschinen und Eisenwaren zu einem zukunftsorientierten Unternehmen entwickelt. Dazu gehört neben dem Einzelhandel für Haushalts- und Elektrogeräte auch ein Planungsbüro für Küchen. Weit über den Kreis Paderborn hinaus installiert die Firma *Wieseler* Speicherheizgeräte, Fußbodenheizungen und Wärmepumpen. Unter dem Motto „Technik von morgen heute nutzen" werden moderne Technologien für den Verbraucher nutzbar gemacht. Das Unternehmen beschäftigt heute etwa 60 Mitarbeiter bei einem Umsatz von jährlich 8 Millionen DM.

Handwerkliche Organisationsstruktur und moderne Mitarbeiterführung

In der Firma werden acht Tätigkeitsbereiche unterschieden, die zu Fachabteilungen zusammengefaßt sind:

- Einzelhandel für Haus- und Gartenartikel,
- Verkauf und Einbau von Komplettküchen,
- Küchen- und Haushaltsgroßgeräte,
- Elektroinstallationen,
- Elektroheiztechnik,
- Feuerungsheiztechnik,
- Sanitärtechnik und
- Service.

Die einzelnen Fachabteilungen der Firma *Wieseler* werden durch Meister geführt, die im Rahmen ihres Aufgabengebietes und entsprechend den Kundenaufträgen relativ autonom entscheiden und disponieren können. Theodor Wieseler gesteht seinen Führungskräften und auch den Gesellen in fachlichen Angelegenheiten ein gleichberechtigtes Mitspracherecht zu. Aufgrund des breiten und tiefen Angebots der Firma ist die fachlich-technische Kompetenz der Mitarbeiter in den verschiedenen Techniken (von der Elektro- bis zur Heizungs- und Warmwassertechnik) sowie die ständige Weiterbildungsbereitschaft aller das wichtigste Potential, über das der Betrieb verfügt. Entsprechend ihrer Qualifikationen und ihrer persönlichen Kompetenz haben die

Mitarbeiter die Möglichkeit, auf technischer und arbeitsorganisatorischer Ebene gestaltend mitzuwirken. Darüber hinaus verlangt die örtliche Zersplitterung der durchzuführenden Arbeiten auf einzelnen Baustellen wie in jedem anderen Handwerksbetrieb auch ein hohes Maß an eigenverantwortlichem Handeln, Fachkompetenz und Entscheidungsfreudigkeit. Eine straffe, zentrale Organisationsstruktur, wie in Großbetrieben zum Teil noch üblich, würde bei diesen Arbeitsformen wenig wirksam und effizient sein.

Nach Auffassung von Theodor Wieseler ist der kompetente, menschliche gereifte und selbstsichere Mitarbeiter das beste Aushängeschild seiner Firma. Um die Mitarbeiterentwicklung zu fördern, gibt es bei *Wieseler* daher ein ausgeprägtes Vorschlags- und Weiterbildungswesen. Jeder Mitarbeiter ist berechtigt, Verbesserungsvorschläge zu technischen Problemen und Fragen der Arbeitsorganisation zu machen, die im einzelnen sorgfältig geprüft werden. Die Firma unterstützt die freiwilligen Weiterbildungsaktivitäten der Mitarbeiter nicht nur im technischen Bereich, sondern auch hinsichtlich der Verkaufsförderung und des persönlichen Verhaltenstrainings. Seminare mit Verkaufsberatern und Kommunikations- und Verhaltenstrainings werden in regelmäßigen Abständen angeboten. Die Meisterausbildung der Gesellen wird in jeder Hinsicht unterstützt. Angesichts des immens starken Marktdrucks, der rapiden Entwicklung neuer, umweltschonender und energiesparender Techniken, vor allem im Heizungsbereich, hat die ständige Anpassung des Know-hows der Mitarbeiter oberste Priorität. Nur so können neue Produkte in das Sortiment aufgenommen und neue Be- und Verarbeitungstechniken beim Kunden eingeführt werden.

Theodor Wieseler bewundert nach eigener Aussage das Engagement, die fachliche Kompetenz und die menschliche Reife vieler seiner jungen Mitarbeiter, die mit den von den Medien geschilderten Gleichaltrigen der „Null-Bock-Generation" nichts gemeinsam haben.

Alle Mitarbeiter der *Wieseler Haustechnik* GmbH können nach einjähriger Betriebszugehörigkeit stille Gesellschafter des Unternehmens werden und damit am wirtschaftlichen Ergebnis ihrer Arbeit partizipieren (siehe Dokument 7).

Stille Gesellschaft
Register Nr. 5/1/84/15

§ 1 Vertrag

Zwischen Herrn/Frau/Fräulein _____ und der *Wieseler Haustechnik* GmbH wird hiermit eine typische Stille Gesellschaft zur Beteiligung an dem Gewerbe der *Wieseler Haustechnik* GmbH, 4799 Borchen, Hauptstraße 5 (Firma) errichtet.

§ 2 Vermögensbildung

Herr/Frau/Fräulein _____ vereinbart mit der *Wieseler Haustechnik* GmbH die Anlage folgender Leistungen in Form von einer Stillen Beteiligung an der Firma:

a) Anlage der im Tarifvertrag des Elektrohandwerks vom _____ vereinbarten vermögenswirksamen Leistungen.
  Anlagesumme: ____ vereinbart ab _____
  zahlbar monatlich: __ jährlich: ____ am __

b) Freiwillige Anlage vermögenswirksamer Leistungen nach dem 4. Vermögensbildungsgesetz.
  Anlagesumme: ____ vereinbart ab _____
  zahlbar
  monatlich: ____ jährlich: _____

c) Freiwillige Beteiligung.
  Anlagesumme: ____ vereinbart ab _____
  zahlbar monatlich: __ jährlich: ____ am __

§ 3 Unternehmenszuwendung

Die *Wieseler Haustechnik* GmbH gewährt dem Mitarbeiter/der Mitarbeiterin auf obige Beteiligung einen Nachlaß von 100,– DM gemäß § 19 a EStG.

Dokument 7: Stiller Gesellschaftervertrag der *Wieseler Haustechnik* GmbH

§ 4 Steuerliche und versicherungsrechtliche Behandlung

Die nach den gesetzlichen Regelungen anfallenden Steuern und Abgaben sind vom Mitarbeiter/von der Mitarbeiterin gesondert zu tragen.

§ 5 Kein Einfluß auf Arbeitsverhältnis

Der Abschluß dieses Beteiligungs-Vertrages hat keinen Einfluß auf das Arbeitsverhältnis zwischen der Firma und dem Mitarbeiter/der Mitarbeitern.

§ 6 Verzinsung

Die Beteiligungen gem. § 2 werden ab Beginn des der Einzahlung folgenden Jahres verzinst, und zwar mit einem Zinssatz von _____ Prozent. Die Verzinsung ist 6 Monate nach Abschluß des Geschäftsjahres auszuzahlen.

§ 7 Beteiligung an Gewinn und Verlust

Der Mitarbeiter/die Mitarbeiterin nimmt am Gewinn und Verlust der *Wieseler Haustechnik* GmbH teil. Grundlage der Gewinn- und Verlust-Ermittlung ist die Steuerbilanz.

Vom Steuerbilanz-Ergebnis werden vorab Gewinn- und Verlust-Anteile aus Beteiligungen sowie aus der Veräußerung von Gegenständen des Anlagevermögens abgezogen.

Der „Verteilungsfähige Gewinn" wird ermittelt durch Abzug einer Kapitalverzinsung für GmbH-Gesellschafter mit einem Satz von _____ Prozent über dem Diskontsatz und einer _____ prozentigen Risikoprämie vom Betriebsgewinn.

Der „Verteilungsfähige Verlust" wird entsprechend durch Zulage der Kapitalverzinsung und der Risikoprämie zum Betriebsverlust ermittelt.

Dokument 7 (Forts.)

Die Beteiligung beträgt höchstens _____ Prozent des „Verteilungsfähigen Gewinnes" oder des „Verteilungsfähigen Verlustes" jedoch höchstens _____ Prozent des Beteiligungskapitals der Stillen Gesellschafter.

§ 8 Verteilung von Gewinn und Verlust

Die Verteilung der Gewinn- und Verlust-Anteile erfolgt nach der Kapitalbeteiligung der beteiligten Gesellschafter.

Die Gewinnbeteiligung ist 6 Monate nach Abschluß des Geschäftsjahres auszuzahlen.

Die Verlustbeteiligung wird auf das folgende Geschäftsjahr vorgetragen. Sie ist anrechenbar auf Gewinnbeteiligungen folgender Jahre sowie auf die Vermögensanteile.
Die Summe der Verlustbeteiligung darf die Höhe der Vermögensanteile nicht überschreiten.

Die Versteuerung der Einkünfte aus Kapitalvermögen nimmt die Firma aus den Gewinnanteilen vor.

§ 9 Vertragsdauer

Dieser Beteiligungsvertrag tritt in Kraft am _____.
Er läuft auf unbestimmte Zeit, mindestens 10 Jahre. Während dieser Zeit ist eine Abtretung, Beleihung oder eine andere Verfügung des Beteiligungsbetrages nicht möglich.

§ 10 Kündung und Rückzahlung

Dieser Vertrag ist nch Ablauf der Mindest-Vertragsdauer mit einer Frist von 12 Monaten kündbar. Die Kündigung muß schriftlich erfolgen. Gekündigte Beträge werden mit Ablauf der Kündigungsfrist in 4 Raten im Abstand von 6 Monaten ausgezahlt.

Dokument 7 (Forts.)

Sollte der Unternehmensbestand gefährdet sein, so kann die Rückzahlung der gekündigten Kapitalanteile in Abstimmung mit dem Ausschuß der Stillen Gesellschafter nach § 13 zurückgestellt werden.

§ 11 Vorzeitige Kündigung

Kündigung vor Ablauf der Mindestvertragsdauer ist möglich, wenn Gründe nach § 2 des 4. Vermögensbildungsgesetzes Abs. 1 e/aa (Tod des Mitarbeiters oder 90prozentige Erwerbsunfähigkeit) und bb (mindestens einjährige ununterbrochene Arbeitslosigkeit) vorliegen.

§ 12 Gesetzliche oder tarifvertragliche Regelungen

Sollten durch zukünftige gesetzliche oder tarifvertragliche Regelungen Leistungen erforderlich werden, so können die innerbetrieblichen Leistungen nach §§ 3, 6 und 7 auf solche Leistungen angerechnet werden.

§ 13 Rechte des Stillen Gesellschafters

Dem Stillen Gesellschafter stehen nach § 338 HGB Informations- und Kontrollrecht zu. Diese Rechte werden auf einen von den Stillen Gesellschaftern zu bildenden Ausschuß von drei Personen übertragen.

Dokument 7 (Forts.)

Bodenständigkeit und Kundenorientierung

Für Wieseler ist die Beteiligung der Mitarbeiter über eine stille Gesellschaft auch ein Ausdruck dafür, daß in seinem Unternehmen die Eigenständigkeit des Handwerkers anerkannt wird. Das Zusammenwirken dieser eigenständigen Mitarbeiter innerhalb der Firma hat eine erfolgreiche Unternehmenstätigkeit erst ermöglicht. Daß daran alle Beteiligten partizipieren, ist für Wieseler eine Selbstverständlichkeit.

Theodor Wieseler selbst ist geprägt von einer starken Verwurzelung in seinem Heimatort und der ländlichen Region in Ostwestfalen. Borchen, „ein Dorf, wie es im Buche steht", ist für ihn nicht nur Standort seines Unternehmens, sondern Lebensraum für sich und seine Familie. Familie, Kirche, Nachbarn, Freunde, das gewachsene dörfliche Umfeld sind die Grundlagen seiner Lebenseinstellung und seines Führungsverhaltens im Unternehmen. Es gibt in der Firma *Wieseler* keine ausdrücklich formulierte Unternehmensphilosophie oder Unternehmenskultur. Eher wirken sich die lokale Anbindung und die sozialen Verhältnisse einer weitgehend überschaubaren Gemeinschaft auf die innerbetrieblichen Verhältnisse im Unternehmen aus.

Als Arbeitgeber und als Ort einer gemeinsamen beruflichen Tätigkeit für 60 Mitarbeiter hat die Firma *Wieseler* eine große regionale Bedeutung. Die sozialen Verhältnisse im Unternehmen und das Leben in der dörflichen Gemeinschaft weisen starke Wechselwirkungen auf. Damit steht auch die Person des Unternehmers Theodor Wieseler im Blickpunkt der Öffentlichkeit. Das Engagement für übergeordnete Gemeinschaftsaufgaben, die Kontaktpflege zu Kunden und Lieferanten sowie zu den Gemeindegremien, den Kammern und Vereinen ist nach Auffassung von Wieseler eine bedeutende Funktion des Unternehmers und Handwerkers im ländlichen Raum. Bodenständigkeit und Kundenorientierung sind die wichtigsten Elemente seiner Lebensphilosophie und seiner privaten Lebensgestaltung. Eine strikte Trennung des Privat- und des Berufslebens, wie man sie heute bei gestreßten Managern oft vorfindet, ist für den Eigentümer eines mittelständischen Handwerksbetriebes undenkbar. Unternehmerisches Handeln und soziales Engagement außerhalb des

Betriebes sind eng miteinander verknüpft. Die eigene Stellung im sozialen Umfeld und die Funktion als Unternehmer bedingen sich gegenseitig.

Theodor Wieseler sieht deshalb die Funktion eines Unternehmers betriebsübergreifend: Übernahme von Führungsaufgaben und Verantwortung, Kontaktpflege nach innen und außen, Steuerung des betrieblichen Ablaufes, Auswahl und Motivation der Mitarbeiter und Kundenorientierung – eine vielschichtige Kombination aus Fachwissen, Führungsfähigkeiten, Verantwortungsbewußtsein, sozialer Kompetenz, Menschenkenntnis und charakterlicher Stärke. Im Gegensatz zu einem Manager in der Großindustrie ist die Person dieses Eigentümerunternehmers kaum ersetzbar. Fachliche und soziale Zusammenhänge des Betriebes konzentrieren sich hier auf eine Person, die ihre herausgehobene Stellung im Betrieb und im sozialen Umfeld auch für berechtigt und angemessen hält.

„Ein klares Wort"

Die zwischenmenschlichen Beziehungen in der Familie sind für Theodor Wieseler Vorbild für die zwischenmenschlichen Beziehungen in seinem Betrieb. „Personenbezogene Demokratie", so seine Charakterisierung der persönlichen Beziehungen und Bindungen in der Familie und im Unternehmen, Kooperation, Konfliktbewältigung, aber auch ein klares Wort als Familien- und Unternehmensvorstand – mit diesen Begriffen läßt sich die Einstellung Wieselers zu Fragen des menschlichen Zusammenlebens und der unternehmerischen Führungsaufgaben umschreiben. Das patriarchalische Führungsverhalten, das die Erziehung der Untergebenen zu Selbständigkeit und menschlicher Reife ebenso umfaßt wie fürsorgliche Strenge, soziale Anteilnahme und Anspruch auf Führung, ist danach im positiven Sinne dazu geeignet, die Zukunftsprobleme im Betrieb und in der Gesellschaft zu lösen. Hinzu kommt die Funktionsfähigkeit eines intakten Gemeinwesens, das zwischenmenschliche Verhältnisse stabilisiert und berechenbare Zukunftsperspektiven schafft.

An seinen Mitarbeitern schätzt Wieseler besonders das pragmatische Anpacken von Problemen sowie die Bereitschaft, selbständig und eigenverantwortlich zu handeln. Besonders die jungen und fachkompetenten Meister und Gesellen, die oft schon sehr früh mit einer betrieblichen Ausbildung begonnen haben, haben in dieser Hinsicht nach Wieselers Auffassung Vorteile gegenüber den durch lange Schul- und Universitätsjahre „verbildeten" Altersgenossen und stehen eher „mit beiden Beinen im Leben". Sie sind in der Lage, Aufträge selbständig zu erfüllen, Probleme „vor Ort" eigenverantwortlich zu lösen und sich angemessen gegenüber den Kunden zu verhalten.

Im Gegensatz dazu hält Wieseler zum Beispiel die Problematisierung aller traditionellen Normen in Schule und Universität für eher nachteilig, da dadurch eine pragmatische, positive Arbeitseinstellung verhindert werde. Eine fachgerechte, an dem neuesten Stand der technischen Entwicklung orientierte Ausbildung im Unternehmen und in der Freizeit sowie eine pragmatische Vorgehensweise bei Konflikten, die unter Umständen auch autoritär gelöst werden müssen, sind Voraussetzungen für eine erfolgreiche Tätigkeit als Handwerker. Dazu gehört auch die Akzeptanz innerbetrieblicher Hierarchien, die auf persönlichen und fachlichen Kompetenzen der Mitarbeiter aufbauen.

Auch wenn bei der *Wieseler* GmbH die Mitbestimmung und Entscheidungsbeteiligung der Mitarbeiter in vielen, besonders in fachlichen Belangen erwünscht ist, so bleibt für die Meister und den Unternehmer doch die Möglichkeit, kurzentschlossen Entscheidungen zu fällen und Führung zu beanspruchen. Ein eindeutiges Führungsverhalten wird, so Wieseler, auch von den jungen Mitarbeitern akzeptiert und erfüllt eine betriebliche Funktion. Denn gerade von Handwerksbetrieben erwarten die Kunden die Einhaltung von Terminabsprachen, Pünktlichkeit, fachgerechte Ausführung der Aufträge und eine „saubere Arbeit". „Ordentliche innerbetriebliche Verhältnisse" sind die Voraussetzungen, um diesen Anforderungen gerecht zu werden. Angesichts der bestehenden wirtschaftlichen Verhältnisse und Zukunftsperspektiven kann sich kein handwerklich strukturiertes Unternehmen Effizienzverluste und damit unzufriedene Kunden leisten. Betriebliches Handeln muß daher immer kundenorientiert und eindeutig sein. Wieselers Geschäftsstrategie war immer auf eine umfassende Zufriedenstellung des Kunden ausgerichtet. Dies erforderte eine Komplettierung des Angebots. Es umfaßt heute den gesamten Heizungsbau und orientiert sich am neuesten Stand der Technik. Der Einsatz umweltschonender und energiesparender Techniken bei den Kunden und eine moderne innerbetriebliche Organisation und Mitarbeiterführung sind für ihn wesentliche Voraussetzungen, um angesichts veränderter Märkte kundenorientiert zu handeln. Daneben wird ein hohes Maß an Flexibilität von den Mitarbeitern gefordert. Die Vielfältigkeit der Tätigkeiten, von der Ausstattung von Neubauten einerseits bis hin zur Sanierung alter Bausubstanz andererseits, erfordert eine ständige Anpassung der eigenen Qualifikationen und Fachkenntnisse an neue Bedingungen.

Unternehmen, die Veränderungen der Märkte und Techniken nicht erkennen, werden langfristig keine Überlebenschance haben. Ausgezeichnet geschulte Mitarbeiter, die Gelegenheit zu selbstbewußtem und eigenverantwortlichem Handeln bekommen und am betrieblichen Ablauf partizipieren, sind eine Notwendigkeit für das Überleben des Betriebes. Materielle und immaterielle Mitarbeiterbeteiligung und ein eindeutiges Führungsverhalten der Meister und des Unternehmers – diese Kombination ist für Theodor Wieseler nicht nur sozial und gesellschaftlich sinnvoll und wünschenswert, sondern aufgrund wirtschaftlicher Notwendigkeiten unumgänglich.

„Verantwortung darf nicht als Last empfunden werden, sondern muß als Verpflichtung und Möglichkeit akzeptiert werden."
Theodor Wieseler

Die Chance des einzelnen

Theodor Wieseler ist der festen Überzeugung, daß sich heute niemand mehr von seiner individuellen Verantwortung gegenüber seiner natürlichen und sozialen Umwelt zurückziehen kann. Eine Verantwortung, die mit den Begabungen, „die man mitbekommen hat", wächst. Ein Unternehmen oder ein Gemeinwesen kann weder kollektiv-verantwortlich geführt werden, noch sind alle Menschen dafür geeignet, Verantwortung zu übernehmen. Sämtliche Versuche des Staates, die individuelle Kompetenz zur Gestaltung der persönlichen Freiräume mit Maßnahmen zu verbessern, die angeblich auf die Realisierung von Chancengleichheit und Selbstverwirklichung ausgerichtet sind, müssen, so Wieseler, negative Folgen haben, die gerade die individuellen Entfaltungsmöglichkeiten beschränken. In der modernen Gesellschaft, in der Risiken weitgehend sozial abgefedert sind, hat der einzelne andere Möglichkeiten, sich zu entwickeln, sich zu verwirklichen.

„Begriffe wie Chancengleichheit oder soziale Gerechtigkeit sind zu Schlagworten verkommen, die heute keinen praktischen Nutzen mehr haben. Die staatlichen Instanzen sollten es den Verantwortlichen und den Beteiligten in der Wirtschaft selbst überlassen, wie sie die sozialen Verhältnisse in den Betrieben gestalten. Ein Eingriff staatlicher Instanzen kann hier nur schädlich sein."

Theodor Wieseler

Eine ähnlich liberale Auffassung hat Wieseler von der gewerkschaftlichen Tarifpolitik und von der Forderung nach einer reglementierten Mitbestimmung im Unternehmen, die die Gestaltungsmöglichkeiten der Unternehmer und Mitarbeiter lediglich einengen. Er hält es für seinen Betrieb, in dem es keinen Betriebsrat gibt, für sinnvoller, auch im Interesse der Mitarbeiter, wenn gesetzliche und tarifvertragliche Beschränkungen und Bestimmungen nicht erweitert, sondern eher reduziert werden. Eine Aussage, die angesichts des geschilderten Betriebsklimas und der Stellung des Unternehmens und des Unternehmers im sozialen und lokalen Umfeld kaum überraschen kann.

Trotz seiner festgefügten Vorstellungen von der Gestaltung des betrieblichen und gesellschaftlichen Miteinanders hält Theodor Wieseler seinen persönlichen Stil nicht für eine allgemeingültige Weisheit. Für seine Nachfolger in der Unternehmensleitung, ob dies nun ein Familienmitglied sein wird oder ein mit externen Mitgliedern besetztes Führungsgremium, hält er einen Tip bereit: Entwicklung eines persönlichen Führungsstils, der für Mitarbeiter und Kunden durchschaubar und berechenbar ist. Für Wieseler hat Unternehmensführung sehr viel mit persön-

Die Chance des einzelnen 107

lichem Stil und direkten menschlichen Kontakten zu tun. Der persönliche Stil, die menschlichen Eigenschaften sind von Person zu Person unterschiedlich. Daher kann ein Unternehmer im klassischen Sinn des Wortes „nicht aus seiner Haut". Er muß einen seinen persönlichen Neigungen und Überzeugungen gemäßen Stil im Umgang mit den Mitarbeitern durchsetzen, auch wenn festgefügte innerbetriebliche Abläufe und Strukturen dabei geändert werden müssen. Ein Unternehmer zeichnet sich durch die Entwicklung dieses persönliches Stils aus. Wieseler hat es sich daher zu seinem Vorsatz gemacht, seinem Nachfolger genügend Gestaltungs- und Entfaltungsmöglichkeiten zu überlassen und ihm „nicht ins Handwerk zu pfuschen".

5. Kapitel

Anthroposophie und unternehmerisches Handeln – *WALA-Heilmittel* GmbH

Die WALA-Heilmittel GmbH ist ein Unternehmen der pharmazeutischen Industrie, das seine Produkte auf der Grundlage rein pflanzlicher, tierischer und mineralischer Erzeugnisse herstellt. Das Außergewöhnliche des Unternehmensmodells der WALA ist die anthroposophische Grundhaltung, mit der das Unternehmen geführt wird und durch die das betriebliche Geschehen lebt. Ziel ist es, Arbeit nicht mehr nur als „Job" zu betrachten, sondern daß jeder Mitarbeiter die Möglichkeit erhält, seine Persönlichkeit frei zu entfalten. Was sonst nur im Privatleben stattfindet, soll im Unternehmen ausgelebt werden; die Entfremdung vom Produkt wird aufgehoben und damit die größtmögliche Identifikation mit dem Unternehmen erreicht.

Das Unternehmen

Die *WALA-Heilmittel* GmbH in Eckwälden/Bad Boll erwirtschaftet mit ihren 210 Mitarbeitern durch Herstellung von Arzneimitteln, Naturkosmetikpräparaten und diätetischen Nahrungsmitteln einen jährlichen Umsatz von zur Zeit rund 26 Millionen DM. Der Exportanteil beträgt etwa 25 Prozent.

Die Heilmittelherstellung bei *WALA* erfolgt auf der Grundlage rein pflanzlicher, tierischer oder mineralischer Erzeugnisse. Im Vergleich zur nicht homöopathisch ausgerichteten Pharmawirtschaft sind die Zuwachsraten der Produktion aufgrund der eingeschränkten Verfügbarkeit über die notwendigen natürlichen Ressourcen begrenzt. Dennoch prognostiziert die Geschäftsleitung ein zu erwartendes Umsatzplus zwischen 5 und 10 Prozent in den nächsten Jahren.

Der Herstellungsprozeß der Produkte, die innerbetriebliche Organisation und die Eigentumsverhältnisse bei *WALA* sind in Anlehnung an die anthroposophische Menschen- und Naturanschauung entstanden. Die Philosophie Rudolf Steiners (1861 – 1925), des Gründers der Anthroposophie, war schon im Jahr 1929 Wegweiser für die Forschungsarbeiten von Rudolf Hauschka am klinisch-therapeutischen Institut in Arlesheim/Basel. Er beschäftigte sich mit der rhythmischen Herstellung natürlicher Heilmittel und Kosmetika. Das Labor wurde nach der Übersiedlung nach Dresden 1941 durch die Gestapo geschlossen. 1946 wurde in München-Hollriegelskreuth die *WALA*-Arbeit neu begründet und Ende 1950 an dem heutigen Standort Boll-Eckwälden fortgesetzt. 1953 erfolgte die Umwandlung in eine offene Handelsgesellschaft.

Das Unternehmen sieht sich seither einer kontinuierlich steigenden Nachfrage seiner Produkte gegenüber, was sich auch in den verschiedenen Neubauten auf dem Firmengelände in Bad Boll widerspiegelt. Mit der Gründung der *WALA-Heilmittel* GmbH als Betriebsgesellschaft im Jahre 1980 und der Errichtung der *WALA*-Stiftung und der Dr. Hauschka-Stiftung hat das Unternehmen 1986 Schritte zur Umgestaltung der Eigentumsverhältnisse und der innerbetrieblichen Organisation in Anlehnung an die sozialpolitischen Grundlagen der Anthroposophie getan. Damit wurde nicht nur eine Neutralisierung des Kapitals erreicht, das auf beide Stiftungen übertragen wurde, sondern auch eine effiziente und mitarbeiterorientierte Unternehmensorganisation geschaffen, die in der Zukunft den geschäftlichen Erfolg sicherstellen soll.

Bei *WALA* wurden bis heute rund 850 verschiedene Arzneimittel und kosmetische Produkte entwickelt. Das Verkaufsprogramm daraus umfaßt etwa 7000 Artikel. Die Herstellung der Grundsubstanzen für die Präparate im Labor geschieht überwiegend in Handarbeit, während bei der Weiterverarbeitung, Abwicklung und Verpackung hochtechnisierte Produktionsverfahren angewandt werden. Neben Ärzten, Chemikern, Apothekern, pharmazeutisch-technischen Assistenten, Technikern und Kaufleuten werden Gärtner und andere angelernte Mitarbeiter beschäftigt.

Geschäftsführer der *WALA-Heilmittel* GmbH und Vorstandsmitglied der *WALA*-Stiftung und der Dr. Hauschka-Stiftung ist Karl Kossmann, Jahrgang 1927, der dem Unternehmen seit mittlerweile 36 Jahren angehört. Nach einer kaufmännischen Ausbildung und langjähriger Kriegsgefangenschaft trat Kossmann 1952 als stellvertretender Geschäftsführer in die Leitung von *WALA* ein. Karl Kossmann ist wie viele andere Mitarbeiter Anthroposoph und sieht im geschäftlichen Erfolg des Unternehmens das Ergebnis des Zusammenwirkens aller Mitarbeiter in einem nach anthroposophischen Prinzipien gestalteten Unternehmenszusammenhang.

Das *WALA*-Unternehmensmodell

Wichtigstes Element der Unternehmensverfassung bei *WALA* ist die Neutralisierung des Eigenkapitals durch die 1986 erfolgte Übertragung an beide Stiftungen. Während die *WALA*-Stiftung das Vermögen der *WALA-Heilmittel* GmbH verwaltet und damit als Geschäftsführungsgesellschaft fungiert, ist es die Aufgabe der gemeinnützigen Dr. Hauschka-Stiftung, „aus den Erträgnissen des Vermögens solche Leistungen zu bewirken, die die medizinische Wissenschaft und Ausbildung einer durch die Geisteswissenschaft Rudolf Steiners erweiterten Medizin, Pharma-

Das WALA-Unternehmensmodell

zie und Naturwissenschaft, der Naturheilkunde und Homöopathie fördern" – so der Stiftungszweck.

Den früheren Gesellschaftern der GmbH, unter ihnen Karl Kossmann, die ihre Anteile am Stammkapital auf die Stiftungen übertragen haben, ist damit das uneingeschränkte Verfügungsrecht über das Eigenkapital des Unternehmens entzogen, das nun an den Stiftungszweck gebunden ist. Die betrieblichen Eigentumsverhältnisse, die in einer marktwirtschaftlichen Ordnung durch das Verfügungsrecht der Kapitaleigner über das Eigenkapital des Unternehmens gekennzeichnet sind, sind damit bei *WALA* vollständig neu definiert worden. Damit soll zum Ausdruck kommen, daß Kapital nur noch als ein Produktionsfaktor angesehen wird, dessen Verfügungsmöglichkeit keine betrieblichen Herrschaftsverhältnisse begründen soll. Mit dem Hinweis auf diesen Grundsatz ist auch das Ziel begründet, Fremdkapital durch eigene Mittel zu ersetzen. Um dieses Ziel zu erreichen, werden 70 bis 80 Prozent der jährlich erwirtschafteten Gewinne an die Mitarbeiter ausgeschüttet, die die gutgeschriebenen Beträge allerdings wieder als Darlehen im Unternehmen reinvestieren.

Diese Konstruktion hat zu einer bemerkenswerten Bilanzstruktur geführt. Die Bilanzsumme bestand Ende 1987 zu 21 Prozent aus haftendem Eigenkapital und zu 56 Prozent aus Mitarbeiterdarlehen und Pensionsrückstellungen. Für jeden „ausgeschütteten" Jahresgewinn, der als Mitarbeiterdarlehen dem Unternehmen wieder zufließt, wird in der Bilanz eine Rückstellung gebildet, so daß die Beträge steuerlich als noch nicht zugeflossen gelten. Die Verteilung der Gewinne erfolgt zu 60 Prozent proportional zu den Monatsgehältern der Mitarbeiter und zu 40 Prozent proportional zur vereinbarten Arbeitszeit. Nach einjähriger Betriebszugehörigkeit nimmt jeder Mitarbeiter an der Ausschüttung teil. Die Darlehen werden mit 6 Prozent verzinst, die Zinsen jährlich ausgezahlt. Beim Eintritt von Mitarbeitern ins Rentenalter werden die Darlehen in Zehn-Jahresraten ausgezahlt. Die maximale Laufzeit beträgt 25 Jahre. Alle Mitarbeiter haben die steuerlichen Anreize des Vermögensbeteiligungsgesetzes voll ausgeschöpft. Darlehen, die im Zusammenhang mit diesem Gesetz gegeben wurden, können schon nach sechs Jahren zurückgezahlt werden.

Diese materielle Mitarbeiterbeteiligung bei *WALA* wird durch immaterielle Beteiligungsrechte der Arbeitnehmer an den innerbetrieblichen Entscheidungsprozessen ergänzt. In der *WALA-Heilmittel* GmbH kann jeder Bereichsleiter oder Geschäftsführer für seinen Bereich bestimmte Einzelentscheidungen treffen. Auf Geschäftsleitungsebene gibt es außerdem einen Katalog für Mehrheitsentscheidungen und für einstimmige Beschlüsse. Kommen in den verschiedenen Entscheidungsgremien die notwendigen Mehrheiten nicht zustande, so hat die geplante Maßnahme zu unterbleiben; gegebenenfalls müßten die Geschäftsführer der GmbH den Stiftungsvorstand als Schlichter anrufen. Solche Fälle hat es allerdings bei *WALA* bisher noch nicht gegeben. Zu den Führungskräften des Unternehmens zählen auch die Arbeitsleiter, die innerhalb ihrer Aufgabengebiete ebenfalls weitgehend autonom entscheiden können. Die Arbeitsleiter entscheiden unter anderem bei Neueinstellungen mit; in diese Entscheidungen werden oft auch die Mitarbeiter mit einbezogen. Darüber hinaus existieren Mitwirkungsmöglichkeiten der Mitarbeiter im sogenannten Einstufungsausschuß bei Gehaltsfragen, bei der Planung für Investitionen, bei der Feststellung des Jahresbudgets für die verschiedenen Bereiche und bei der Gestaltung der Betriebsordnung und der Arbeitsorganisation. Diese Mitwirkungsrechte können im Rahmen von wöchentlichen oder monatlichen Arbeitsgruppengesprächen geltend gemacht werden.

Das Unternehmensmodell *WALA* ist auf die Einbeziehung des ganzen Menschen in den betrieblichen Arbeitsprozeß ausgerichtet. Arbeit soll nicht als Job angesehen werden, sondern dem einzelnen Möglichkeiten der Persönlichkeitsentfaltung eröffnen.

Mitarbeiter, die sich durch ihre Arbeit in ihrer Lebensgestaltung und in der Erreichung der angestrebten Lebensziele behindert sehen, die sich durch notwendige betriebliche Regelungen eingeschränkt fühlen, die keine betrieblichen Verpflichtungen auf sich nehmen wollen und nicht bereit sind, ihre Fähigkeiten im Sinne des Unternehmens einzusetzen, werden bei *WALA* nicht akzeptiert. Die anthroposophische Ausrichtung der Unternehmensführung, der Herstellungsprozeß und die betriebliche

Organisation und das daraus resultierende Unternehmensmodell insgesamt sollen die Verbundenheit der Mitarbeiter mit dem Unternehmen und das Zusammengehörigkeitsgefühl der Betriebsgemeinschaft fördern. Die Arbeit an gemeinschaftlich definierten Zielen, mit denen sich jeder identifizieren kann, ist die Grundlage der Unternehmensphilosphie bei *WALA*. Karl Kossmann faßt die Ziele des Unternehmensmodells zusammen:

„Das Partnerschaftsmodell der WALA ist eine Herausforderung an jeden Mitarbeiter, seine persönlichen Fähigkeiten zum Wohle des Unternehmens einzusetzen. Jeder einzelne hat Gelegenheit, an einer zukunftsträchtigen Idee mitzuwirken. Es stellt eine Absage dar an jede Bestrebung, aus Menschen Funktionäre zu machen, die einseitige Interessen vertreten. Diese Herausforderung ist zugleich Verpflichtung."

Karl Kossmann

Rudolf Steiner und die Anthroposophie

Weltanschauliche Grundlage des Unternehmensmodells *WALA* ist die Anthroposophie. Die anthroposophische Lehre wurde durch den in Kroatien geborenen Rudolf Steiner begründet, der 1913 auch die Anthroposophische Gesellschaft ins Leben rief. Durch umfangreiche Lehr- und Publikationstätigkeiten übte Steiner einen weitreichenden Einfluß auf das allgemeine kulturelle Leben seiner Zeit aus. Bis heute wirken in seinem Sinne neben der Anthroposophischen Gesellschaft und den Waldorfschulen Institute für heilpädagogische Therapieformen auf anthroposophischer Grundlage und ferner Forschungs- und Produktionsstätten für pharmazeutische und landwirtschaftliche Erzeugnisse, zu denen auch die *WALA-Heilmittel* GmbH gehört.

Wesentliches Element der Anthroposophie ist die Vorstellung, nach der die Welt in einer stufenweisen Entwicklung begriffen ist und jeder Mensch, in dem er diese Entwicklung einfühlend und erkennend nachvollzieht, gewisse höhere seelische Fähigkeiten in sich selbst entwickeln und mit ihrer Hilfe übersinnliche Erkenntnisse erlangen kann. Auch wenn naturwissenschaftlich-

Abbildung 5: Arbeitsbereiche und Institutionen der Anthroposophen (Auswahl)

Anthroposophische Studien- und Bildungseinrichtungen	Pädagogik	Wissenschaft und Forschung	Medizin und Heilmittel	Landwirtschaft und Ernährungsforschung	Wirtschaft und Finanzen
Alanus Hochschule	Bund der Freien Waldorfschulen	Freie Universität Witten/Herdecke	Gesellschaft anthroposophischer Ärzte	Forschungsring für biologisch-dynamische Wirtschaftsweise	GLS *Gemeinschaftsbank*
Kunst-Studienstätte Ottersberg	Internationale Vereinigung der Waldorf-Kindergärten	Hardenberg Institut für Kulturwissenschaften	Verein für ein erweitertes Heilwesen	Demeter-Bund	Gemeinnützige Treuhandstelle
Anthroposophisches Studienseminar Stuttgart	Verband anthroposophischer Einrichtungen für Heilpädagogik und Sozialtherapie	Carl-Gustav-Carus-Institut	Berufsverband Heileurythmie	Arbeitskreis für Ernährungsforschung	Gemeinnützige Kreditgarantiegenossenschaft
Studienhaus Rüspe	Seminare für Waldorfpädagogik	Institut für soziale Gegenwartsfragen	Berufsverband Künstlerische Therapie	Landwirtschaftsgemeinschaften	Unternehmensverband Aktion Dritter Weg
Freie Jugendseminare	Seminar für Heilpädagogik	Anthroposophisch orientierte Studentengruppen in Universitätsstädten	Gemeinschafts-Krankenhäuser, Sanatorien, Kurheime	Landbauschulen	Anthroposophische Verlage
Eurythmie-Schulen	Camphill-Bewegung		*Weleda* AG Heilmittel und Kosmetik	Brot- und Nährmittelfabriken	Anthroposophisch orientierte Firmen (Musikinstrumente, Möbel, Leuchten)
			WALA GmbH Heilmittel und Kosmetik		

Quelle: Peter Brügge, Die Anthroposophen, Reinbek, 1984

Rudolf Steiner und die Anthroposophie

empirische Forschungsmethoden zur Erfassung des Wesens der Menschen und deren Eingebundenheit in eine natürliche und soziale Umwelt im Sinne der Anthroposophie durchaus eine Berechtigung haben, so werden doch die Forschungsergebnisse der allein auf empirische Methoden gegründeten modernen Natur- und Gesellschaftswissenschaften deutlich angezweifelt. Steiner hält nicht quantifizierbare und nicht sinnlich wahrnehmbare Phänomene für diejenigen Kräfte, die die menschliche Verfassung und die Bewegungsgesetze des Kosmos im wesentlichen konstituieren (Kugler, W., siehe Literaturverzeichnis). Seine philosophischen und wissenschaftlichen Betrachtungen sollen eine Überwindung des Subjekt-Objekt-Denkens, das für die moderne wissenschaftlich-technische Zivilisation so typisch ist, herbeiführen. Aufgrund ihrer eindimensionalen Ausrichtung auf quantifizierbare Phänomene haben die traditionellen Wissenschaften nichts zu einem umfassenden Verständnis der Welt beigetragen. Für Steiner ist der Ideengehalt der Wirklichkeit, also die menschliche Vorstellung vom Zustand der Welt und der gesellschaftlichen Zusammenhänge, ebenso real erfaßbar wie die Wirkung physikalischer Gesetze. Sein Hauptanliegen war eine Integration von „objektiver" empirischer Wissenschaft mit seiner auf das Subjekt ausgerichteten Lehre vom „Ideengehalt der Wirklichkeit".

In einem seiner bedeutendsten Werke, „Die Philosophie der Freiheit" (siehe Literaturverzeichnis), geht es Steiner immer wieder darum, auf eine Emanzipation des Menschen hinzuarbeiten, die es diesem ermöglicht, über die Betrachtung der objektiven Dinge hinaus deren innere Form zu erkennen. „Die Ideale unseres Geistes sind eine Welt für sich, die sich auch für sich ausleben muß und nichts gewinnen kann durch die Mitwirkung einer gütigen Natur. Welch erbarmungswürdiges Geschöpf wäre der Mensch, wenn er nicht innerhalb seiner eigenen Ideenwelt Befriedigung gewinnen könnte, sondern erst der Mitwirkung der Natur bedürfte" (vgl. Kugler, W., siehe Literaturverzeichnis), so Steiner in der „Philosophie der Freiheit". Ein „wirklichkeitsgemäßes Denken", das sich aus den Zwängen der Naturgesetze und der gesellschaftlichen Konventionen befreit, ist ein wesentliches Ziel der Anthroposophie Rudolf Steiners.

Obwohl die Anthroposophie in ihrem Weltbild neben Goetheschen Gedanken okkulte Lehren indischer, gnostischer, kabbalistischer, christlicher und theosophischer Herkunft enthält, hat sie in vielen Bereichen sehr praxisnahe Vorstellungen entwickelt. Von der anthroposophischen Gesellschaft und dem als Hochschule unterhaltenen Goetheanum in Dornach bei Basel sowie den der Erziehung auf anthroposophischer Grundlage dienenden Waldorfschulen gingen und gehen starke Impulse auf die Pädagogik und die musische Bildung aus.

Weniger einflußreich war Steiner allerdings mit Vorschlägen zur Lösung sozialer Probleme nach dem Ersten Weltkrieg. Seine „Bewegung für Dreigliederung des sozialen Organismus", die zu einer Entflechtung von Wirtschaft, Staat und Gesellschaft beitragen sollte, blieb weitgehend wirkungslos. Dennoch ist die Dreigliederungsidee ein wesentliches Element für wirtschaftliche, soziale, wissenschaftliche und kulturelle Initiativen auf anthroposophischer Grundlage geworden. Die Bedeutung der Dreigliederungsidee für das *WALA*-Partnerschaftsmodell wird in einer Informationsbroschüre des Unternehmens beschrieben (siehe Seite 126).

Anthroposophie und wirtschaftliches Handeln

Steiners Philosophie wirkt sich bei der *WALA-Heilmittel* GmbH in dreifacher Hinsicht aus:

– bei der Herstellung und Verarbeitung der Produkte,
– bei der Vermarktung und der Verkaufsstrategie,
– in den institutionellen und organisatorischen Regelungen zur Gestaltung des betrieblichen Miteinanders.

Die anthroposophisch-homöopathische Medizin basiert auf der Grundlage der Aktivierung der Selbstheilungskräfte des Körpers. Das heißt, die Präparate sollen eine heilanregende Wirkung für den kranken Organismus haben. Die Grundsubstanzen der Produkte werden ausschließlich im biologisch-dynamischen Anbau gewonnen. Dabei geht man bei *WALA* von der anthroposophischen Erkenntnis aus, daß Heilmittel nicht nur eine auf biologischen oder chemischen Prozessen beruhende stoffliche Wirkung haben, sondern daß darüber hinaus die nichtstofflichen, immateriellen Wirkungen der Präparate von wesentlicher Bedeutung sind.

Die Ausgangssubstanzen aller Erzeugnisse entstammen der Pflanzenwelt, der Tierwelt oder sind mineralischen Ursprungs. Die Verarbeitung erfolgt auf die schonendste Weise in Handarbeit, um die therapeutisch wirksamen Lebensstrukturen der verarbeiteten Naturprodukte zu erhalten und – wo es möglich ist – zu steigern. Die bis heute gewonnenen Erkenntnisse lassen den Einsatz von Maschinen nicht zu. Jedoch arbeitet man bei WALA an Verfahren, die auf dieser Fertigungsstufe den Arbeitsablauf ohne Qualitätseinbuße erleichtern.

Da der Garten und das Pflanzenlabor in besonderem Maße von Jahreszeiten und Witterungseinflüssen abhängig sind, richten sich die hier Beschäftigten in ihrer Tageseinteilung nach den täglich wechselnden Zeiten des Sonnenauf- und Sonnenuntergangs und nicht nach den üblichen Regelarbeitszeiten. Das besondere WALA-Verarbeitungsverfahren ist in einem Arbeitshandbuch des Unternehmens beschrieben:

„Das Verfahren der Natur, ihr Wesen in die Erscheinung zu bringen, das heißt potentielle Kräfte bis zur festen Substanz zu verdichten (Wurzel- und Rindenbildung) und sie wieder in rhythmischer Folge über die Blütenbildung hinaus zu sublimieren, galt es aufzugreifen und durch besondere Handhabungen zu verstärken. Erreicht wurde dies dadurch, daß man den wäßrigen Heilpflanzenansatz bei Sonnenaufgang und bei Sonnenuntergang den kosmisch-tellurischen Einwirkungen aussetzte, während derselbe über die übrigen Tag- und Nachtstunden durch geeignete Vorrichtungen gerade von allen Außeneinflüssen abgeschirmt wurde. So können die polaren Morgen- und Abendkräfte eine Neukonsolidierung des Pflanzensubstrates bewirken."

Der hier geschilderte Vorgang wird als „lichtrhythmischer Prozeß" bezeichnet.

Beim „wärmerhythmischen Prozeß" wird der Ansatz über eine bestimmte Zeit hin den rhythmisch wiederholten ausdehnenden und zusammenziehenden Wirkungen von Erwärmung (37 °C) und Abkühlung (4 °C) unterzogen.

Die Rückstände der im licht- und wärmerhythmischen Prozeß gewonnenen Heilpflanzenauszüge werden anschließend verascht. Durch Zugabe der Asche zum wäßrigen Auszug wird die ursprüngliche Pflanzeneinheit auf verwandelter Stufe wiederhergestellt. Erwähnt sei noch, daß im licht- und wärmerhythmischen Prozeß die polaren Einwirkungen durch Bewegungsimpulse intensiviert werden.

Der Name *WALA* deutet auf diese Vorgänge hin: Wärme-Asche- beziehungsweise Licht-Asche-Verfahren.

Ein weiteres wesentliches Merkmal des Herstellungsprozesses der Arzneimittel ist die Potenzierung, das heißt die Verdünnung der Grundsubstanzen mit destilliertem Wasser. Dieser Vorgang wiederholt sich auf mehreren Potenzierungsstufen, so daß mit steigender Stufe nur noch geringe oder gar keine Spuren der Grundsubstanz mehr festzustellen sind. Nach anthroposophischer Ansicht geht diese Reduzierung der stofflichen Grundsubstanz im Potenzierungsprozeß einher mit einer Vermehrung der heilenden immateriellen Kräfte des Präparates. Auch das Potenzieren und Mischen (Schütteln) der Substanzen erfolgt in Anlehnung an natürliche und kosmische Rhythmen nur zu bestimmten Tageszeiten. Die Abfüllung und Verpackung der fertigen Produkte geschieht dann allerdings unter Zuhilfenahme automatischer Fertigungsprozesse.

Die Produkte der *WALA-Heilmittel* GmbH werden fast ausschließlich über Apotheken, den Reformfachhandel und Vertragskosmetikerinnen abgesetzt. Dabei verzichtet *WALA* auf die sonst üblichen publikumswirksamen Werbemittel und versucht statt dessen, die Absatzmittler durch Beratung und Serviceleistung von der Qualität der Produkte zu überzeugen. Die Absatzmittler selbst tragen diese Information an die Kunden weiter. *WALA* versucht, überwiegend durch Überzeugungsarbeit und durch eine starke Nähe zum Kunden, den Verkauf zu fördern. Zu dieser Überzeugungsarbeit gehören Publikationen in den einschlägigen Fachzeitschriften, Vorträge, Seminare und Beratungsunterstützung für die Apotheker und Ärzte. Die Gestaltung und Präsentation der Produkte soll nicht Aufmerksamkeit erregen, sondern Vertrauen zum Produkt und zum Unternehmen erwecken. Vertrauenswürdigkeit, sachliche Beratung und Information und die Garantie eines rein auf anthroposophischen Wertvorstellungen basierenden Herstellungs- und Verarbeitungsprozesses sind die Grundlagen des Marketingkonzepts bei *WALA*.

Der Einfluß der Anthroposophie auf die Wirtschaftstätigkeit in diesem Unternehmen, insbesondere hinsichtlich der Produkte und der Produktpolitik, setzt sich fort in den organisatorischen und institutionellen Regelungen, die das innerbetriebliche Gefüge und die sozialen Beziehungen der Mitarbeiter untereinander bestimmen.

Rudolf Steiners Lehre von der Dreigliederung des sozialen Organismus sieht eine strikte Trennung der drei großen gesellschaftlichen Bereiche Wirtschaft, Kultur und Staat vor. Jeder der Bereiche ist gekennzeichnet durch ein eigenes Prinzip des menschlichen Miteinanders: Während das Kultur- oder Geistesleben durch eine uneingeschränkte Freiheit der Persönlichkeit gekennzeichnet ist, zeichnet sich das Staats- oder Rechtsleben durch die Gleichheit aller Beteiligten und das Wirtschaftsleben durch ein brüderliches Miteinander aus (Steiner, R., siehe Literaturverzeichnis). Die *WALA*-Unternehmensverfassung zielt auf eine Gleichbehandlung aller Mitarbeiter und auf die Aufhebung von Herrschaftsverhältnissen zwischen Mitarbeitern ab. Das heißt nicht, daß alle Mitarbeiter die gleiche Entlohnung erhalten oder den gleichen Einfluß haben. Qualifizierung und Tätigkeitsmerkmale im Betrieb werden dabei ebenso berücksichtigt wie Verantwortungsbereitschaft und Arbeitszeit.

Auf eine innerbetriebliche Hierarchie, die sich allein auf die Funktion eines Mitarbeiters stützt, wird allerdings verzichtet. Entscheidungen in den verschiedenen Gremien sollen einmütig oder einstimmig gefällt werden; es sollen keine Mehrheitsentscheidungen getroffen werden. Dennoch hat auch bei *WALA* nicht jeder Mitarbeiter den gleichen Einfluß auf Unternehmensentscheidungen. Wie in vielen anderen anthroposophischen Einrichtungen existiert auch bei *WALA* eine „natürliche" Hierarchie, die in anthroposophischem Sinne durchaus positiv zu bewerten ist. Die Ablehnung funktionaler Hierarchien und die Postulierung eines brüderlichen Miteinanders bedeutet nicht den Verzicht auf Autorität und Führungsanspruch.

Kapital und Arbeit

Die besonderen Merkmale eines nach drei Gliederungsgesichtspunkten strukturierten Wirtschaftslebens basieren auch auf einer Kritik der industriell-kapitalistischen Arbeitsformen. Diese Kritik ist eine weitere Grundlage zum Verständnis der *WALA*-Unternehmensverfassung.

Arbeitsteilung und abhängige Lohnarbeit haben die mittelalterliche Einheit von Arbeit und Persönlichkeitsentfaltung innerhalb eines festen Sozialgefüges zerstört. Arbeit wird in den modernen Industriestaaten als Restgröße im betriebswirtschaftlichen Prozeß angesehen, begleitet von einer Unterordnung unter Kapitalverwertungsinteressen innerhalb eines betrieblichen Herrschaftsgefüges. Demgegenüber steht eine auf dem brüderlichen Miteinander basierende Wirtschaftstätigkeit im Sinne des sozialen Hauptgesetzes von Rudolf Steiner (siehe Dokument 8).

Diese auf ein brüderliches Miteinander ausgerichtete Gestaltung der Wirtschaftstätigkeit kommt bei *WALA* insbesondere durch die Neutralisierung des Kapitals zum Ausdruck, womit eine Beeinflussung des Unternehmens durch Verwertungsinteressen der Kapitaleigentümer ausgeschlossen wird. In der Präambel zu den Satzungen der beiden Stiftungen, die gleichzeitig Bestandteil des Gesellschaftsvertrages der *WALA-Heilmittel* GmbH ist, wird dieser Zusammenhang deutlich herausgestellt.

Die Konzeption des Unternehmensmodells *WALA* zielt auf eine Übereinstimmung der persönlichen Motive der Mitarbeiter mit den Unternehmenszielen ab. Vor dem Hintergrund der Anthroposophie soll die moderne Trennung von Lebens- und Arbeitswelt sowie von Freizeit und Arbeitszeit abgebaut werden. Ein Ziel, das auch in vielen anderen Unternehmen durch neue

Managementtechniken und die bewußte Gestaltung einer Unternehmenskultur angestrebt wird, das bei *WALA* aber aus einer tiefverwurzelten Überzeugung der verantwortlichen Mitarbeiter entspringt.

Karl Kossmann: Anthroposoph und Unternehmer

Auch der Begriff Unternehmer hat in anthroposophischen Zusammenhängen einen anderen Klang. Der Unternehmer Karl Kossmann definiert das so:

„Als Unternehmer kann jeder Mitarbeiter bezeichnet werden, der neben der ihm übertragenen Aufgabe die Zielsetzung des Unternehmens im Auge behält und darüber hinaus auch kreativ tätig wird. Eine solche Einstellung wirkt sich auf die Qualität der Arbeit und letztlich auch auf den Ertrag des Unternehmens aus, an dem jeder Mitarbeiter durch das Beteiligungsmodell partizipiert."

Karl Kossmann

Die begriffliche Unterscheidung zwischen Arbeitnehmern und Unternehmern hat bei *WALA* heute keine Bedeutung mehr. Der Unternehmerbegriff ist nicht an eine bestimmte Funktion im betrieblichen Arbeitszusammenhang oder an den Kapitalbesitz gebunden, sondern charakterisiert einen Menschen, der sich durch eine schöpferische Tätigkeit auszeichnet, der Ideen verwirklicht und über große Erfahrung und Menschenkenntnis verfügt. Er hat die Aufgabe, die Mitarbeiter zu motivieren und zu erziehen. Unter anderem hat er die Pflicht, so Karl Kossmann, in seinem Unternehmen oder in anderen sozialen Zusammenhängen auf eine Überwindung der Probleme hinzuwirken, die durch eine allein an Kapitalverwertungsinteressen orientierte Wirtschaftstätigkeit entstehen. Unternehmer sein bei *WALA* heißt demnach, durch eine geeignete Unternehmensverfassung und Gestaltung der Arbeitsabläufe die negativen Auswirkungen abhängiger Beschäftigung zu vermeiden. Zu den negativen Auswirkungen zählt man bei *WALA* die „Job-Mentalität" vieler Arbeitnehmer, die Trennung von Hand- und Kopfarbeit, die

Freizeitorientierung, das Desinteresse am Produkt und an den sozialen Rahmenbedingungen im Unternehmen. Eine ganzheitliche Gestaltung der Arbeit im Sinne von Steiners sozialem Hauptgesetz ist das Ziel des Unternehmers Kossmann und der Mitarbeiter bei *WALA*. Die Arbeit soll produkt- und mitarbeitergerecht gestaltet werden. Erst dann werden Fragen der betriebswirtschaftlichen Rationalität erörtert. Gerade das absolute Festhalten an anthroposophisch orientierten Herstellungs- und Verarbeitungsmethoden eröffnet *WALA* aber einen expandierenden Absatzmarkt, womit wiederum die betriebswirtschaftlichen Möglichkeiten zur Gestaltung der Unternehmensverfassung erwirtschaftet werden. Der ideelle Antrieb der Mitarbeiter ist für Kossmann das entscheidende Kriterium, das zufriedenstellende Arbeits- und Sozialzusammenhänge schafft und den materiellen Erfolg der Unternehmung sicherstellt.

Die Motive für das wirtschaftliche Handeln von Karl Kossmann und den anderen Mitarbeitern bei *WALA* können nicht losgelöst von den zugrundeliegenden anthroposophischen und ideologischen Überzeugungen erörtert werden. Das Unternehmensmodell *WALA* ist nur im Kontext mit der anthroposophischen Lehre zu verstehen und zu würdigen. Bei der *WALA-Heilmittel GmbH* wird aber bewiesen, daß wirtschaftlicher Erfolg auch auf der Basis einer durchaus wirtschafts- und gesellschaftskritischen Überzeugung möglich ist.

Das WALA-Partnerschaftsmodell

Im Jahre 1917 (...) stellte Rudolf Steiner als ein Friedensziel der Mittelmächte erstmals die Forderung nach einer „Dreigliederung des sozialen Organismus". Der Zusammenbruch der zum Teil noch monarchisch regierten Einheitsstaaten war vorauszusehen. (...) Als ursächlich für den Untergang der europäischen Kultur sah Rudolf Steiner die Tatsache, daß „in den letzten Jahrhunderten die menschlichen Interessen allmählich ganz von den wirtschaftlichen aufgesogen worden sind", das heißt, daß das Rechtsleben und das Geistesleben den wirtschaftlichen Macht- und Bedürfnisformen unterworfen waren. Demgegenüber fordert die Dreigliederung des sozialen Organismus die Auseinandergliederung dieser Bereiche. „Die Dreigliederungsidee richtet sich auf die Gesellschaft in der Gesamtheit ihrer Erscheinung." Ihr Ziel ist es, den Leistungen einer Gesellschaft in den Bereichen Kultur, Wirtschaft und Staat jeweils einen eigenen Rahmen, das heißt eine eigene Struktur zu geben.

(...) In diesem Zusammenhang sei auf das von Rudolf Steiner im Jahre 1904 formulierte „Soziale Hauptgesetz" hingewiesen, in dem es heißt:

„Das Heil einer Gesamtheit von zusammenarbeitenden Menschen ist um so größer, je weniger der einzelne die Erträgnisse seiner Leistungen für sich beansprucht, das heißt je mehr er von diesen Erträgnissen an seine Mitarbeiter abgibt und je mehr seine eigenen Bedürfnisse nicht aus seinen Leistungen, sondern aus den Leistungen der anderen befriedigt werden."

(...) So darf (...) das Eigentumsrecht am Kapital in der Wirtschaft nicht mehr dazu benutzt werden, um über Menschen Macht auszuüben. Menschliche Arbeit darf nicht mehr als Kostenfaktor betrachtet werden. Kapital soll deshalb nur noch wie ein Werkzeug zum Einsatz kommen, das zwar durch den Zins seinen Preis verlangt, aber nach Gebrauch auch wieder zurückgegeben werden kann. Deshalb gilt in der *WALA* der Grundsatz, daß Fremdkapital nur durch Eigenkapital abgelöst werden soll.

Dokument 8: Auszug aus dem *WALA*-Partnerschaftsmodell

Über unsere Ziele

Die Vergangenheit in der Analyse

(...) Vor Beginn der technischen Umwälzungen bildete der Handwerksbetrieb noch eine kleine heile Welt für sich, die der Meister und seine Gesellen leichter überschauen und mit ihrem Sachverstand und ihrer Tatkraft durchdringen konnten.

(...) Anfang des 20. Jahrhunderts ergibt sich ein völlig verwandeltes Bild: Fabriken, Arbeitsteilung, Trennung von Arbeit und Arbeitsleitung, Spezialistentum usw. Der Gesamtzusammenhang des Arbeitsprozesses ist für den Arbeiter und den Spezialisten verlorengegangen.

(...) Vielmehr verkauft er (der Arbeitnehmer) seine Arbeitszeit, sein Tätigsein an einen meist anonymen Kapital- oder „Arbeitgeber". Diesen erlebt er als eine ihm feindlich gesonnene Macht. Diese Macht betrachtet ihn oft als lästigen Kostenfaktor. Damit wird der Arbeitende, auch wenn er es selbst nicht in Worte kleiden kann, in seiner Menschenwürde zutiefst verletzt. Sein Interesse richtet sich nicht mehr auf das verkäufliche Endprodukt der Fabrik, in der er tätig ist, sondern allein auf die Dauer der Arbeitszeit, die Bequemlichkeit des Arbeitsplatzes und auf den ausbezahlten Lohn. Erst mittels dieses Lohnes glaubt er, sein eigentliches Leben, sein Privatleben führen zu können.

(...) Nicht in der Fließbandarbeit als solcher, sondern in der Käuflichkeit der Arbeit liegt die Wurzel des Übels.

Hier kann nur das Neubesinnen auf die Menschenwürde und ein völliger Neubeginn im Wirtschaftsleben eine Wende bringen. Als Schlüssel für eine Lösung der sozialen Probleme in den Wirtschaftsbetrieben kann das Soziale Hauptgesetz Rudolf Steiners dienen. Dieses beinhaltet, sinngemäß auf einen Fabrikationsbetrieb bezogen, daß das Wohl einer Gesamtheit von zusammenarbeitenden Menschen um so größer ist, je mehr der einzelne seine eigenen Dienstleistungen den anderen Mitarbeitern zur Verfügung stellt und je mehr er seine eigenen betrieblichen „Bedürfnisse" aus den Dienstleistungen der Mitarbeiter befriedigt.

Dokument 9: Die *WALA-Heilmittel* GmbH über ihre Ziele (Auszug)

Anthroposoph und Unternehmer

Präambel

(...) Im Jahre 1929 haben Dr. med. Ita Wegman und Dr. Rudolf Hauschka am Klinisch-Therapeutischen Institut in Arlesheim (Basel) mit Forschungsarbeiten für die rhythmische Herstellung pflanzlicher, tierischer und mineralischer Erzeugnisse auf dem Gebiet der Heilmittel und Hygiene begonnen. Die im Jahre 1953 in Boll-Eckwälden von Dr. Rudolf Hauschka und seinen Freunden als offene Handelsgesellschaft gegründete Firma *WALA-Heilmittel Laboratorium Dr. R. Hauschka* OHG hat diese Forschungsarbeiten weitergeführt und auf dieser Basis Heilmittel auf der Grundlage einer durch Geisteswissenschaft erweiterten Medizin, heildiätetische Säfte, Nahrungsmittel und kosmetische Präparate hergestellt (...).

Die Mitglieder des Gründerkollegiums der *WALA-Heilmittel Dr. Hauschka* OHG, Dr. med. Margarethe Hauschka, Dr. rer. nat. Rudolf Hauschka, Maja Mewes, Max Kaphahn und in deren Nachfolge Karl Kossmann und Dr. med. Heinz Hartmut Vogel sahen von Anfang an in der Heilmittelherstellung nach den Prinzipien einer anthroposophisch-goetheanistischen Menschen- und Naturanschauung eine Kulturaufgabe im Zusammenhang mit der Erneuerung der Medizin durch die Anthroposophie Rudolf Steiners in unserer Zeit.

Die *WALA* wurde somit als kulturelle Einrichtung in die das ganze menschliche Leben umfassende kulturelle Erneuerung auf allen Gebieten eingebettet.

Dies sollte auch in der Art der Zusammenarbeit der Menschen und in ihrem Verhältnis zur wirtschaftlichen Grundlage zu den Betriebseinrichtungen, der Kapitalausstattung, des Einkaufes und des Vertriebes seinen entsprechenden sozialen Niederschlag finden. Den wirtschaftlich-kaufmännischen Maßnahmen wurde eine dem geistigen Auftrag dienende nachgeordnete Aufgabe zugewiesen. Die oben genannten Einrichtungen und Firmen sind Glieder einer ideellen Einheit mit gemeinsamen Prinzipien und Zielen. Aus dem vorhergehend beschriebenen Impuls wurde im Jahre 1980 die *WALA-*

Dokument 10: Präambel der WALA- und der Dr. Hauschka-Stiftung

Heilmittel GmbH gegründet. Es war und ist das Bestreben der Träger der vorgenannten Einrichtungen, aus der Arbeit heraus eine dem Bewußtseinsstand des Zeitalters entsprechende soziale und wirtschaftliche Haltung sowohl innerhalb der Gesellschaften als auch im Verkehr mit der Umwelt zu entwickeln. Dieses Bestreben führte schon im Jahr 1962 dazu, Gewinne zu „neutralisieren", indem die entsprechenden Jahresgewinne einem „Sozialkapital" zugeführt wurden, das nicht dem üblichen familiären Erbgang unterliegt. Sowohl die ideelle Grundlage des Unternehmens als auch die Haltung der Gesellschafter der *WALA-Heilmittel Dr. Hauschka* OHG führten zu der Idee der Stiftungsgründung. Die *WALA*-Stiftungen werden entsprechend den Stiftungsgeschäften das Vermögen der *WALA-Heilmittel Dr. Hauschka* OHG übernehmen.

Nach dem Prinzip der Gegenseitigkeit von Leistung und Gegenleistung soll der Gewinn aus den wirtschaftlichen Aktivitäten im wesentlichen an die Mitarbeiter verteilt werden. (...)

Die Ziele der gemeinnützigen „Dr. Hauschka-Stiftung" werden auch von den Mitarbeitern der *WALA-Heilmittel* GmbH verfolgt und getragen, weil sie mit dem Unternehmenszweck in unmittelbarem Zusammenhang stehen.

Die *WALA-Heilmittel* GmbH muß optimal wirtschaften können ohne Bevormundung und ohne zweckfremde Zielsetzung.

Die ideelle Einheit der *WALA* muß durch die bestehenden Organe der Gesellschaft erhalten bleiben und gefestigt werden, damit ein Auseinanderfallen der Glieder und eine Polarisierung der Aufgaben zu gemeinnützigen Zwecken, zu treuhänderischen Erhaltungszwecken und unternehmerischen Zwecken vermieden wird. Alle Persönlichkeiten – mit Ausnahme der Gründer –, die für leitende Aufgaben in den drei Gliedern gewonnen werden können, dürfen die ideelle Einheit der *WALA* nicht durch Personalunion herstellen. Eine Mitwirkung von in der *WALA-Heilmittel* GmbH tätigen Mitarbeitern in Beiräten ist jedoch möglich. Die Geschäftsordnungen der einzelnen Organe sind die verpflichtenden Instrumente, mit denen die Vielfalt in der Einheit und die Einheit in der Vielfalt praktiziert werden kann.

Dokument 10 (Forts.)

6. Kapitel

Partnerschaft im Einzelhandel – *OBI*-Bau- und Heimwerkermärkte

OBI-Märkte sind Bau- und Heimwerkermärkte, die nach dem Franchise-System geführt werden. Die OBI-Konzeption ist eine der erfolgreichsten Unternehmens- und Marketing-Strategien im deutschen Einzelhandel. Neben dem OBI-Führungsdreieck spielt die Organisationsentwicklung nach dem GRID-Verhaltensgitter eine beherrschende Rolle in der OBI-Unternehmensführung. Partnerschaft ist auch bei OBI gefragt. Entscheidungen werden deshalb auf der höchsten Ebene der Kompetenz, nämlich der „Basis", getroffen. Oberstes Prinzip von OBI ist denn auch, die Fähigkeiten des Menschen zu pflegen und zu fördern.

Das Unternehmen

Der erste von heute 157 *OBI*-Märkten in Deutschland wurde 1970 in Hamburg eröffnet. Der Erfolg von *OBI* gründet sich auf eine in der Branche beispielhafte Unternehmenspolitik, die durch folgende Merkmale gekennzeichnet ist:

- das *OBI*-Franchising Konzept,
- Erfolgs- und Kapitalbeteiligung der Mitarbeiter,
- Organisationsentwicklung nach dem GRID-Modell der amerikanischen Unternehmens-Psychologen Robert R. Blake und Jane S. Mouton.

Die *OBI*-Unternehmens-Philosophie wurde von den Gründern Emil Lux (heute Aufsichtsratmitglied der *Deutschen Heimwerkermarkt Holding*) und Manfred Maus (persönlich haftender Gesellschafter der *Deutschen Heimwerkermarkt Holding*) entwickelt.

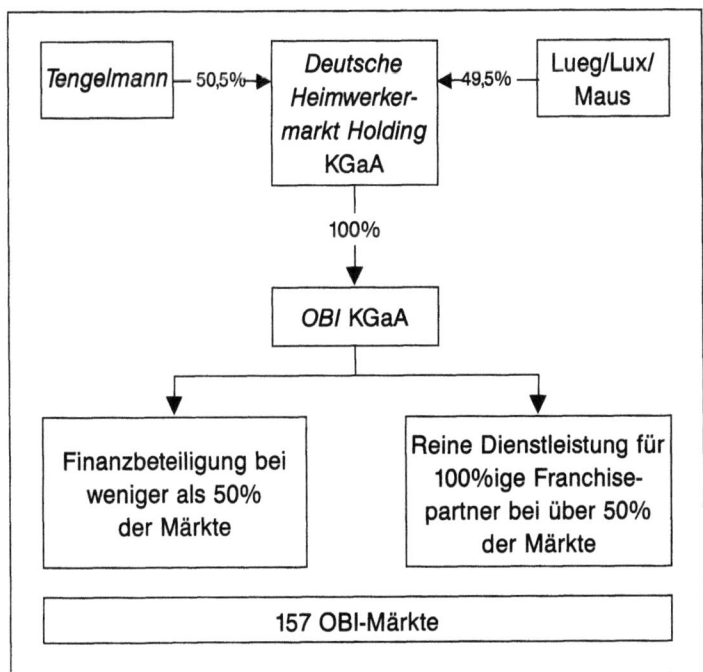

Abbildung 6: Die *OBI*-Gruppe 1987
Quelle: *bau & heimwerker markt*, OBI-Sonderdruck 8/1987

Die *OBI*-Märkte sind über Franchise-Verträge mit der *OBI*-System-Zentrale verbunden. Diese Systemzentrale, eine Finanzierungsgesellschaft, die an 90 *OBI*-Märkten Beteiligungen hält, ein Großhandel, eine Werbeagentur und ein Rechenzentrum sind in der *Deutschen Heimwerkermarkt Holding* zusammengeschlossen.

Der Gesamtumsatz der Gruppe entwickelte sich von 280 Millionen DM im Jahr 1969 auf 1,3 Milliarden DM 1987. Der Gesamtumsatz des Heimwerkermarktes in Deutschland wird auf 30 Milliarden DM geschätzt.

Die *OBI*-Gruppe ist aus der Einzelfirma *Emil Lux* hervorgegangen, die 1918 gegründet wurde. Emil Lux erkannte bereits in den fünfziger Jahren die Bedeutung des „Do-it-yourself" und baute das Unternehmen zu einer modernen Marketingorganisation aus. Heute beschäftigt die Firma *Emil Lux* mit ihren Großhandelstöchtern 350 Mitarbeiter und tätigt einen Umsatz von rund 105 Millionen DM jährlich. Unternehmenszweck ist die Belieferung von Tausenden von Fachhändlern, Kaufhäusern und Bau- und Heimwerkermärkten in Deutschland und Frankreich.

Die zur *Deutschen Heimwerkermarkt Holding* KGaA gehörenden Firmen beschäftigen insgesamt über 4000 Mitarbeiter.

Durch die *LUX-Partnerschafts*-GmbH sind etwa 90 Prozent der Mitarbeiter der Firma *Emil Lux* am Firmenkapital still beteiligt.

Eine Idee setzt sich durch

Die Idee der Bau- und Heimwerkermärkte entstand bei Emil Lux Ende der sechziger Jahre. Durch mehr Freizeit, steigende Kosten für handwerkliche Dienstleistungen und das Bedürfnis nach einer sinnvollen Freizeitgestaltung entstand der neue große Markt des „Do-it-yourself".

Heimwerker mußten damals ihren Bedarf in vielen verschiedenen Fachgeschäften decken (Eisenwarenhandel, Farbhandel, Sanitärhandel usw.). Die Zusammenfassung dieser Sortimente nach dem Grundsatz des „one-stop-shopping" bei *OBI* erlaubt

Eine Idee setzt sich durch

es dem Heimwerker nun, seinen Bedarf unter einem Dach zu decken.

OBI unterscheidet sich von sogenannten Discountern durch intensive Fachberatung der Kunden. Die meisten *OBI*-Verkäufer sind gelernte Handwerker.

Die zentrale Frage im Einzelhandel lautet: Wie kann man die Nachteile von Großkonzernen des Einzelhandels – mangelnde Flexibilität und hohe Kosten – vermeiden und trotzdem die Vorteile des Großeinkaufs und modernster Organisation erreichen?

Franchising ist die Antwort: eine Kooperation unternehmerisch selbständiger Partner, die am Markt gemeinsam unter „OBI" auftreten.

Das *OBI*-Konzept hat sich eindrucksvoll durchgesetzt: Vor einigen Jahren wurde das Sortiment um den „grünen Bereich" erweitert in Form der *OBI*-Gartenparadiese. Auch für die kommenden Jahre sind beträchtliche Zuwachsraten zu erwarten.

Das *OBI*-Führungsdreieck

Für jeden *OBI*-Markt gibt es das „Führungsdreieck", das nach dem Prinzip der Einstimmigkeit die unternehmenspolitischen Ziele festlegt. Es setzt sich zusammen aus dem Marktleiter, dem Franchisepartner und einem Vertreter der *OBI*-Systemzentrale.

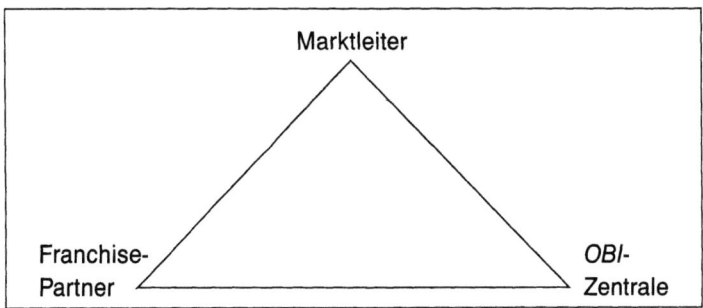

Abbildung 7: OBI-Führungsdreieck

Manfred Maus, persönlich haftender Gesellschafter der *Deutschen Heimwerkermarkt Holding* KGaA, schildert die Aufgaben von *OBI* als Franchise-Geber:

„Die Leistungen des Franchise-Gebers sind umfassend. Sie beinhalten alle Maßnahmen, die erforderlich sind, um ein Einzelhandelsgeschäft zu führen. Nach sorgfältiger Standortanalyse wird das Objekt schlüsselfertig übergeben. Der Franchise-Geber schult den Franchise-Nehmer und dessen Marktleiter theoretisch und praktisch. Er übernimmt die Einweisung des Personals, den Aufbau der Betriebsorganisation, die regionale und überregionale Werbung sowie eine umfassende betriebswirtschaftliche Vergleichsrechnung durch EDV.

Darüber hinaus gehören zu den Dienstleistungen des Franchise-Gebers statistische Sortimentskontrollen, ständige Regeneration des Sortiments, kurzfristige Erfolgsrechnung, Überwachung eines jeden Marktes im Rahmen einer Budgetrechnung mit monatlichem Soll- und Ist-Vergleich sowie die Übernahme der gesamten Buchhaltung."

Manfred Maus

Diese Dienstleistungen des Franchise-Gebers, die von der OBI-Systemzentrale mit Hilfe modernster betriebswirtschaftlicher Methoden und datentechnischer Ausstattung erbracht werden, sind Gegenstand des Franchise-Vertrages. Weitere Dienstleistungen wie Sortiments-, Leistungs- und Warenbewirtschaftungs-Systeme, Statistiken oder die Personalbuchhaltung können von den Franchise-Partnern bei Bedarf in Anspruch genommen werden.

Der Franchise-Nehmer erhält das Recht, einen Bau- und Heimwerkermarkt aufzubauen und als selbständiger Kaufmann zu betreiben. Er ist verpflichtet, den Markt nach den Kriterien der *OBI*-Systemzentrale zu gestalten, das *OBI*-Basissortiment zu übernehmen und die von einem zentralen Werbeausschuß verabschiedeten Werbe- und Verkaufsmaßnahmen durchzuführen. Bei finanzstarken Investoren verzichtet die *OBI*-Muttergesellschaft als Franchise-Geber auf eine direkte Finanz- und Kapitalbeteiligung; in 90 Märkten wird sie jedoch praktiziert.

Der Marktleiter wird von der *OBI*-Systemzentrale und dem Franchise-Nehmer gemeinsam ausgewählt. Er ist die Seele des Geschäfts und damit wichtigste Person des Führungsdreiecks vor Ort. Die Auswahl junger Marktleiter ist oft nicht einfach. Neben formalen betriebswirtschaftlichen Qualifikationen werden große Anforderungen an die Leistungsbereitschaft im Einzelhandel, an die Motivation und Kooperationsfähigkeit gegenüber den jeweils 15 bis 30 Mitarbeitern eines Marktes und an das Organisationstalent gestellt. Ein *OBI*-Marktleiter gehört zu den am besten geschulten Managern der Branche.

In den USA, so schildert Manfred Maus, ergab eine Untersuchung, daß ein Drittel aller vorhandenen Probleme in der Zusammenarbeit mit der Zentrale zu suchen ist. Die Hauptursache lag darin, daß man Ware ins Sortiment aufnahm, die nach Meinung der Marktleiter schlecht verkäuflich war.

Im *OBI*-System ist die Zentrale Vollzugsorgan der Beschlüsse aller Beteiligten. Alle Beschlüsse müssen einstimmig gefällt werden. Für diese Form der Beschlußfassung ist ein Training durch gruppendynamische Seminare notwendig. Die *OBI*-Systemzentrale ist keine Befehlszentrale, sondern Partner der Marktleiter. Sie fassen gemeinsam Beschlüsse und sind – um Erfolg zu haben – aufeinander angewiesen.

Es ist sehr wichtig, daß am Entscheidungsprozeß die Personen teilnehmen, die später mit der Durchführung der Entscheidung beschäftigt sind, sowie diejenigen, die von der jeweiligen Entscheidung betroffen werden. Der *OBI*-Marktleiter trägt die Verantwortung für die Erreichung der im Rahmen der Budgetrechnung vereinbarten Ziele.

Auch in diesem Falle werden die Ziele nicht von der Systemzentrale oder den Franchise-Partnern vorgegeben, sondern gemeinsam mit dem Marktleiter im *OBI*-Führungsdreieck diskutiert und einstimmig beschlossen.

Nur wenn der Marktleiter sich mit diesen Zielen identifiziert, wird er dafür kämpfen. Daraus entsteht erfolgreiche Motivation. Nichts motiviert mehr als der Erfolg. Aus diesem Grunde legt man bei *OBI* großen Wert auf Ziele, die aus der Sicht desjenigen, der sie zu erfüllen hat, realistisch sind. Andere Ziele, die von außen aufgedrängt werden, sind weitgehend sinnlos.

■ Jeder *OBI*-Markt profitiert vom nationalen Image der Unternehmens-Gruppe.	Bundesweites einheitliches Erscheinungsbild garantiert jedem Einzelstandort nationalen Bekanntheitsgrad.
■ Dem Franchise-Partner steht das *OBI*-Management zur Seite, das alle Marktdaten erarbeitet.	Standortanalyse. Bau- und Umbauplanung. Einrichtung und Sortimentsgestaltung bis zur schlüsselfertigen Markt-Übergabe.
■ Der Franchise-Partner erhält moderne EDV-Anlagen und Systeme: Warenbewirtschaftung, Kostenfortschreibung und -überwachung, Warenlogistik, Gewährleistung der wirtschaftlichen Transparenz jedes Marktes, schnelle Kommunikation und Information.	Abwicklung des Rechnungswesens. Ein zentrales EDV-System übernimmt Auswertung und Vergleich, Abrechnung und Sortimentskontrolle.
■ Der Franchise-Partner nutzt die Vorteile der zentralen Warenlistung. Dadurch profiliert er sich auf dem Preis- und Qualitäts-Sektor.	Zentrales Listing mit der Möglichkeit der markt-individuellen Einflußnahme.
■ Der Franchise-Partner arbeitet nach neuen Verkaufsmethoden, die ihm im Rahmen des Marketing-Konzepts zur Verfügung stehen.	Weiterbildung in allen Bereichen: Management-Technik und Führungsverhalten, Produktkenntnis und Verkaufspsychologie.
■ Der Franchise-Partner wird im Bereich Werbung und Verkaufsförderung in Zusammenarbeit von Systemzentrale und Werbeagentur unterstützt.	Entwicklung des Werbekonzeptes. Durchführung der Werbemaßnahmen und -aktionen. Realisierung von Werbemitteln und Entwicklung von Verkaufsförderung in regionalen und nationalen Aktionen.
■ Der Franchise-Partner arbeitet in nationalen Ausschüssen mit und nimmt Einfluß auf die Strategie der Gruppe.	In Kommissionen und Ausschüssen, auf Messen und Kongressen: ständiger Informationsaustausch und Marktbeobachtung und -analyse.

Dokument 11: Die Brücke zum Verkaufserfolg

Das OBI-Führungsdreieck

Die Unternehmenspolitik der *OBI*-Gruppe wird entscheidend durch Beschlüsse von Arbeitsgruppen (Kommissionen) beeinflußt. Hier einige Beispiele:

1. Der OBI-Franchisepartner-Beirat

Die Mitglieder werden aus dem Kreis der *OBI*-Franchisepartner von den Franchisepartnern gewählt. Hier geht es um grundsätzliche unternehmenspolitische Entscheidungen.

2. Die Produktkommission

Die Mitglieder werden von den Marktleitern und Franchisepartnern aus ihrem Kreis gewählt. Zusätzlich nehmen an den Diskussionen die zuständigen Produktmanager teil. Es wird über Sortimentsfragen und auszuwählende Lieferanten beschlossen.

3. Die Werbekommission

Die Mitglieder werden aus dem Kreis der Marktleiter und Franchisepartner gewählt. An den Diskussionen nehmen Werbefachleute der *OBI*-Systemzentrale teil.

4. Die Systemkommission

Ebenfalls gewählt von Marktleitern und Franchisepartnern erarbeitet diese Kommission neue Konzeptionen der Warenbewirtschaftung, der EDV-Systeme usw.

Das Sortiment wird individuell für jeden Standort festgelegt. Dabei werden die örtlichen Marktgegebenheiten berücksichtigt. Das gesamte Sortiment jedes Marktes wird auf Mikrofilm erfaßt.

Von jedem Markt werden alle Daten nachts über Datenleitungen in die Systemzentrale übertragen, dort verarbeitet und in ausgewerteter Form an die Märkte zurückübertragen.

Das Bestellwesen ist weitgehend automatisiert. Jeder Markt entscheidet über die Auswahl zwischen mehreren gelisteten Lieferanten und veranlaßt über mobile Datenerfassung die Bestellungen im Markt. Die Lieferanten fakturieren unmittelbar an jeden Markt. Die Zahlung der Rechnungen erfolgt nach der Freigabe automatisch in der Systemzentrale per Zentralregulierung.

Alle Einkaufsvorteile werden an die Märkte weitergegeben. Der Franchisenehmer schließt einen Vertrag mit einer Laufzeit von 20 Jahren und zahlt eine Franchisegebühr von 2,5 Prozent vom Umsatz und eine Einmalgebühr von 40 000 DM.

Die *OBI*-Konzeption beruht auf der Erkenntnis, daß der Wettbewerb der kommenden Jahrzehnte nur erfolgreich bestanden werden kann, wenn man sich nicht nur auf das Erzielen von Einkaufsvorteilen beschränkt, sondern *gemeinsam* im Markt auftritt. Dazu gehört vor allem die gemeinsame Werbung über Zeitungsbeilagen, Anzeigen, im Fernsehen und in der Sportwerbung. Das Werbebudget beträgt etwa 40 Millionen DM. Hier gilt der Grundsatz: Einmal denken und 157mal anwenden anstatt 157mal denken und 157mal anwenden. Es geht also um die Multiplikation von Ideen.

„Der Wettbewerb im Einzelhandel wird immer mehr zur Konkurrenz unter Systemen. Unter Wachstum versteht man nicht nur größere Verkaufsflächen oder höheren Umsatz, sondern auch inneres Wachstum, das heißt Anwendung modernster Systeme, die nur in einer Kooperation wirtschaftlich möglich ist."

Manfred Maus

Emil Lux weist darauf hin, daß zum inneren Wachstum auch das ständige Streben nach einer leistungs- und menschengerechten Organisationsstruktur gehört.

Mitarbeiter, die zum wirtschaftlichen Erfolg beitragen, sollen auch an diesem Erfolg teilhaben. Deshalb erhalten Marktleiter neben ihrem Festgehalt eine Gewinnbeteiligung. Als Grundlage für diese Gewinnbeteiligung zählt neben dem Ertrag auch die Qualität der Planung. Marktleiter, die sich herausfordernde Ziele setzen und erreichen, erhalten die höchsten Prämien. Diese Planungen werden in der Budgeterstellung durch das „Führungsdreieck" erarbeitet. Besonders tüchtige Marktleiter können sich am Kapital ihres Marktes beteiligen.

Bei der Firma *Emil Lux* gibt es ein Kapitalbeteiligungsmodell für alle Mitarbeiter. Sie können sich nach einjähriger Betriebszugehörigkeit als stille Gesellschafter an der *LUX-Partnerschafts*-GmbH beteiligen. Der verteilungsfähige Reingewinn wird auf das gesamte Kapital aufgeteilt, bis eine Verzinsung von zehn Prozent erreicht ist. Darüber hinausgehende Gewinne werden zu 60 Prozent an die Komplementäre und Kommanditisten als Risikoprämie ausgeschüttet und zu 40 Prozent den übrigen Gesellschaftern der Beteiligungs-GmbH zugeschlagen.

Organisationsentwicklung nach GRID

Partnerschaftliche Verträge und Kapitalbeteiligung der Mitarbeiter sind nutzlos, wenn die Organisation ihren Mitgliedern nicht die Möglichkeit gibt, ihre Fähigkeiten zu entwickeln. Den Mitarbeitern muß die Möglichkeit gegeben werden, sich mit den Zielen der Organisation zu identifizieren. Dazu gehören neue Formen der zwischenmenschlichen Beziehungen, die auf Offenheit, Vertrauen und Bereitschaft zur Konfliktlösung beruhen.

Ein Mitarbeiter, der am Kapital einer autoritär geführten Unternehmung beteiligt ist, gleicht dem Vogel in einem goldenen Käfig. Im Einzelhandel herrscht heute noch weitgehend dieser autoritäre Führungsstil.

Schon 1963 fing Emil Lux an, sich mit Fragen der Organisationsentwicklung zu beschäftigen. Ein Schlüsselerlebnis war für Lux der Besuch eines gruppendynamischen Führungsseminars in Holland. Die Teilnehmer wurden dort im Gegensatz zu ihrer bisherigen Führungspraxis gezwungen, in einer Wettbewerbssituation Gruppenentscheidungen zu treffen. Die dabei auftretenden Konflikte und Emotionen, aber auch die höhere Qualität der Gruppenentscheidung und die Gefährlichkeit einsamer Entscheidungen prägten zukünftig Lux' Führungsvorstellungen. Einen tiefen Eindruck auf Lux machten die Arbeiten der amerikanischen Verhaltenspsychologen Blake und Mouton. Ihr Standardwerk, „Verhaltenspsychologie im Betrieb – Das Verhaltensgitter, eine Methode zur optimalen Führung in Wirtschaft und Verwaltung", wurde zur Grundlage der Führungsphilosophie bei *OBI*.

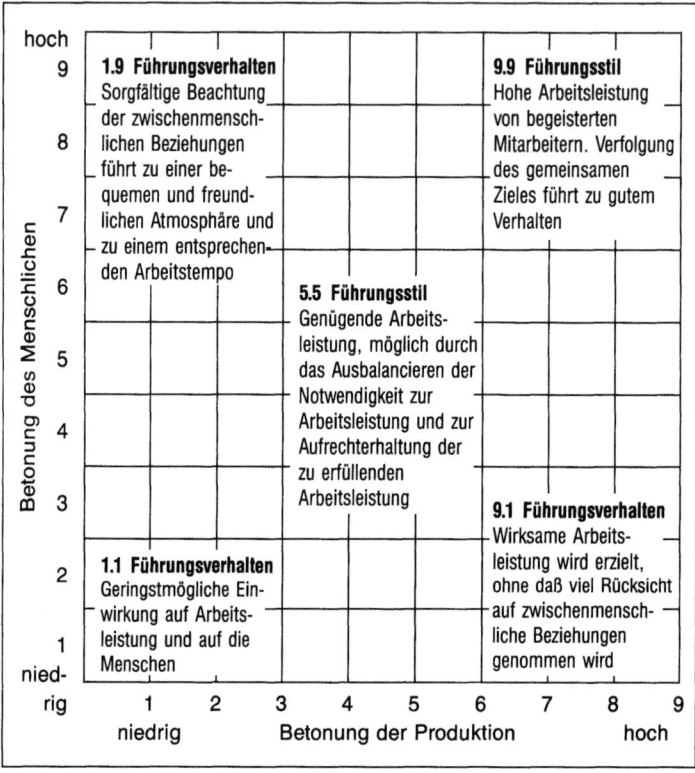

Abbildung 8: Das Verhaltensgitter (GRID)

Quelle: Blake, R. B./Mouton, J. S., Verhaltenspsychologie im Betrieb, Düsseldorf/Wien, 1974, S. 33

GRID (zu deutsch: Gitter) ist ein Konzept der Organisationsentwicklung. Es geht von der Annahme aus, daß Führungskräfte sich sowohl mit sachlichen Aufgaben (Ergebnisse und Produktion) als auch mit menschlichen Bedürfnissen im Rahmen ihrer Führungsaufgabe beschäftigen. Jede dieser beiden Führungsaufgaben − Ergebnis (Produktion) und Mensch − wird von Führungskräften in verschiedener Betonung gesehen, die im Verhaltensgitter je nach dem Grad ihrer Betonung auf einer Skala von 1 bis 9 (1 = schwach ausgebildet, 9 = stark ausgebildet) beschrieben werden.

Organisationsentwicklung nach GRID

Auf der senkrechten Achse wird der Grad der Betonung des Menschlichen und auf der waagrechten Achse die Betonung der Ergebnisse (Produktion) dargestellt.

An den Schnittstellen der beiden Linien ergeben sich fünf typische Führungsstile, die von Vorgesetzten angewandt werden:

1.1: Schwache Betonung von Produktion *und* Menschen. Geringstmögliche Einwirkung auf Arbeitsleistung und auf die Menschen.

1.9: Schwache Betonung der Ergebnisse, starke Betonung des Menschlichen. Sorgfältige Beachtung der zwischenmenschlichen Beziehungen führt zu einer bequemen und freundlichen Atmosphäre und zu einem entsprechenden Arbeitstempo.

5.5: Durchschnittliche Betonung sowohl des Faktors Mensch wie des Faktors Ergebnisse. Genügende Arbeitsleistung, möglich durch das Ausbalancieren der Notwendigkeit zur Arbeitsleistung und zur Aufrechterhaltung der zu erfüllenden Arbeitsleistung.

9.1: Starke Betonung der Ergebnisse, schwache Betonung des Menschlichen (autoritärer Führungsstil). Wirksame Arbeitsleistung wird erzielt, ohne daß viel Rücksicht auf zwischenmenschliche Beziehungen genommen wird.

9.9: Integration sowohl starker Betonung des Menschlichen wie der Ergebnisse (partnerschaftlicher Führungsstil). Hohe Arbeitsleistung von begeisterten Mitarbeitern. Verfolgung gemeinsamer Ziele führt zu optimalem Verhalten.

Reiner Friedriszik (siehe Literaturverzeichnis), Institutsleiter des Deutschen GRID-Institutes, erläutert das Konzept so:

„Blake und Mouton gehen davon aus, daß zwei wesentliche und kritische Dimensionen wirkungsvoller Führung zum einen die Berücksichtigung von Menschen, deren Interessen, Bedürfnissen und Gefühlen ist, zum anderen die Berücksichtigung von Leistungen und Ergebnissen. Die Interaktion der beiden Dimensionen ergibt das eigentliche Führungsverhalten. Der ideale Vorgesetzte – ihn gibt es als Menschenbild bei uns auch – geht von

der Möglichkeit aus, die Ziele der Mitarbeiter mit denen der Firma in Einklang zu bringen.

In der Realität erlebt er aber, daß es zu Konflikten – bedingt durch die unterschiedliche Interessenlage – kommt. Der ideale Vorgesetzte weiß aber, daß erst das Aufeinanderprallen unterschiedlicher Meinungen die Voraussetzungen schafft, die Notwendigkeit von Veränderungen zu erkennen."

Reiner Friedriszik

In GRID-Management-Seminaren lernen Marktleiter, Konflikte als etwas Positives anzusehen. Es kommt darauf an, unterschiedliche Interessen, Wertvorstellungen und Zielsetzungen zu akzeptieren und sie als Schlüssel zu besseren Problemlösungen zu nutzen.

Aus diesen Vorstellungen wurden bei *OBI* sechs Kriterien einer Organisationsentwicklung nach GRID abgeleitet (Friedriszik, R., siehe Literaturverzeichnis):

- Alle Führungskräfte und möglichst viele Mitarbeiter müssen einbezogen werden, um ein gemeinsames Konzept zu entwickeln.
- Die Organisationsentwicklung muß von den Mitgliedern der Organisation selbst betrieben werden.
- Die Fähigkeit zur Zusammenarbeit muß gefördert werden.
- Die Fähigkeit aller Mitarbeiter, zu kommunizieren, muß verbessert werden.
- Die unterschiedlichen Führungsstile müssen herausgearbeitet werden, damit bestimmte Managementkonzepte eingesetzt werden können, ohne die Freiheit der einzelnen über Gebühr einzuschränken.
- Die Führungskräfte müssen die Konsequenzen ihres Verhaltens, ihres Menschenbildes kennen und neue Wege suchen.

Aus diesen Kriterien ergeben sich die wichtigsten Elemente des *OBI*-Unternehmensmodells:

1. Dezentrale statt hierarchische Organisationsstruktur. Alle *OBI*-Märkte und die Mitarbeiter und Marktleiter arbeiten weitgehend autonom: Sie sind in einem vernetzten System

mit der *OBI*-Systemzentrale und allen anderen Märkten verbunden.
2. Betroffene zu Beteiligten machen. Übergeordnete Entscheidungen, die alle Märkte betreffen, werden in demokratisch besetzten Gremien getroffen (Beirat, verschiedene Kommissionen und Projektgruppen).
3. Grundsatzentscheidungen werden einstimmig getroffen.
4. Verlagerung der Entscheidungsebene auf die Stufe der höchsten Kompetenz. Alle Entscheidungen sollen in erster Linie von den Betroffenen gefällt werden. Sie müssen diese Entscheidungen ausführen und haben aufgrund ihrer Erfahrungen in den Märkten und den Problemen vor Ort dazu die höchste Kompetenz.
5. Führungspositionen werden bei *OBI* nur intern besetzt; es ist kein Quereinstieg möglich. Jede Führungskraft muß die Organisation „von der Pike auf" kennen.
6. Erfolgsbeteiligung der Mitarbeiter. Wer zum wirtschaftlichen Erfolg seiner Arbeit beiträgt, soll auch daran partizipieren.
7. Jeder Vorgesetzte trainiert und schult seine Mitarbeiter selbst.

Neue Wege der Mitarbeiterschulung

Eine weitere zentrale Funktion der *OBI*-Geschäftspolitik besteht in dem Grundsatz: Training ist nicht delegierbar. Jeder Vorgesetzte ist für die Ausbildung seiner Mitarbeiter verantwortlich; er ist der beste Trainer für die Mitarbeiter, da er deren Stärken und Schwächen am besten kennt. Da die Marktleiter in der Regel nicht pädagogisch geschult sind, werden ihnen umfangreiche Trainingshilfen und Lernprogramme zur Verfügung gestellt.

Utho Creusen, Personalchef der *OBI*-Systemzentrale, hat sich lange Jahre mit Fragen der Personalschulung und Personalentwicklung nach dem Konzept des „Instrumentierten Lernens in Gruppen" von Blake und Mouton beschäftigt. Creusen spricht von einer Krise des Lernens in unserer Gesellschaft.

Danach ist in entwickelten Industriegesellschaften die uralte Unterscheidung zwischen Lernenden und Lehrenden, zwischen Schülern und Lehrern oder Studenten und Dozenten in der Erwachsenenpädagogik nicht mehr angemessen. Dieses autoritäre Lernmodell, das Lernenden die passive und Lehrenden die aktive, gestaltende Funktion zuweist, verliert in demokratischen Gesellschaften zunehmend an Praktikabilität. Schulfrust, die zunehmende Zahl von Studienabbrechern, Praxisferne des Unterrichts und Fehlqualifizierungen vieler Beschäftigter sind die Symptome einer falschen Lehr- und Lerntechnik.

Die Gruppenleistungsmethode hebt die isolierte, passive Rollenzuweisung des Schülers auf und macht ihn zum gestalterischen Mittelpunkt des Lernprozesses. Er soll mitverantwortlich für die Durchführung und den Erfolg eines Seminars werden. Der Wettbewerb zwischen verschiedenen Lerngruppen dient der Leistungsmotivierung und soll den Spaß am Lernen erhöhen.

Herkömmliche Lernmethoden des Frontalunterrichts in Form von Vorträgen oder Vorlesungen haben den Nachteil, daß der passiv zuhörende Schüler schnell ermüdet und das „Ein-Kanal-Lernen" über die Hörfunktion wesentliche Wahrnehmungsorgane nicht beansprucht. Das Autoritätsverhältnis zwischen Lehrer und Schüler blockiert den Lernerfolg. Die beste Vermittlung von Fähigkeiten ist das „Learning-by-Doing".

Eine effiziente Lernmethode, so Utho Creusen, muß praxisrelevant sein, alle Wahrnehmungsorgane des Schülers ansprechen, Gruppenarbeit und Teamfähigkeit fördern und einen meßbaren Lernerfolg herbeiführen.

„Führungskräfte und leistungsfähige, motivierte Mitarbeiter werden nicht geboren", meint Creusen. Mit der Gruppenleistungsmethode hat man bei *OBI* ein Personalentwicklungskonzept erarbeitet und erfolgreich erprobt, das der partnerschaftlichen Unternehmensstruktur der Gruppe angemessen ist.

Die hier gemachten Erfahrungen und die Überzeugung, daß nur über den Weg eines praxisorientierten Trainings erfolgreiche Manager und Mitarbeiter ausgebildet werden können, haben dazu geführt, daß *OBI* eine intensive Kooperation mit Hochschulen und Studenten pflegt.

Wege der Mitarbeiterschulung

Im Rahmen des sogenannten „Heidenheimer Modells" betreuen verschiedene *OBI*-Märkte Studenten der Berufsakademie Heidenheim. In einem dreijährigen dualen Ausbildungsgang werden Diplom-Betriebswirte ausgebildet, die alle über Praxiserfahrung verfügen. In einem Modellversuch bekamen 1987 zwölf angehende Betriebswirte die Chance, den *OBI*-Markt Würzburg für drei Monate eigenständig zu führen. Weder in pädagogischer noch in fachlicher Hinsicht ließ der Versuch Wünsche offen.

Neues Führungsverhalten

Emil Lux bezeichnet das Heidenheimer Modell als ein gutes praktisches Beispiel für die andere Auffassung von Personalführung bei *OBI*, die sich in das Partnerschaftsmodell des Unternehmens einfügt. Führungsverhalten, so Lux, hat sich in den letzten 20 Jahren drastisch verändert und auch die Aufgaben des klassischen Unternehmers nicht unberührt gelassen.

„Die rasche Entwicklung der Technik und der Datenverarbeitung erfordern eine erhöhte Beteiligung von Experten und Spezialisten. Da der Unternehmer keine Einzelkenntnisse auf den vielen Spezialgebieten haben kann, wird er immer mehr zum ‚Moderator' oder ‚Inspirator'. Seine Aufgabe besteht in der Bündelung vielfältiger spezieller Wissensbereiche, um das Unternehmensziel zu erreichen. Die nachrückende Generation ist besser ausgebildet. Dynamische Nachwuchskräfte wollen keine Befehlsempfänger mehr sein, sondern an Entscheidungen beteiligt werden. Ein Unternehmer ist jemand, der etwas unternimmt, der neue Märkte erschließt, Innovationen vorantreibt, die auch die Menschen im Unternehmen einschließen."

Emil Lux

Lux macht keinen Unterschied zwischen Unternehmern und Managern. Seine Vorstellungen von Unternehmertum und Unternehmensführung sind nicht an das Eigentum gebunden. Die Fähigkeiten der Menschen sind komplex und können durch die Persönlichkeit von Vorgesetzten und Kollegen beeinflußt werden.

Werden die Fähigkeiten der Menschen gepflegt, blühen sie auf, werden sie vernachlässigt, rosten sie.

> Entscheidungen werden auf der Ebene der höchsten Kompetenz getroffen.
>
> Es wird ein Höchstmaß an Entscheidungsfreiheit innerhalb eines Rahmens gemeinsam vereinbarter Ziele gewährt.
>
> Werden Paar- und Gruppenentscheidungen notwendig, so gilt das Prinzip der Einstimmigkeit.
>
> Training ist eine Linienfunktion und nicht delegierbar.
>
> Bei der Auswahl des Franchisepartners kommt es nicht nur darauf an, daß ausreichend Kapital zur Verfügung steht, sondern auch, daß der Partner konfliktfähig ist. Der Franchisepartner muß wirtschaftlich von der Systemzentrale unabhängig sein.

Dokument 12: Die *OBI*-Führungsgrundsätze. Konsequenzen eines Menschenbildes

Quelle: *io, Management Zeitschrift* 4/1985

„Meine Überzeugungen sind stark durch die Forschungen der Verhaltenswissenschaften und durch die Lektüre über beispielhafte und erfolgreiche Unternehmen geprägt.

Besonders fasziniert hat mich die Lektüre des Buches ‚Not for bread alone' des Aufsichtsratsvorsitzenden von Matsushita, Konosoke Matsushita. Er faßt seine Überzeugungen in den folgenden (übersetzten) Versen zusammen:

> *‚Jung sein, ein jugendliches Herz haben.*
> *Jugend ist ewig für diejenigen,*
> *die voller Glauben und Hoffnung sind*
> *und den Herausforderungen jedes neuen Tages*
> *mit Mut und Vertrauen begegnen.'*

Ich kann mir kein langfristig erfolgreiches Unternehmen vorstellen, das autoritär oder patriarchalisch geführt wird."

Emil Lux

7. Kapitel

Ökologische Unternehmensentwicklung –
Christof Stoll GmbH & Co. KG

Eines des ersten Unternehmen, das nach dem Krieg ein Beteiligungsmodell für seine Mitarbeiter einführte, war die Christof Stoll GmbH & Co. KG in Waldshut. Dort wurden bereits 1952 die Mitarbeiter am Gewinn des Unternehmens in Form einer renditeabhängigen Jahresprämie beteiligt. Das mehrmals überarbeitete Firmenmodell sieht heute die materiellen Beteiligungselemente Arbeitnehmerdarlehen, Gewinnbeteiligung, Kapitalbeteiligung und stille Gesellschaft vor.

Stoll – Geschichte eines Familienunternehmens

Die *Christof Stoll* GmbH & Co. KG stellt unter dem Markennamen *Sedus* Bürostühle her und beschäftigt 735 Mitarbeiter bei einem konsolidierten Gesamtumsatz, inklusive der ausländischen Tochtergesellschaften, von rund 107 Millionen DM.

Das traditionsreiche Unternehmen wurde im Jahre 1871 von Albert Stoll I., dem Großvater des langjährigen geschäftsführenden Gesellschafters Christof Stoll, gegründet. Der Unternehmenszweck der „*Stuhlfabrik Stoll*" in Waldshut bestand zunächst in der Herstellung von Stühlen aus gebogenem Holz, sogenannten „Wiener Stühlen", die am Anfang ausschließlich in kleinen Serien und mit einem hohen Anteil an Handarbeit hergestellt wurden. Seit den zwanziger Jahren wurden dann mehr und mehr Stühle ausschließlich für den Bürobereich gefertigt.

Im Jahre 1905 übernahm Stolls Sohn, Albert Stoll II., die Firma seines Vaters. Während einer Studienreise in die USA hatte er dort neue Techniken auf dem Gebiet der Holzverarbeitung und besonders der Herstellung von Stühlen kennengelernt, die ab 1923 für die Herstellung der ersten Bürodrehstühle genutzt wurden. Von großer Bedeutung für das Unternehmen war das Jahr 1925, als der erste Drehstuhl der Welt mit zentraler Sitzfederung auf den Markt gebracht wurde. Der Erfolg dieser technischen Innovation hat bis heute die Einstellung des Unternehmens zu Fragen der Forschung und Entwicklung maßgeblich beeinflußt. *Sedus* verfügt mittlerweile über das modernste und größte Prüflabor der Drehstuhlbranche in Europa. Im Bereich Forschung und Entwicklung sind heute knapp 30 Beschäftigte tätig.

Nach dem Tode Albert Stolls 1937 trat dessen Sohn Christof Stoll in die Geschäftsführung des Unternehmens ein. Er hatte sich durch ein wirtschaftswissenschaftliches Studium in Heidelberg auf die Übernahme und Führung der väterlichen Firma vorbereitet, die er schließlich 1958 in alleiniger Leitung übernahm. Nach der Regelung der Erbangelegenheiten wurde das Stammwerk Waldshut mit rund 150 Beschäftigten in die *Christoff Stoll* GmbH & Co. KG eingebracht. Christof Stoll und Ehefrau Emma Stoll haben bis 1985, also nahezu 40 Jahre, die

Geschicke des Unternehmens im wesentlichen bestimmt. Im März 1987 übertrugen sie schließlich ihre gesamten Anteile an der *Sedia Stoll* GmbH, der Komplementärin der *Christof Stoll* GmbH & Co. KG, auf die Stoll VITA Stiftung, die nun Alleingesellschafterin der *Sedia Stoll* GmbH ist. Diese wiederum hält rund 50 Prozent des Gesamtkapitals der *Christof Stoll* KG.

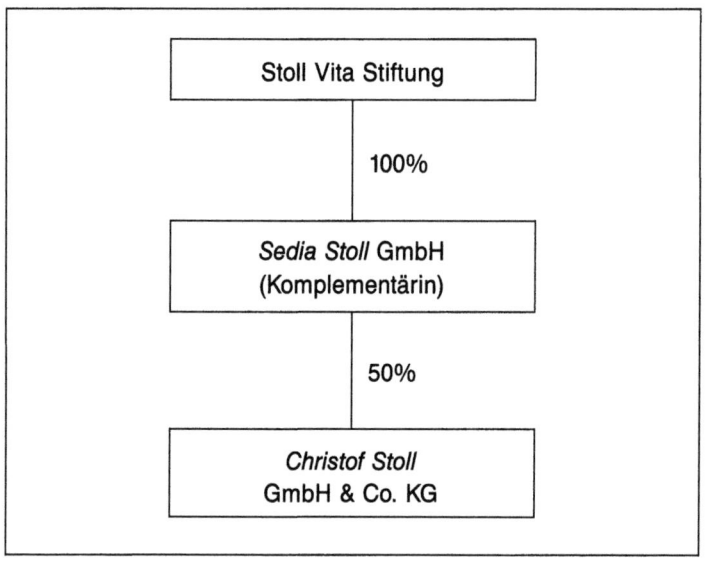

Abbildung 9: Die Unternehmensstruktur der *Stoll GmbH* & Co. KG

Nach der Übernahme des Unternehmens ging Christof Stoll in den fünfziger und sechziger Jahren daran, den deutschen und europäischen Markt für den gefederten Bürodrehstuhl der Marke „Sedus-Stoll" zu entwickeln. Die Verkaufsstrategie wurde mit dem Konzept des „dynamischen Sitzens" umschrieben. Der Sedus Stuhl ermöglicht ein solches dynamisches Sitzen. Rückenlehne und Sitz können sich den Körperbewegungen anpassen und gestatten so eine bequeme und vor allen Dingen gesunde Sitzhaltung. Die Produktentwicklung überließ man nicht allein den Technikern; es wurden schon sehr frühzeitig Mediziner und Arbeitswissenschaftler hinzugezogen. Das Unternehmen stellte zu einer Zeit, als von Ergonomie in der

Geschichte eines Familienunternehmens

Arbeitswelt noch nicht die Rede war, umfangreiche Untersuchungen über die Zusammenhänge zwischen Stuhl-, Tisch- und Fußstützenbeschaffenheit und deren gesundheitliche Auswirkungen an, die zu einer Reihe von Patenten führten.

Die ständig steigende Nachfrage nach sitzphysiologisch und qualitativ hervorragenden Bürositzmöbeln von *Sedus Stoll* führte zur Einrichtung neuer Zweigwerke und Tochtergesellschaften im In- und Ausland. 1968 wurde ein neues Zweigwerk in der Nachbargemeinde Dogern errichtet. Dort fertigen heute 370 Mitarbeiter jährlich über 300 000 Bürositz- und Konferenzmöbel. Das europäische Exportgeschäft wurde mit Hilfe von Tochtergesellschaften aufgebaut. Zur Zeit hat *Sedus Stoll* Tochtergesellschaften in Frankreich, Österreich, Italien, Großbritannien, in den Niederlanden und in der Schweiz, die zum Teil neben dem Vertrieb auch die Endfertigung der einzelnen Teile übernehmen. Sedus-Produkte werden auch in außereuropäischen Märkte geliefert, in den Nahen Osten, nach Ostasien, Südafrika und Nordamerika. Der Exportanteil, der in den sechziger Jahren etwa 5 Prozent betrug, schwankte in den letzten Jahren zwischen 40 und 50 Prozent. Zur besseren Erschließung des nord- und westdeutschen Marktes wurde für die Endfertigung schließlich 1983 ein weiteres Zweigwerk in Sprockhövel am Südrand des Ruhrgebiets gegründet, das auch ein Ersatzteillager und ein Verteilerzentrum unterhält, um so den gestiegenen Anforderungen seitens der Kunden hinsichtlich Service und schneller Lieferung gerecht zu werden.

Seit Mitte der achtziger Jahre beschäftigt sich das Ehepaar Stoll mit Fragen der langfristigen Existenzsicherung des Unternehmens auch über den anstehenden Generationswechsel in der Unternehmensleitung hinaus. Für das Ehepaar Stoll besteht der Vorteil einer Personengesellschaft darin, daß die Eigentümer in engem Kontakt stehen mit dem betrieblichen Geschehen. Nachteilig ist dabei allerdings, daß bei einem Generationswechsel auch die Qualität der Geschäftsführung einem Wandel unterliegen kann. Im Gegensatz dazu besteht bei Kapitalgesellschaften meistens keine Personalidentität zwischen Anteilseignern und Geschäftsführung und somit auch eine weniger intensive Interessengemeinschaft. „Da juristische Personen prinzipiell unsterblich sind, sind bei einem Generationswechsel in der Regel auch keine besonderen Risiken bezüglich der Qualität der Geschäftsführung zu erwarten", erläutert Christof Stoll.

Mit der Gründung der Stoll VITA Stiftung, die über die *Sedia* GmbH 50 Prozent des Gesellschaftskapitals des Unternehmens hält, wurde versucht, die jeweiligen Vorteile von Personen- und Kapitalgesellschaften bezüglich der Kontinuität und der langfristigen Qualität der Unternehmensleitung zu realisieren. Diese Konzeption soll dazu dienen, dem betroffenen Personenkreis im Unternehmen eine berechenbare Zukunftsperspektive zu eröffnen und zu erhalten. Folgende Erfordernisse, die die Wirtschaftstätigkeit der Firma *Stoll* seit nun über 40 Jahren bestimmt haben, sind dabei zu berücksichtigen:
– Verminderung von Schädigung der Gesundheit und des Raubbaus an der Natur;
– Schaffung von psychischem und physischem Wohlbefinden für die Mitarbeiter und die Benutzer von Sedus-Produkten;
– Förderung der Kapitalbildung zur Schaffung und Erhaltung von Arbeitsplätzen.

Mit der Gründung der Stiftung will das Stifterehepaar Stoll die Besitzkontinuität in seinem Sinne erhalten, die Führungskontinuität durch eine teilweise Personenidentität im Stiftungsvorstand und in der Geschäftsführung sichern und die Finanzkraft des Unternehmens stärken, indem die Gesellschafterentnahmen beschränkt werden, so daß die erwirtschafteten Gewinne nach Zahlung der darauf entfallenden Steuern für Kapitalerhöhungen verwendet werden können. Über den Generations- und Geschäftsführungswechsel hinaus ist damit die Fortführung des Unternehmens im Sinne der bisherigen Unternehmensphilosophie der Eheleute Stoll unabhängig von der jeweiligen Geschäftsführung und den Eigentumsverhältnissen festgeschrieben. Daß diese Fortführung auf einer gesunden wirtschaftlichen Basis stattfindet, belegen die betriebswirtschaftlichen Kennzahlen. Die Eigenkapitalausstattung beträgt 22,4 Millionen DM, das sind rund 30 Prozent der Bilanzsumme. Die gesamten Sachinvestitionen konnten bisher durch Eigenmittel finanziert werden. Ein Grund für diese positiven Werte ist das seit 35 Jahren praktizierte Beteiligungsmodell von *Sedus-Stoll*.

Materielle Mitarbeiterbeteiligung

Auf Initiative von Christof Stoll wurde 1952 das erste Ergebnisbeteiligungsstatut bei *Sedus-Stoll* eingeführt, das in wesentlichen Teilen auch nach Modifizierungen in den Jahren 1970 und 1982 noch heute gültig ist. Als Motiv für diesen in der damaligen Zeit ungewöhnlichen Schritt nennt Christof Stoll betriebswirtschaftliche und gesellschaftspolitische Gründe. Nach seiner Überzeugung wird der Erfolg eines Unternehmens von drei Faktoren bestimmt:

- der Tätigkeit und dem Risiko des Unternehmers,
- der körperlichen und geistigen Arbeit der Betriebsangehörigen,
- dem vorhandenen Betriebs- und Anlagevermögen, also dem eingesetzten Kapital.

Entsprechend erfolgt die Verwendung des Jahresergebnisses in der Reihenfolge:

- angemessene Entlohnung der im Unternehmen tätigen Gesellschafter,
- Entlohnung der Mitarbeiter nach den vereinbarten Lohn- und Gehaltstarifen,
- Verzinsung des betriebsnotwendigen Kapitals.

Der darüber hinaus erzielte Reingewinn wird als Ergebnis guter und erfolgreicher Zusammenarbeit von Unternehmern (geschäftsführenden Gesellschaftern) und Mitarbeitern angesehen, der dann entsprechend zur Hälfte auf beide Gruppen verteilt wird. Dieser einfache, für jeden nachvollziehbare Gedankengang ist die Grundlage des Sedus-Modells. Damit sollen die unterschiedlichen Interessen der Beteiligten im Produktionsprozeß, Unternehmer und Arbeitnehmer, zumindest in materieller Hinsicht berücksichtigt werden. Die gesellschaftspolitische Dimension dieser einfachen Rechnung sieht Stoll in einem angestrebten Ausgleich der Gegensätze zwischen den Faktoren Kapital und Arbeit, der durch die Teilung des erwirtschafteten Reingewinns herbeigeführt werden soll. Damit wird zwar keine individuelle Gleichstellung der einzelnen Beteiligten im Unternehmen erreicht – und auch gar nicht angestrebt –, wohl aber werden die verschiedenen Gruppen in materieller Hinsicht gleich behandelt. Der traditionelle, auf dem Lohnarbeitsverhältnis basierende Interessengegensatz zwischen Kapital und Arbeit kann so, davon ist Stoll überzeugt, zumindest auf betrieblicher Ebene tendenziell abgebaut werden. Diese Auffassung wird in vielen Beteiligungsunternehmen auch von der Arbeitnehmerseite geteilt.

Der materielle Vorteil dieser Regelung liegt auf beiden Seiten. Die Mitarbeiter partizipieren über das vertraglich vereinbarte Einkommen hinaus am Erfolg der Unternehmenstätigkeit, und das Unternehmen selbst kann diesen Erfolg wiederum für sich nutzbar machen. Denn die Erfolgsbeteiligung bei *Sedus-Stoll* basiert auf einer Reihe von Einzelregelungen und Durchführungsmodalitäten, die die Kapital- und Ertragskraft des Unternehmens nachhaltig gestärkt haben.

Der „Ergebnislohn" der Mitarbeiter beträgt 50 Prozent des Reingewinns abzüglich eines von der Geschäftsführung festgelegten Anteils, der jährlich an die Fürsorgekasse des Unternehmens überwiesen wird, die der betrieblichen Altersversorgung dient. Der verbleibende Betrag wird dann nach einem komplizierten Punktesystem auf die beteiligungsberechtigten Mitarbeiter aufgeteilt.

Beteiligungsvoraussetzung ist eine einjährige Betriebszugehörigkeit. Das Punktesystem berücksichtigt die Höhe des in einem Geschäftsjahr ausgezahlten Gehaltes/Lohnes eines Mitarbeiters, die Dauer der Betriebszugehörigkeit, Fehlzeiten der Beschäftigten, deren Familienstand und besonders herausragende oder auch besonders mangelhafte Arbeitsleistungen (in Absprache mit dem Betriebsrat). Das bei Arbeitsunfähigkeit fortgezahlte Entgelt wird demgegenüber ebensowenig berücksichtigt wie Erfindervergütungen, Nichtraucherprämien oder Zulagen zur Begründung oder Erhöhung von Arbeitnehmerdarlehen oder stillen Beteiligungsverhältnissen. Die Ausschüttung des Ergebnislohnes erfolgt entsprechend der erreichten Punktezahl. Der Wert eines Punktes ergibt sich aus der Teilung des Gesamtergebnislohnes durch die Punktezahl aller Betriebsangehörigen in einem bestimmten Jahr. Dieses Punktesystem – und

Materielle Mitarbeiterbeteiligung 155

die daraus errechnete Höhe des individuellen Ergebnislohnes – bietet also für alle Mitarbeiter einen materiellen Anreiz, sich über die arbeitsvertraglich festgelegten Pflichten hinaus für die Belange des Betriebes einzusetzen und das persönliche Verhalten an die Notwendigkeiten einer erfolgreichen Unternehmenstätigkeit anzupassen. Der ermittelte Ergebnislohn wird einem Belegschaftsanteilkonto gutgeschrieben und teilweise ausgezahlt. Bei der Durchführung des jährlichen Beteiligungsverfahrens wirkt ein Wirtschaftsausschuß mit, der aus zwei Vertretern der Geschäftsleitung und je einer Vertrauensperson der Arbeiter und der Angestellten besteht. Die Belegschaftsanteilkonten werden als betriebsnotwendiges Kapital mit mindestens 6 Prozent verzinst. Die Kündigung eines Belegschaftsanteilkontos ist nur in Ausnahmefällen, zum Beispiel in einer wirtschaftlichen Notlage, oder beim Ausscheiden aus der Firma möglich. Dann ist der Gesamtbetrag des Arbeitnehmerdarlehens in zehn Jahresraten auszuzahlen.

Die Bedeutung dieser Darlehen für die Finanzkraft und Liquidität des Unternehmens geht aus folgenden Daten hervor: Von 1977 bis 1987 erhöhten sich die Gesamteinlagen der Arbeitnehmer aus der Ergebnisbeteiligung von fast 2 Millionen DM auf fast 10 Millionen DM – bei einer Bilanzsumme von rund 60 Millionen DM und einer Eigenkapitalausstattung von knapp 22 Millionen DM.

Neben der Erfolgsbeteiligung können sich die Mitarbeiter von *Sedus* seit 1966 auch als stille Gesellschafter am Eigenkapital des Unternehmens beteiligen. Von dieser Möglichkeit der Kapitalanlage, die zum Beispiel im Geschäftsjahr 1986/87 eine Rendite von über 28 Prozent erbrachte, machen zur Zeit 415 der 735 Beschäftigten Gebrauch. Die gezeichneten Kapitalanteile stiegen von 1966 bis 1987 von 142 000 DM auf 4,4 Millionen DM. Erfolgs- und Kapitalbeteiligung bei *Sedus-Stoll* sind damit zu einem wichtigen betriebswirtschaftlichen Faktor geworden, der einen entscheidenden Anteil an der Solidität und Ertragskraft des Unternehmens hat. Die Zahlen belegen auch, daß die Mitarbeiter diese Möglichkeit einer Partizipation am Erfolg der Unternehmenstätigkeit akzeptiert haben. Der materielle Anreiz dieses Modells ist für Mitarbeiter und Unternehmer nicht zu übersehen. Über die materielle Mitarbeiterbeteiligung soll ein direkter Zusammenhang zwischen der Leistungs- und Einsatzbereitschaft des einzelnen Mitarbeiters und den daraus resultierenden Erträgen in Form des Ergebnislohnes und der Kapitalrendite der stillen Gesellschafteranteile hergestellt werden. Auch wenn dieser Zusammenhang in Großbetrieben mit einer Vielzahl von Beschäftigten für den einzelnen Mitarbeiter kaum deutlich wird, weil der individuelle Anteil am Gesamtergebnis des Produktionsprozesses sehr gering ist, so ist diese Ergänzung der nur teilweise leistungsbezogenen Festgehälter durch einen gewinnabhängigen Gehaltsanteil doch als ein Element der Arbeitsmotivation und des Interessenausgleichs zwischen Mitarbeitern und Unternehmen anzusehen.

In der Präambel zum Gesellschaftervertrag der stillen Gesellschaft heißt es dazu:

„Der Gesellschaftsvertrag dient dazu, daß die Gesellschaft ihre Marktstellung auch von der Finanzierungsseite her behaupten kann. Das verfügbare Gesamtkapital ist so auszugestalten, daß die Unabhängigkeit der Gesellschaft gesichert bleibt und eine gesunde Entwicklung der Gesellschaft ermöglicht wird. Zur Sicherung der Unabhängigkeit soll das Eigenkapital die Hälfte der Bilanzsumme ausmachen. Eine gesunde Entwicklung soll ermöglicht werden durch einen hohen Selbstfinanzierungsgrad auf der Grundlage einer Begrenzung der Ausschüttung der Gewinnanteile."

Eine „gesunde" Unternehmensentwicklung zu fördern und herbeizuführen ist das Ziel der Unternehmenstätigkeit der Familie Stoll. Das Adjektiv „gesund" kann in vielfältiger Weise zur Beschreibung der Ziele der unternehmerischen Aktivitäten und des privaten Engagements der Familie verwendet werden.

Gesundheit und ökologisches Bewußtsein

Christof Stoll ist nicht allein in Sachen Mitarbeiterbeteiligung ein Pionier der ersten Stunde. Fragen einer gesunden und ökologischen Lebensweise beschäftigen die Familie bereits seit den

Gesundheit und ökologisches Bewußtsein 157

fünfziger Jahren und haben auch die Unternehmens- und Produktpolitik der Firma *Sedus-Stoll* beeinflußt. Unter Leitung von Frau Emma Stoll besteht zum Beispiel das tägliche Angebot der Betriebskantine aus zwei verschiedenen Gerichten auf der Grundlage von Vollwertkost. Bei Vollwertkost werden Lebensmittel in ihrer Ganzheit verwendet und nach Möglichkeit roh gegessen. Demgegenüber sind die industriell denaturisierten Lebensmittel weder frisch noch unversehrt.

Da diese Lebensmittel für eine gesunde Ernährung nicht geeignet sind, werden sie weder im privaten Haushalt der Eheleute Stoll noch in der Betriebskantine verwendet. Hochwertige und auch frische Rohstoffe für die Kantine waren im Laufe der Jahre bei der wachsenden Zahl der Kantinenesser immer schwerer zu beschaffen. Deshalb wurde seit Ende der siebziger Jahre dazu übergegangen, Salate, Gemüse und anderes auf dem betriebseigenen Gelände anzubauen. Die Erfahrungen aus 30 Jahren gesundheitsbewußter Ernährung (in einer Betriebskantine!) sind in einem von der Vita-Stoll Stiftung herausgegebenen Kochbuch „Gesunde Vollwertkost aus der Sedus-Küche" dokumentiert.

Für ihre „außerordentlichen Initiativen auf dem Gebiet der Volksgesundheit" erhielt Frau Emma Stoll 1976 die Georg-Michael-Pfaff-Medaille. „Frau Emma Stoll hat es unternommen, in dem von ihr betreuten Industriebetrieb die Gemeinschaftsverpflegung entscheidend aufzuwerten, indem sie Grundnahrungsmittel aus eigener Produktion ohne Pestizide und mit Hilfe biologischer Bodenbearbeitungs- und Düngemethoden gewinnt und diese dann in küchentechnisch schonender Aufbereitung mit einem Optimum an Nährstoffen und Lebensfrische bei ausgewogenem Angebot der Basisstoffe Eiweiß, Fette und Kohlenhydrate der Belegschaft zu sozialen Preisen anbietet. Sie hat damit der Großküchenverpflegung ein nachahmenswertes Beispiel gegeben und einen musterhaften Beitrag zur Eindämmung ernährungsabhängiger Krankheiten geleistet", heißt es in der Laudatio zur Verleihung der Medaille.

Mit der Gründung der Stoll-VITA Stiftung haben die Eheleute Stoll ihre unternehmerischen und sozialpolitischen Aktivitäten zusammengefaßt und festgeschrieben. Denn der Zweck der Stiftung ist die Förderung der wissenschaftlichen Forschung, der öffentlichen Gesundheitspflege und der Bildung durch:

- Förderung von Forschungsprojekten,
- Bildungsmaßnahmen auf dem Gebiet der öffentlichen Gesundheitspflege,
- Unterstützung bestehender und Schaffung neuer Institutionen, soweit diese begünstigte Zwecke verfolgen,
- Beihilfe zu begünstigten Vorhaben, insbesondere: Förderungsmaßnahmen zur Durchsetzung der Ganzheitsmedizin, Ausbildung in ökologischen Wirtschaftsweisen, Schaffung und Erhaltung gesunder Umweltbedingungen.

Die Firma *Sedus* und die Eheleute Stoll haben seit vielen Jahren Initiativen und Einrichtungen in diesem Sinne unterstützt. Durch die Übertragung ihrer Anteile an der *Sedia* GmbH auf die neugegründete Stiftung haben Christof und Emma Stoll die Fortsetzung dieses Engagements sichergestellt. Beide sind heute Mitglieder des Stiftungsvorstandes, der insbesondere zwei Aufgaben hat: Verfolgung des gemeinnützigen Stiftungszweckes und Bestellung und Abberufung der Geschäftsführer der *Sedia* GmbH, die als Komplementärin die Geschäfte der *Christof Stoll* GmbH & Co. KG führt. In der Bundesrepublik Deutschland ist eine solche Institutionalisierung und Zusammenfassung von unternehmerischen und sozialpolitischen Initiativen noch immer eine Ausnahme. In den USA dagegen hat diese Form der Verknüpfung von Wirtschaft und Gemeinnützigkeit eine lange Tradition.

Fragen einer gesunden Ernährung, umweltorientiertes Verhalten und die Sorge um eine erhaltenswerte Lebensqualität prägen nicht nur die privaten Lebenseinstellungen des Unternehmerehepaares Stoll, sondern auch die Unternehmenspolitik. Die Vollwertkantinenküche und die Aufklärungsarbeit gegenüber den Mitarbeitern und der Öffentlichkeit in Fragen einer ökologischen Lebens- und Arbeitsgestaltung sind Beispiele eines Engagements, das sich auch in der Produktgestaltung fortsetzt. Auch hier ist konkretes unternehmerisches Handeln nicht von den sozialpolitischen Zielvorstellungen und dem privaten Engagement des Unternehmers zu trennen. Die Firma *Sedus-Stoll* wirbt mit folgenden Unternehmensgrundsätzen:

Gesundheit und ökologisches Bewußtsein

„Es ist eine traditionsreiche Maxime von Sedus, Produkte so zu gestalten, daß sie Teil einer wünschenswerten Lebensumwelt sind. In diesem Sinne ist Sedus seit jeher bestrebt, in Forschung, Entwicklung und Fertigung neue Akzente zu setzen. Mit Arbeitsstühlen, Sesseln und Konferenzeinrichtungen, deren Qualität nicht nur am funktionalen Nutzen für das Sitzen beschäftigter Menschen orientiert ist, sondern an der Gesundheit aller ihn betreffenden Einflüsse. Ob Arbeitsmedizin, Material oder Konstruktion, Form oder Verarbeitungsqualität – Sedus-Entwicklungen sind das Ergebnis eines auf allen Gebieten konsequent verfolgten Grundgedankens: Gesundes Leben und Arbeiten im Büro zu verwirklichen."

Büroarbeit ist in arbeitsmedizinischer Hinsicht Schwerarbeit. Sedus-Möbel sollen diese Arbeit erleichtern.

„Sedus Sitzmöbel sind so gestaltet, daß sie die Belastungen von Muskeln und Wirbelsäule, wie sie beim statischen Sitzen auftreten, auf ein Minimum reduzieren und dynamisches, gesundes Sitzen ermöglichen."

Auf die auf ergonomischen und arbeitswissenschaftlichen Erkenntnissen beruhende Produktgestaltung und die gesundheitlichen Aspekte der Büroarbeit wird in allen Informationsbroschüren und Werbemitteln hingewiesen. Damit werden ausdrücklich Bezüge hergestellt zu grundsätzlichen Fragen und Zusammenhängen von Arbeit, Gesundheit, Lebensqualität und Umwelt. Dieser Bezugsrahmen soll das Bild des Unternehmens und seiner Produkte für die Kunden und die Öffentlichkeit prägen. Die Grundlagen der Unternehmensphilosophie, der Marketingstrategie, der Qualitätssicherung und der Produktpolitik sind ausformuliert und werden nicht nur nach innen, gegenüber den Mitarbeitern, als Darstellung der zu erreichenden Unternehmensziele genutzt, sondern auch nach außen als offensives Werbemittel eingesetzt.

Christof Stoll ist also ein Pionierunternehmer in vielerlei Hinsicht. Fortschrittliche Unternehmensführung und Produktgestaltung, Mitarbeiterbeteiligung und Initiativen über den Betriebe hinaus zur Gestaltung einer gesünderen Lebensweise und zur Erhaltung der natürlichen Umwelt sind die Kennzeichen

Unternehmensphilosophie

1. Das Ziel des Unternehmens besteht darin, für ein Personenkollektiv eine wünschenswerte Lebensumwelt zu gestalten und zu erhalten.
2. Monokausale Entscheidungshilfen sollen möglichst zurückgedrängt werden. Einzelentscheide müssen harmonisch in das Gesamtgeschehen eingefügt werden können.
3. Die Unternehmens-Aktivitäten sind so ausgerichtet, daß sie nicht nur Einzelpersonen oder dem Unternehmen, sondern gesamtwirtschaftlich nützlich sind.
4. Das Denken in kybernetischen Systemen und Regelkreisen steht im Vordergrund. Kybernetische Systeme sind wie in der Natur offen und müssen sich laufend an Umweltveränderungen anpassen.
5. Wir streben langfristigen unternehmerischen Erfolg an.
6. Wir setzen auf Qualität im umfassenden Sinn, angefangenen bei den Produkten über die Mitarbeiter, die Beziehungen zu den Marktpartnern, die Arbeitsplätze bis zur Marketing- und Vertriebsarbeit.
7. Unsere Arbeit ist geprägt von unternehmerischem Geist, Kreativität und Selbstbewußtsein, mit Blick auf Bewährtes.

Marktstrategie

1. Wir wollen Fachhandelsmarke Nr. 1 in unserer Branche sein.
2. Absolute Fachhandelstreue ist die Basis für unser Fachhandels-Marketing.
3. Mit dem Ziel, die Wünsche unserer Endverwender und Fachhandelspartner dauerhaft zu befriedigen, planen, koordinieren und kontrollieren wir alle unsere marktorientierten Aktivitäten.
4. Unser Fachhandelsmarketing und unser Endverwendermarketing sind aus einem Guß, unsere endverwenderbezogenen Aktivitäten sollen unseren Bekanntheitsgrad stei-

Dokument 13: Unternehmensgrundsätze der *Sedia Stoll* GmbH

gern und die Position des Fachhandels unterstützen. Wir wollen Synergie-Effekte nutzen.

5. Wir glauben nicht an die Machbarkeit eines Marktes. Wir sind uns damit des Risikos bewußt, den eine mehrjährige Produktentwicklung in sich birgt.
6. Marktentwicklungen und Anforderungen der Zukunft sehen wir als Herausforderung an. Da wir die Vergangenheit mit Kreativität, neuen Ideen, aber auch immer mit Blick auf Bewährtes gemeistert haben, gehen wir die Zukunft mit Mut und Selbstbewußtsein an.
7. Veränderungen im Markt sehen wir als Herausforderung und als Chance, aktiv mitzugestalten.

Qualitätsdenken

1. Qualität hat viele Dimensionen, wir streben Qualität in allen Bereichen an (technische Qualität, Qualität in der Zusammenarbeit mit dem Handel, qualitative Arbeitsbedingungen für die Mitarbeiter).
2. Qualität fängt bei den Mitarbeitern an. Jeder Mitarbeiter fühlt sich verantwortlich und ist kompetent für seinen Arbeitsbereich.
3. Qualitätsziele sind uns Ansporn; wir wollen unseren Markt qualitativ anführen.
4. Wir benutzen den Begriff Qualität nicht als Schlagwort. Wir wollen durch sachliche Information überzeugen.
5. Wir stehen hinter unserem Qualitätsniveau und damit auch hinter unserem Preisniveau.

Produktpolitik

1. Wir konzipieren unsere Produkte für den Acht-Stunden-Einsatz und verzichten damit bewußt auf Kundensegmente, die geringere Ansprüche stellen.
2. Unsere Produkte sollen grundsätzlich langfristigen Nutzen bieten.

Dokument 13 (Forts.)

> 3. Die Gestaltung unserer Produkte ist eine Synthese aus vielfältigen Einflußgrößen, wie Ergonomie, Kosten, Konstruktion, Arbeitsmedizin, Funktionalität, gewünschte Ausstrahlung, Materialien.
> 4. Unsere Produktentwicklung stellt den sitzend beschäftigten Menschen in den Mittelpunkt, daher haben ergonomische und arbeitsmedizinische Forderungen Priorität vor Styling.
> 5. Unsere Produktargumentation ist fundiert, wissenschaftlich abgesichert und nachprüfbar.

Dokument 13 (Forts.)

seines Lebenswerkes. In vielen Bereichen war Christof Stoll einer der ersten, der die Zeichen der Zeit erkannt hat, bevor der moderne „Zeitgeist" die Beschäftigung mit solchen Fragen populär machte. Für Stoll entfällt die Trennung zwischen persönlichem und unternehmerischem Denken und Handeln. Nur eine ganzheitliche Betrachtung der Dinge, die in vielfältiger Weise zusammenhängen und Wechselwirkungen aufeinander ausüben, kann die wirtschaftliche und ökologische Dimension unternehmerischen Handelns angemessen berücksichtigen.

„Die monokausale lineare Denkrichtung, wie sie seit Descartes besteht und wie sie im technischen Zeitalter dominiert hat, sollte etwas zurückgedrängt werden. Es sollte das ganzheitliche Denken und die Erkennung von Strukturen wieder besser gepflegt werden."

Seine Lebensmaxime erläutert Christof Stoll so:

„Ökologisch denken und handeln. Das heißt insbesondere die Welt erhalten, nicht zerstören. Also mit anderen Worten, keinen Raubbau treiben. Das gilt sowohl im Unternehmen als auch in der Gesellschaft und in globalem Rahmen."

Christof Stoll

8. Kapitel

Unternehmensgestaltung – *Wilkhahn, Wilkening und Hahne GmbH & Co.*

Wilkhahn ist ein international erfolgreicher und anerkannter Hersteller von Sitzmöbeln und Tischen des gehobenen Genres. Das Partnerschaftsmodell des Unternehmens basiert auf sozialdemokratischem Gedankengut und auf den Ideen des von Walter Gropius 1919 gegründeten Bauhauses. Die Mitarbeiterbeteiligung bei Wilkhahn und die Prinzipien der Produktgestaltung sind dementsprechend auf diese Denkrichtung zurückzuführen. Eine anspruchsvolle Produktphilosophie, Konzentration auf ein bestimmtes Marktsegment und gesellschaftlich-ökologisches Engagement sind bei Wilkhahn die Faktoren, die die Zukunft des Unternehmens bestimmen.

Das Unternehmen

Wilkhahn ist Anbieter einer Vielzahl vollständiger Produktfamilien für die Einrichtung von Büros, Verwaltungsgebäuden und Geldinstituten sowie von Bauten mit kultureller oder sozialer Zweckbestimmung an. Die Breite und formale Durchgängigkeit des Programms sind für die Kunden wesentliche Vorteile bei der Planung ganzheitlicher Einrichtungen.

Der Erfolg des Unternehmens gründet sich hauptsächlich auf eine seit fast 40 Jahren konsequent verfolgte Design- und Marketingstrategie: *Wilkhahn* gilt neben *Miller, Castelli, Knoll International* und *Vitra* – den Konkurrenten auf internationalen Märkten – als Trendsetter. Viele Designauszeichnungen belegen die formale und funktionale Gültigkeit der Erzeugnisse. Die Produktentwicklung genießt einen entsprechend hohen Stellenwert. Neben der *Wilkhahn*-Entwicklungsgesellschaft „wiege" sind weitere namhafte externe Designer für das Unternehmen tätig.

In der Produktion haben Möbel aus Massivholz oder Holzwerkstoffen einen Anteil von etwa 30 Prozent, wobei fast ausschließlich einheimische Hölzer verarbeitet werden. Das Kernprogramm ist die „FS-Linie", so genannt nach den Initialen der *Wilkhahn*-Designer Klaus Franck und Werner Sauer. Bei diesem Bürostuhlprogramm, das 1980 auf den Markt gebracht wurde, sucht man vergeblich nach den üblichen Bedienungshebeln und -knöpfen, mit denen der Sitz einzustellen ist: Die Drehstühle und -sessel der FS-Linie passen sich jeder Körperhaltung des Benutzers selbsttätig im optimalen Winkel an. Die Synchronautomatik fordert zum „aktiven Sitzen" heraus und stärkt die Rückenmuskulatur. Das beispielhafte Design folgt dem Prinzip der sichtbaren Funktion, denn es gibt keine komplizierte Mechanik, die einer Verkleidung bedarf. Die FS-Linie wurde ein weltweiter Erfolg, ist in ihrer Modellvielfalt konkurrenzlos und hat zur positiven Umsatzentwicklung der letzten Jahre maßgeblich beigetragen.

1987 erzielte das Unternehmen einen Umsatz von 77,8 Millionen DM und bechäftigte 450 Mitarbeiter. *Wilkhahn* hat Tochtergesellschaften in Frankreich, Japan, Spanien und in der Schweiz sowie Vertriebsniederlassungen in Österreich, den Niederlanden und in den Wirtschaftszentren der Bundesrepublik. In 35 Ländern der Erde ist *Wilkhahn* durch renommierte Handelspartner vertreten. Der Exportanteil beträgt fast 50 Prozent – ein in der Branche weit überdurchschnittlicher Wert. Darüber hinaus hat das Unternehmen Lizenzpartner in Australien, Brasilien, Südafrika und den USA. Die Lizenzproduktion eingerechnet, werden weltweit jährlich für umgerechnet rund 130 Millionen DM *Wilkhahn*-Sitzmöbel und -Tische hergestellt und verkauft.

Kapitaleigner sind die Familien Wilkening und Hahne, der Geschäftsführer Theodor Diener und die *Wilkhahn*-Beteiligungs-GmbH mit den Mitarbeitern als stillen Gesellschaftern. Nach dem *Wilkhahn*-Modell sind die Mitarbeiter am Betriebsergebnis mit 50 Prozent (nach Steuer) vermögensbildend beteiligt. 1987 wurden ihre Anteile mit über 8 Prozent verzinst.

Oberstes Planungs- und Entscheidungsgremium des Unternehmens ist der Verwaltungsrat, dem Fritz Hahne als Vorsitzender, der frühere Vorstandssprecher der *Rosenthal* AG, Albert Kaltenthaler, der Betriebsratsvorsitzende Horst Knigge und, als Vertreter der Stammgesellschafter, Adolf Wilkening angehören. *Wilkhahn* zeichnet sich durch eine gewachsene, ganzheitliche Unternehmenskultur aus, die die Bereiche Design, Marketing, Führung, Sozialverhalten im Betrieb und gesellschaftsorientierte Unternehmenspolitik umfaßt.

Sozialismus und Bauhaus

Die Herstellung von Möbeln hat in der waldreichen Gegend des Deister-Süntel-Tales eine lange Tradition. Die Firma wurde schon 1907 von den Schwägern Christian Wilkening und Friedrich Hahne, dem Vater des langjährigen Geschäftsführers und heutigen Verwaltungsratsvorsitzenden Fritz Hahne, gegründet. In den dreißiger Jahren gab es dort etwa 100 kleine und mittlere Betriebe, die Stühle aus Buchenholz herstellten. In den letzten 20 Jahren hat sich die Zahl der Betriebe auf etwa 10 reduziert, unter denen *Wilkhahn* der größte und namhafteste ist.

Fritz Hahne berichtet, daß für die Entwicklung von *Wilkhahn* die fünfziger Jahre im wesentlichen bestimmend waren: „In dieser Zeit ziemlich mühelosen Absatzes machte jeder Betrieb etwa den gleichen Stuhltyp, ein Zwang zur Rationalisierung war noch nicht gegeben. Der Ehrgeiz, Individuelles zu produzieren, ließ mich den Kontakt suchen zu dem in den Westen geflüchteten Leiter der ‚Deutschen Werkstätten Hellerau' Walter Heym, mit dem ich noch heute befreundet bin. Wir übernahmen die Fertigung der Sitzmöbel und Tischkollektionen der Deutschen Werkstätten. Der Betrieb bekam daraufhin Erfahrung im Umgang mit Innenarchitekten und Designern."

Hahne selbst trat nach langer Kriegsgefangenschaft 1950 in die Firma ein und ist bis heute für die Produktgestaltung mitverantwortlich. Für seine persönliche Entwicklung waren die Auseinandersetzungen mit sozialdemokratischem Gedankengut und den Ideen des Bauhauses bestimmend. Das *Wilkhahn*-Beteiligungsmodell zugunsten der Mitarbeiter und die Prinzipien der Produktgestaltung im Sinne industrieller Formgebung sind auf diese Denkrichtungen zurückzuführen: Die sozialpolitische Gestaltung der Gesellschaft und die Gestaltung des menschlichen Umfeldes im Unternehmen stehen in engem Zusammenhang.

Die 1919 unter dem Namen „Bauhaus" von Walter Gropius gegründete Hochschule für Gestaltung in Weimar hat Architektur, Innenarchitektur und Industrieform unseres Jahrhunderts beeinflußt wie keine andere Institution. Mit dem Bauhaus verbinden sich Namen wie Mies van der Rohe, Kandinsky, Schlemmer, Feininger und Klee. Ihnen galt das handwerkliche Können als Grundlage allen Gestaltens. Die Trennung von Handwerk und bildender Kunst sollte überwunden werden – in ähnlicher Weise, wie dies bei den mittelalterlichen Dombauhütten (an die der Name Bauhaus erinnert) bereits der Fall war. Oberstes Ziel aller bildnerischen Tätigkeit war der Bau, ein Gesamtkunstwerk, in dem alle Künste vereint sind. Statt des schmückenden Ornaments wird die Zweckform als ästhetisches Prinzip erkannt: Jedes neue Gebäude wird als Ganzes funktional durchdacht, jeder Gegenstand nach seiner Bestimmung im Rahmen des Ganzen gestaltet. Technisch-konstruktive Merkmale werden nicht kaschiert, sondern als charakteristische, optisch reizvolle Gestaltungselemente genutzt.

1933 wurde das Bauhaus aufgelöst, doch seine Gestaltungskonzepte sind bis heute Basis und Richtschnur nicht nur für das Industriedesign, sondern für die gesamte Kunstpädagogik. In den fünfziger und sechziger Jahren wurde die von Max Bill und Otl Aicher gegründete Hochschule für Gestaltung (HfG) in Ulm zum ideellen Nachfolger des Bauhauses. Von hier gingen wichtige Impulse für das Produktdesign und die Kommunikationsgestaltung aus. Auch bei *Wilkhahn* ist dieser Einfluß auf Produktentwicklung und das ganze visuelle Erscheinungsbild deutlich abzulesen. In Kooperation mit Professor Georg Leowald, damals Lehrer an der Ulmer Hochschule, entstanden vor 30 Jahren die ersten Sitzmöbel aus glasfaserverstärktem Kunststoff, die in weitergeführter Linie bis heute eine dominierende Rolle spielen. In den sechziger Jahren wurden die Kontakte zur HfG systematisch ausgebaut, was zu einer engen und überaus fruchtbaren Zusammenarbeit mit Designern wie Wilhelm Ritz, Hans Roericht, Herbert Ohl und Klaus Franck (der heute Leiter der *Wilkhahn*-Entwicklungsgesellschaft „wiege" ist) führte. Das grafische Bild des Unternehmens prägten Thomas Gonda, Rolf Müller und später Bernd Franck, auch sie Absolventen oder Dozenten der Ulmer Hochschule.

Heute gelten *Wilkhahn*-Erzeugnisse als Beispiele für gültiges Design und sind auf wichtigen internationalen Designveranstaltungen präsent. Nicht wenige haben schon „zu Lebzeiten" den Ruf eines Klassikers ihres Genres und bestätigen das Bemühen um Produkte, die in Form und Funktion über den Tag hinaus Bestand haben.

Mitarbeiterbeteiligung bei *Wilkhahn*

Die „Ulmer Denke", so Geschäftsführer Theodor Diener über die Grundprinzipien der Produktgestaltung und Produktpräsentation bei *Wilkhahn*, wird im innerbetrieblichen Bereich ergänzt durch das Modell der Mitarbeiterbeteiligung, das neben der Produktphilosophie die zweite Säule der Unternehmenskultur bei *Wilkhahn* bildet.

In der Unternehmenszeitschrift „*Der Wilkhahn*" schildert Fritz Hahne seine Beweggründe für die Einführung eines Mitarbeiterbeteiligungsmodells:

„Das sogenannte deutsche Wirtschaftswunder setzte um 1950 ein rasantes Wachstum in Gang. Mit den Unternehmensgewinnen, von denen man heute nur noch träumen kann, wurde der Aufbau finanziert – es wurde investiert. Durch ihr Stillhalten haben die Gewerkschaften zu diesem Aufschwung wesentlich beigetragen.

In dieser Zeit bildete sich bei mir ein schlechtes Gewissen. Das Unternehmen machte beachtliche Gewinne, die in Investitionen umgesetzt wurden. Alte, verdiente Mitarbeiter hatten aber – vor der Währungsreform – für wenig Geld, für ‚'nen Appel und'n Ei' gearbeitet. Dieses schlechte Gewissen war die Ursache dafür, daß wir uns entschlossen, ein Konzept für eine Beteiligung der Mitarbeiter zu erarbeiten. Gleichzeitig wurde ein kooperativer Führungsstil eingeführt."

Fritz Hahne

Beides sind für Hahne Voraussetzungen einer betrieblichen Partnerschaft, die für Erfolg und Wachstum eines Unternehmens ebenso wichtig ist wie Kapital oder Innovationskraft.

Seit dem 1. Januar 1971 sind alle Mitarbeiter, die dem Unternehmen länger als ein Kalenderjahr angehören, am Betriebsergebnis vermögensbildend beteiligt. Das Ergebnis wird nach Steuern zwischen Stammgesellschaftern und Mitarbeitern je zur Hälfte aufgeteilt. Der auf die Belegschaft entfallende Anteil wird – wiederum je zur Hälfte – anteilig entsprechend der Mitarbeiterzahl und entsprechend der individuellen Jahresgehaltssumme jedem Beschäftigten gutgeschrieben. Mit diesem Betrag, abzüglich der Steuern und Sozialabgaben, wird der Mitarbeiter Stiller Gesellschafter der *Wilkhahn Beteiligungs*-GmbH, die ihrerseits Gesellschafter der *Wilkhahn* GmbH & Co. ist.

Eine Verlustbeteiligung der Stillen Gesellschafter ist nur im Rahmen ihrer Anteile vorgesehen. Die jährlichen Anteile werden für die Dauer von sieben Jahren festgelegt, um einer sonst denkbaren Liquiditätseinbuße vorzubeugen. Nach Ablauf dieser Frist kann der Mitarbeiter die entsprechenden Anteile über eine innerbetriebliche Vermittlungsstelle im Unternehmen verkaufen. Wenn sich binnen sechs Monaten unter der Belegschaft kein Käufer findet, können die Anteile auch an betriebsfremde Interessenten veräußert werden.

Die Kapitalanteile eines Mitarbeiters werden in Anteilsscheinen auf seinen Namen verbrieft und in einem Register der Beteiligungsgesellschaft geführt. Da ihr Wert sich von Jahr zu Jahr ändert, werden sie jährlich neu ausgestellt und enthalten – wie ein Kontoauszug – alle wichtigen Angaben: den früheren und den neuen Wert, die Verzinsung und die Anteilsbeträge, die veräußert werden können.

Die Verzinsung der Kapitalanteile orientiert sich an der Jahresrendite des Unternehmens; die Zinsen werden bar ausgezahlt.

Zur Zeit sind neben 300 Mitarbeitern auch 60 Pensionäre und 140 ehemalige Mitarbeiter Stille Gesellschafter des Unternehmens. Der Durchschnittswert der Anteile beträgt 3200 DM. Allerdings ist die Bandbreite sehr groß – bedingt durch die unterschiedlich lange Betriebszugehörigkeit sowie durch Ver- und Ankäufe bewegt sie sich zwischen 200 DM und 25 000 DM.

Die Interessen der Anteilseigner werden durch einen Partnerschaftsausschuß vertreten. Zwei Mitglieder werden von der Arbeitnehmerseite für vier Jahre gewählt, weitere zwei werden von der Geschäftsleitung ernannt. Die Aufgaben des Partnerausschusses sind:

– Prüfung des von der Geschäftsleitung vorgelegten Jahresabschlusses,
– Prüfung und Zustimmung zu der sich daraus ergebenden Verzinsung und Ergebnisbeteiligung,
– Einberufung und Durchführung der jährlichen Anteilseignerversammlung,
– Entscheidungen in Auslegungsverfahren der Verträge zur Ergebnisbeteiligung,
– Vermittlung bei Ver- und Ankäufen von Anteilen.

Ergänzt wird diese materielle Mitarbeiterbeteiligung durch einen kooperativen Führungsstil. „Keine Anordnung ohne Begrün-

Mitarbeiterbeteiligung 171

dung" – diese Maxime gilt bei *Wilkhahn* für alle Hierarchiestufen. Offene Kommunikation zwischen allen Hierarchieebenen und insbesondere zwischen Geschäftsleitung und Betriebsrat und eine offensive Informationspolitik des Managements gegenüber den Mitarbeitern sowie Kontroll- und Einsichtsrechte des Partnerschaftsausschusses und ein in seinen Aufgaben dem Aufsichtsrat einer AG gleichzusetzender Verwaltungsrat prägen das Bild der „Corporate Identity" oder „Corporate Personality" (Geschäftsführer Diener) bei *Wilkhahn*. Trotz der Skepsis vieler Unternehmerkollegen und einer überwiegend kritischen Haltung der Gewerkschaften beantwortet Fritz Hahne die Frage, ob ein Unternehmen bei derart ausgeprägten Arbeitnehmerrechten überhaupt noch Gewinne erzielen könne, mit einem eindeutigen Ja: „Es kann, wenn – wie bei uns – zum Betriebsrat ein weitgehendes Vertrauensverhältnis besteht, in dem Notwendiges offen diskutiert und durchgesetzt werden kann. Daß die Hälfte des Erwirtschafteten per Beteiligung den Mitarbeitern zufließt, erleichtert die Zusammenarbeit. Die Beteiligung der Mitarbeiter, bei uns seit über 18 Jahren verwirklicht, ist in Verbindung mit kooperativer Führung die Voraussetzung, um Leistungsbereitschaft und damit Wettbewerbsfähigkeit zu erhalten. Und dies ist in dieser Zeit stagnierender Löhne von brennender Aktualität im Hinblick auf die Erhaltung des sozialen Friedens."

Auch wenn bei vielen Mitarbeitern eher der Wunsch nach einer Barausschüttung der Gewinnanteile dominiert, wird diese Form der Mitarbeiterbeteiligung doch von allen akzeptiert und begrüßt. Hahne sieht in der Beteiligung durchaus auch gesamtwirtschaftlich relevante Elemente, da nur so eine einseitige, die Unternehmen belastende Lohnpolitik ergänzt werden kann durch eine Beteiligung der Mitarbeiter am Produktivkapital der Wirtschaft und damit am volkswirtschaftlichen Wachstum.

Die *Wilkhahn* Unternehmensphilosophie wird durch die Maxime „Wahrhaftigkeit im Design und Fairneß gegenüber Mitarbeitern und Geschäftspartnern" beschrieben. Produktgestaltung, innerbetriebliche Organisation, Verkaufspolitik, Marketing und Öffentlichkeitsarbeit sind dabei zu einer ganzheitlichen Einheit verschmolzen, die heute als Corporate Identity ein wesentliches Element der Unternehmenskultur darstellt. Hierfür sind die materiellen Elemente dieser Unternehmensphilosophie oder die auf Hochglanzpapier gedruckten Leitsätze und Unternehmensprofile nicht so wichtig. Wichtig, so Theodor Diener, ist die Identifikation des Mitarbeiters mit dem, was er bei *Wilkhahn* tut, und mit dem, was *Wilkhahn* insgesamt tut. Das Entscheidende ist das Denken: Was in den Köpfen der Mitarbeiter vorgeht, wie sie ihre Rolle im Unternehmen und das Unternehmen selbst beurteilen. Personalentwicklung und Personalförderung sind daher weitere wesentliche Elemente des *Wilkhahn*-Modells.

Wie in vielen anderen Beteiligungsunternehmen gibt es auch bei *Wilkhahn* eine ausgeprägte Ablauforganisation nur für Routinearbeiten. Kreativität, Engagement und Motivation lassen sich dagegen nicht in Ablaufmuster aus dem Lehrbuch pressen. Die handelnden Personen selbst müssen sich die für ihre Zwecke am besten geeignete Organisationsform eigenhändig selbst schaffen. Theodor Diener jedenfalls, der zuvor Manager in einem Großkonzern war, hält die bei *Wilkhahn* praktizierte Form der personenbezogenen Unternehmensführung für wesentlich kreativer, effizienter und menschengerechter als jede Form einer bürokratischen Organisation. Produktdesign, Produktpräsentation und die Form der innerbetrieblichen Gestaltung der Mitarbeiterbeziehungen sind für Diener ein Mittel zur Unternehmenssicherung. In der Einheit dieser drei Elemente liegen gerade für kleinere und mittlere Betriebe zukünftig Möglichkeiten, dem ruinösen Preiswettbewerb der Massenhersteller entgehen zu können.

„*Wilkhahn*. Sitzt."

Seit Januar 1984 erscheint die Unternehmenszeitschrift „*Der Wilkhahn*". „*Der Wilkhahn*" ist aber keine Kundenzeitschrift im üblichen Sinne. Denn über die Produktvorstellungen hinaus wird eine breite Thematik behandelt, etwa wirtschaftliche und gesellschaftliche Problemfelder, Hintergründe, Rahmenbedingungen und kulturelle Themen. Externe Autoren kommen zu Wort, die so eine breite Brücke von und zu *Wilkhahn* schlagen – für Planer, Käufer und Handelspartner. Darüber hinaus sollen aber auch Interna, Neuigkeiten und andere wichtige Firmen-

„Wilkhahn. Sitzt."

Design als Mittel zur Unternehmenssicherung

Zugegeben: der Untertitel erscheint profan und mag manchem Puristen vielleicht sogar suspekt sein. Und doch ist es nicht nur der ästhetische, sondern auch der pragmatische Nutzen der Produktgestaltung, der (wenn auch oft unterschwellig oder unausgesprochen) die Diskussionen über Design beeinflußt.

Da Produktentwicklung *und* Marketing gewichtige Faktoren unserer Strategie sind, mag es hilfreich sein, aus der Sicht des Marketingmannes die Bedeutung des Design für Gebrauchsgüter herauszuarbeiten.

Dabei ist der Hinweis notwendig, daß das Marketing für Gebrauchsgüter ähnlichen Gesetzen unterliegt wie das für Investitionsgüter und sich insoweit vom Konsumgütermarketing wesentlich unterscheidet.

Das Konsumgut braucht modische Akzente, es ist kurzlebig und muß deshalb auf Markteinflüsse und Konsumverhalten schnell eingehen. Die Umkehrwirkung ist, daß man mit modischen Produkten und den Mitteln der Werbung auch schneller „Markt machen" und neuen Bedarf wecken kann.

Das längerlebige – und hier besonders das hochwertige – Gebrauchsgut dagegen braucht, um wirklich Bestand zu haben, eine von der Mode unabhängige Komponente, die aber trotzdem ein Spiegelbild der jeweiligen Zeit ist. „Modern, aber nicht modisch" könnte die saloppe Devise heißen, was zugleich Chance und Gefahr für das Industrial Design bedeutet.

Leider wissen wir, daß in dieser Hinsicht mit dem Begriff „Design" ebenso oft Schindluder getrieben wird wie mit dem Begriff „Marketing": Ein Unternehmen ist noch längst nicht design-bewußt, weil es hin und wieder einen mehr oder weniger namhaften Designer engagiert, um das Image mit einem neu- oder andersartigen Produkt aufzupolieren. Weder das Management noch die Verkäufer können ein solches Erzeug-

Dokument 14: „Wilkhahn. Sitzt.", Design als Mittel zur Unternehmenssicherung, von Theodor Diener

nis (das zudem meist völlig außerhalb der Produktpalette angesiedelt ist) interpretieren, ohne dabei rote Ohren zu bekommen. Beispiele dafür gibt es zur Genüge, und ich frage mich, ob die beteiligten Designer eigentlich wissen, was sie damit anrichten.

Bei solcher Vorgehensweise bleibt die Arbeit des Designers in ihrer ästhetischen Qualität meistens anonym und hat nur selten eine Chance, substantieller Teil des Ganzen, geschweige denn ein Teil der Unternehmensphilosophie zu werden.

Wilkhahn bemüht sich seit über 30 Jahren, Produkte in gutem Design zu schaffen und hat dabei auch manche Durststrecke durchlaufen. In schwierigen Zeiten ist die Versuchung groß, im Interesse des Umsatzes Zugeständnisse zu machen und das zu produzieren, was auf dem Markt gerade „in" ist. Engagement und Überzeugung von Fritz Hahne waren jedoch so tiefgreifend, daß ein Umfallen in modische Trends für ihn ein Verrat an der eigenen Sache gewesen wäre. So blieb das Unternehmen in seiner Haltung konsequent, stand auch magere Jahre durch – und erfreut sich bester Gesundheit: nicht „dennoch", sondern vermutlich „deshalb".

Wenn Design also ein Instrument zur Unternehmenssicherung sein soll, dann muß es getragen sein von einem hohen Maß an Kontinuität. Man spricht in diesem Zusammenhang gern von „Corporate Identity", doch ich finde, daß *Corporate Personality* den Kern besser trifft. Zu deutsch: Die Menschen, die im Unternehmen mit dem „Pfund" Design umgehen, müssen vom Wert und von der Wirkung ihrer Haltung beseelt, sie müssen in der Wolle gefärbt sein – seien es Manager oder Werbeleute, Ingenieure oder Verkäufer. In diesem Denkmodell ist Design nicht einfach „Produktgestaltung", sondern Ausdruck der Gesinnung und Geisteshaltung eines ganzen Unternehmens und seiner Menschen. Wo diese Voraussetzung gegeben ist, fällt es relativ leicht, diese „Corporate Personality" glaubwürdig nach draußen zu tragen und das Image des Unternehmens zu festigen.

Dokument 14 (Forts.)

> Design: Instrument der Unternehmenssicherung? Eindeutig ja – wenn zur Kontinuität der Produktentwicklung sich eine ebenso konsequente nationale und internationale Marketing- und Vertriebspolitik gesellt. Wir verstehen darunter bei *Wilkhahn* die selektive Vermarktung der Erzeugnisse in definierten Branchen und Regionen über sorgfältig ausgewählte Handelspartner und Spezialisten. Erst die Addition von kontinuierlichem Produktdesign und adäquatem Marketing führt zu jener Kompetenz im Markt, die ein Unternehmen braucht, um auch wirtschaftlich erfolgreich zu sein.
>
> Die fälschlich oft als „Marktanpassung" apostrophierten Springprozessionen – zwei Schritte vor, einen zurück – kosten nicht nur Geld, sondern vor allem Image. Image aber ist die weitaus wichtigste Voraussetzung für die Stabilität eines Unternehmens auf lange Sicht. Von Sartre stammt das Wort „To do is to be". Auf unsere Arbeit bezogen, möchte ich es abwandeln: „Man kann richtig nur das tun, was man schon ist."

Dokument 14 (Forts.)

ereignisse nicht zu kurz kommen. Das Motto lautet: „Tue Gutes und rede darüber". Mit dieser Publikation wird der Anspruch des Unternehmens deutlich, nicht nur Produkte herzustellen und zu verkaufen, sondern über die Produkte hinaus Lebensart, kulturelles und geistiges Engagement zu vermitteln. „Design muß ein überzeugender Ausdruck der Kultur einer Epoche sein und darin über den Tag hinaus Bestand haben", erläutert Fritz Hahne. Diese Überzeugung soll mit Hilfe des Marketing dem Kunden nahegebracht werden, wobei auch die kulturellen und gesellschaftlichen Rahmenbedingungen einer Epoche, die die Bestimmungsgründe für das Design und damit das Produkt darstellen, thematisiert werden. Das Unternehmen *Wilkhahn* selbst ist Bestandteil dieser Rahmenbedingungen und nimmt dazu Stellung in Form der Produktgestaltung und der Präsentation der Produkte sowie durch das Erscheinungsbild des gesamten Unternehmens.

„*Der Wilkhahn*" ist eingebunden in ein umfassendes Informations- und Marketingpaket. Dieses Paket enthält heute:

- Allgemeine Prospektinformationen: Kataloge, Prospekte, Muster, Preislisten, Werkausstellungen.
- Gezielte Produktinformationen: Fachberatung durch eigenen Außendienst, Schulungen, Objektberichte, Sonderausstellungen, Aktionen, Anzeigen in Fachzeitschriften.
- Imagebildung: Beteiligung an nationalen und internationalen Messen, Anzeigenwerbung in überregionalen Tageszeitungen und Magazinen, Hochschulbetreuung, Beteiligung an Designwettbewerben, Pressearbeit, allgemeine Veranstaltungen.

„Oberstes Marketingziel ist es", so Theodor Diener im Vorwort des ersten *„Wilkhahn"*, „durch den systematischen und konsequenten Einsatz dieser Instrumente die mit unseren Produkten verbundenen Wertvorstellungen in den Markt zu übertragen und gleichzeitig die Bindungen zu den Marktpartnern zu vertiefen. ‚*Der Wilkhahn*' soll ein weiteres Element dieser Bemühungen sein."

Wilkhahn hat seit 30 Jahren der Versuchung widerstanden, über die Herstellung von Massenartikeln einen kurzfristigen wirtschaftlichen Erfolg zu realisieren. Besonders 1981, als das Unternehmen zum ersten Mal in die roten Zahlen kam, erhitzte sich die innerbetriebliche Diskussion, bis die Entscheidung getroffen wurde, daß die bisherige Produktphilosophie und Marketingstrategie trotz wirtschaftlicher Probleme beibehalten werden soll. Eine Entscheidung, die sich bezahlt gemacht hat. *Wilkhahn* hat heute einen Namen und eine Kompetenz, die die besten „Werbemittel" sind. *Wilkhahn*-Produkte sind nur im Bürofachhandel, bei Bankeneinrichtern und Spezialeinrichtungshäusern erhältlich. Direktlieferungen werden nicht vorgenommen. So konnte über Jahre hinweg eine enge Kooperation mit renommierten Fachhändlern aufgebaut werden, bei denen die Beratung des Kunden beim Verkauf an erster Stelle steht. Denn mit dem Produkt soll eine Idee – Stil – verkauft werden. Viele hinsichtlich ihrer Architektur beispielhafte Büro- und Verwaltungsneubauten in der Bundesrepublik sind mit Stühlen und Tischen aus Einbeckhausen bei Hannover ausgestattet.

Wilkhahn ist mit seinem Programm auf allen wichtigen Messen national und international vertreten. „Dokumente der Gestaltung" aus den vergangenen 30 Jahren wurden 1985 im Essener „Haus Industrieform" gezeigt, das nach eigenem Bekunden „der Allgemeinheit eine sinnvolle Gestaltung ihrer Umwelt durch Förderung der Herstellung und Verbreitung formvollendeter Industrieerzeugnisse ermöglichen will". In diesem Bemühen zeichnete das über die Grenzen der Bundesrepublik hinaus renommierte Institut die Firma *Wilkhahn* mit einer umfangreichen Ausstellung als ein Unternehmen aus, „das sich seit mehr als 30 Jahren beispielhaft um gutes Design bemüht".

In einem Aufsatz über Design im Wandel schreibt Fritz Hahne:

„Auf die Qualität im technischen und ästhetischen Sinne kommt es an, auf die Glaubwürdigkeit und Redlichkeit des Anbieters. Da gibt es keinen Anlaß, Dinge etwa bewußt weniger anspruchsvoll zu gestalten, um eine breite Käuferschicht zu erreichen. Dahinter verbirgt sich durchweg die Unfähigkeit, Produkte besser zu machen und zu vermarkten – auch da haben wir unsere Erfahrungen gemacht. Für uns, Wilkhahn, heißt das, Ökonomie, Ökologie und Ästhetik auf einen Nenner zu bringen – eine unerhört reizvolle Aufgabe. Unternehmen mit einer Tradition wie Wilkhahn sind in besonderem Maße determiniert, zukunftsorientierte Entwicklungen voranzutreiben: Wilkhahn hat ausreichend Erfahrung und das Image, das notwendig ist, um auch zunächst schwierig erscheinende Produkte zu vermarkten, und Wilkhahn hat begeisterungsfähige Mitarbeiter. Unser Streben ist es, Produkte auf den Markt zu bringen, von denen jedes für sich einen Beitrag zur Kultur unserer Zeit darstellt. Daran möchten wir später gemessen werden."

Fritz Hahne

Zusammenfassend läßt sich das Unternehmen *Wilkhahn* durch folgende Punkte charakterisieren:

– Eine Produktphilosophie, die den Namen auch verdient, die man als „typisch *Wilkhahn*" bezeichnen kann;
– die Konzentration der Produktpolitik auf den Markt der gehobenen Mitte unter Verzicht auf das oberste Viertel, in

dem der Luxus meistens die Gestaltung spürbar beeinflußt;
- die Breite des Programms und die Entscheidung, nicht typischer Drehstuhlhersteller zu werden, da dann die behördlichen Vorschriften im Arbeitsbereich so weitgehend sind, daß für das Design der Freiraum stark eingeschränkt ist;
- der Verzicht auf den Kultur- und Sozialmarkt im unteren bis mittleren Preisniveau;
- die Marketingstrategie, die auf die Zusammenarbeit mit einem Kreis von Händlern setzt;
- eine der Produktphilosophie adäquate Gestaltung der Unternehmensneubauten;
- die Beteiligung der Mitarbeiter;
- der innerbetriebliche Führungsstil – „corporate personality";
- die geradlinig praktizierte Sozialpolitik unter Verzicht auf jegliche „Schlitzohrigkeit".

Wesentlich für das Betriebsklima ist auch das offene Verhältnis zwischen Geschäftsleitung und Betriebsrat. Der Betriebsrat bei *Wilkhahn* ist hinsichtlich seiner Verantwortung gegenüber seinen Wählern, also hinsichtlich des Vertrauens, das die Mitarbeiter ihm entgegenbringen, nur auf den ersten Blick besser gestellt als ein Betriebsrat in einem „normalen" Unternehmen. In der Praxis hat er eine schwierige Position zwischen Mitarbeiterschaft und Geschäftsleitung, eben weil in diesem Unternehmen keine starren Fronten bestehen und der Betriebsrat und dessen Vorsitzender als Mitglied des Verwaltungsrates die Entscheidungen mitträgt.

Unternehmen und Gesellschaft

„Unternehmen sind eine heterogene Gruppe. Ob Teppichhändler oder Geigenbauer, ob rigoroser Self-made-man oder Anthroposoph – alle sind Unternehmer. Über das schlechte Image von Unternehmern habe ich viel nachgedacht und gebrauche für das Geschäftemachen gern diese Definition: Ein Geschäft ist dann gut, wenn sich Kunde und Lieferant auch nach seinem Abschluß noch in die Augen sehen können."

Fritz Hahne

Fritz Hahne steht dem traditionellen Unternehmerbegriff eher skeptisch gegenüber, empfindet ihn als ideologisch vorbelastet. Er spricht daher lieber von „unternehmerisch Tätigen" und bezieht dies dann auf ganz konkrete Personen, die sein Leben und sein Wirken stark beeinflußt haben: etwa die Leute der Hochschule für Gestaltung in Ulm, Philip Rosenthal und andere. Hahne ist nicht nur ein sozial und politisch engagierter Unternehmer, er steht auch dem Verhalten vieler Unternehmerkollegen durchaus skeptisch gegenüber. Unternehmer müssen für ihn einmal initiativ und flexibel sein und zum anderen sozial interessiert und engagiert. Er kritisiert allerdings Unternehmen und Unternehmer, die ihre Kraft und Macht dazu mißbrauchen, um andere – Mitarbeiter, Gewerkschaften, Gemeinden, den Staat oder die Gemeinschaft der Steuerzahler – des eigenen Vorteils willen unter Druck zu setzen. Gerade die Subventions- und Wirtschaftsförderungspolitik, so gut gemeint sie auch ursprünglich war, haben viele Unternehmer vergessen lassen, daß hier Steuergelder ausgegeben werden, die überwiegend von der großen Masse der abhängig Beschäftigten aufgebracht werden. Bei allen unterstützenden Maßnahmen muß vor allem nach der Qualifikation des Managements eines Unternehmens gefragt werden, da hier oft die Ursache für wirtschaftliche Fehlentwicklungen liegen, die dann zu Lasten der Allgemeinheit behoben werden müssen. „Die notwendige Härte, meistens langjährige, als Eigentümer oder Manager Tätige auszuwechseln, ist für die Zukunft des betroffenen Unternehmens und der betroffenen Leiter des Unternehmens mittel- oder langfristig gesehen ökonomisch der einzige vernünftige und gleichzeitig der humanere Weg, weil die Betroffenen nach Überwindung des Schocks sich oft befreit fühlen von dem meistens schon Jahre auf ihnen lastenden Druck. Ein Bundeskanzler muß sich nach vier Jahren zur erneuten Wahl stellen, ein Unternehmer nie?"

Ein Unternehmensleiter, so Hahne, muß eine integre Persönlichkeit sein, die die Achtung der Mitarbeiterschaft genießt. Er soll, bei kontrolliertem Geltungsbedürfnis, Manager des Unternehmens fordern und fördern und damit für ein engagiertes, weitgehend selbständig agierendes Team sorgen. Durch eigene Kreativität und einen offenen und koordinierenden Führungsstil erzeugt er ein positives Betriebsklima und unternehmerisches Verhalten der Führungsgruppe. Hahne ist davon überzeugt, daß ein Unternehmen häufig starken Einfluß auf die Öffentlichkeit und die Verwaltung hat. Eine Demokratie wird daher nur dann im Rahmen unserer Sozialordnung politisch und ideologisch ausgewogen sein können, wenn ein hohes Verantwortungsbewußtsein auch im sozialen und ökologischen Sinne das Verhalten des Unternehmens bestimmt und wenn auf egoistische Pressionen gegenüber allen Beteiligten des wirtschaftlichen und öffentlichen Lebens verzichtet wird. Nur solch ein Verhalten ist darüber hinaus dem Image der in der Wirtschaft tätigen Manager und Unternehmer förderlich.

Unternehmen und Unternehmer haben im besonderen Maße auch eine Verantwortung für das gesellschaftliche Umfeld und für die ökologischen Verhältnisse. Die großen Fragen unserer Zeit, insbesondere die Grenzen des Wachstums und die zunehmende Umweltzerstörung dürfen Unternehmen nicht unberührt lassen. *Wilkhahn*-Produkte sollen daher mehr und mehr in Einklang mit den aktuellen Herausforderungen dieser Art gebracht werden – mit dem Umweltschutz, dem schonenden Umgang mit natürlichen Ressourcen und der Sicherung von Arbeitsplätzen. Durch eine gesteigerte Materialveredelung zum Beispiel sollen der Qualitätsanspruch erhöht und Rohstoffe sparsamer verwendet werden. Daneben soll der Einsatz menschlicher Arbeit im Grenzfall Vorrang haben vor dem Einsatz von Automaten, und natürliche Roh- und Hilfsstoffe werden solchen vorgezogen, die die Umwelt belasten.

Anspruchsvolle Produktphilosophie, die Konzentration auf die entsprechenden Marktsegmente und gesellschaftliches und ökologisches Engagement sieht Hahne als Einheit an, in der gerade für kleine und mittlere Betriebe große Zukunftschancen liegen. Individuelle, originäre Produkte, kleine Serien, hoher Qualitätsanspruch und eine professionelle Marketingstrategie, die auch die immateriellen Elemente eines Produktes, die Produkt- und Unternehmensphilosophie, einbezieht – hier liegen die Chancen für kleine und mittlere Unternehmen. Kreativität ist das Gebot der Stunde, wenn nicht immer mehr Betriebe zwischen den Mühlsteinen der Großindustrie zermahlen werden sollen.

Unternehmen und Gesellschaft

Unternehmer sind durchweg Menschen, die nach ihrer Anlage eher zum Konservativen neigen. Im Interesse der Wettbewerbsfähigkeit versuchen sie, in ihrem Marktangebot fortschrittlich zu sein – aber im Umgang mit den Gewerkschaften sind sie zumeist hinhaltend. Wohl noch nie haben Unternehmer Zugeständnisse gemacht ohne die Kassandrarufe, daß diese zusätzlichen Kosten nicht mehr zu verkraften seien und das Ende der Unternehmen damit eingeläutet sei. Sie verhalten sich nach dem Muster der Händler, Wechsler und Pharisäer, von denen in der Bibel geschrieben steht.

Eine solche Aussage aus dem Mund eines Unternehmers mag zynisch klingen. Aber: ich bin Unternehmer, ich fühle mich als solcher und eben deshalb ist mir darum zu tun, daß dieser Berufsstand ein hoch angesiedeltes Image hat. Ich habe keine Lust, als Profithai zu gelten und bemühe mich deshalb – um wieder aus der Bibel zu zitieren – zunächst den „Balken im eigenen Auge" zu sehen statt den Splitter im Auge des anderen.

Es ärgert mich, wenn Unternehmer, große oder kleine, ihre ganze Cleverness, mit der sie im Markt Geld verdienen, auch dazu aufbieten, um beim Staat Steuergelder lockerzumachen. Manchmal geht das bis an den Rand der Erpressung – etwa wenn Städte und Gemeinden gegeneinander ausgespielt werden, wenn es um Standortverlagerung, Neuansiedlung oder angedrohte Betriebsschließung geht.

Es mag gelegentlich sinnvoll sein, wenn öffentliche Gelder notleidenden Unternehmen zukommen, um dadurch Arbeitsplätze zu erhalten. Dabei sind die Chancen, so zu Geld zu kommen, für große Unternehmen ungleich größer als für kleine, weil sie auf die Kommunen um so mehr Druck ausüben können, je mehr Arbeitsplätze gefährdet sind. Oft genug wurde allerdings nur gutes Geld dem schlechten nachgeworfen, ohne das Verhängnis aufzuhalten.

Dokument 15: Auszug eines Vortrages von Fritz Hahne an der Southern Illinois University, USA, 1987

Sinnvoll ist es in solchen Fällen, daß sich die Kommunen gemeinsam mit den beteiligten Banken erst einmal ein objektives Bild des in Bedrängnis geratenen Unternehmens verschaffen. Es ist nicht besonders schwierig, den finanziellen Status festzustellen. Aber ebenso entscheidend sind die Aktualität der Produkte und vor allem die Qualität des Managements. Eine fähige Führung ist meistens wichtiger als das Bilanzbild – selbst wenn dies schiefhängt!

Die Konsequenz, ungeeignete Manager auch dann auszuwechseln, wenn sie schon viele Jahre auf ihrem Posten oder Firmeneigentümer sind, ist oft der beste Weg: Ökonomisch vernünftig für die Unternehmen und auch für die Betroffenen human, die sich – nach der deprimierenden Erkenntnis, versagt zu haben – von einem oft schon jahrelang auf ihnen lastenden Druck schließlich befreit fühlen.

Selbst der Präsident der Vereinigten Staaten muß sich alle vier Jahre erneut um sein Amt bewerben und Rechenschaft ablegen – ein Unternehmer Zeit seines Lebens nicht. Und nicht immer sind seine Kinder auch die besten Nachfolger: Königs- und Unternehmerkinder sind ja bereits in der Wiege auserwählt, großes zu vollbringen und haben schon viel Unheil gestiftet. Die einen, weil sie aus Übermut oder Schwäche Kriege angezettelt, die anderen, weil sie aus Leichtsinn oder Unfähigkeit Unternehmen zugrunde gewirtschaftet haben.

Ich frage mich, ob solche Gedanken nicht eine einseitige deutsche Sicht der Dinge betreffen, aber ich meine, daß sie einfach Menschliches betreffen.

Ein Unternehmen zu besitzen oder zu leiten, ist heute keine Privatangelegenheit mehr wie in den Anfängen der Industriegesellschaft.

Die Klassenunterschiede in den Industrienationen haben sich nivelliert, die Gewerkschaften besorgen den Ausbau der Arbeitnehmerrechte und der Staat trägt dieser sozialen Angleichung in der Gesetzgebung Rechnung.

Dokument 15 (Forts.)

Ich teile nicht die Sorgen derjenigen Unternehmer, die darin das Ende der freien Wirtschaft sehen. Wenn man die Wandlungen der Gesellschaft und ihrer Wertvorstellungen bewußt aufnimmt und aktiv begleitet, kann diese Entwicklung eine unerhört interessante Herausforderung sein:

Eine Entwicklung hemmen, führt zur Revolution; sie zum Guten zu beeinflussen, bedeutet Evolution. Natürlich wird ein Unternehmer konservativen Typs an dieser Betrachtungsweise wenig Gutes finden. Was ist in diesem Sinn ein „konservativer Typ"? Um das zu beantworten, muß man die beiden entgegengesetzten Positionen sehen: Frühkapitalistische Denk- und Handlungsweise auf der einen, absolute Demokratie auf der anderen Seite. Zwischen diesen Polen ist das angesiedelt, was wir als „soziale Marktwirtschaft" bezeichnen, eine sozial abgefederte, kapitalistische Wirtschaftsordnung. Sie ist bewahrend, behutsam, zähflüssig verändernd – gemäßigt konservativ.

In jungen Unternehmen stehen sich nach meiner Beobachtung Manager und Mitarbeiter menschlich näher. Der Umgang miteinander wird offenbar vor allem von dem Bewußtsein bestimmt, daß man der gleichen Generation angehört – oder von der Bereitschaft der Älteren, sich anzupassen.

In Unternehmen solcher Prägung ist Hierarchie auf den ersten Blick weniger spürbar. Das bezieht sich sowohl auf den Umgangston als auch auf das gegenseitige Vertrauen oder die Leistungserwartung. Akkordarbeit ist so gut wie unbekannt, die Arbeitszeit so flexibel wie möglich. Die Mitarbeiter bestimmen in eigener Verantwortung weitgehend, wann sie Pausen machen. Die Aufsicht durch Vorgesetzte beschränkt sich auf die Arbeitsqualität und das Verhalten des Mitarbeiters im allgemeinen. Die Arbeitsplätze in Verwaltung und Produktion sehen sich vielfach ähnlich, und die Kleidung der Mitarbeiter tut ein übriges: Blue Jeans und offener Kragen haben Schlips und Overall weitgehend abgelöst. Der Mensch in einem solchen Unternehmen ist selbstbewußter, der Unterschied zwischen seiner Arbeitszeit als Untergebener im

Dokument 15 (Forts.)

> Betrieb und seiner Freizeit weniger gravierend, und weil er am Arbeitsplatz weniger Willkür ausgesetzt ist, muß er zu Hause nicht den großen Zampano spielen. Ich sage das so, wie ich es aufgrund täglicher Beobachtung empfinde. Wenn meine Eindrücke nicht so allgemein zutreffen, mag meine Aussage zur Wahrheitsfindung beitragen.

Dokument 15 (Forts.)

Wilkhahn ist auch unter den partizipativ gestalteten Unternehmen eines der wenigen mit einer ausgeprägten Produktphilosophie, die ihrerseits wiederum ein wesentlicher Bestandteil der Unternehmensphilosophie insgesamt ist. Fritz Hahne hat die Entwicklung des Unternehmens immer weiter vorangetrieben und geprägt. In seiner Person vereinigt sich der soziale und demokratische Anspruch eines engagierten Unternehmers, der seine geistigen Wurzeln in einem aufgeklärten Sozialismus hat, mit einer der Tradition des Bauhauses verpflichteten Einstellung zum industriellen Produkt. Die Einheit aus Produktgestaltung, Arbeitsgestaltung und Marketing – in einer Unternehmensphilosophie gebündelt – hat Wilkhahn zu einem international renommierten Unternehmen gemacht. In diesem Zusammenhang ist Hahnes Auffassung von moderner Unternehmensführung zu verstehen:

„Ich bin der Meinung, daß sich die Frage, welcher Führungsstil zu bevorzugen ist, Ende des 20. Jahrhunderts nicht mehr stellt. Es kann nur der argumentativ-kooperative Führungsstil sein. Verbreitete Abweichungen davon sind Zeugnisse individueller menschlicher Prägungen, häufig eine Generationsfrage oder der Einfluß konjunktureller Bewegungen in der Wirtschaft. Überholte Führungspraktiken werden zum Beispiel durch die Arbeitslosigkeit verlängert, weil Menschen aus Angst vor dem Verlust des Arbeitsplatzes gefügiger sind. Sie werden aber auch dadurch verlängert, daß fragwürdige Experimente, wie die Entscheidungsfindung in Gruppen (Ahrensburger Modell), in den sechziger Jahren abschreckend gewirkt haben."

Fritz Hahne

Das Modell *Wilkhahn* ist jedoch alles andere als abschreckend.

9. Kapitel

Personal- und Organisationsentwicklung – *Taylorix Organisation Stiegler, Haußer* GmbH & Co.

Taylorix ist ein alteingesessenes Unternehmen im Bereich der Büroorganisation. Schwerpunkte des Taylorix-Unternehmensmodells sind die Personal- und Organisationsentwicklung und Konzeptionen zur Verbesserung der Führung und Zusammenarbeit. Die Entfaltung der Persönlichkeit und die Beteiligung der Mitarbeiter an der Gestaltung der Arbeitsprozesse ist Ziel der Unternehmensentwicklung. Der Prozeß des sozialen Lebens soll auch in der Organisation selbst stattfinden und dort vorangetrieben werden. Deshalb lautet auch die Devise von Taylorix: „Ohne Wirtschaftlichkeit schaffen wir es auf die Dauer nicht, ohne Menschlichkeit ertragen wir es auf die Dauer nicht."

Dienstleistungen für den Mittelstand

Das Bundesland Baden-Württemberg und insbesondere der Standort Stuttgart zählen zu den produktivsten Wirtschaftsregionen in der Bundesrepublik und in Europa. Neben namhaften, weltweit operierenden Konzernen hat sich hier in den letzten zehn Jahren eine zukunftsträchtige, Technologie-orientierte Mittelstandsindustrie entwickelt. Ein alteingesessenes Unternehmen dieser Region ist die *Taylorix Organisation Stiegler, Haußer* GmbH & Co., die seit der Gründung im Jahre 1921 ein umfassendes Dienstleistungspaket im Bereich der Büroorganisation speziell für Klein- und Mittelbetriebe anbietet. Der heutige Schwerpunkt der Unternehmenstätigkeit liegt auf dem Gebiet der Informations- und Kommunikationstechnik und der Rationalisierung der Büroarbeit. Der zunehmende Einsatz neuer Technologien in Büros und Dienststellen hat auch hier zu erheblichen Veränderungen im Arbeitsablauf, in den Qualifikationsanforderungen für die Beschäftigten und in der gesamten Organisationsstruktur geführt. Der Markt für Informations- und Kommunikationstechnik selbst hat in den letzten Jahren eine turbulente Entwicklung erlebt. Zweistellige Zuwachsraten bei Herstellern von Hard- und Software waren keine Ausnahme.

Die sprunghafte Marktentwicklung und das scheinbar unausschöpfliche Nachfragepotential haben zu einer unübersehbaren Vielfalt neuer Produkte und technisch-organisatorischer Verfahren auf der Basis der Mikroprozessortechnologie geführt. Der Zwang zur Rationalisierung einerseits und der unübersichtliche Markt der Rationalisierungsinstrumente im Datenverarbeitungs- und Kommunikationsbereich andererseits hatten aber für viele Klein- und Mittelbetriebe, die sich nicht die Sachkompetenz eines Großunternehmens leisten können, zur Folge, daß oft Hard- und Software-Systeme angeschafft wurden, deren Kapazität und Leistungsumfang unzureichend definiert wurden und deren Einsatz nicht in die betriebsspezifischen Arbeitsabläufe eingebunden war. DV-Hersteller hinterließen beim Verkauf ihrer Systeme eine organisatorische Lücke bezüglich der innerbetrieblichen Anwendungsproblematik der neuen Verfahren. Hier ist heute der aktuelle Ansatzpunkt der Geschäftspolitik

188 Taylorix Organisation Stiegler, Haußer GmbH & Co.

von *Taylorix*. *Taylorix* bearbeitet speziell den Markt für aufsteigende Mittelstandsbetriebe mit Lösungsangeboten für den gesamten Bereich der kaufmännischen Informationsverarbeitung und Kommunikation und hat in diesem Bereich mittlerweile eine marktführende Position erreicht.

Taylorix ist ein spezialisiertes Beratungs- und Softwarehaus mit der größten herstellerneutralen Vertriebs- und Serviceorganisation für Computersysteme in Deutschland. Das Unternehmen beschäftigt insgesamt etwa 1500 Mitarbeiter, davon 450 in der Zentrale in Stuttgart bei einem Umsatz von mehr als 200 Millionen DM jährlich, der mit dem Verkauf von Software, Hardware und Zubehör sowie Rechenzentrumsleistungen erwirtschaftet wird. Das Unternehmen hat sich darauf konzentriert, spezialisierte Branchensoftware zu erstellen, die im Gegensatz zur universellen und wenig betriebsspezifischen Standardsoftware eine „Maßanfertigung" für Problemlösungen ist. *Taylorix* Vertriebs- und Geschäftsstellen gibt es in 42 Städten von Kiel bis Kempten. Das dezentrale Vertriebsstellennetz garantiert den Kunden eine prompte Realisierung ihrer Wünsche, von der Implementierung ganzer Systeme über die Pflege und Wartung der Anlagen bis zur Mitarbeiterschulung. Daneben hat die *Taylorix* Organisation folgende Tochtergesellschaften: *Taylorix* Fachverlag, *Taylorix* Institut für berufliche Bildung e.V., *Taylorix* Beratungs-GmbH und *Taylorix Software* GmbH.

Computer, Organisation und Service werden aus einer Hand geliefert. *Taylorix* bietet darüber hinaus auch die Dienstleistungen von großen Computer- und Kommunikationszentren, die den Kunden an jedem Ort der Bundesrepublik zugänglich sind. Mit den beiden Rechenzentren in Stuttgart und Hannover produziert das Unternehmen Lohn- und Gehaltsabrechnungen und andere Vorgänge des betrieblichen Abrechnungswesens für über 100 000 Firmenkunden. Die definierte Unternehmensstrategie umfaßt folgende Grundsätze:

1. Orientierung am Bedarf von Mittelstandsbetrieben, das heißt, den marktgängigen technischen Fortschritt innovativ umsetzen in nützliche Produkte und Dienstleistungen, mit deren Hilfe die kaufmännischen Aufgaben auch in den Klein-

Dienstleistungen für den Mittelstand

und Mittelstandsbetrieben einfach, zuverlässig und preiswert gelöst werden können.
2. Umfassende Ergonomie der Produkte und Dienstleistungen, das heißt die Bedürfnisse der Menschen befriedigen und die wirtschaftlichen Ziele ihrer Organisationen erreichen durch individualisierte *Taylorix*-Lösungen:
   - am Menschen und seinen Arbeitsbedürfnissen orientierte Organisation,
   - ganzheitliche Arbeitsplatzgestaltung (Hardware, Software, Arbeitsmittel),
   - rationelle Funktion,
   - kundenbezogene Betreuung.
3. Herausragende Beratung und Betreuung (Service, das heißt: betriebswirtschaftlich kompetent, praxisnah, problemorientiert und vollständig, zuverlässig, nützlich, ortsnah und persönlich verbindlich.

Mit aufeinander abgestimmten absatzpolitischen Instrumenten wie Produkt-, Software-, Vertriebs- und Preispolitik, Werbung und Verkaufsförderung und langjährigen Erfahrungen in der Marktforschung und Marktbeobachtung ist *Taylorix* heute zu einem der besten Kenner der innerbetrieblichen Probleme und der Marktsituation der mittelständischen Unternehmen geworden.

Entstehung und Entwicklung der *Taylorix* Organisation

Das Unternehmen wurde 1921 von Julius Paul Stiegler gegründet und nach dem amerikanischen Betriebsingenieur Frederick Winslow Taylor benannt. Stiegler bewunderte Taylors Versuche, industrielle Arbeitsabläufe nach absolut rationalen Gesichtspunkten zu gestalten. Stieglers unternehmerische Hauptleistung in den Anfangsjahren bestand in der Entwicklung der „Kontooriginalen Durchschreibebuchführung", bei der, im Gegensatz zum bis dahin verwendeten amerikanischen Journal, jeder Buchungsvorgang nur einmal vermerkt werden mußte. Bis zum Beginn der dreißiger Jahre kämpfte Stiegler um die Anerkennung dieses Buchführungssystems bei Unternehmen und Behörden.

1926 trat sein Geschäftspartner Konradin Haußer in das Unternehmen ein. Diese humanistisch gebildete und anthroposophisch orientierte Persönlichkeit – Haußer war mit Rudolf Steiner, dem Begründer der Anthroposophie, bekannt – übernahm bei *Taylorix* die innerbetriebliche Organisation, während Julius Paul Stiegler in unermüdlichem Einsatz den Kontakt zu den Kunden suchte. Parallel mit dem Aufbau einer Vertriebsorganisation für Büromittel begannen bereits 1924 die ersten Schulungen für Mitarbeiter, die als Grundstein für eine partnerschaftliche Unternehmensführung bei *Taylorix* angesehen werden können. Nach erfolgreichem Neuaufbau der Firma nach dem Krieg schieden beide Unternehmer 1961 aus der Geschäftsleitung aus, die dann von Karl Lang übernommen wurde. In seiner Zeit als geschäftsführender Gesellschafter entwickelte sich *Taylorix* zu einem modernen Dienstleistungsunternehmen, das sich durch eine schlüssige Produkt- und Marketingstrategie einerseits und eine partnerschaftliche Gestaltung der innerbetrieblichen Beschäftigungsverhältnisse andererseits auszeichnet.

„Ohne Wirtschaftlichkeit schaffen wir es auf die Dauer nicht, ohne Menschlichkeit ertragen wir es auf die Dauer nicht."

Karl Lang

Diese Devise Karl Langs ist zur ersten Maxime der Unternehmensphilosophie bei *Taylorix* geworden.

Lang erkannte sehr frühzeitig, daß moderne Unternehmensführung nur auf der Basis der Delegation von Verantwortung und der Einbeziehung der Mitarbeiter in die Entscheidungsprozesse möglich ist. 1972 formulierte er seine „Gedanken und Grundsätze zur Führung und Zusammenarbeit". Darin heißt es:

„Neben Unternehmensziel und Organisation des Unternehmens sind es vor allem die praktischen Methoden der Führung und Zusammenarbeit, in denen sich am ehesten spiegelt, wie modern ein Unternehmen ist. Hier, in den Methoden der Führung und Zusammenarbeit, muß sich zeigen, wie ernst es der Unterneh-

mensleitung und den Mitarbeitern mit den Prinzipien ist, an deren theoretischer Formulierung es nicht mangelt.

In einem Unternehmen darf nicht nur ein wirtschaftliches, von der Produktion, Gütererstellung und Dienstleistung geprägtes Gebilde gesehen werden, sondern gleichermaßen die Arbeitseinheit berufstätiger Menschen, die mit der Verfolgung eines betrieblichen Gesamtzieles auch ein persönliches Ziel, nämlich Berufs- und Lebenserfüllung, verbinden."

Karl Lang

Die ersten Schritte einer weitergehenden Beteiligung der Mitarbeiter wurden noch von den eher patriarchalischen Unternehmern Stiegler und Haußer selbst unternommen. Bereits in den fünfziger Jahren trat *Taylorix* der Arbeitsgemeinschaft zur Förderung der Partnerschaft in der Wirtschaft e. V. bei und führte eine erfolgsorientierte Jahresprämie ein, die aber bald in einen festen Gehaltsbestandteil umgewandelt wurde. Der Weg einer immateriellen Mitarbeiterbeteiligung im Sinne einer weitgehenden und systematisch geplanten Beteiligung der Mitarbeiter an den innerbetrieblichen Entscheidungsprozessen wurde durch Karl Lang konsequent fortgesetzt. Durch das Wachstum des Unternehmens und die Einführung völlig neuer technischer und organisatorischer Verfahren in den Büros, bei der *Taylorix* oft die Schrittmacherfunktion für viele tausend Kunden übernehmen mußte, änderten sich auch laufend die Anforderungen an die Kommunikationsformen zwischen Geschäftsleitung und Mitarbeitern. „Solange sich noch alle persönlich kannten und fast täglich begegneten, ergab sich der notwendige Austausch von Gedanken von selbst. Mit dem Wachstum wurden neue Formen der Kommunikation notwendig. An erster Stelle stand das Streben nach Delegation von Verantwortung, nach dezentralen Führungsstrukturen und einer breit und flexibel angelegten Aufbauorganisation mit kleinen überschaubaren Einheiten", berichtet Rainer Zwiesele, der Nachfolger Karl Langs als geschäftsführender Gesellschafter, über die Anfänge des Unternehmensmodells *Taylorix*.

Im Jahr 1968 wurde eine regelmäßig erscheinende Betriebszeitschrift mit eigener Redaktion gegründet, die aus möglichst neutraler Sicht über Sachliches und Persönliches berichten sollte. Ebenfalls Ende der sechziger Jahre wurden erstmals schriftliche Leitsätze für die Marketingkonzeption der *Taylorix* Organisation aufgestellt. Verbunden damit forderte die Geschäftsleitung alle betroffenen und sachkundigen Mitarbeiter auf, unter Beachtung dieser Leitsätze nun Maßnahmen für eine Konzeption zu entwickeln und zu vereinbaren, womit ein erster Schritt zur Beteiligung der Mitarbeiter an der Zielformulierung getan war.

Einen weiteren Schritt unternahm Karl Lang im Jahr 1972 mit der Formulierung und Veröffentlichung der Leitsätze zur Führung und Zusammenarbeit (siehe Dokument 16). Die Grundgedanken des ehemaligen Unternehmenschefs sind noch heute die Grundlage der Firmenphilosophie bei *Taylorix*.

In den siebziger und achtziger Jahren erfolgten weitere erfolgreiche und weniger erfolgreiche Maßnahmen der Personal- und Organisationsentwicklung sowie der Ausbau der strategischen und operationalen Planungsinstrumente. Insbesondere der heutige Chef des Unternehmens, Rainer Zwiesele, hat den Prozeß der Verbesserung der Führung und Zusammenarbeit bei *Taylorix* vorangetrieben. Zwiesele (Jahrgang 1936) trat 1974 in die Geschäftsleitung ein und übernahm den Aufbau des Vertriebsnetzes und der Softwareproduktion. Umfassende Produktkompetenz in den Bereichen Software, Hardware, Rechen- und Kommunikationszentren sowie Beratung und Service, die *Taylorix* heute für nahezu alle Branchen- und Wirtschaftsbereiche nachweisen kann, und die auf eine umfassende „Full Service Dienstleistung" für mittelständische Unternehmen ausgerichtete Produktphilosophie sind von ihm im wesentlichen mitbewirkt worden. Höchste Effizienz bei der Bereitstellung von Dienstleistungen für die Kunden und engagierte und zufriedene Mitarbeiter sind Ziele unternehmerischen Handelns, die sich gegenseitig bedingen. Rainer Zwiesele spricht von einer Wechselwirkung zwischen Arbeits- und Sozialstrukturen im Unternehmen, die aufeinander abgestimmt sein und sich gegenseitig ergänzen müssen, wenn das gemeinsame Ziel − wirtschaftlicher Erfolg und menschengerechte, sinnvolle Arbeit − erreicht werden soll. Die innerbetriebliche Gestaltung der Arbeitsabläufe, die bei

Entstehung und Entwicklung

Unternehmensphilosophie – Leitbilder

Marktorientierung

Es gehört zu den Grundaufgaben des Unternehmens, den Bedürfnissen unserer Stamm-Märkte entsprechend Produkte und Leistungen anzubieten, die Nutzen und Werte für unsere Kunden darstellen. Zur Sicherung unseres wirtschaftlichen Erfolgs nehmen wir die Chancen, die der Markt uns bietet, wahr und passen uns seinen Veränderungen mit der Entwicklung des Unternehmens an.

Kontinuität und Zukunft

Kontinuität bedeutet für uns das Vermeiden von Brüchen in unserer Unternehmensentwicklung. Wir wollen eine stetige Entwicklung, so wie wir sie in der Vergangenheit erfahren haben. Kontinuität beinhaltet auch die Notwendigkeit des wirtschaftlichen Erfolgs, die finanzielle Eigenständigkeit und die aktive Sicherung des Fortbestandes unseres Unternehmens. Unabhängigkeit, in jeder Hinsicht, ist für unser Unternehmen unverzichtbar.

Management und Mitarbeiter

Es ist Aufgabe der Führungskräfte und der Mitarbeiter, eine leistungsfähige Arbeitsgemeinschaft zu gestalten, die den Beschäftigten Raum, Chancen und Hilfen zur Entfaltung ihrer Persönlichkeit gibt. Wir beteiligen die Mitarbeiter an Entscheidungen, die sie betreffen. Unsere Mitarbeiter sollen stets gefordert, aber nicht anhaltend überfordert sein. Wir wollen hervorragende Leistungen auf der Basis personaler Beziehungen und einer konsultativ/kooperativen Führung und Zusammenarbeit. Es ist uns wichtig, daß jeder einzelne in unserer Arbeitsgemeinschaft sich über seine Aufgaben, Verantwortlichkeiten und Leistungsanforderungen im klaren ist und nicht durch bürokratische Reglementierungen unnötig eingeschränkt wird.

Dokument 16: Die Unternehmensphilosophie von *Taylorix*

Taylorix mit den Begriffen „Organisations- und Personalentwicklung", „Management by Objectives" und „soziales Lernen" charakterisiert ist, und die materielle Beteiligung der Mitarbeiter am Unternehmenserfolg sowie eine effiziente und kundenorientierte Marketingstrategie sind sich wechselseitig ergänzende Elemente der Unternehmenskultur.

Rainer Zwiesele formuliert diese Wechselwirkungen im Vorwort der „Unternehmensphilosophie":

„Die Taylorix Organisation ist das erste und älteste deutsche Vertriebs- und Dienstleistungsunternehmen für Organisation und Rechnungswesen. In kontinuierlichem Fortschritt wurde Taylorix in die heute bekannte Positionierung geführt. Inzwischen sind wir Partner und Wettbewerber eines Marktes geworden, der sich in einer Phase sehr dynamischer Entwicklungen befindet. In so einer Phase ist es wichtig, daß alle Mitarbeiter sich mit dem Selbstverständnis des Unternehmens identifizieren und daran mitarbeiten, die Unternehmensziele zu erreichen. Kultur und Entwicklung eines Unternehmens werden maßgeblich bestimmt durch Kontinuität, mit der das Verhalten aller Mitarbeiter auf bestimmte Wertvorstellungen und Ziele hinwirkt."

Rainer Zwiesele

Personal- und Organisationsentwicklung

Der Prozeß der bewußten Gestaltung der innerbetrieblichen Arbeitsverhältnisse ist in den achtziger Jahren mit dem Einstieg in die Organisationsentwicklung fortgesetzt worden. 1981 wurde eine Arbeitsgruppe gegründet, die diesen Prozeß vorantreiben sollte. Unter Organisationsentwicklung (OE) versteht man bei *Taylorix* alle Maßnahmen, die darauf hinzielen, betroffene Mitarbeiter direkt am Gestaltungsprozeß der Organisation zu beteiligen. Ziel der OE ist die Schaffung einer „leistungsfähigen Arbeitsgemeinschaft, die ihren Mitarbeitern Raum, Chancen und Hilfen zur Entfaltung ihrer Persönlichkeit gibt, in der sie an Entscheidungen beteiligt werden, in der sie gefordert, aber nicht überfordert werden, und in der sich jeder einzelne über seine Aufgaben und Leistungen im klaren ist" (Zwiesele, R., siehe Literaturverzeichnis). Dabei bedient man sich bei *Taylorix* folgender Mittel und Instrumente:

- Weiterbildung in Arbeitsmethoden,
- Vermittlung von Verständnis für innerbetriebliche Zusammenhänge,
- Entwicklung der menschlichen und zwischenmenschlichen Fähigkeiten,
- Lernen in Arbeitsgruppen,
- Pflege der Abteilungsbesprechungen,
- Hinzuziehung externer Berater,
- Gruppenanleitung und Führungsverantwortung.

Jede Beteiligung der Mitarbeiter am innerbetrieblichen Entscheidungs- und Gestaltungsprozeß setzt notwendigerweise Übereinkünfte und Methoden voraus, die festlegen, nach welchem Modus verfahren werden soll, wie Probleme gelöst, Aufgaben durchgeführt und kontrolliert und wie Entscheidungen im Team überhaupt getroffen werden können. Organisatorische Festlegungen sowie Regeln und Methoden sind als Grundlage einer Zusammenarbeit im Sinne einer ordnenden Infrastruktur nötig. Seminare über Arbeitsmethoden und betriebsbezogenes „Learning by Doing" stehen deshalb am Anfang der Organisationsentwicklung bei *Taylorix*. Dazu gehört auch, daß durch eine Einbeziehung der Mitarbeiter in gezielte Informationsseminare und Schulungen, die über betriebswirtschaftliche Fragen, Produkte, Märkte und Funktionsbereiche Auskunft geben, das Verständnis für die betrieblichen Zusammenhänge gefördert wird. Dabei sollen nicht nur die intellektuellen Fähigkeiten der Mitarbeiter oder deren Informationsstand weiterentwickelt werden, sondern insbesondere sollen auch die allgemeinen menschlichen und zwischenmenschlichen Fähigkeiten entwickelt werden. Dies sind zum Beispiel analytisches und kreatives Denken, geistige Disziplin, Kommunikationsfähigkeit, Belastbarkeit, Akzeptanz des Gegenüber, Konzentrationsfähigkeit und anderes mehr. Wesentlich ist dabei, daß ein positives innerbetriebliches Lern- und Arbeitsklima geschaffen wird. Denn, so Zwiesele:

„(...) die Beziehungen, unter denen sich Führung und Zusammenarbeit vollziehen, prägen die betriebliche ‚Arbeits- und

Sozialkultur", *die rückwirkend wiederum starken Einfluß auf das Verhalten und die Entwicklung des einzelnen Mitarbeiters hat. Das Betriebsergebnis und die langfristige Entwicklung des Unternehmens hängen in starkem Maße davon ab."*

Rainer Zwiesele

Taylorix bedient sich dabei auch der Hilfe externer Berater, so zum Beispiel eines Mitarbeiters des Instituts Mensch und Arbeitswelt in Stuttgart, das ursprünglich auf Initiative von Karl Lang gegründet wurde. Der externe Berater soll im Sinne eines „Katalysators" helfen, Probleme zur Sprache zu bringen, sie sorgfältig zu analysieren sowie konsequente Folgerungen daraus zu ziehen und dabei auch dem einzelnen Mitarbeiter helfen, zu Wort zu kommen und sich auszudrücken. Als Basis der Zusammenarbeit sollen bei *Taylorix* grundsätzlich nicht funktionale oder hierarchische, sondern personale Beziehungen zwischen den Mitarbeitern dienen. Die Herstellung dieser personalen Beziehungen im Rahmen der Organisationsentwicklung wird bei *Taylorix* als eine wesentliche Aufgabe auch der Führungskräfte angesehen, die, da „Mehrheitsbeschlüsse" auch bei *Taylorix* nicht als ein taugliches Mittel der Unternehmensführung angesehen werden, letztendlich auch für Entscheidungen Verantwortung übernehmen müssen.

Die Organisations- und Personalentwicklung muß aber unvollkommen bleiben, wenn nicht die organisatorischen und strukturellen Bedingungen in einem Unternehmen ein positives Entscheidungs- und Innovationsklima erzeugen. Personal- und Organisationsentwicklung (bei *Taylorix* werden auch die Begriffe Personal- und Organisationspolitik verwendet) ist daher ein Teil der Unternehmensplanung insgesamt mit den Teilbereichen Personalorganisation und -führung, Personalentwicklung und -weiterbildung und Gestaltung der Arbeitsbedingungen, zu denen unter anderem auch die Einkommenspolitik und die betrieblichen Sozialleistungen gehören.

Die organisatorische Gliederung des Unternehmens erfolgt, wenn möglich, in Form der Etablierung kleiner, überschaubarer Einheiten, in denen sich persönliche Beziehungen zwischen den Mitarbeitern entwickeln können. Diesen Unternehmenseinhei-

Personal- und Organisationsentwicklung 197

Weiterbildung der Mitarbeiter

Ziele der Weiterbildung

- Leistungsfähigkeit und -bereitschaft der Mitarbeiter zu erhalten und verbessern,
- Möglichkeiten zu schaffen, die Mitarbeiter an die veränderten Bedingungen am Arbeitsplatz und in der Arbeitsumgebung anzupassen,
- Mitarbeiter auf qualifizierte und höherwertige Aufgaben im Unternehmen vorzubereiten,
- Mitarbeiter in ihrer persönlichen Entwicklung zu fördern,
- Annäherung der persönlichen Ziele der Mitarbeiter und der Unternehmensziele zu erreichen.

Bereiche der Weiterbildung

Die Weiterbildung der *Taylorix* Organisation gliedert sich in die Bereiche:

- Vermittlung von Grund- und Fachwissen,
- Training von Methoden und Instrumenten,
- personenbezogene Weiterbildung.

Vermittlung von Grund- und Fachwissen

Der Vermittlung von Grund- und Fachwissen dienen vor allem folgende Veranstaltungen:

- Informationsveranstaltungen für neue Mitarbeiter mit den Inhalten, wie *Taylorix*-Philosophie, Aufbau und Organisation der *Taylorix* Organisation, Grundausbildung in *Taylorix*-Produkten,
- Veranstaltungen zur Vermittlung von Kenntnissen, Fähigkeiten und Fertigkeiten in den einzelnen Fachbereichen.

Training von Methoden und Instrumenten

Sehr wichtig ist es auch, die Arbeitsmethodik der Mitarbeiter und Führungskräfte zu verbessern und beide in Methoden zur besseren Wahrnehmung der Fach- und Führungsaufgaben zu schulen. Hierbei geht es vor allem um:

Dokument 17: Weiterbildung bei *Taylorix*

- Ziele setzen: Moderatorentraining und Arbeitsmethodik zur Verwirklichung der erfolgsorientierten Unternehmensführung durch MbO.
- Planen: Training von Methoden der Planung, um strategische und operative Planungen durchführen zu können.
- Organisieren: Methoden zur Verbesserung der Effizienz und zur systematischen Entwicklung von Organisations- und Teileinheiten.
- Führen: Methoden der Innovation, Problemlösungs- und Entscheidungsfindung und deren Weitergabe beziehungsweise Präsentation; aufbauend auf den Grundsätzen von Delegation der Aufgaben und Verantwortung und Führen im Team beziehungsweise Verwirklichung des Projektmanagements.
- Steuern und kontrollieren: Methoden der Mitarbeiterbeurteilung als Orientierungs- und Förderhilfe.
- Methodisches Arbeiten: Methoden zur Verbesserung und Bewältigung der täglichen Arbeit
  - persönliche Arbeitstechnik,
  - Präsentationstechnik,
  - Informations-/Kommunikationsmethoden,
  - Rhetorik und Konferenztechnik,
  - Kreativitätsmethoden.

Personenbezogene Weiterbildung

Aufgrund unserer Erfahrungen mit verschiedenen Methoden des Verhaltenstrainings sind wir zu der Überzeugung gekommen, langfristige und anhaltende Weiterbildungserfolge nur durch Hilfen zur Bildung der „ganzen" Persönlichkeit erreichen zu können. Mit „angelernten" Verhaltenstechniken ist es nicht getan, da diese bei den trainierten Mitarbeitern nur zu unechter, „aufgesetzter" und kurzfristiger Rollenänderung führen.

Das Gespräch, ob als Einzel- oder Gruppengespräch, steht im Mittelpunkt der langfristigen Persönlichkeitsbildung (...).

Dokument 17 (Forts.)

Personal- und Organisationsentwicklung 199

ten wird einerseits ein Höchstmaß an Autonomie zugestanden, andererseits aber große unternehmerische Eigeninitiative abverlangt. Die Vertriebsstellen und andere Unternehmensabteilungen sind als Profit Center organisiert, mit eigener Budgetplanung und Erfolgskontrolle. Die Personalstruktur der *Taylorix* Organisation weist jedem Mitarbeiter in einem groben, nicht zu einengenden Rahmen seine Stellung innerhalb der Hierarchie zu. Ein fünfstufiger Organisationsaufbau − Mitarbeiter, Sachgebietsleiter, Abteilungsleiter, Bereichsleiter, Geschäftsleitung − wird als eine der Größe des Unternehmens entsprechende Organisationsform empfunden. Differenzierte Stellenbeschreibungen, die Definition von Jahreszielen und Planungsdaten auch für einzelne Abteilungen im Rahmen des Management by Objectives, ein für jeden Mitarbeiter nachvollziehbares Beurteilungssystem und regelmäßige Beratungs- und Förderungsgespräche sind wesentliche Strukturelemente bei *Taylorix* und sollen zu einer erfolgreichen Personal- und Organisationsentwicklung und damit zu einer erfolgreichen Unternehmenspolitik beitragen.

Verbesserung von Führung und Zusammenarbeit

Das allgemeine Ziel all dieser Maßnahmen im Rahmen der Personal- und Organisationsentwicklung ist die Verbesserung von Führung und Zusammenarbeit. Das bedeutet:

− die Schaffung eines permanenten Informations- und Kommunikationsprozesses,
− die Einbeziehung der Mitarbeiter in die Entscheidungsprozesse,
− Führung durch Zielvereinbarung,
− Bewältigung von Konflikten,
− Etablierung von Teamarbeit,
− Selbstentfaltung der Mitarbeiter,
− Führung auf der Basis personaler Mitarbeiterbeziehungen.

Die Beteiligung der Mitarbeiter und die Förderung individuellen unternehmerischen Engagements setzt an erster Stelle die umfassende Information der Beteiligten über die betriebsrelevanten Belange voraus. „Wer zu Zielen hinführen will, muß als erstes informieren können", schreibt Rainer Zwiesele in einem Grundsatzreferat für das Institut Mensch und Arbeitswelt. Information der Mitarbeiter allein genügt aber nicht, wie die Erfahrungen der *Taylorix* Organisation zeigen. Die Formulierung der Leitsätze für die Marketingkonzeption und zur Verbesserung der Führung und Zusammenarbeit in den sechziger und siebziger Jahren hat nicht zu dem erhofften Erfolg, nämlich zur Schaffung eines innovativen betriebsinternen Kommunikationsprozesses geführt. „Obwohl diese Schriften, so wie alle anderen Informationspapiere der Geschäftsleitung auch, in klarer und verständlicher Form präsentiert wurden und auf einfache Tatbestände, Motive und Verhaltensweisen abzielten, war der Erfolg doch enttäuschend", erklärt Rainer Zwiesele. Als Ursache konstatierte man bei *Taylorix* bald verschiedene „Transferrisiken", die mit der Informationspolitik verbunden waren: Eine einseitige Informationspolitik, sei sie noch so offensiv durchgeführt, birgt auch immer die Gefahr, daß Zusammenhänge, die den Vorgesetzten völlig klar sind, von den Mitarbeitern nicht erkannt werden, daß Mißverständnisse auftreten und unterschiedliche Interpretationen nur zu Unruhe anstatt zu einer produktiven Auseinandersetzung führen. Diese Gefahren lassen sich nur reduzieren, wenn das persönliche Gespräch, der Dialog auf allen Unternehmensebenen geführt und intensiviert wird.

„Unsere Erfolge bestätigen, daß dieses Problem nicht an der bestehenden Führungsorganisation vorbei gelöst werden kann. Vielmehr muß die Führungsmannschaft lernen, mit Vorgesetzten, Mitarbeitern und Kollegen effizient zu kommunizieren."

Rainer Zwiesele

Das heißt, die Fähigkeit aller Beteiligten zur Kooperation und Kommunikation muß im Rahmen der Personal- und Organisationsentwicklung verbessert und die Mitarbeiter müssen permanent in die Betriebsabläufe als Beteiligte mit einbezogen werden.

Aufgabe der Führungskräfte ist nun, diesen Dialog zu eröffnen und produktiv weiter zu entwickeln. Entscheidungen müssen mit den Mitarbeitern erarbeitet werden mit dem Ziel, einen allseits akzeptierten Konsens zu erzielen. Unternehmensziele müssen im Rahmen der Führung durch Zielvereinbarung gemeinsam

Führung und Zusammenarbeit

> 1. Die Position als Nummer eins im Markt der kaufmännischen Informationsverarbeitung für Klein- und Mittelbetriebe ausbauen – durch gemeinsames Verhalten zu starker Prägung und Bekanntheit der Firma führen.
> 2. Im Teilbereich Lohn- und Gehaltsabrechnung marktführendes Dienstleistungsunternehmen werden.
> 3. In allen Teilen jeweils marktentsprechendes Wachstum, um die Zukunft des Unternehmens zu sichern.
> 4. „*Taylorix* Organisations-Ergonomie" als ganzheitliche Arbeitsplatzgestaltung sowie „*Taylorix* Connect" als Verbund- und Kommunikationsarchitektur im Markt einführen.
> 5. Die betriebswirtschaftliche und vertriebliche Kompetenz von *Taylorix* im Markt steigern.
> 6. Unabhängigkeit von Hardware-Herstellern und Selbständigkeit gegenüber sonstigen wirtschaftlichen Organisationen.
> 7. Finanzielle Eigenständigkeit.

Dokument 18: Schwerpunkte der *Taylorix*-Unternehmensstrategie

erarbeitet, festgelegt und allen Kollegen bewußtgemacht werden. Die Abstimmung der Entscheidungs- und Planungsprozesse setzt voraus, daß man sich stufenweise vom Grundsätzlichen zum Detail hin einigt. Der Geschäftsleitung fällt dabei die Aufgabe zu, Grundsätze im Sinne einer Unternehmensphilosophie zu formulieren und Einigkeit darüber herzustellen (vgl. Dokument 16). Darüber hinaus werden jährlich die Schwerpunkte der *Taylorix* Unternehmensstrategie neu formuliert und an die veränderten Marktbedingungen angepaßt.

Die Form des Diskutierens von Problemen und des permanenten Revidierens von Zielen im Kreise aller Zuständigen führt zwangsläufig zu einem intensiven Meinungsaustausch und zu einer starken Beteiligung der Mitarbeiter an den Zielsetzungen und Maßnahmen des eigenen Bereiches. Rainer Zwiesele beschreibt den Erfolg mit den verschiedenen Maßnahmen der Führung durch Zielvereinbarung folgendermaßen:

„Die Arbeit vollzieht sich überwiegend in Gruppendiskussionen innerhalb der organisatorischen Einheiten. Dabei hat sich immer wieder gezeigt, daß das Klima der Führung und Zusammenarbeit in den einbezogenen Arbeitsgruppen entscheidend die jeweilige Qualität der Planung und Durchführung beeinflußt."

Rainer Zwiesele

Training und Schulung der Beteiligten, Seminare und Selbsterfahrungsgruppen werden daher schon seit Jahren für alle Mitarbeiter angeboten. Dabei werden insbesondere die persönlichen und fachlichen Konflikte der Beteiligten untereinander thematisiert. Solche Beziehungs- und Sachkonflikte können entstehen durch unterschiedliche persönliche Ziele, durch unausgesprochene Ängste sowie durch kontroverse fachliche Beurteilungen, die nicht durch überzeugende Analyse und Kommunikation aufgelöst werden. Persönliche Konflikte zwischen Mitarbeitern sind dem Ziel der Unternehmenspolitik, über Information und Kommunikation zu einer effizienten Wirtschaftstätigkeit zu gelangen, jedoch dann abträglich, wenn sie nicht in einem offenen Diskurs in produktive Bahnen gelenkt werden können, sondern nur zu schwer lösbaren, diffusen gegenseitigen Beschuldigungen und Antipathien führen. Für die betriebliche Aufgabe der Personalpolitik hat man bei *Taylorix* daraus die Folgerung gezogen, daß wirksame Selbsterfahrung, die die Wirkung des eigenen Verhaltens auf andere bewußt machen soll, und eine Erziehung zur kooperativen Kommunikation auf Dauer nur aus der laufenden Zusammenarbeit im Betrieb heraus entwickelt werden kann. Diese Form der innerbetrieblichen Zusammenarbeit zu erzeugen, ist das Ziel der verschiedenen Maßnahmen im Rahmen der Organisationsentwicklung.

Innerbetriebliche Führung muß dabei auf das Zusammenleben von Gemeinschaften abzielen, in denen der einzelne in der Arbeit möglichst weitgehend er selbst sein kann. Dieses Ziel ist nicht in kurzer Zeit zu erreichen. Der Prozeß dahin ist auch bei

Taylorix von vielen Rückschlägen begleitet gewesen. Rainer Zwiesele faßt die Voraussetzungen und die Probleme einer Verbesserung von Führung und Zusammenarbeit zusammen:

„Mit dem zunehmenden Bewußtwerden von den Vorstellungen und Zielen einer guten Führung und Zusammenarbeit wächst zunächst einmal auch die Unzufriedenheit der Mitarbeiter über die Klüfte, die sich zwischen Theorie und Praxis auftun. Das Bewußtsein für Soll-Vorstellungen wächst viel schneller als die Fähigkeit, den Ist-Zustand gemeinsam zu ändern. Ungeduld, Zweifel und sogar enttäuschte Abwendung von den Zielen können bei Mitarbeitern auftreten, die nicht verstehen wollen, warum eine Führungsmannschaft nicht in kürzerer Zeit ihr Verhalten entsprechend den „heiligen Büchern" ändert. Die Menschen brauchen jedoch viel Zeit, um ihre Einstellungen und Verhaltensweisen, die sich in vielen Jahren eingeprägt haben, bleibend zu verändern. Ohne die geistig-seelische Verarbeitung werden Verhaltensweisen bloß nachgeahmt und bleiben oberflächlich, statt in die Persönlichkeit integriert zu werden.

Immer wieder muß das rechte Maß gefunden werden zwischen den beiden folgenden konträren Thesen:
- *Erfolg und Zufriedenheit im Betrieb werden maßgeblich durch die richtigen sachlichen Lösungen, Methoden und Instrumente der Zusammenarbeit bestimmt.*
- *Erfolg und Zufriedenheit stellen sich von selbst ein, wenn die Mitarbeiter zur Zusammenarbeit fähig sind und gute Beziehungen vorherrschen.*

Beide Thesen sind für sich allein genommen falsch, denn sachliche und menschliche Gegebenheiten beeinflussen und bedingen sich gegenseitig, und deshalb müssen alle Faktoren berücksichtigt werden."
Rainer Zwiesele

Planung und Koordination

Planung wird bei Taylorix nicht nur als ein wichtiges Mittel einer effizienten Wirtschaftstätigkeit angesehen.

„Die Planung, als eine der wesentlichen unternehmerischen Aufgaben, sehen wir eingebettet zwischen einer systematischen Vorschau und dem kreativen Prozeß der Entwicklung. Wenn Planung Kreativität aktivieren soll, muß sie im Sinne der Vereinbarung von realistischen Zielen alle Führungsebenen ansprechen und in den Gestaltungsprozeß einbeziehen. Die Vereinbarung erfolgt somit auf dem Wege der gegenseitigen Überzeugung und verhilft damit zum Tragen von Teilverantwortung."

Rainer Zwiesele

Unternehmensplanung als Grundlage der innerbetrieblichen Führungsfunktion, zum Beispiel hier beschrieben in der *Taylorix*-Schriftenreihe zur Unternehmensführung, geht in ihrer Bedeutung weit über den instrumentellen Charakter einer betriebswirtschaftlichen Aufgabe hinaus. Denn die Mitwirkung der Mitarbeiter an der Formulierung, Umsetzung und Kontrolle von differenzierten Planungsdaten ist ein Merkmal der sozialen Beziehungen im Unternehmensbereich.

„Strategische Planung", also die Erstellung von Analysen, Prognosen und Trendbeobachtungen zu Fragen der Marktentwicklung, der Konkurrenz und der Technologie, sowie die Standortbestimmung des eigenen Unternehmens ist Aufgabe der Geschäftsleitung und der Abteilungsleiter. Diese in erster Linie qualitative Analyse wird im Rahmen der „operativen Planung" in Abstimmung mit den Fachabteilungen und dem Vertrieb in eine mittelfristige Maßnahmenplanung, die einen Zeitraum von zwei bis vier Jahren abdeckt, umgesetzt.

Der bis ins Detail gegliederte Prozeß der Abstimmung, Umsetzung und Kontrolle von Handlungszielen auf allen Unternehmensebenen ist ein ständig wiederkehrendes Muster, das den Entscheidungsprozeß und die daraus abgeleiteten Daten der Unternehmensentwicklung verdeutlichen soll. Die Erreichung der gemeinsam formulierten Ziele ist dann Motivationsgrundlage für die Arbeit des einzelnen.

Planung und Koordination

Planungsstufen

1. Die Planungsabteilung erstellt eine auf das Unternehmen bezogene mittelfristige Projektion *(Umfeldanalyse)* der absehbaren Veränderungen, Trends und Neuerungen in den Bereichen Technologie, Markt, Wettbewerb und Wirtschaftspolitik. Der Betrachtungszeitraum bezieht sich auf ca. fünf Jahre. Diese Veränderungen werden jeweils auf die Produktionsfaktoren des Unternehmens (Mensch, Produkt, Arbeit und Geld) bezogen. Zu den so entstehenden Bezugsfeldern werden Thesen entworfen, die mögliche Strategien zur Bewältigung aufkommender Probleme darstellen. Eine derartige Umfeldanalyse ist als systematisierter und strukturierter Denkanstoß für weitere Planungsüberlegungen gedacht.

2. Die Geschäftsleitung, das Bereichs- und Produkt-Management nehmen zu den angeschnittenen Problemen der Umfeldanalyse beziehungsweise der Thesen Stellung, ergänzen und gewichten diese.

3. Ein *Strategie-Workshop* dient dazu, aus den so vorbereiteten Analysen und Thesen gemeinsam getragene Ausgangsbedingungen für *strategische Zielvorstellungen* zu entwickeln und diese dann zu artikulieren. Neben der Geschäftsleitung nimmt an diesem Workshop das Bereichs- und Produkt-Management teil.

4. Aus den strategischen Zielvorstellungen werden durch Verdichtung die eigentlichen *strategischen Ziele* formuliert und kommentiert.

5. Eine jährliche *Aktualisierung* der früher festgelegten Ausgangsbedingungen für strategische Zielvorstellungen vermeidet die zu häufige Wiederholung aufwendiger Analysen und Workshops. Die Planungs-Abteilung transformiert die strategischen Ziele in die operationale Ebene und formuliert die *mittelfristigen Zielsetzungen* zur Abstimmung und Verabschiedung.

Dokument 19: Planungsstufen bei *Taylorix*

6. Darauf aufbauend erstellen die Fachbereiche die *mittelfristigen Produkt- und Projektpläne*, die ebenfalls unter den Beteiligten abgestimmt und periodisch kontrolliert werden.

7. Aus der mittelfristigen Planung und der sich jährlich wiederholenden Analyse aktueller Unternehmensprobleme resultieren die *Unternehmensziele* (operationale Jahresziele). Die Unternehmensprobleme werden wiederum an der Basis der Fachbereiche in Gruppenarbeit diskutiert und für eine gemeinsame Durchsprache zwischen Geschäfts- und Bereichsleitung formuliert.

8. Ausgerichtet an den Unternehmenszielen (Jahreszielen) vereinbart jeder Fachbereich in Gruppenarbeit mit den Abteilungsleitern seine *Bereichsziele* als Beitrag zur Erreichung des jeweiligen Unternehmensziels. Die Bereichsziele werden mit den davon betroffenen anderen Fachbereichen auf Durchführbarkeit, Terminierung und Verantwortlichkeit abgestimmt.

9. Die Umsetzung der Bereichsziele in *Maßnahmen- und Terminpläne* schließt sich nunmehr innerhalb der einzelnen Fachbereiche an und bildet eine Ausgangsgröße für

10. *Umsatz-, Investitions-, Kosten-, Personal- und Ergebnisplanung.*

Dokument 19 (Forts.)

Planung und Koordination

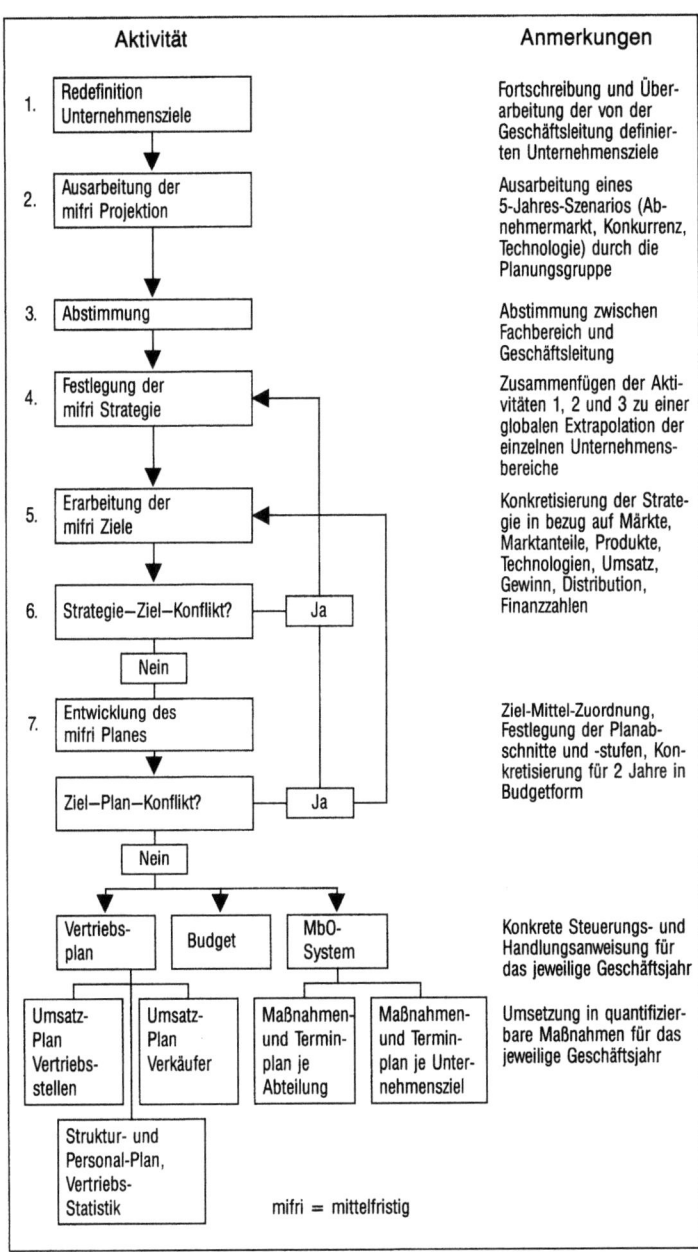

Abbildung 10: Mittelfristige Unternehmensplanung bei *Taylorix*

Die Unternehmensbereiche Personal, Organisation, Planung und Koordination sind bei *Taylorix* zu einem Maßnahmenkatalog verschmolzen, der nicht nur Bedeutung für die Geschäftstätigkeit des Unternehmens hat. Klassische betriebliche Aufgabenfelder und Funktionsbereiche sind zu einer fortschrittlichen, den Bedürfnissen der arbeitenden Mitarbeiter angepaßten Sozialpolitik im Unternehmen geworden. Beide Seiten des *Taylorix* Modells, der sachlich methodische und der persönlichkeitsbezogene Teil der Personal- und Organisationspolitik, dienen dazu, durch eine Kombination von Leistung und Menschlichkeit, von Ordnung und Flexibilität eine effiziente und menschengerechte Unternehmensgestaltung herbeizuführen.

Soziales Lernen im Betrieb

In einem Beitrag des Instituts Mensch und Arbeitswelt schildert Rainer Zwiesele ausführlich die Erfahrungen der *Taylorix* Organisation und seine persönliche Motivation bezüglich einer partizipativen Gestaltung der Unternehmensführung. Gegenstand des Beitrags ist unter anderem auch Zwieseles Auffassung von der Bedeutung des Unternehmens für die gesellschaftliche Weiterentwicklung. Der Beitrag steht unter dem Motto „Soziales Lernen im Betrieb" (siehe Literaturverzeichnis):

Soziales Lernen wird nicht im streng pädagogischen Sinne verstanden, sondern im Zusammenhang mit Führung und Zusammenarbeit im Betrieb „als ein kontinuierlicher gegenseitiger Erziehungsprozeß mit dem Ziel, effizient und zufriedenstellend zusammenzuarbeiten und positive Erfahrungen aus dem Betrieb in die Gesellschaft hinein zu vermitteln". Denn die Frage, wie effizient und zufriedenstellend in den Betrieben und Büros gearbeitet wird, ist nicht nur von betriebswirtschaftlicher Relevanz, sondern hat weitreichende Bedeutung für die Entwicklung der Gesellschaft insgesamt. Rainer Zwiesele sieht den seit den fünfziger Jahren bestehenden gesellschaftlichen Grundkonsens, der auf einer allgemeinen Akzeptanz der demokratischen und wirtschaftlichen Grundordnung und des Systems der sozialen Sicherheit beruht, durch eine zunehmende Polarisierung der

Wertvorstellungen in der Gesellschaft gefährdet. Statt größerer Integration konstatiert er in vielen Bereichen eine spürbare Desintegration.

„Unsere individualistische Kultur sowie der Verfall der dörflichen Lebensgemeinschaften fördert die Entwicklung egozentrischer Interessen der einzelnen Menschen. Diese prägen natürlich auf die Dauer seine Einstellungen und sein Verhalten dem Gemeinwesen gegenüber. Interessenverbände verstärken solches Verhalten, indem sie Wertvorstellungen kraß einseitig artikulieren, ohne sie in den Gesamtzusammenhang unserer Wirtschaft zu stellen. Sie leisten mit ihrem opportunistischen Verhalten keinen Beitrag zur Orientierung, sondern fördern die Desintegration.

Die unübersichtliche Komplexität unserer politischen und wirtschaftlichen Abhängigkeit erschwert die Orientierung und Integration. Ein Übermaß an technokratischer Steuerung in komplizierten ‚Systemen' hat diese Problematik noch verschärft."

Rainer Zwiesele

Es kommt also darauf an, daß jeder einzelne am gesellschaftlichen Prozeß teilnimmt und seine Zielvorstellungen auch artikuliert. Denn nur wenn sich alle um einen breiten Konsens in Wert- und Verteilungsfragen bemühen, kann – laut Zwiesele – eine freiheitliche Grundordnung weiterentwickelt werden.

Der Gestaltung der Arbeitswelt, also des innerbetrieblichen Lebens- und Arbeitszusammenhangs, der für die meisten Menschen über die reine Arbeitsleistung hinaus prägend ist, kommt dabei eine besondere Bedeutung zu. Zwiesele verweist auf viele Untersuchungen, die belegen, daß Menschen im Prinzip Leistung für etwas Erstrebenswertes halten und auch in ihrer frei verfügbaren Zeit sehr viel Produktives und Kreatives leisten, daß aber die Zufriedenheit mit der individuellen Situation am Arbeitsplatz und die daraus resultierende Leistungsbereitschaft sehr viel geringer sind. Diese Diskrepanz ist in Kleinbetrieben wesentlich kleiner als in Großunternehmen und Konzernen.

Rainer Zwiesele führt dies auf folgende Ursachen zurück:
- *"mehr Möglichkeiten zur Entfaltung von Fähigkeiten,*
- *größere Chancen für Eigeninitiative,*
- *Unternehmen ist überschaubarer,*
- *die Bedeutung der eigenen Leistung ist erkennbar,*
- *man hat größere Erfolgserlebnisse,*
- *das Betriebsklima ist besser,*
- *Kontakte zur Unternehmensführung sind besser,*
- *kooperativer Führungsstil kann leichter praktiziert werden.*

Daraus wird deutlich, daß die Menschen neben und nach der Erfüllung materieller Bedürfnisse auch nach anderen Werten streben wie:
- *Orientierung über Zusammenhänge und Entwicklungen,*
- *Erleben der eigenen Leistung, des Erfolgs und des eigenen Wertes,*
- *Eingliederung in ein soziales Gebilde mit persönlichen Bezügen und Wertschätzungen.*

Für die Führung eines Betriebes erhebt sich daraus die Forderung, diesen Bedürfnissen im Zusammenhang mit dem Arbeitsvollzug gerecht zu werden. Dies hat nichts mit Sozialromantik zu tun. Wenn nämlich elementare Bedürfnisse nach Orientierung, Eingliederung und Sinn nicht in der Arbeitswelt befriedigt werden, sucht der Mensch die Befriedigung woanders – er verlagert seinen Lebensschwerpunkt in die Freizeit. Es wird zur Selbstverständlichkeit, persönliche Ansprüche zu stellen, ohne sich dem Ganzen verpflichtet zu fühlen. Natürlich wird eine solche Einstellung letztlich auf die Gesellschaft übertragen."

Rainer Zwiesele

Die Arbeit in den Betrieben muß daher so gestaltet werden, daß der einzelne sie als sinnvoll empfindet, daß er die innerbetrieblichen Vorgänge durchschaut und sich dadurch mit der eigenen Arbeitstätigkeit und dem Unternehmenszweck insgesamt identifiziert. Für die Gestaltung der Arbeitsabläufe und die innerbetriebliche Führung bedeutet dies, daß sie den ganzen Menschen ansprechen muß – und das über seine Funktion als abhängig Beschäftigter hinaus.

Soziales Lernen im Betrieb

„Für den Menschen zählt als sinngebende Leistung nicht nur das, was er als meßbares Produkt übergeben beziehungsweise eintauschen kann, sondern wesentlich auch das, was er an Vollzug und Veränderung an sich selbst erfährt. In einer weiteren Dimension vollzieht und empfindet er Leistungen im zwischenmenschlichen Bereich und bezieht daraus fundamentalen Sinn seiner Existenz in einer Gemeinschaft. Wenn die Arbeit solche Sinndeutungen nicht zuläßt, wird sie dem Menschen auf Dauer fremd und nur äußerlich vollzogen.

Viele, insbesondere junge Menschen sind heute auf der Suche nach einer ihnen sinnvoll erscheinenden Möglichkeit, etwas zu leisten und sich in eine Gemeinschaft einzufügen. Der Betrieb ist für sie der erste Ort, an dem sich dieses Suchen vollzieht. Um so wichtiger ist es, daß ihre Integration in die Gesellschaft am Arbeitsplatz gefördert wird. Die Entwicklung menschlicher und zwischenmenschlicher Fähigkeiten, die zu gemeinsamen Leistungen führen, das Verstehen der wirtschaftlichen Zusammenhänge, das Erlernen von Mitverantwortung im Betrieb und das persönliche Angenommensein in einer Betriebsgemeinschaft sind wesentliche Faktoren zur Stabilisierung unserer Gesellschaft. Jeder noch so kleine Versuch, in der Realität des Betriebes dem Bild des selbstverantwortlichen, in gemeinsame Leistungen einbezogenen Menschen durch Reformen der Zusammenarbeit gerecht zu werden, ist gesellschaftspolitisch mehr wert als der ewig unproduktive Ruf nach großen Reformen des Menschen oder des gesellschaftlichen Systems.

Unternehmer und Führungskräfte tragen weitgehend die Verantwortung für die in ihrem Betrieb herrschenden Formen der Zusamenarbeit. Hierbei können Veränderungen nicht durch formale Beschlüsse erreicht werden. Sie beruhen vielmehr auf persönlichen Veränderungen aller Beteiligten, die sich dauerhaft und ehrlich nur über einen langwierigen Prozeß des sozialen Lernens in einer Betriebsgemeinschaft einstellen."

Rainer Zwiesele

Personal- und Organisationsentwicklung bei *Taylorix* sind Maßnahmen, die diesen Prozeß des sozialen Lernens vorantreiben sollen.

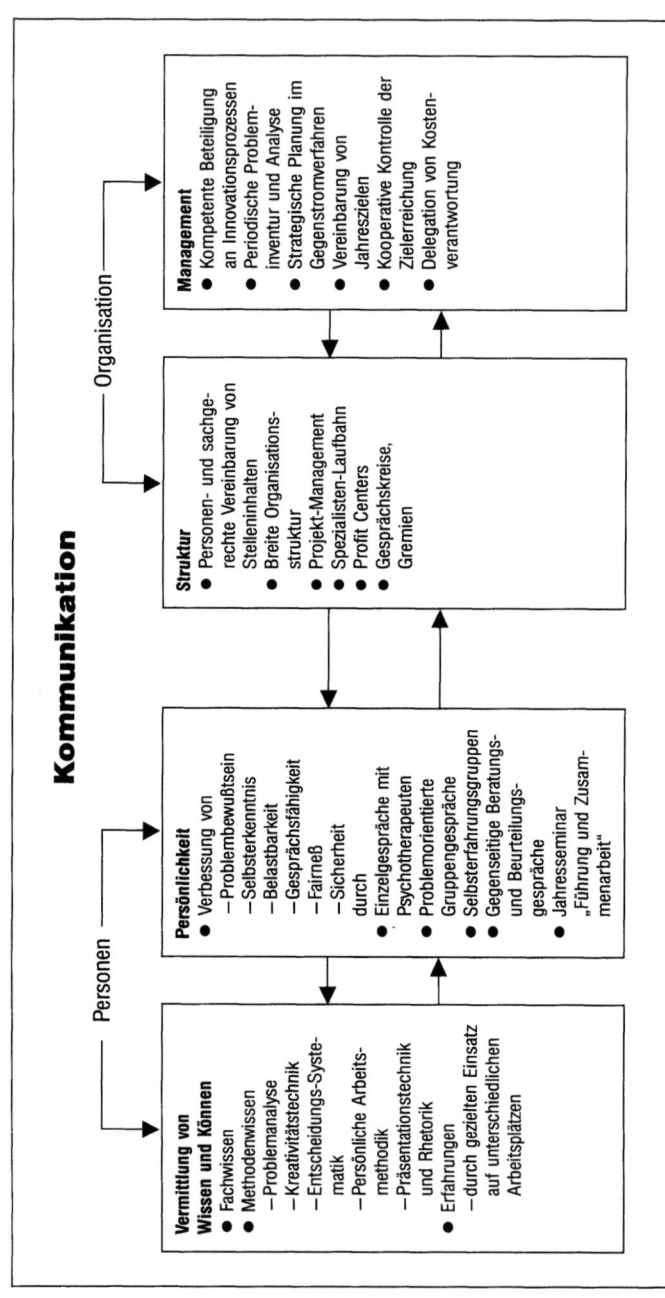

Abbildung 11: Immaterielle Beteiligung – Beteiligung der Mitarbeiter an Unternehmensentscheidungen

10. Kapitel

Unternehmenskultur –
Hewlett-Packard GmbH

"In keinem anderen Großunternehmen ist die materielle und immaterielle Beteiligung der Mitarbeiter so weit ausgebaut wie beim amerikanischen Computerkonzern Hewlett-Packard. Weil der oberste Grundsatz, den Mitarbeitern zu vertrauen, konsequent befolgt wird, stimmen Betriebsklima wie auch die Gewinne." Mit diesem Aufmacher begann Management Wissen seine Reportage über Hewlett-Packard. Das Unternehmen zählt in der Bundesrepublik Deutschland zu den wichtigsten Repräsentanten einer partnerschaftlichen Unternehmenskultur, die als Grundlage für eine selten erfolgreiche Geschäftstätigkeit angesehen werden kann.

Für die vorbildliche Gestaltung der sozialen Beziehungen im Unternehmen erhielt die *Hewlett-Packard* GmbH *(HP)* in Böblingen 1985 den Partnerschaftspreis der „Stiftung sozialer Wandel in der unternehmerischen Wirtschaft". In seiner Laudatio erläuterte Professor Dr. Eduard Gaugler, Mannheim, die Gründe der Juryentscheidung:

„Herausragend ist bei der Hewlett-Packard GmbH der kreative und innovative Charakter der betrieblichen Personal- und Sozialpolitik. Das Unternehmen betreibt mit großer Intensität nicht nur eine zielstrebige Produkt-, System- und Methodenentwicklung. In gleicher Weise mobilisiert es sein Innovationspotential, um in der betrieblichen Personal- und Sozialpolitik Fortschritte zu machen. Die Entwicklung moderner bedürfnisgerechter Sozialleistungen und Sozialeinrichtungen belegt diese Kreativität eindrucksvoll."

Eduard Gaugler

Das Unternehmen im Überblick

HP Deutschland ist eine hundertprozentige Tochtergesellschaft des amerikanischen Elektronikkonzerns *Hewlett-Packard* in Palo Alto. Das Unternehmen, das heute weltweit rund 82000 Mitarbeiter beschäftigt, wurde 1939 von William R. Hewlett und David Packard gegründet. Von den beiden Firmengründern ist heute David Packard immer noch als Vorsitzender des Aufsichtsrates tätig. William R. Hewlett schied 1987 aus diesem Gremium aus und stellt seine Erfahrungen dem Unternehmen noch beratend zur Verfügung. Die Präsidentschaft übernahm 1977 John Young.

Der Aufstieg der Firma aus kleinsten Anfängen zu einem führenden Unternehmen der Datenverarbeitung und der elektronischen Meßtechnik ist in dieser Form beispiellos in der Geschichte erfolgreicher Unternehmensgründungen. *Hewlett-Packard* entwickelt, fertigt und verkauft mehr als 10000 verschiedene Produkte. Das Unternehmen unterhält weltweit 62 Produktionsstätten und 410 Geschäftsstellen in 78 Ländern. Der Umsatz betrug 1987 etwa 8,1 Milliarden US-Dollar. Die Umsatzentwicklung der vergangenen zehn Jahre zeigt im Durchschnitt eine jährliche Wachstumsrate von 20 Prozent. Selbst 1985, weltweit ein Krisenjahr der Elektronikbranche, konnte *HP* mit betriebswirtschaftlichen Kennziffern aufwarten, die weit über dem Durchschnitt der Branche lagen.

Zur Produktionspalette des Unternehmens gehören: Meßtechnik und technische Computersysteme für Entwicklung und Fertigung, kommerzielle Informationssysteme für integrierte Datenverarbeitung, Taschenrechner und Taschencomputer, Medizinelektronik für Diagnose und Überwachung, analytische Meßtechnik für Forschung und Routineanalytik sowie elektronische Bauelemente. Eingesetzt werden die Geräte und Systemlösungen von *HP* zur Meßdatenerfassung, computergestützten Konstruktion, Fertigungsautomation, Qualitätssicherung in Entwicklung und Produktion sowie zur Planung und Kommunikation in Büro und Verwaltung. In Krankenhäusern und Arztpraxen finden sie Anwendung für Diagnose und Patientenüberwachung. Produkte aus dem Bereich der analytischen Meßtechnik dienen der Analyse von Flüssigkeiten und Gasen.

Die deutsche *Hewlett-Packard* GmbH wurde im Jahre 1959 in Böblingen gegründet. Damals fertigten 18 Mitarbeiter im Hinterhof einer Strickmaschinenfabrik Sinusgeneratoren und analoge Gleich- und Wechselspannungsvoltmeter nach Plänen der amerikanischen Muttergesellschaft. 1963 begann der Aufbau einer ersten eigenständigen Entwicklungsabteilung. Inzwischen verfügt *Hewlett-Packard* über fünf Werke in Böblingen und in Waldbronn bei Karlsruhe, über eine Vertriebszentrale mit Sitz in Bad Homburg und über 13 Geschäftsstellen im Bundesgebiet und in Berlin.

HP Deutschland, die größte Tochter des Konzerns, erzielte 1987 einen Umsatz von 2,5 Milliarden DM bei einem Exportanteil von etwa 53 Prozent; das Investitionsvolumen betrug 90 Millionen DM bei einem zusätzlichen Etat von 70 Millionen DM für Forschung und Entwicklung. Die Zahl der Mitarbeiter hat sich seit 1982 kontinuierlich von 3100 auf nunmehr 5100 erhöht. Die Hälfte aller Mitarbeiter verfügt über eine Hochschulausbildung.

Das Unternehmen

HP gilt seit vielen Jahren als ein Paradeunternehmen mit einer ausgeprägten Firmen- und Unternehmenskultur. Die Firmenphilosophie der Gründer Hewlett und Packard beruht auf dem Konzept kleiner, leistungsfähiger und selbständig operierender Unternehmenseinheiten. Eine einheitliche Unternehmens- und Marketingstrategie war bis Mitte der achtziger Jahre daher nur in Ansätzen vorhanden. Während des schnellen Wachstums des Konzerns entstanden immer mehr Unternehmenseinheiten, die rasch ein Eigenleben entwickelten. Das besondere Zusammengehörigkeitsgefühl der Mitarbeiter in diesen leistungsstarken Abteilungen war Ausgangsbasis für die sprichwörtliche Unternehmenskultur bei *HP*.

Dennoch barg das Konzept selbständig operierender Unternehmenseinheiten auch Gefahren für den Konzern. Ende der siebziger Jahre konstatierte John Young ein ausgeprägtes Defizit an Marktorientierung, das aus der technisch-ingenieurwissenschaftlichen Ausrichtung der einzelnen Einheiten resultierte. Diese produzierten zwar qualitativ hochwertige und konkurrenzfähige Produkte, aber eine Abstimmung der Produkt- und Verkaufsstrategie fand nur ansatzweise statt. Im Bereich der elektronischen Datenverarbeitung wurden in den zurückliegenden Jahren fünf untereinander nicht kompatible Rechnerfamilien entwickelt. Die zunehmenden Ansprüche der Kunden nach Vernetzung der verschiedenen Systeme konnten so nicht erfüllt werden. Mehr Marktorientierung erforderte eine Neugestaltung der gesamten produktionsstrategischen und organisatorischen Konzeption. Eine Aufgabe, der sich der Konzern mit John Young an der Spitze gestellt hat und die zur inzwischen bestandenen Bewährungsprobe für die Unternehmenskultur bei *HP* werden sollte. Denn eine stärkere markt- und kundenorientierte Ausrichtung der dezentralen Unternehmensabläufe sollte nicht mit den Gestaltungsprinzipien des „*HP*-Way" kollidieren.

HP Deutschland: Partnerschaft durch Vertrauen

Diese Umstrukturierungsphase zu bewältigen, ohne die für *HP* typischen Merkmale der innerbetrieblichen Unternehmenskultur über Bord zu werfen, ist für Eberhard Knoblauch, Vorsitzen-

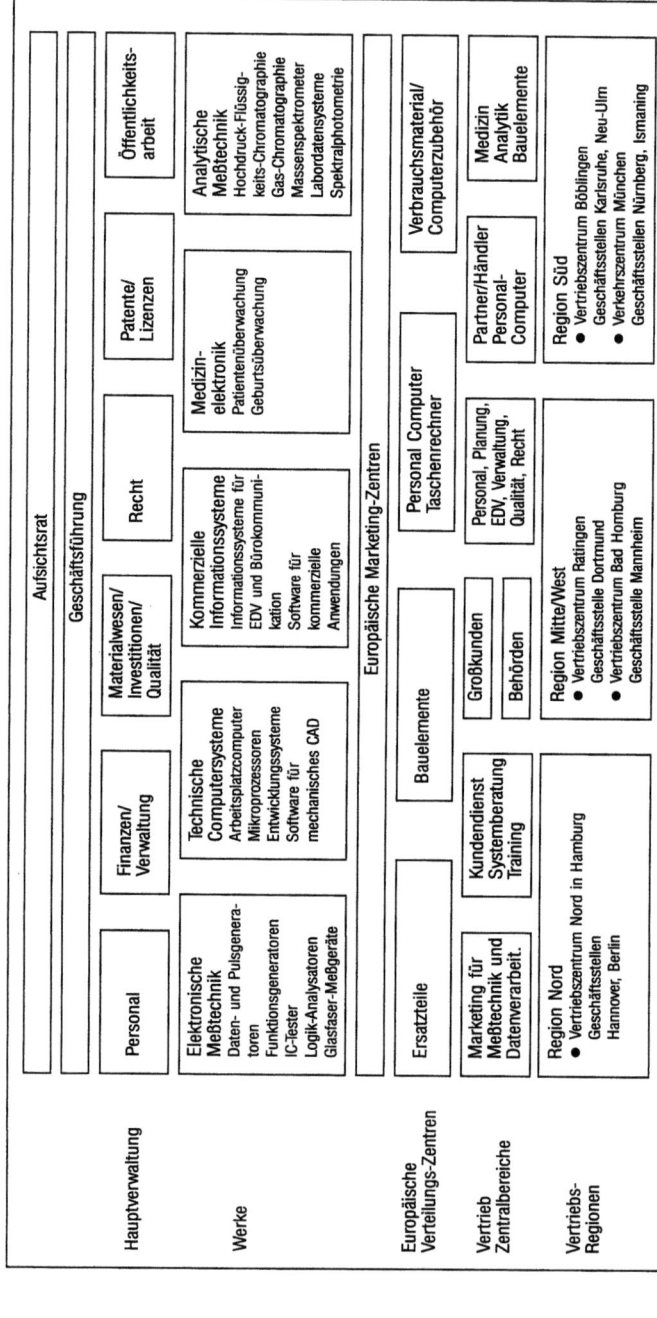

Abbildung 12: Organisation der *Hewlett-Packard* GmbH

Partnerschaft durch Vertrauen 219

der der Geschäftsführung der *Hewlett-Packard* GmbH in Böblingen, ein Qualitätskriterium für den besonderen Umgang, den Führungskräfte und Mitarbeiter bei *HP* miteinander pflegen. Der „*HP*-Way" ist eine Firmenkultur, die sich durch einen auf wechselseitigem Vertrauen basierenden Führungsstil auszeichnet.

Bereits die Gründer von *Hewlett-Packard* waren der festen Überzeugung, daß jeder Mensch die Achtung seiner persönlichen Würde erwarten kann und jeder einzelne grundsätzlich dazu bereit ist, seine Aufgaben im Unternehmen so gut wie möglich zu erfüllen. Diese in den harten Gründerjahren des Konzerns entstandene Überzeugung hat sich zu einem Führungsstil entwickelt, der auf der Erkenntnis beruht, daß die Mitarbeiter das größte Vermögen des Unternehmens sind. Eine Überzeugung, die heute in fast allen Unternehmen mit überwiegend hochqualifizierten Mitarbeitern geteilt wird. Vertrauensvolle und partnerschaftliche Zusammenarbeit sowie Offenheit und informeller Umgang sollen das Betriebsklima in allen Bereichen bei *HP* bestimmen. Dazu gehören Dezentralisierung der Entscheidungsprozesse, Teamarbeit in projektbezogenen Arbeitsgruppen, flexible Arbeitszeitgestaltung, Job-Rotation, Förderung und Weiterbildung der Mitarbeiter, Besetzung von Führungspositionen aus den eigenen Reihen, Gewinnbeteiligung aller Mitarbeiter sowie weitreichende soziale Leistungen und sichere Arbeitsplätze.

Bestandteil des Führungsstils ist das Prinzip der Führung durch Zielvereinbarung (Management by Objectives), aufgrund dessen selbstverantwortliche Mitarbeiter nach gemeinsam erarbeiteten Zielen selbständig handeln. Dieses Prinzip schafft die Grundlage für die Delegation unternehmerischer Verantwortung und gibt den Mitarbeitern die Möglichkeit zur Selbstverwirklichung. Es fördert aber auch die Kreativität und Eigeninitiative der Mitarbeiter, wodurch Innovationen erst möglich werden. Dieser Führungsstil von *Hewlett-Packard* beruht auf dem Konzept der Aufgliederung des Unternehmens in Organisationseinheiten überschaubarer Größe. Groß genug, um ein breites Spektrum an Können und Erfahrung zu konzentrieren, aber auch klein genug, um unternehmerisches Denken und Innovationskraft zu

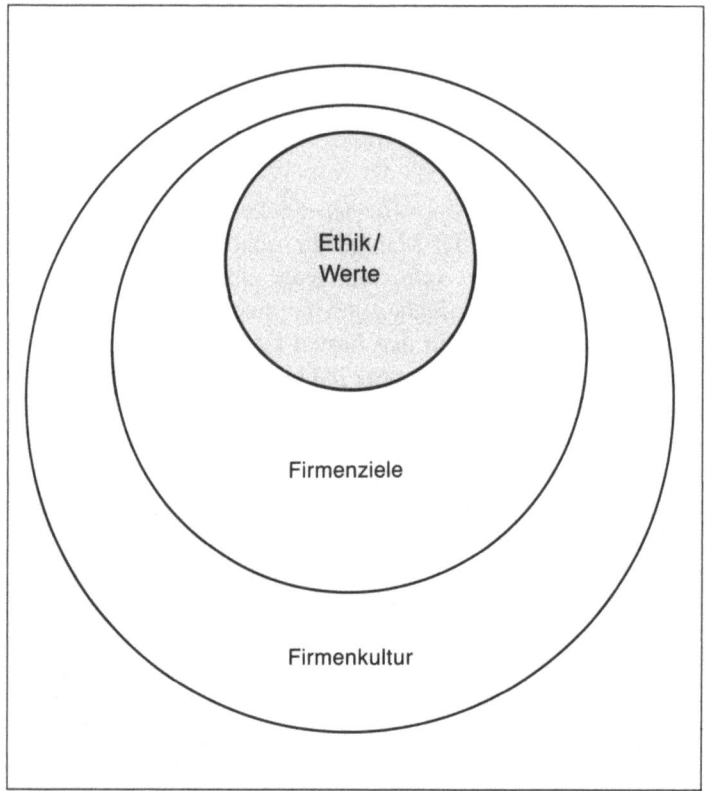

Abbildung 13: HP-Way – Die Firmenphilosophie

fördern. Durch das Konzept der Dezentralisierung sind die sogenannten „Divisions" entstanden; eine Division entspricht einem Werk, das für Entwicklung, Fertigung und Marketing bestimmter Produktlinien weltweit Verantwortung trägt.

„Ethik, die Lehre von den Normen menschlichen Handelns und deren Rechtfertigung, und Kultur, die Gesamtheit der geistigen und künstlerischen Lebensäußerungen einer Gemeinschaft, sind Begriffe und Definitionen, die auch für ein Unternehmen gelten. Unternehmen haben Werte, ethische Grundsätze und Ziele und versuchen diese umzusetzen. Wichtig ist dabei, daß sich alle im Unternehmen der Werte, Ziele und der daraus erwachsenden

Kultur bewußt sind, langfristig danach handeln und sich immer daran messen lassen. Bewußtsein, Transparenz und Meßbarkeit sind gefragt."

Heinz Fischer

So schildert Heinz Fischer, Arbeitsdirektor und Mitgeschäftsführer bei *HP*, die Grundlagen der Firmenphilosophie. Die genannten Werte werden heute allen Mitarbeitern des Unternehmens bewußt gemacht.

In Böblingen ist man der festen Überzeugung, daß der *HP*-Way Vorteile bietet, um einem grundsätzlichen Wertewandel bezüglich der Gestaltung der Arbeitswelt in unserer Gesellschaft standzuhalten. Heinz Fischer konstatiert diesen grundlegenden Einstellungswandel zur Arbeitswelt gerade bei hochqualifizierten Mitarbeitern. Danach gewinnen Faktoren wie Kommunikation, Selbstbestimmung und Lebensgenuß an Bedeutung, während Kriterien wie Anpassung, Unterordnung und „Leistung um der Leistung willen" an Bedeutung verlieren. Dies stellt die Unternehmen vor große Veränderungen hinsichtlich des Führungsverhaltens, der Delegation von Verantwortung, der Hierarchie und der Arbeitsorganisation. Organisationsformen, die die Kreativität und die Kooperationsbereitschaft der Arbeitnehmer fördern, lösen zunehmend die hierarchischen Führungsstile der Vergangenheit ab. Der auf wechselseitigem Vetrauen basierende *HP*-Way trägt diesen Bedürfnissen der Mitarbeiter Rechnung.

Die *HP*-Firmenphilosophie konkretisiert sich zunächst in ausdrücklich formulierten Firmenzielen, die Standpunkte des Unternehmens zu den Themen Gewinn, Kunden, Betätigungsgebiet, Wachstum, Mitarbeiter, Führungsstil und gesellschaftliche Verantwortung definieren. David Packard und John Young schreiben im Vorwort zu den „Zielsetzungen" des Unternehmens:

„Die Erfolge eines Unternehmens entstehen durch das Zusammenwirken aller Mitarbeiter, die gemeinsame Unternehmensziele verfolgen. Diese gemeinsamen Ziele müssen realistisch sein, von jedem Mitarbeiter verstanden werden und den Grundcharakter des Unternehmens widerspiegeln."

*David Packard,
John Young*

Wichtigstes Unternehmensziel ist zunächst die Erzielung von Gewinnen, die in einer marktwirtschaftlichen Ordnung das Kennzeichen einer erfolgreichen Unternehmenstätigkeit sind. Diese Gewinne sind Grundlagen und Voraussetzung für die Verwirklichung der anderen Unternehmensziele und können nur realisiert werden, wenn die hergestellten Produkte ihren Preis wert sind, also einen Beitrag zur Bedürfnisbefriedigung des Kunden leisten. Daher sind die kundengerechte Produktion, die Herstellung qualitativ hochwertiger Produkte und eine angemessene Vertriebspolitik erste Voraussetzung für die Erzielung von Gewinnen. Die genaue Definition des Betätigungsgebietes, auf dem *HP* die besten Leistungen erzielen kann, und eine auf Wachstum und innovatorische Entwicklung ausgerichtete Firmenstrategie sind weitere Zielsetzungen des Unternehmens. „Alle *HP*-Mitarbeiter sollen am Unternehmenserfolg, den sie erwirtschaftet haben, teilhaben. Ihre Beschäftigung soll ihnen aufgrund ihrer Leistung sicher sein. Arbeitsplatz und Arbeitsumgebung sollen sicher und ansprechend gestaltet sein. Die individuellen Leistungen der Mitarbeiter sollen anerkannt werden. Darüber hinaus wollen wir Voraussetzungen schaffen, die es ihnen ermöglichen, persönliche Genugtuung sowie Selbstwertgefühl aus ihrer Arbeit zu gewinnen", so die Erläuterungen zum Unternehmensziel „Mitarbeiter". Die innerbetriebliche Organisation beruht daher auf einem Führungsstil, der die Initiative und schöpferische Kraft der Mitarbeiter fördert, indem der einzelne einen weiten Entscheidungsspielraum beim Erreichen der definierten Unternehmensziele zugewiesen bekommt. Daneben ist man sich bei *HP* bewußt, daß ein Unternehmen, zumal dieser Größenordnung, über die Arbeits- und Wirtschaftstätigkeit hinaus eine soziale und gesellschaftliche Verantwortung hat. Diese Verantwortung umfaßt ein ethisch motiviertes Firmenverhalten, die Entwicklung sinnvoller Produkte, die Schonung der Umwelt, Förderung der Infrastruktur und kommunalpolitisches Engagement.

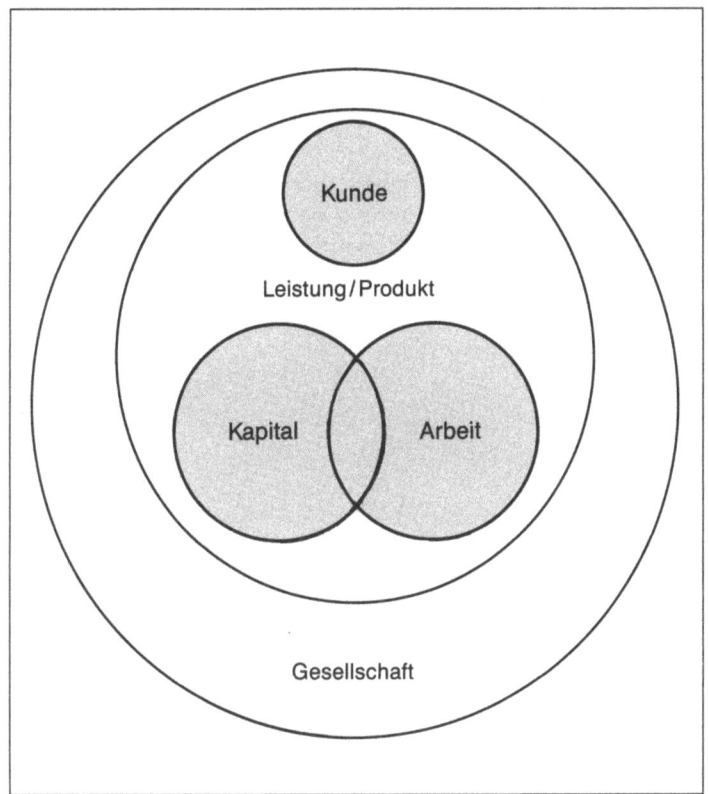

Abbildung 14: HP-Way – Volkswirtschaftlich-gesellschaftliches Gesamtgefüge

HP-Way in der Praxis

Firmenkultur und Führungsstil sind für die Mitarbeiter von *Hewlett-Packard* mehr als Deklarationen eines aufgeklärten Managements. Der HP-Way hat in der Praxis unmittelbare Auswirkung auf die Arbeit des einzelnen.

Gearbeitet wird bei *HP* in Großraumbüros. Auch die Führungskräfte verstecken sich nicht in einer abgeschlossenen Etage mit Vorzimmern, sondern sind mit ihrem Arbeitsplatz ebenfalls im

> **HP-WAY – Unser Führungsstil**
> - Respektieren der Persönlichkeit.
> - Möglichkeit der Selbstverwirklichung durch Freiräume.
> - Gegenseitiges Vertrauen und Helfen.
> - Fehler machen dürfen.
> - Leistungsbereitschaft durch Freude an der Arbeit.
> - Anerkennung der Leistung und teilhaben am Erfolg.
> - Mitverantwortung durch gemeinsame Rechte und Pflichten.
> - Übersichtliche Bereiche und Dezentralisierung.
> - Führen durch Zielvereinbarung.
> - Informeller Umgang, offene Kommunikation.
> - Förderung und Weiterentwicklung.
> - Beschäftigungssicherheit.
> - Soziale Absicherung.
>
> „Mitarbeiter sind unser größtes Vermögen" – Bill Hewlett.

Dokument 20: Der Führungsstil bei *Hewlett-Packard*

Großraumbüro untergebracht. Individuell eingerichtete Frühstücksecken, Blumenkübel und ein geordnetes Chaos aus Trennwänden, Maschinen, Computern und Schreibtischen vermitteln eher den Eindruck einer alternativen Zeitungsredaktion und nicht den des Kernbereichs eines Technologiekonzerns. Das Zusammenarbeiten in einem Großraumbüro soll nicht so sehr der Kontrolle der Arbeitsdisziplin oder der sozialen Kontrolle der Mitarbeiter untereinander dienen, sondern einen offenen Kommunikations- und Informationszusammenhang ermöglichen. Arbeit im Team, auch über Abteilungsgrenzen hinweg, informelles Zusammenwirken und eine ständige Kommunikation auch über Hierarchieebenen hinweg sind für die *HP*ler wesentliche Formen eines produktiven Zusammenarbeitens, die auch den Bedürfnissen der Mitarbeiter nach Individualität und Kreativität entgegenkommen sollen. Auf Statussymbole wird auf allen Hierarchieebenen verzichtet – außer auf dem Parkplatz! Typisch für *HP* und völlig ungewöhnlich für die meisten deutschen Unternehmen ist die Anrede auch der Führungskräfte

HP-Way in der Praxis

mit dem Vornamen, was allerdings nichts mit einem automatischen „Du" zu tun hat.

Das Durchschnittsalter der Belegschaft beträgt 32 Jahre, Fluktuationsrate und Krankenstand liegen weit unter dem Durchschnitt vergleichbarer Unternehmen, und auf die Frage, ob man seinem besten Freund empfehlen würde, bei *HP* zu arbeiten, antworteten 98 Prozent der Mitarbeiter in einer anonymen Umfrage mit „ja". Zusätzlich zur materiellen Versorgung der Mitarbeiter, also Gehalt, Sozialleistungen und anderes, was den wirtschaftlichen Erfolg des Unternehmens und des Gesamtkonzerns widerspiegelt, zeigen diese Daten, daß sich die Mitarbeiter bei *HP* wohlfühlen, daß die *HP*-Unternehmenskultur den Bedürfnissen der Menschen entspricht. Daß die Motivationswirkung von Geld begrenzt ist und daß Identifikation der Mitarbeiter mit den Unternehmenszielen nur durch eine angemessene Gestaltung der Arbeitsumgebung insgesamt erreicht werden kann, ist die wichtigste Erkenntnis, die man bei *HP* aus dem Unternehmensmodell gezogen hat.

Vertrauen, die Basis der Führungsphilosophie, zeigt sich auch bei der Arbeitszeit. Bei *HP* gibt es keine Arbeitszeitkontrollen, wohl aber ein beispielhaftes Arbeitszeitmodell, das individuellen Wünschen der Mitarbeiter gerecht wird.

Kürzere Arbeitszeiten können bei *HP* sofort, zum Beispiel in Form von freien Stunden, in Anspruch genommen werden oder aber zu freien Tagen, freien Wochen oder zu einem freien Jahr, dem sogenannten „Sabbat-Jahr", angespart werden, das auch in eine Vorruhestandsregelung einbezogen werden kann.

Information und Kommunikation auf allen und zwischen allen Ebenen sind weitere wichtige Elemente der *HP*-Kultur. Das Unternehmen ist bemüht, den Mitarbeitern so viele Informationen, Daten und Zahlen zukommen zu lassen, daß sich jeder ein Bild von der wirtschaftlichen Entwicklung und dem aktuellen Geschehen in allen Abteilungen und Bereichen machen kann. Betriebs- und Abteilungsversammlungen, Hauszeitschriften, Informationstafeln und ein informationsfreudiges Management sollen einen permanenten Dialog in den Abteilungen aufrechterhalten. Dies betrifft sowohl arbeits- und produktionsspezifische

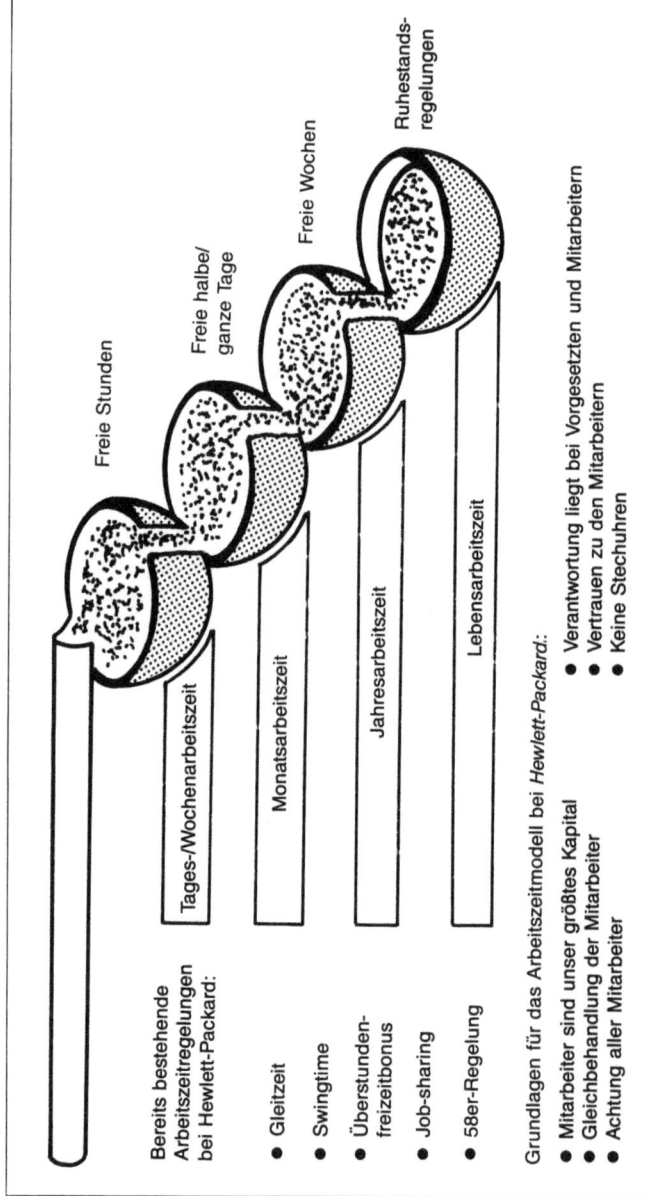

Abbildung 15: HP-Arbeitszeitmodell

Bereiche als auch Fragen von übergeordneten Unternehmensinteressen. *HP* veröffentlicht jährlich eine Sozialbilanz, die Herkunft und Verwendung der erwirtschafteten Größen offenlegt. Darüber hinaus ist man bemüht, das Unternehmen als ganzes, die Unternehmenskultur und die Mitarbeiter und Abteilungen in einer großen Anzahl professionell aufgemachter Broschüren darzustellen.

Wichtigster Bestandteil des *HP*-spezifischen Führungsstils ist das Management by Objectives – das Prinzip der Führung durch Zielvereinbarung. Auf allen Führungsebenen, in Arbeitsgruppen, Abteilungen und Produktionsbereichen bis hinauf zu den Divisions, werden Arbeitsvorgänge, Produktionsziele oder die Durchführung von Projekten nicht per Anweisung von oben nach unten durchgesetzt, sondern es erfolgt eine intensive Beratung und Diskussion der geplanten Maßnahmen mit den verantwortlichen Mitarbeitern. Diese intensive Form der Kooperation und Teamarbeit hat sich gerade im Bereich der Abwicklung komplexer Projekte, die das kreative und organisierte Zusammenwirken vieler Spezialisten erfordern, bewährt. Führung durch Zielvereinbarung setzt ein großes Maß an Zielübereinstimmung im gesamten Unternehmen voraus. Intensive Kommunikation, umfassende Information, die besondere Arbeitsatmosphäre des Großraumbüros und eine „open door policy" sind sich wechselseitig ergänzende Bestandteile eines integrierten, abgestimmten Führungsstils, der diese Zielübereinstimmung herbeiführen soll.

Manager und Führungskräfte sind aufgefordert, in ständigem Kontakt mit den Mitarbeitern zu bleiben. Es ist daher oft nicht einfach, einen verantwortlichen Mitarbeiter an seinem Arbeitsplatz oder in seinem Büro anzutreffen. Die tägliche Arbeitsroutine vollzieht sich vielmehr in vielen Einzel- und Gruppengesprächen und gemeinsamer Projektplanung. Kommunikation als Element der Führungsaufgabe stellt hohe Anforderungen an die Vorgesetzten. Sie sind nicht nur für den Informationsfluß verantwortlich, sondern auch dafür, daß die richtigen, für einen Mitarbeiter oder eine Arbeitsgruppe relevanten Informationen gegeben werden. Nicht eine Informationslawine ist gefragt, sondern gezielte, für den Mitarbeiter in seinem Arbeitsgebiet wichtige Informationen.

Informeller Gedankenaustausch, das Gespräch „zwischen Tür und Angel" hat bei *HP* dabei eine ebenso anerkannte Funktion wie regelmäßig stattfindende Sitzungen, die „Freitagsansprache" in den Abteilungen und die Betriebsversammlungen. Führung bei *HP* bedeutet also in erster Linie Kommunikation, Information, Delegation von Verantwortung und das Vertrauen in die Qualifikationen und die unternehmerische Gesamteinstellung der Mitarbeiter. Unternehmen, deren größtes Vermögen die Qualifikation der Mitarbeiter ist, können, so die Überzeugung von Geschäftsführer Knoblauch, heute gar nicht mehr anders geführt werden.

Im Zuge der Umstrukturierung des Konzerns wurden in Anlehnung an die Firmenphilosophie auch Überlegungen zu einer besseren Gestaltung der Führungsstruktur diskutiert. Eine Bestandsaufnahme der Berichtswege bei der deutschen Tochter ergab 15 verschiedene Hierarchieebenen bis hinauf zum Konzern. Knoblauch und Arbeitsdirektor Fischer sind dagegen davon überzeugt, daß dies fünf Ebenen zuviel sind. Der Abbau der Hierarchieebenen soll schrittweise erfolgen und effizientere Kommunikationswege hervorbringen, die direkte Information und schnelle Entscheidung ermöglichen. Je größer die Zahl der Berichtsebenen, desto größer sei auch die Gefahr der Informationsverzögerung und -verfälschung. Daß solche Fragestellungen in der Betriebszeitung („Wieviel Führung braucht der Mensch?") des Unternehmens diskutiert werden, ist ein weiteres Beispiel für die *HP*-Unternehmenskultur.

Im Mittelpunkt vieler betriebsinterner Diskussionen steht bei *HP* der Mitarbeiter und dessen Arbeitsauftrag (Unternehmensbroschüre „Zielsetzungen").

„Wir wollen die Initiative und schöpferische Kraft unserer Mitarbeiter fördern, indem wir dem einzelnen einen weiten Entscheidungsspielraum beim Erreichen der klar definierten Unternehmensziele lassen."

Die Personalführung ist darauf ausgerichtet, jeden einzelnen Mitarbeiter nicht nur zu verwalten, sondern ihm Entwicklungsmöglichkeiten zu eröffnen, die Kreativität und Eigenständigkeit in der Arbeit fördern. Entsprechend ausgebaut sind die Weiterbildungsangebote und die Personalplanung.

Die Personalabteilung veröffentlicht umfangreiches Informationsmaterial für die Mitarbeiter, zum Beispiel über organisierte Freizeitaktivitäten, soziale und gesellschaftspolitische Aktionen und Schulungs- beziehungsweise Weiterbildungsangebote im Rahmen der „Mitarbeiter-Orientierungsprogramme".

Aus dem Grundsatz der Einbeziehung der Mitarbeiter in den Planungsprozeß entwickelte sich das sogenannte Mitarbeitergespräch. In regelmäßigen Abständen besprechen dabei Vorgesetzte das Verhalten der Mitarbeiter, diskutieren Zielvorgaben für die zukünftige Arbeit und den Grad der Leistungserfüllung in der Vergangenheit. Mitarbeiterbeurteilung und der Fortgang der Mitarbeiterentwicklung sollen in einem kommunikativen Prozeß festgestellt und optimiert werden.

Partnerschaftliches Verhalten und Teamgeist werden auch bei der Zusammenarbeit zwischen Betriebsrat und Geschäftsleitung angestrebt. Für den Gesamtbetriebsratsvorsitzenden Theo Tischer gehören die klassischen Formen der Auseinandersetzung zwischen Arbeitnehmern und Unternehmern, nämlich Streik und Aussperrung, der Vergangenheit an. Zur Zusammenarbeit mit der Geschäftsleitung meint Theo Tischer: „David Packard sagte anläßliche der Vorstellung unserer neuen Computerarchitektur, daß auch andere Firmen gute Ingenieure und gute Ideen haben. Was *HP* auszeichnet, ist, daß wir ein gutes Team sind. Was für die Firma nach außen gilt, hat auch Gültigkeit zwischen Betriebsrat und Geschäftsleitung. Den größten Nutzen haben unsere Kolleginnen und Kollegen, wenn beide als Team zusammenarbeiten."

11. Kapitel

Informationstechnologie – Gesellschaft für Prozeßsteuerungs- und Informationssysteme mbH

PSI ist ein international arbeitendes Unternehmen der Informationstechnologie. Das in diesem Unternehmen praktizierte Partnerschaftsmodell gehört zu den exponiertesten und am meisten diskutierten in Deutschland. Fast alle Mitarbeiter sind auch Gesellschafter des Unternehmens. Das Außergewöhnliche an PSI ist die Wahl des Managements auf Zeit und die weitgehend autonome Projektarbeit der Mitarbeiter. Stärken und Schwächen des „Modells PSI" werden ständig kritisch analysiert und diskutiert, um eine Weiterentwicklung möglich zu machen. Das Modell einerseits und eine außerordentliche Markt- und Leistungsorientierung andererseits gelten bei PSI als Freiheit, die es weiterzuentwickeln gilt.

Das Unternehmen 233

Der Einsatz neuer Technologien und technisch-organisatorischer Verfahren in Betrieben und Büros hat die Arbeitswelt in vielen Bereichen in den letzten 15 Jahren grundlegend verändert. Insbesondere die Mikroprozessor-Technologie und die daraus entwickelten Informations-, Kommunikations- und Prozeßsteuerungstechniken haben einen wesentlichen Einfluß auf die betrieblichen Arbeitsformen und die Qualifikationsanforderungen an die Beschäftigten. An die Stelle hierarchisch vorgegebener Arbeitsabläufe treten oft neue Formen der Team- und Projektarbeit zur Strukturierung komplexer Prozesse, und an die Stelle des lediglich Arbeitsanweisungen ausführenden Sachbearbeiters tritt der kreative, hochqualifizierte Mitarbeiter, der nur dann seine Fähigkeiten vollständig einsetzen und entwickeln kann, wenn die innerbetriebliche Organisation dazu genügend Freiräume läßt. Von den Mitarbeitern werden heute daher eher Team- und Artikulationsfähigkeit, Abstraktionsvermögen, Denken in komplexen Zusammenhängen, Kreativität, Problemlösungsfähigkeit und kommunikative Kompetenz verlangt als Disziplin, Anpassungsvermögen und Bereitschaft zur Unterordnung. Dies trifft insbesondere für Unternehmen zu, deren Wirtschaftstätigkeit auf dem Gebiet der Entwicklung und Herstellung neuer Technologien selbst liegt.

Ein solches Unternehmen ist die *Gesellschaft für Prozeßsteuerungs- und Informationssysteme* mbH *(PSI)* in Berlin. *PSI* ist ein Unternehmen der Informationstechnologie, dessen Produkte die Arbeitswelt nachhaltig verändern können, und steht damit an der Spitze des technischen Fortschritts. Neue Techniken und der Wandel der gesellschaftlichen Arbeitsformen sind ein wesentliches Merkmal für die eigene Standortbestimmung der *PSI*-Mitarbeiter:

„Unsere Gesellschaft steht mitten in einem tiefgreifenden Wandel von der Industrie- zur Informationsgesellschaft. Dieser Wandel hat nicht nur erhebliche Auswirkungen auf die Strukturen und die Arbeitswelt aller Unternehmen, sondern er beeinflußt auch die Gestaltung der Produktionsprozesse und das gesamte Investitionsverhalten, das einen eindeutigen Trend zu immateriellen Investitionen aufweist. PSI versteht sich als ein Unternehmen der Informationstechnologie und liefert alle

immateriellen Leistungen, die für Investitionsvorhaben in diesem Bereich erforderlich sind. Der Name PSI steht für Prozesse gestalten, Systeme verwirklichen und Informationstechnologie produzieren."

Dabei hat sich *PSI* auf bestimmte Anwendungsbereiche spezialisiert:

- Industrielle Produktion von der direkten Maschinensteuerung bis zu Planungs- und Simulationssystemen,
- Energieerzeugung und -verteilung sowie Umweltschutz,
- Kommunikationstechnik für Betriebe und Behörden,
- Projekttechnik,
- Logistik.

Für alle diese Bereiche bietet *PSI* verschiedene Leistungsarten wie Beratung und Planung, Projektmanagement, Softwareerstellung, Schulung und Qualifizierung, Marktstudien und Investitionsberatung sowie Verkauf eigener Produkte und Methoden an. Entsprechend den Aufgabengebieten ist das Unternehmen nach Fachbereichen gegliedert.

PSI hat sich auf wenige Gebiete der Informationstechnologie konzentriert und in Einzelbereichen zur Zeit eine marktführende Position im internationalen Wettbewerb inne. Die Herstellung von immateriellen Produkten der Spitzentechnologie, also in erster Linie Software und organisatorisches Know-how und die besonderen Merkmale des Modells *PSI*, des Selbstbestimmungs- und Beteiligungsmodells, das dort seit etwa 15 Jahren praktiziert wird, sind zwei Seiten der gleichen Medaille. Für Dietrich Jaeschke, Mitbegründer und gewählter Geschäftsführer der Gesellschaft, kann ein Unternehmen wie *PSI* nur im Rahmen einer Unternehmensverfassung geführt werden, die den einzelnen Mitarbeitern ein Höchstmaß an Autonomie, selbstbestimmter Arbeitstätigkeit und Beteiligung an den Erträgen und der Wertsteigerung der Gesellschaft ermöglicht. Partizipation, Unternehmenskultur und Selbstbestimmung auf der einen Seite und hochqualifizierte Tätigkeiten im ingenieurwissenschaftlichen und informationstechnischen Bereich auf der anderen Seite scheinen sich gegenseitig zu bedingen.

Das Unternehmen

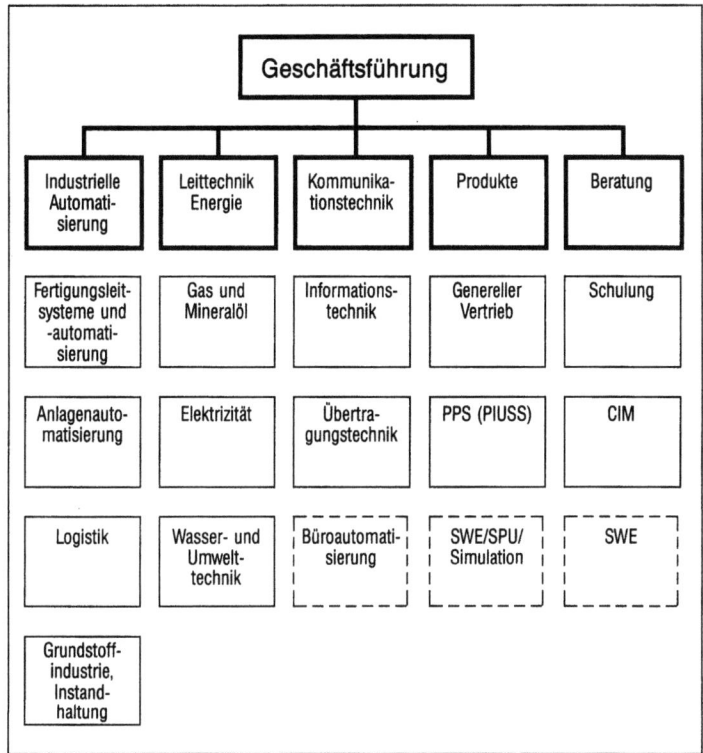

Abbildung 16: Organisation der *PSI*

„Sowohl die Nutzung als auch die Produktion der neuen Technologie geben dem Menschen eine ganz zentrale Bedeutung. Ohne seine konsequente Einbeziehung werden sie nicht erfolgreich sein. Die Unternehmen müssen hierfür zumindest intern die Voraussetzungen schaffen."

Dietrich Jaeschke

Zu diesen Voraussetzungen zählen:

- *Personal:* Qualifiziertes und flexibles Personal stellt einen erheblichen Engpaß dar. Es lohnt sich, dort zu investieren!
- *Flexibilität:* Flexibilität ist ein absolutes Muß. Das betrifft insbesondere die Gestaltung von Arbeitszeit und Arbeitsprozessen.

- *Gestaltung:* Die Aufgaben werden immer komplexer. Es geht mehr und mehr um die Gestaltung und Optimierung von Systemen.
- *Dezentralisierung:* Die Kommunikationstechnik ermöglicht eine weitere Dezentralisierung von Produktion, Verwaltung und Entscheidung.
- *Prozesse:* Alle Vorhaben und technischen Entwicklungen sind als langfristige Prozesse zu begreifen und zu gestalten.

Diese Anforderungen müssen direkt in den Unternehmensstrukturen und Führungsleitlinien verankert werden. Unternehmenskulturen wie die der *PSI*, die den Mitarbeiter konsequent einbeziehen und sich die erforderliche Flexibilität erhalten, bieten hierfür gute Ansätze.

Das „Modell *PSI*"

PSI wurde 1969 von sechs ehemaligen Mitarbeitern eines Elektrokonzerns gegründet. Das Motiv für einen Ausstieg aus gesicherten Positionen war bei allen gleich: Unbehagen an den großindustriellen, streng strukturierten Arbeitsformen und der Wunsch, die eigene Qualifikation und Kreativität autonom und selbstverantwortlich einsetzen zu können. Unter den ersten Mitarbeitern der Firma waren viele Absolventen der Berliner Universitäten, und die gesellschaftliche Umbruchstimmung der Studentenbewegung übertrug sich auch auf das Unternehmensgefüge. „Ein Unternehmensmodell wie die *PSI*", erläutert Dietrich Jaeschke, „ist nur im Rahmen des gesellschaftlichen und zeitgeschichtlichen Kontextes der Gründerphase zu verstehen." Fragen der Mitarbeiterbeteiligung und der Mitbestimmung wurden ausgiebig thematisiert, und bereits 1971 akzeptierten die sechs Eigentümer einen ersten Mitbestimmungsvertrag. Weitergehende Forderungen nach einer Kapitalbeteiligung wurden aber von den Gesellschaftern nicht immer einhellig begrüßt.

Im Jahre 1973 spitzten sich die Beteiligungsdiskussionen im Zuge ernster Liquiditätsprobleme dramatisch zu. Eine von den Mitarbeitern initiierte Unterstützungs- und Finanzierungsaktion für das Unternehmen erbrachte in wenigen Tagen ein Kapital von 150000 DM, das schließlich Anfang 1974 für eine Kapitalerhöhung genutzt wurde. Gleichzeitig wurde das bereits bestehende Mitbestimmungsmodell durch einen Gesellschaftervertrag ergänzt, was schließlich zum Ausscheiden eines Gesellschafters führte. Damit wurden aber die wesentlichen Elemente des „Modells *PSI*", so wie sie noch heute vorzufinden sind, festgeschrieben.

Das „Modell *PSI*" besteht formal aus drei Elementen:

- Gesellschafterstatus vieler Mitarbeiter,
- Innerbetriebliche Entscheidungsgremien,
- Mitarbeitererfolgsbeteiligung.

Jeder Mitarbeiter von *PSI* kann unter bestimmten Bedingungen Gesellschafter der GmbH werden. Voraussetzung sind eine zweijährige Betriebszugehörigkeit und ein Aufnahmeantrag an die Gesellschafterversammlung, dem von 51 Prozent der Gesellschafter zugestimmt werden muß. Ein Gesellschaftsanteil kostet 5000 DM (zuzüglich 100 Prozent Agio), die bar einbezahlt werden müssen. Kein Gesellschafter darf mehr als zehn Anteile halten. Zur Zeit sind fast zwei Drittel der Mitarbeiter gleichzeitig auch Gesellschafter. Beim Ausscheiden eines Mitarbeiters müssen dessen Anteile an die Gesellschaft zurückgegeben oder an andere Gesellschafter verkauft werden. Damit ist sichergestellt, daß das gesamte Stammkapital der GmbH immer und ausschließlich in den Händen der Mitarbeiter bleibt.

Nicht zuletzt diese Konstruktion hat dazu geführt, daß *PSI* über eine ausgezeichnete Kapitalausstattung verfügt. Neben 4,85 Millionen DM Stammkapital weist die Bilanz auch offene Rücklagen in Höhe von 3,6 Millionen DM aus. Seit Einführung des Modells konnte *PSI* die eigene Kapitalbasis ständig erweitern. Selbst das steigende Investitionsvolumen − 1979 1,5 Millionen DM und 1986 4 Millionen DM − konnte ohne die Aufnahme von Krediten finanziert werden.

Die innerbetrieblichen Entscheidungen bei *PSI* werden von verschiedenen Gremien getroffen:

- Betriebsversammlung,
- Gesellschafterversammlung,

– Verwaltungsrat,
– Geschäftsstellenbeiräte,
– Geschäftsführung beziehungsweise Management.

An der jährlich stattfindenden *Betriebsversammlung* nehmen alle Mitarbeiter des Unternehmens teil. Hier werden die Vertreter der Mitarbeiter in den Verwaltungsrat der GmbH gewählt, und wesentliche Änderungen des Unternehmensmodells müssen hier mit Mehrheit beschlossen werden. Die *Gesellschafterversammlung* wählt die Geschäftsführer für die Dauer von drei Jahren sowie die Gesellschafter-Mitglieder des Verwaltungsrates und beschließt Modelländerungen. Der *Verwaltungsrat* kontrolliert die Geschäftsführung. Seine Zustimmung ist für strategische, langfristige Unternehmensentscheidungen erforderlich. Der Verwaltungsrat setzt sich paritätisch aus Vertretern der Gesellschafter und der Mitarbeiter zusammen. Hier müssen zudem alle wichtigen Entscheidungen der Geschäftsführung genehmigt werden.

Der Verwaltungsrat genehmigt:

– Mietverträge,
– Investitionen,
– den Kauf von Gebäuden,
– die Berufung von Prokuristen,
– Beteiligungen, Fusionen,
– neue Geschäftszweige,
– die Organisationsstruktur,
– Gehaltsrahmen,
– den Jahresplan und die Fünfjahrespläne.

Die *Geschäftsstellenbeiräte* und der Gesamtbeirat vertreten die Interessen der Mitarbeiter gegenüber dem Management. Es gibt bei *PSI* keinen Betriebsrat. Dessen Funktionen werden von den Beiräten wahrgenommen. Dietrich Jaeschke hebt in diesem Zusammenhang das besonders unerfreuliche Verhältnis von *PSI* zu den Gewerkschaften und den gewerkschaftlichen Interessenvertretungsorganen hervor: „Ich habe das Modell häufiger vorgetragen, und die Gewerkschaften haben mir immer wieder gesagt, daß sie in diesem Modell keine Perspektiven für die Arbeitnehmer sehen und ihre eigene Existenz gefährdet sehen.

Das „Modell PSI"

Eine intensive Diskussion und ein Voneinander-Lernen zwischen Gewerkschaften und selbstverwalteten Betrieben wäre wünschenswert. Obwohl einige Mitarbeiter gewerkschaftlich organisiert sind, wird diese gewerkschaftskritische Haltung von der Mehrheit der Mitarbeiter geteilt."

Das *Management* wird jeweils von der nächsthöheren Führungsebene eingesetzt und dann von der Mehrheit der betroffenen Mitarbeiter bestätigt.

Es gibt bei *PSI* nur vier Führungsebenen: die Geschäftsführung, Geschäftsbereichs- und Bereichsleitung und die Projektleitung. Wie im Falle der Geschäftsführer werden auch die Manager auf

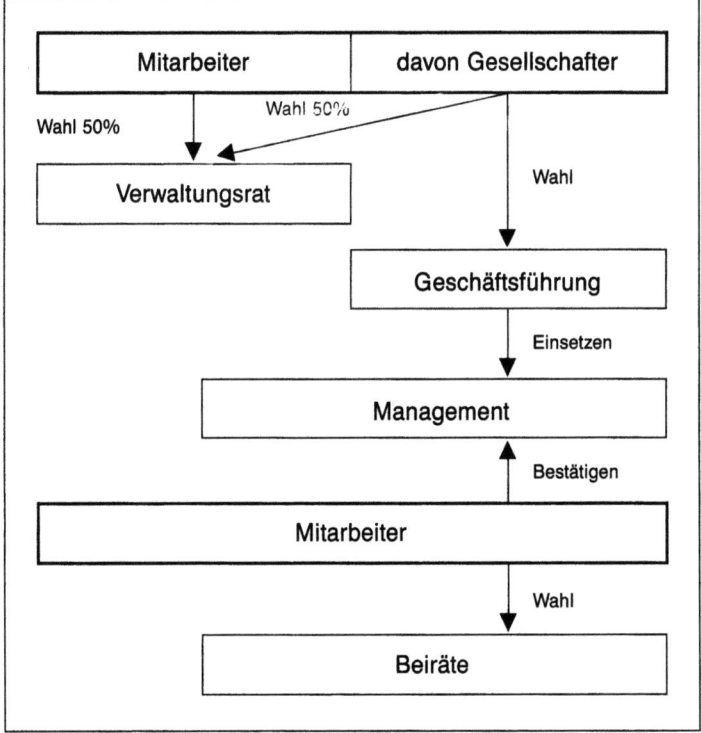

Abbildung 17: PSI-Modellstruktur
Quelle: *Kassandra* 4/1985, S. 24

Zeit ernannt und von den Mitarbeitern bestätigt. In einem ausführlichen Organisationshandbuch sind die Rechte und Pflichten der Manager und Projektleiter festgelegt. Das Management ist grundsätzlich zur Teamarbeit auf allen Ebenen verpflichtet und hat im Rahmen des Selbstbestimmungsmodells zu handeln und für dessen Verwirklichung aktiv einzutreten. Die Projektleiter werden von den Bereichsleitern für ein definiertes Projekt, Arbeitsgebiet oder zur Abwicklung eines Kundenauftrages eingesetzt und nehmen diese Aufgabe für die Dauer dieses Projektes wahr. In ihren Kompetenzbereich fallen alle für die Projektarbeit notwendigen inhaltlichen Tätigkeiten inklusive der Vertretung des Projektes gegenüber den Kunden. Jeder Geschäftsbereich ist als Profit Center organisiert, das eigenständig für Vertrieb, Produktion und Entwicklung zuständig ist.

PSI besteht damit aus den Organisationseinheiten: Mitarbeiter, Projektteam, Bereich, Geschäftsbereich und Gesamt-*PSI*. Alle Ebenen sind nach oben und unten durchlässig, es gibt keine Aufstiegsleiter. Jede Führungsfunktion ist eine Funktion auf Zeit, die immer wieder neu bestätigt werden muß und die nicht über die anderen Tätigkeiten, zum Beispiel die Projektarbeit, hinausragt. Führungspositionen werden nicht besonders vergütet – ein Umstand, der einige Mitarbeiter zum Ausstieg aus dem Unternehmen bewogen hat, aber qualifizierten Mitarbeitern langfristige Perspektiven als Fachmann mit internationalem Renommée bietet.

Letztes Strukturmerkmal des „Modells *PSI*" ist die Gewinnbeteiligung der Mitarbeiter. Die erzielten Jahresgewinne, die angesichts der ausgezeichneten Marktlage des Unternehmens bisher immer reichlich erwirtschaftet wurden, werden zu 100 Prozent ausgeschüttet. Ausreichendes Investitionskapital stand bisher immer durch freiwillige Neuzeichnungen von Kapitalanteilen durch die Gesellschafter zur Verfügung. Das Betriebsergebnis wird zu je 50 Prozent auf die Mitarbeiter und die Gesellschafter verteilt. Die Gesellschaftsanteile der *PSI* GmbH stellen zur Zeit eine ausgezeichnete Kapitalanlage dar. Ein Verkauf, so Dietrich Jaeschke, würde heute das Zehn- bis Zwanzigfache des eingesetzten Stammkapitals erbringen. Dennoch sind sich alle Mitarbeiter einig, daß diese Möglichkeit nicht in Betracht gezogen werden kann. Denn nur wenn *PSI* unabhängig bleibt, können die von den Mitarbeitern selbst aufgestellten Unternehmensgrundsätze weiter ihre Gültigkeit behalten. Diese Grundsätze sind:

- *Autonomie:* nach außen und nach innen,
- *Technik:* hervorragende Projekte und Produkte im internationalen Maßstab,
- *Arbeitsplatzsicherung:* langfristige Sicherung der bestehenden Arbeitsmöglichkeiten bei *PSI,*
- *Partnerschaft:* demokratische Spielregeln und langfristige Partnerschaft mit den Kunden.

Organisation als permanenter Prozeß

Seit seiner Gründung 1969 hat das Unternehmen eine permanente Wachstumsphase erlebt. Von 1983 bis 1987 hat sich die Zahl der Mitarbeiter um über 50 Prozent von etwa 220 auf 350 erhöht. Der Umsatz betrug 1969 0,3 Millionen DM, 4,7 Millionen DM im Jahr 1974, 16,1 Millionen DM im Jahr 1979 und 39,6 Millionen DM im Jahr 1986. Die zukünftige Wirtschaftsentwicklung wird als gut bis ausgezeichnet eingeschätzt. Für die Verwirklichung des Beteiligungsmodelles bestehen also beste wirtschaftliche Voraussetzungen. Immerhin hat das Modell seine Effizienz nicht nur in guten Zeiten bewiesen, sondern hat sich auch in der für das Unternehmen kritischen Zeit 1973/74 bewährt, wie der Leiter des Fachbereichs Schulung, Klaus Vollbart, berichtet. Für ihn und für die Mehrheit der Mitarbeiter ist der Prozeß, der zu dem Modell geführt hat, heute irreversibel. Niemand kann zur Zeit oder in absehbarer Zukunft den Kern des Modells, nämlich die weitgehend materielle und immaterielle Partizipation, zur Disposition stellen, ohne die Existenz des Unternehmens insgesamt aufs Spiel zu setzen.

Arbeitsgebiete, Technologie, Selbstbestimmungsmodell, Marktstellung und interne Organisation sind bei *PSI* zu einer Synthese geworden, die als beispielhaft für eine in jeder Hinsicht innovative Wirtschaftstätigkeit gelten kann. Die tägliche Arbeit – Softwareerstellung, Projektmanagement, Schulung, Beratung,

Planung und Organisationsentwicklung im Kundenauftrag – und die Produktions- und Arbeitsmethoden für die Entwicklung und Herstellung komplexer Informations- und Steuerungssysteme sowie die Form der innerbetrieblichen Organisation fallen bei *PSI* nicht auseinander, sondern bedingen sich wechselseitig. Betriebliche Organisation, Projektarbeit und Mitarbeiterbeziehungen im Unternehmen werden als permanenter Prozeß, als ein sich selbst regulierendes und stabilisierendes System aufgefaßt, dessen Einzelteile nur als integrierte Gesamtheit funktionsfähig sind. Die Vorstellung, so Dietrich Jaeschke, daß auch soziale Prozesse innerhalb eines Unternehmens organisierbar sind, ist bei vielen Ingenieuren und Wissenschaftlern der *PSI* weit verbreitet.

Grundlagen der Selbstbestimmung

Unser Unternehmen ist eine auf langfristige Existenz ausgerichtete Interessengemeinschaft, in der für jeden einzelnen ein marktgerechtes Einkommen durch qualifizierte Arbeit erwirtschaftet werden soll.

Das Unternehmen gehört ausschließlich den Mitarbeitern, das heißt, wir sind von fremden Kapitalgebern unabhängig und daher weitestgehend autonom in der Festlegung der Regeln, nach denen wir in dieser Gemeinschaft arbeiten wollen.

Wir müssen aber auch Restriktionen berücksichtigen, die unser Markt uns als Dienstleistungsunternehmen im besonderen vorgibt. Das von uns geschaffene Selbstbestimmungsmodell ist die Basis unserer Zusammenarbeit. Alle unseren internen Angelegenheiten werden danach geregelt. Es geht von der Gleichberechtigung aller Mitarbeiter aus, wobei darunter nicht Gleichmacherei zu verstehen ist. Tätigkeitsfeld und Einkommen werden immer durch die nachgewiesene Eignung bestimmt. Gleichberechtigung bezieht sich auf die Entscheidungsfindung im Unternehmen und den Umgang miteinander. Das Modell ist eine partnerschaftliche Lösung,

---

Dokument 21: Grundlagen der Selbstbestimmung bei *PSI*

die die Mitwirkung aller an der Entscheidungsfindung durch demokratische Spielregeln ermöglichen soll.

Voraussetzung hierfür ist ein weitgehende Transparenz über alle Ebenen und Bereich von *PSI*.

Das Modell unterliegt einer permanenten Weiterentwicklung und ist damit als kontinuierlicher Prozeß zu verstehen. Es soll helfen, ein vernünftiges Maß zwischen der Freiheit des einzelnen und der Solidarität mit der Gruppe zu erreichen.

Zur langfristigen Sicherung unserer Arbeitsplätze muß unsere Marktposition durch qualifizierte und effiziente Arbeit ausgebaut werden. Auf unseren Spezialgebieten wollen wir technische Spitzenleistungen, auch im internationalen Maßstab, erbringen. Wir haben uns aber auch die Aufgabe gestellt, eine besondere Art des Zusammenlebens zu verwirklichen. Dazu gehört, daß wir in allen Entscheidungen und Planungen neben den wirtschaftlichen Notwendigkeiten die Belange der Mitarbeiter berücksichtigen. Attraktive Arbeitsplätze bezüglich Gestaltung und Inhalt, die Möglichkeiten zur persönlichen Weiterentwicklung durch Spezialisierung und gezielte Weiterbildung gehören für uns genauso zu diesen Belangen wie ausreichender Freiraum zur Einbindung in die soziale Umwelt. Dazu wollen wir uns im Rahmen unserer wirtschaftlichen Möglichkeiten weitgehend variable Arbeitszeit- und Urlaubsregelungen geben.

Die Besitzverhältnisse im Unternehmen, seine Struktur und das Modell stellen hohe Anforderungen an uns alle hinsichtlich Eigenverantwortlichkeit, Initiative, Lernfähigkeit und Toleranz. Voraussetzung für unsere Existenz ist eine hohe fachliche Qualifaktion jedes einzelnen und ein überdurchschnittliches Engagement, das uns veranlaßt, in allen Belangen als eigenständiger Unternehmer im Sinne des Ganzen zu handeln. Das Modell muß aktiv mit allen Rechten und Pflichten von uns gelebt werden. Es schließt ein imperatives Mandat aus.

Dokument 21 (Forts.)

Das Organisationshandbuch definiert *PSI* als eine „Interessengemeinschaft von Spezialisten, die als Dienstleistungsunternehmen erfolgreich Projekte abwickeln und langfristige Unternehmensziele verfolgen und absichern". Betriebliche Organisation wird dabei nicht statisch festgeschrieben, sondern als permanenter Prozeß angesehen, der in das Selbstbestimmungsmodell eingepaßt werden muß. Autonomie der Personen und Gruppen, die Schaffung überschaubarer Unternehmenseinheiten (jeder Bereich besteht aus maximal 25 Mitarbeitern) und die Förderung der Eigeninitiative durch Beschränkung der organisatorischen Regelungen auf ein Minimum sind die Grundlagen der Organisationsstruktur. Kernpunkte der Organisation sind die Eigenverantwortung, Beschränkung der Eingriffe in die Kompetenzen der Mitarbeiter auf das Notwendigste, permanente Selbstkontrolle und die Information aller Beteiligten und Vorgesetzten. Es gibt bei *PSI* keine Ablauforganisation im eigentlichen Sinne und auch keine Arbeitsplatzbeschreibungen. Die Art des Kundenauftrages, die zu verrichtenden Arbeitsgänge in einem Projekt bestimmen die täglichen Arbeitsabläufe, zu denen die Aufbauorganisation und das Selbstbestimmungsmodell den Rahmen abgeben.

Jeder neue Kundenauftrag fordert von den Mitarbeitern die Realisierung individueller Wünsche, was gleichzeitig die Qualität der *PSI*-Dienstleistungen ausmacht. Jeder Mitarbeiter muß sich in einem neuen Projekt neuen Anforderungen stellen – Routine ist selten. Darüber hinaus geht die technische Entwicklung in einem raschen Tempo voran. Permanente Weiterbildung ist für die Mitarbeiter damit ein integraler Bestandteil des Firmenkonzepts. Die Erzielung von Spitzenleistungen im Bereich der Informationstechnologie ist nur möglich, wenn der einzelne außerordentlich qualifiziert und leistungsbereit ist. Hinzukommen muß ein Betriebsklima, das Kreativität, Engagement, Eigenverantwortung und Teamfähigkeit entwickelt und fördert. *PSI* ist ein absolut markt- und kundenorientiertes Unternehmen, und das „Modell *PSI*" wird als besonderes Merkmal der Leistungsfähigkeit gegenüber den Kunden offensiv vermarktet. Daß dieses Modell erfolgreich ist, zeigt die offizielle Liste der Referenzprojekte: Dort werden insgesamt 116 Projekte aufgezählt, die für namhafte Auftraggeber in den Bereichen Energie und Umwelt, Kommunikationstechnik, Logistik und industrielle Produktion durchgeführt wurden.

Selbstregulierung von Konflikten

Die Entstehung des *PSI*-Modells fällt nicht zufällig in die Zeit Anfang der siebziger Jahre. Das In-Frage-stellen überkommener Autoritätsstrukturen und betrieblicher Herrschaftsverhältnisse, die auch die Produktivität und Kreativität der Beschäftigten in den Unternehmen oft hemmten, und der Pioniergeist der ersten *PSI*-Mitarbeiter, die sich von einer bewußt gestalteten Arbeitstätigkeit auch gesellschaftlich relevante Veränderungen erhofften, waren, wie bei vielen Partnerschaftsmodellen in der Ingenieur- und Elektronikbranche, die Grundvoraussetzungen für den Aufbau der Firma bis zu ihrer heutigen Gestalt. Die aus der historischen Situation heraus entstandenen Wertorientierungen sind der kleinste gemeinsame Nenner, der von allen Mitarbeitern akzeptiert und mitgetragen wird (vgl. Dokument 22). Ansonsten setzt sich die Belegschaft aus Mitarbeitern zusammen, die sehr unterschiedliche Wertorientierungen, Lebenseinstellungen und politische Überzeugungen haben.

Die formale Beschreibung einer Unternehmensverfassung mit Aufbauorganisation, Entscheidungsgremien und -regeln, Ablauforganisation und Eigentumsverhältnissen ist nur ein Aspekt der innerbetrieblichen Realität, der sehr wenig über die täglichen Arbeitsabläufe, die Verankerung des Partnerschaftsmodells im Bewußtsein der Mitarbeiter und über die Unternehmenskultur und das Betriebsklima aussagt. Entscheidend ist die Frage: Wie verhalten sich Modell und Realität in der Praxis des betrieblichen Alltages? Denn gerade bei einem Mitarbeiterstamm, der, wie bei *PSI*, aus vielen Individualisten und Spezialisten besteht, spielen diese Wertvorstellungen, Einstellungen und individuellen Verhaltensweisen eine hervorragende Rolle, die von der formalen Modellbeschreibung nicht erfaßt wird.

In seiner Analyse des Unternehmensmodells berichtet Klaus Vollbart davon, „wie schwer es ist, Außenstehenden eine Ein-

- Partnerschaftliches Zusammenarbeiten
- Entscheidungsfindung nach demokratischen Spielregeln
- Gleichberechtigung/Gleichmacherei
- Technische Spitzenleistungen
- „Modell" als „Prozeß"
- Wahl der Manager
- Starke Autonomie der Projektgruppen
- Wachstum bisher nur aus eigenen Erträgen finanziert
- Vertrauen in die Kraft engagierter Menschen
- Kein Eigentum an der Firma ohne Mitarbeit in der Firma
- Keine besondere Honorierung von Führungspositionen per se
- Intensive horizontale und informelle Kommunikation
- Zugehörigkeit zu sehr weitgehend autonomen Gemeinschaften
- Viel Handlungsspielraum für jeden – nutzbar im Sinne einer Integration von persönlicher Entwicklung und Firmenentwicklung
- Hoher Stellenwert von Eigeninitiative und Verantwortung
- „Ganzheitliche Projektabwicklung" in den Fachbereichen
- Förderung von Orientierung und Integration durch gemeinsame Leistung

Dokument 22: Wertorientierungen des *PSI*-Firmenmodells

sicht in das *PSI*-Modell zu geben, die um ein Wesentliches über die Darstellung des Modellformalismus hinaus geht, der ja nur die Spitze des Eisbergs der eigentlichen Unternehmensstruktur ist." Vollbart wurde bei seiner Analyse bewußt, welche Rolle der „Glaube" beim Funktionieren eines solchen Modells spielt. „Diejenigen, die an die Partizipationsfähigkeit des Menschen glauben, sichern im Sinne einer ‚Self-fulfilling prophecy' die Funktionsfähigkeit des Modells, diejenigen, die nicht daran glauben, gefährden diese Funktionsfähigkeit." (*PSI:* Stärke im Konflikt, siehe Literaturverzeichnis.) Dieser Glaube an die Partizipationsfähigkeit der Menschen ist ein wesentliches Merkmal, das viele oder alle Partnerschaftsunternehmen und besonders die Selbstverwaltungsunternehmen auszeichnet. Darin eingeschlossen ist die Überzeugung, daß zwischenmenschliche Konflikte auch im betrieblichen Alltag nach demokratischen Spielregeln und durch demokratisch legitimierte Unternehmensgremien gelöst werden können.

Wie in jeder anderen Gemeinschaft auch, gibt es bei *PSI* die verschiedensten Konflikte, die von der persönlichen Antipathie zweier Mitarbeiter bis zu strukturellen Konflikten reichen, welche die Funktionsfähigkeit des Modells in Frage stellen. Der jahrelange Umgang mit Konflikten hat aber bei vielen Mitarbeitern zu der Überzeugung geführt, daß konfliktfreie soziale Systeme nur theoretisch existieren und daß es keine endgültigen Lösungen für die Gestaltung eines Unternehmensmodells oder eines anderen Sozialsystems geben kann. Im Sinne der Systemtheorie versucht man, die innerbetrieblichen Zusammenhänge als sich ständig verändernden Prozeß zu begreifen, der sich von einem Gleichgewichtszustand zu einem anderen weiterentwickelt, ohne jemals endgültige Stabilität zu erlangen. Dabei sollte allen Beteiligten bewußt sein, daß durch ihr persönliches Verhalten Prozesse stabilisiert oder destabilisiert werden können und Einzelkonflikte, die nicht ausgetragen werden, zu einer Serie von Konflikten führen können, die dann die Stabilität des Gesamtsystems gefährden. Entsprechend ist man bemüht, Konflikte offen auszutragen und die positive Funktion von innerbetrieblichen Auseinandersetzungen zu unterstreichen. Denn nur diese permanenten Auseinandersetzungen fördern die Kommunikation und die kreative Weiterentwicklung des Modells und können so eine latente Unzufriedenheit verhindern, die sich bei unterdrückten Konflikten bei den Mitarbeitern ausbreiten kann. Die Durchdringung und Gestaltung komplexer Prozesse in der täglichen Arbeit hat auch Rückwirkungen auf den Umgang der Mitarbeiter untereinander und auf die Analyse der sozialen Beziehungen im Unternehmensbereich. Wenn man die wirtschaftliche Entwicklung des Unternehmens, seine erreichte Verankerung im Markt und die Qualität seiner Dienstleistungen betrachtet, so kann man daraus schließen, daß die Austragung von Konflikten dem Unternehmen in keiner Weise geschadet hat.

Grundsätzlich gilt, daß alle Konflikte von den Betroffenen oder der Gruppe beziehungsweise dem Projektteam selbst ausgetragen und gelöst werden sollen. „Gremienreif" sind Konflikte, wenn sie über verschiedene Unternehmensebenen hinweggehen oder wenn eine Partei eine entsprechende Schutzfunktion benötigt. Zuständig für die Aufdeckung und Bearbeitung dieser Konflikte sind dann die Beiräte oder der Verwaltungsrat.

Ein typischer Konflikt entsteht oft zwischen neuen Mitarbeitern, die das Unternehmensmodell als festsehende Realität erfahren, und alteingesessenen Kollegen, die die gesamte Gründungsphase und Entwicklung des Unternehmens mitgemacht und aktiv gestaltet haben. Unterschiedliche Erfahrungshorizonte führen dann oft zu vollständig unterschiedlichen Bewertungen einer Situation. Die hohe persönliche Indentifikation der „alten Hasen" mit dem Modell und die zwangsläufig entstehende Konsumhaltung der Neuen, die die turbulenten Anfangsjahre nicht miterlebt haben, stoßen immer wieder aufeinander. Geschäftsführer Jaeschke meint dazu, der größte Fehler des Modells sei, daß es bereits vollständig existiere. Um allen Mitarbeitern einen annähernd ähnlichen Erfahrungshorizont bezüglich der Entstehungsgeschichte und der daraus entwickelten Modellstruktur zu vermitteln, müßte das Modell eigentlich alle zwei Jahre abgeschafft und wieder neu aufgebaut werden.

Weitere Konfliktfelder lassen sich benennen: systematische Personalführung kontra Selbstbestimmung, zentralistische Kontrolle kontra dezentralisierte Kontrolle, Gruppenerwartungen kontra individuelle Interessen, ganzheitliche Projektabwicklung kontra Spezialisierung und Arbeitsteilung.

In kaum einem anderen Unternehmen wird mit so viel (wissenschaftlicher) Methodik die innerbetriebliche Realität und die Funktionsweise der Modellkomponenten selbstkritisch analysiert. Ein permanenter Diskussionsprozeß, bei dem alle Elemente der Unternehmensverfassung problematisiert werden, ist geradezu ein Kennzeichen des Modells *PSI*. Bedingt durch das Tätigkeitsfeld verfügt man über ein modernes Prozeßsteuerungs- und Management-Instrumentarium, das nicht nur für die Abwicklung der Kundenaufträge eingesetzt wird, sondern auch zur Gestaltung der eigenen Arbeitsabläufe. Dieses Instrumentarium sieht die Existenz von Konflikten und die entsprechenden

Selbstregulierung von Konflikten

Dokument 23: Personalisierung von Konflikten

Austragungs- und Lösungsstrategien ausdrücklich vor. Eine planende und methodische Vorgehensweise, die wohl dem ingenieurwissenschaftlichen Bildungsideal vieler Mitarbeiter entspricht, und der große wirtschaftliche Erfolg des Unternehmens unterscheiden *PSI* in vielen Punkten von anderen selbstverwalteten oder „alternativen" Betrieben, zu denen der „Alternativmulti" aus Berlin eine Zeitlang gerechnet wurde. Dietrich Jaeschke bezeichnet das Unternehmen nicht als „alternativ", dazu sei die Leistungs- und Marktorientierung zu ausgeprägt. Es aber als ein „gesellschaftliches Experimentierfeld" zu bezeichnen, das seine Ursprünge in der Studentenbewegung hat und der persönlichen Autonomie der Mitarbeiter einen hervorragenden Platz einräumt, ist für Jaeschke schon eine angemessene Charakterisierung für das „Modell *PSI*".

Stärken und Schwächen

In einer kritischen Analyse nennt Dietrich Jaeschke folgende Vor- und Nachteile des Unternehmensmodells *PSI*:

Bei vielen Mitarbeitern macht sich im Verlauf der Arbeitstätigkeit ein positiver Effekt der persönlichen Entwicklung bemerkbar. Verantwortungsbereitschaft, Selbständigkeit und Durchsetzungsvermögen sind Lernerfolge, die auf die Modellstruktur zurückzuführen sind. Daneben fördert das Modell die Identifikation der Mitarbeiter mit den Unternehmenszielen und die Arbeitsmotivation. Kreativität kann sich ungehemmter entfalten als in vielen anderen Unternehmen. Schließlich haben die Konfliktregelungsmechanismen zu einem relativ entspannten Betriebsklima geführt, in dem sachliche Auseinandersetzungen nicht zu persönlicher Feindschaft werden.

Die negativen Erscheinungen des Modells hängen wesentlich mit der Entwicklungsgeschichte und den einzelnen Modellkomponenten zusammen, ohne daß eine grundsätzliche Abschwächung dieser Effekte möglich wäre, wenn die Modellstruktur nicht entscheidend verändert werden soll. Ein wesentlicher Punkt ist der bereits erwähnte unterschiedliche Erfahrungshorizont der verschiedenen Mitarbeitergenerationen. Für neue Mitarbeiter sind die Entwicklungsgeschichte und die ausgetragenen Konflikte und Kämpfe der Gründerzeit nicht nachvollziehbar. Das Modell wird als gegeben hingenommen, ohne daß eine individuelle Auseinandersetzung damit stattfinden würde. Andererseits stoßen viele engagierte Mitarbeiter, die zu einer Weiterentwicklung beitragen wollen, auf die Skepsis der „Gründerväter", die dann oft mühsam erkämpfte Errungenschaften gefährdet sehen.

Darüber hinaus haben sich die formale Struktur des Modells und die getroffenen Regelungen derartig verfestigt, daß die neuen Mitarbeiter kaum eine Veränderungs- oder Einwirkungsmöglichkeit sehen. Entsprechende Mehrheiten in den Gremien müssen hart erkämpft werden.

Wie in jedem anderen Unternehmen herrscht auch bei *PSI* ein großer Leistungsdruck. Kundenaufträge, Termine, technische Probleme, Konferenzen bestimmen den Arbeitsalltag – vom Geist des *PSI*-Modells ist dann kaum mehr etwas zu merken. Der Entscheidungsprozeß im Managementbereich läuft relativ problemlos ab. Wenn allerdings Entscheidungen arbeitsrechtlicher oder gesellschaftsrechtlicher Natur getroffen werden müssen, ist der Diskussionsaufwand oft entnervend hoch. Allerdings haben einmal getroffene Entscheidungen dann allgemeinverbindlichen Charakter, und Durchsetzungsschwierigkeiten bestehen danach nicht mehr. Wenn die Wahl und Neubesetzung der Managementfunktionen durchaus positiv für geeignete Mitarbeiter ist, so hat dieses Verfahren doch auch gravierende Nachteile. Jede Managementfunktion erfordert eine bestimmte Qualifikation, Führungserfahrung und Kenntnisse über Kunden, Marktsituation, Projektabwicklung und anderes. Neubestellte und bestätigte Führungskräfte brauchen daher zumeist eine erhebliche Einarbeitungszeit.

Da die Führungspositionen zudem nicht außerordentlich vergütet werden, ist die Besetzung dieser Stellen nicht einfach. Auch bei *PSI* haben daher bewährte Führungskräfte sich durch eine langjährige Tätigkeit entsprechende Kenntnisse, Kompetenzen und Autorität erworben, die sie nahezu unersetzlich machen. Auch bei *PSI* hat sich daher eine eigenständige Managementfunktion herausgebildet.

Die Ablösung der Kontrollfunktion von einer übergeordneten Instanz, zum Beispiel vom Vorgesetzten, und die Verlagerung dieser Funktion in die Arbeitsgruppe wird ebenfalls nicht überwiegend positiv bewertet. Dies führe zu einer sozialen Kontrolle, bei dem für die Betroffenen ein höherer Leistungsdruck eintreten kann als bei jeglicher Form eines einseitigen Abhängigkeitsverhältnisses. Es ist sehr viel schwieriger, die Kritik einer Gruppe oder die Abberufung aus einer Funktion zu ertragen, als sich den Weisungen eines Vorgesetzten zu beugen. In einer Funktion abgewählt oder als Gesellschafter nicht angenommen zu werden, bedeutet für die Betroffenen manchmal, daß sie aus der Firma ausscheiden. Einige Mitarbeiter sagen sogar, so Dietrich Jaeschke, es falle ihnen oft leichter, sich dem Diktat eines Vorgesetzten zu beugen, als sich von den Kollegen überstimmen zu lassen. Dieser Kritikpunkt wird allerdings dadurch relativiert, daß viele Entscheidungen bereits im Vorfeld über informelle Kontakte geregelt werden; die eigentliche Wahl oder Bestätigung ist dann nur noch Formsache.

Das „Modell *PSI*" hat mittlerweile in Westberlin und der gesamten Bundesrepublik einen hohen Bekanntheitsgrad erreicht. Die Erwartungen vieler neu eingetretener Mitarbeiter sind oft nur an den formalen, sichtbaren Aspekten des Modells orientiert. Aber auch bei *PSI* hat sich eine konfliktfreie und vollständig selbstbestimmte Organisation noch nicht realisieren lassen. Die Erwartungen hinsichtlich des Modells und die Zwänge des Alltags prallen oft aufeinander. Nach 18 Jahren *PSI*-Erfahrung resümiert Dietrich Jaeschke daher:

„*Ein so fortschrittliches Konzept wie das unsrige ist aller Mühe wert. Aber glaubt nicht, daß es den Himmel auf Erden und das Ende aller Probleme bedeutet.*"

Dietrich Jaeschke

12. Kapitel

Selbständigkeit und Partnerschaft – *Gruppe Ingenieurbau* München

Die Gruppe Ingenieurbau München ist der gemeinsame Name interdisziplinär arbeitender Bürogemeinschaften Beratender Ingenieure. Alle Mitglieder der Einzelbüros sind – als „Partner" – voll verantwortliche Teilhaber der Gruppe und somit ganz besonders interessiert, Projekte gut und erfolgreich zu bearbeiten und die interne Zusammenarbeit zu fördern. Es gibt weder einen „Chef" noch eine „Weisungsbefugnis", die persönliche Verantwortungsbereitschaft jedes einzelnen ist gefordert. Auf unkonventionelle Weise wird hier Demokratie im Unternehmen praktiziert, die nicht nur jeden Partner motiviert und leistungsfähiger macht, sondern von der letztendlich auch die Auftraggeber profitieren.

Das Unternehmen

Die wohl bekannteste Beschreibung der Funktionen und Aufgaben eines Unternehmers stammt von dem österrreichischen Wirtschaftswissenschaftler und Soziologen Joseph Alois Schumpeter: Der „Schumpetersche Unternehmer" ist ein innovativer Pragmatiker, der ständig auf der Suche nach neuen Produktionsverfahren, neuen Erfindungen und rationelleren Techniken ist. Seine Funktion besteht kurz gesagt darin, „daß er Dinge in Gang setzt" (siehe Literaturverzeichnis).

Der Unternehmer wird noch heute häufig mit dem Eigentümer eines Unternehmens gleichgesetzt, der kraft dieses Eigentums den Einsatz der Betriebsmittel und der Mitarbeiter zur Maximierung des Gewinnes lenkt und koordiniert. Aufgrund seiner Führungsqualitäten, seines Charismas oder seiner fachlichen Qualitäten ist er zur Leitung eines Unternehmens prädestiniert und erschließt mit Engagement und Kreativität neue Wege einer erfolgreichen Geschäftätigkeit.

Dieses Bild eines Unternehmers ist allerdings in den letzten Jahrzehnten durch zwei Entwicklungen verändert worden: einmal durch die Dominanz der Manager und der Spezialisten in den Führungsetagen der Großunternehmen und zum anderen durch das Aufkommen neuer innerbetrieblicher Organisationsformen und einer Umgestaltung der Eigentumsverhältnisse mit der Zielrichtung, Mitarbeiter am Erfolg und am Kapital des Unternehmens zu beteiligen. Diese Umgestaltungsprozesse, die seit den sechziger Jahren zunehmend auch von ehemaligen Eigentümer-Unternehmern initiiert oder aufgrund wirtschaftlicher Probleme von den Mitarbeitern ausgelöst wurden, haben sich verstärkt zu Beginn der achtziger Jahre fortgesetzt. Am weitesten geht diese Neufassung betrieblicher Arbeitsformen und damit die Neudefinition der Unternehmerfunktion in selbstverwalteten Betrieben. Nach der klassischen Definition beruht die Unternehmerfunktion auf der Verfügungsgewalt über Menschen und Maschinen aufgrund seines Eigentums an den Produktionsmitteln. Diese Verfügungsgewalt wird auf der Basis des Gestaltungswillens des Eigentümers in einer wirtschaftlich und technologisch fortschrittlichen Richtung genutzt. In selbstverwalteten Betrieben ist diese klassische Funktion anderen Unternehmereigenschaften gewichen; doch auch diese haben oft ihren

Ursprung in den traditionellen Werten der Pionierunternehmer des 19. Jahrhunderts, tragen heute aber einer veränderten gesellschaftlichen Situation Rechnung.

Innerbetriebliche Demokratie

Ein solches Selbstverwaltungsunternehmen ist die *Gruppe Ingenieurbau* in München; ein Unternehmer neuen Typs ist der Initiator dieses Modells, Sepp Rottmayr. Rottmayr ist gelernter Ingenieur. Er machte sich zunächst 1961 selbständig, bevor er 1969 gemeinsam mit Partner Harald Jordan zunächst in Bünde, dann in Bielefeld die erste *Gruppe Ingenieurbau* gründete. Beeinflußt auch von den gesellschaftspolitischen Strömungen der sechziger und frühen siebziger Jahre entstand ein Betriebsmodell, in dem eine Gemeinschaft einzelner selbständiger Ingenieure zusammenarbeitete. Diese waren als gleichberechtigte Partner rechtlich selbständig und boten Dienstleistungen im Bereich der Statik, Elektronik und der technischen Gebäudeausrüstung an. 1972 gründete Harald Jordan eine weitere *Gruppe Ingenieurbau* in Oldenburg. Sepp Rottmayr ging 1976 zurück nach München und errichtete dort mit zehn weiteren Partnern die *Gruppe Ingenieurbau* München.

In München arbeiten zur Zeit 15 Partner, meist Ingenieure und Techniker, in vier rechtlich selbständigen Ingenieurbüros, die sich als BGB-Gesellschaften konstituiert haben. Alle Partner sind gleichzeitig Gesellschafter einer *Verwaltungs*-GmbH, die die Infrastruktur des Gesamtbüros unterhält und in der das demokratische Betriebsmodell der *Gruppe Ingenieurbau* verankert ist.

Dieses Betriebsmodell kann mit den Stichworten autonome Arbeitsplanung, innerbetriebliches Informationswesen und einvernehmliche Koordination beschrieben werden:

Die nach technischen und fachlichen Gesichtspunkten gegliederten Büros sind eigenständige Einheiten mit eigener Buchführung und eigener Steuernummer. Die Zuordnung und Verteilung von Kundenaufträgen an Partnerbüros oder Projektgruppen,

Innerbetriebliche Demokratie 257

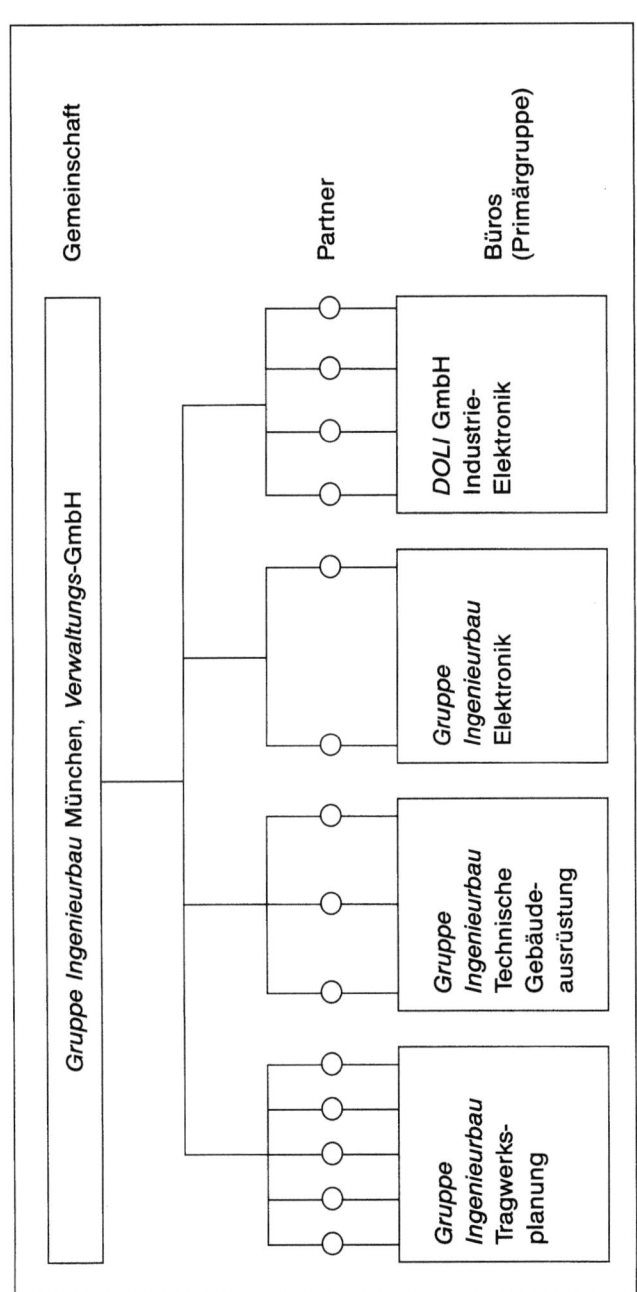

Abbildung 18: Rechtsstruktur der Gruppe Ingenieurbau München
Quelle: Die Firmen der 14 Chefs, Management Wissen 11/1985

die Verteilung der Einkünfte, die Investitionsplanung und die Kostenbudgetierung erfolgten bei der *Gruppe Ingenieurbau* nach einem sehr differenzierten System, das eine exakte Zuordnung der Leistung des einzelnen innerhalb der Gesamtgruppe ermöglichen soll.

Wenn zum Beispiel ein Auftrag über einen Partner oder an ein Partnerbüro erteilt ist, erhält der Akquisiteur das Anrecht auf einen bestimmten Anteil des Honorars als Akquisitionssatz. Damit geht die Entscheidungskompetenz für die Arbeitsverteilung aus diesem Auftrag an das Partnerbüro über. Handelt es sich um ein interdisziplinäres Projekt, an dem mehrere Büros beteiligt sind, so werden diese Büros entsprechend ihrer fachlichen Ausrichtung angesprochen und zur Mitarbeit eingeladen. Die interne Verteilung der Arbeit wird dann vom Partnerbüro selbst vorgenommen.

Nachdem feststeht, welche Partner am Projekt mitarbeiten, wählen diese einen Projektleiter. Der Projektleiter oder Federführende ist dann Koordinator und Ansprechpartner für den Auftraggeber. Über ein innerbetriebliches Vertrags- und Abrechnungswesen werden die Anteile der beteiligten Partner und Büros an den Kosten der gemeinsamen Betriebsführung sowie an den Einnahmen ermittelt. Grundlage dafür ist eine gegenseitige Leistungsbewertung der Partner, die auf den Qualifikations- und Persönlichkeitsmerkmalen des einzelnen basiert. Maßstab für die Verteilung ist die von den Partnern geleistete Arbeit. Unter Arbeit wird dabei das Ergebnis der Bemühungen und nicht die geleistete Arbeitszeit verstanden. Durch projektweise Abrechnung besteht ein direkter Zusammenhang zwischen der geleisteten Arbeit und den dafür erzielten Einnahmen.

Die Ausstattung der Büros und die Produktionsmittel gehören den einzelnen Partnern; sie stellen sie sich gegenseitig zur Verfügung. Es gibt kaum Gemeinschaftseigentum. Um die finanziellen Möglichkeiten der Partner zu berücksichtigen, kann in unterschiedlicher Höhe investiert werden. Ein Ausgleich erfolgt unter den Nutzern eines Investitionsgutes über die sogenannte Gerätemiete.

Das Informationssystem ist ein weiteres wesentliches Merkmal der demokratischen Betriebsstruktur der *Gruppe Ingenieurbau*. Sepp Rottmayr sieht als Folge jeder Amtshierarchie die Informationshierarchie. Die Informationen werden dabei entsprechend ihrer Bedeutung auf die einzelnen Ämter verteilt, und es wird sorgfältig darauf geachtet, daß nicht etwa ein Untergebener besser informiert ist als ein Vorgesetzter; dies würde die Position des Vorgesetzten gefährden. Wissen ist Macht! Dieser Satz gilt jedoch nur solange, wie das Wissen nicht Allgemeingut ist. Im Gegensatz zur Informationshierarchie ergibt sich für einen partnerschaftlich-demokratischen Betrieb die Forderung nach einem gut funktionierenden Informationssystem, das alle Informationen jedem zugänglich macht. Konsequent angewandt würde dies jedoch zu einer Informationsflut führen. Deshalb ist es sinnvoll, verschiedene Informationssysteme einzuführen. Die *Gruppe Ingenieurbau* unterscheidet vier solcher Systeme, in die der einzelne Partner eingebunden ist:

– Gesamtgruppe (umfaßt alle Partner),
– Fachgruppe (etwa Umweltschutz, Elektronik),
– Projektgruppe (umfaßt alle an einem Projekt beteiligten Partner),
– Partner (einzelne Partner).

Eine Auswahl der relevanten Informationen, zum Beispiel über Kundenaufträge, findet nur beim Informationsgeber und beim Informationsnehmer statt. Der erstere muß entscheiden, ob und welches der Informationssysteme er benutzen will, und der Informationsnehmer muß dann entscheiden, ob er Interesse hat oder nicht. Zwischen diesen beiden Stellen sollte ein möglichst ungehinderter Informationsfluß bestehen. Zur Erleichterung dienen unter anderem folgende Einrichtungen: Sitzungen, Kaffeepausen, Lautsprecheranlagen, Mithöranlagen, schwarzes Brett, für jeden einsehbare Postmappe, offene Arbeitsplätze und einheitliches Ablagesystem. Damit soll sichergestellt werden, daß sich jeder Partner in den einzelnen Büros über alle Vorgänge innerhalb der *Gruppe Ingenieurbau* umfassend informieren kann, ohne daß eine nach hierarchischen Gesichtspunkten durchgeführte Auswahl von Informationen stattfindet.

Während eine nach traditionellen Gesichtspunken geführte Unternehmung sich dadurch auszeichnet, daß die Geschäftsleitung oder der Unternehmer den Betriebsablauf kraft Weisungsbefugnis durch Anordnungen und Arbeitsanweisungen steuern kann, wird in Selbstverwaltungsunternehmen oft ein einvernehmliches Votum aller oder einer Mehrheit der Beteiligten bei Entscheidungsprozessen angestrebt. Bei der *Gruppe Ingenieurbau* ist dieses Kooperationsprinzip ausdrückliche Grundlage der gemeinsamen Arbeit. Während die täglichen operativen Entscheidungen routinemäßig von den fachkompetenten und betroffenen Mitarbeitern gefällt werden, werden strategische, langfristige Entscheidungen in den Fachgruppen diskutiert und einvernehmlich getroffen. Die besondere Gestaltung der Arbeitsorganisation in Form von Projektarbeit in Ingenieurbüros mit hochspezialisiertem, hochqualifiziertem Fachpersonal und relativ kleinen Projektgruppen kommt diesem kooperativen Entscheidungsverhalten sehr entgegen.

Dennoch, so Sepp Rottmayr, wäre es falsch zu sagen, in Selbstverwaltungsunternehmen wie der *Gruppe Ingenieurbau* gäbe es keine Hierarchien. Auch hier gibt es Personen, die kraft ihrer Fachkompetenz, ihrer langjährigen Betriebserfahrung oder ihrer persönlichen Ausstrahlung und Artikulationsfähigkeit größeren Einfluß in der Gruppe haben als andere. Allerdings handelt es sich dabei nicht um eine aufgrund einer Satzung oder auf Eigentumsrechten basierenden Hierarchie, sondern um eine natürlich gewachsene Abstufung der Einflußmöglichkeiten, die fachlich und menschlich legitimiert ist und durchaus wechseln kann. Nach Rottmayrs Überzeugung ist eine nach egalitärorganischen Prinzipien geordnete Organisationsform mit kooperativen Entscheidungsprozessen einer hierarchischen Organisation mit Entscheidungen von Einzelpersonen überlegen. Dies betrifft sowohl die Qualität der Entscheidungen als auch deren operative Umsetzung. Auch wenn kooperative Entscheidungen länger dauern oder unter Umständen gar nicht gefällt werden, so ist deren Qualität durch die der Vielzahl der eingebrachten Fachkenntnisse und Meinungen doch höher zu veranschlagen als die Qualität von Einzelentscheidungen. Zudem läßt sich eine kooperativ getroffene Entscheidung wesentlich leichter und reibungsloser umsetzen, weil sie von einer Mehrheit der Beteiligten und Betroffenen mitgetragen wird.

Selbständigkeit in der Partnerschaft

Entscheidungsbeteiligung der Mitarbeiter oder Partner und Übernahme der Verantwortung für die Folgen der Entscheidungen werden bei der *Gruppe Ingenieurbau* nicht isoliert betrachtet. Durch die umfangreichen Haftungsverpflichtungen aller Partner im Rahmen der BGB-Gesellschaften tragen sie das volle unternehmerische Risiko, partizipieren dafür aber auch an den Geschäftserträgen. Die individuelle Haftung der Partner soll das Gefühl und die Verantwortlichkeit für wirtschaftlich effizientes Handeln erhöhen und die individuelle Leistungsbereitschaft fördern. Die Übernahme unternehmerischer Verantwortung durch alle Partner, eine Verfahrensweise, die in vielen Eigentümerunternehmen klassischer Prägung als Verantwortungsverwässerung abgelehnt wird, kann also in bestimmten betrieblichen und sozialen Zusammenhängen, wie bei der *Gruppe Ingenieurbau*, durchaus wirtschaftlich sinnvoll, effizient und wünschenswert sein. Der Erfolg dieses in München inzwischen etablierten Unternehmens bestätigt das.

Sepp Rottmayr und seine Partner streben mit dem Modell *Gruppe Ingenieurbau* ein Prinzip an, das sie selbst „Selbständigkeit in der Partnerschaft" nennen. Berufliche Selbständigkeit, unternehmerisches Handeln und abhängige Beschäftigung im Rahmen eines Arbeitsverhältnisses oder einer Mitgliedschaft in einem selbstverwalteten Unternehmen, werden heute immer noch als sich gegenseitig ausschließende Prinzipien der individuellen Arbeitstätigkeit gesehen. Die Ingenieure in München wollen dagegen durch eine gemeinschaftliche, partnerschaftliche Arbeits- und Kooperationsform nicht nur einen ihrer Überzeugung entsprechenden innerbetrieblichen Arbeitszusammenhang schaffen, sondern betrachten solche Organisationsformen auch als Notwendigkeit für die Bereitstellung eines umfassenden, kundenorientierten Dienstleistungsprogramms. Besonders Spezialaufträge, bei denen alle Fachgruppen gemeinsam beteiligt sind, sind ein gutes Beispiel für die funktionierende Kooperation der Partner im Interesse der Auftraggeber. Zum Beispiel mußte ein Erweiterungsbau des Landratsamtes Rosenheim auf einem weichen, nachgiebigen Untergrund errichtet werden. Rottmayr und sein Team entwickelten dafür ein Konzept; danach schwimmt der gesamte Neubau auf hydraulischen Pressen, die das neue Gebäude mit Hilfe einer elektronischen Steuerung auf der Höhe des Altbaus halten.

Gemeinschaftliches Handeln nach außen und Selbständigkeit der Partner nach innen, so könnte man das Erfolgsrezept der *Gruppe Ingenieurbau* beschreiben. Rottmayr ist davon überzeugt, und seine langjährige Erfahrung in der Kooperation mit Partnern bestätigt ihn, daß sehr viele Menschen Führungs- und Motivationsfähigkeiten entwickeln können, wenn die geeigneten sozialen Zusammenhänge und Strukturen vorhanden sind. Die Entwicklung der Persönlichkeit zu selbständigem und verantwortungsvollem Handeln im Sinne der Gemeinschaft ist eines der wesentlichen Ziele der *Gruppe Ingenieurbau*. Dies wird auch dadurch deutlich, daß die Geschäftsführung der *Verwaltungs-GmbH* in regelmäßigem Turnus rotiert, wodurch alle Partner die Gelegenheit zur Übernahme unternehmerischer Verantwortung bekommen.

Streben nach Freiheit

Die Partner der *Gruppe Ingenieurbau* sehen sich als Unternehmer im klassischen Sinn des Wortes. Ähnlich wie die Pionierunternehmer des 19. Jahrhunderts muß ihrer Meinung nach auch ein moderner Unternehmer eine Vorstellung, eine Vision von der Gestaltung des innerbetrieblichen Arbeitszusammenhanges und vom Ziel der Unternehmenstätigkeit und darüber hinaus von der Entwicklung übergeordneter gesellschaftlicher Strukturen und sozialer Zusammenhänge haben. Er muß leistungs- und risikobereit sein, muß seine Partner und Mitarbeiter motivieren können, wobei sich soziales Engagement und wirtschaftliche Effizienz in Übereinstimmung bringen lassen müssen.

Diese unternehmerische Vision beinhaltet Werte, Normen und Vorstellungen von der Art und Weise der Wirtschaftstätigkeit und der gesellschaftlichen Realitäten, die sich im Verlauf der letzten hundert Jahre aber nachdrücklich gewandelt haben. Die patriarchalisch strukturierten Unternehmensformen des 19. Jahrhunderts, die zum Teil noch immer das klassische Unternehmerbild prägen, hatten ihre Entsprechung im strikt hierarchisch strukturierten Stände-Staat, entsprachen dem damaligen „Zeitgeist". Heute sind Wirtschaft und Gesellschaft von völlig anderen Vorstellungen über die Verhältnisse menschlichen Zusammenlebens und Zusammenarbeitens durchdrungen. Für Sepp Rottmayr ist es selbstverständlich, daß nur kooperative Unternehmensformen langfristig erfolgreich sein können. Nicht nur weil sie den gewandelten Wertvorstellungen und Normen einer modernen Gesellschaft am besten gerecht werden, sondern weil sie vielleicht gerade deswegen effizienter sein werden. In diesen Unternehmensformen kann Kreativität und Engagement der Beteiligten in vollem Umfang genutzt werden. Die klassischen Kennzeichen des Unternehmers: Gestaltungswille, Fähigkeit zur Motivation und Bereitschaft zur Übernahme von Verantwortung und Risiko bei realitätsgerechter Abwägung der wirtschaftlichen Rahmendaten, sind demgegenüber nahezu unverändert geblieben. Gewandelt hat sich aber die Art, wie gerade heute Unternehmerpersönlichkeiten ihren Lebensraum gestalten.

Sepp Rottmayr selbst ist stark von der Katholischen Soziallehre beeinflußt. Theodor Herr meint dazu (siehe Literaturverzeichnis):

„Zu den grundlegenden gesellschaftlichen Ordnungsprinzipien der Katholischen Soziallehre zählen die Prinzipien der Subsidiarität, der Personalität, der Solidarität und des Gemeinwohls. (...) Das Ziel der Katholischen Soziallehre ist eine pluriforme Gesellschaft mit einer Vielzahl gesellschaftlicher Gliederungen, Verbände und Institutionen in vertikaler und horizontaler Richtung. Die Gesellschaft und ihre staatliche Organisation sollen subsidiär strukturiert sein, das heißt, sie sollen sich von unten nach oben aufbauen, um so die bestmögliche Entfaltung des Einzelmenschen und seiner Fähigkeiten zu garantieren und den Bestand der kleinen Gemeinschaften, der Familie und der privaten Einrichtungen beispielsweise, zu sichern."
Theodor Herr

Wesentliches Kennzeichen des Menschen ist danach ein permanentes Streben nach Freiheit, nach Verwirklichungsmöglichkeiten der eigenen Vorstellungen von Leben und Arbeit. Rottmayr und die Partner der *Gruppe Ingenieurbau* sind davon überzeugt, daß nur Unternehmen, die diese Freiheit gewähren, langfristig erfolgreich sein werden. Der Unternehmer hat heute keine patriarchalische Funktion mehr, sondern kann nur durch sein Beispiel Ordnungskraft und Motivationselement im Unternehmen sein, indem er alle Kräfte auf das gemeinsame Gestaltungs- und Unternehmensziel in moderater Weise zusammenfaßt und ordnet.

Geschulte Realisten

Partizipative und selbstverwaltete Unternehmensformen haben nach Rottmayrs Meinung nicht nur eine betriebliche Relevanz, sondern sind auch für die weitere Entwicklung von Wirtschaft und Gesellschaft von großer Bedeutung. Hier werden „geschulte Realisten" ausgebildet, die frei sind vom antagonistischen Arbeitgeber-Arbeitnehmer-Denken. Somit können sie Leitfiguren auch auf gesellschaftlich-politischer Ebene sein. Die selbstverwalteten Unternehmen entwickeln Sensibilität für wirtschaftliche Notwendigkeiten und für zwischenmenschliche und soziale Fragen, die sich auf die gesellschaftliche Entwicklung insgesamt positiv auswirken.

Sepp Rottmayr und andere Partner übertragen die Unternehmensphilosophie der Selbständigkeit oder Selbstverwirklichung in einer betrieblichen Partnerschaft auch in ihr Privatleben. Nach dem Motto „Small is beautiful" versuchen sie nicht nur im Beruf in kleinen, überschaubaren Einheiten zu arbeiten, sondern insgesamt ihr Leben bewußt nach demokratischen und ökologischen Gesichtspunkten zu gestalten. Weniger gebrauchen und weniger verbrauchen, zwischenmenschliche und soziale Beziehungen auf kooperativer Basis pflegen – diese Lebensphilosophie vieler Partner gilt im Privatleben ebenso wie im Berufsleben. Auch wenn das Unternehmen *Gruppe Ingenieurbau* weiter wachsen sollte, will man von diesem Prinzip nicht abgehen. Auch dann sollen die überschaubaren Fachgruppen die

Basiseinheiten des Unternehmens bleiben, die sich gegebenenfalls zu Fachbereichen zusammenschließen können.
Begriffe wie Chancengleichheit, soziale Gerechtigkeit und Selbstverwirklichung sind für Rottmayr keine leeren Phrasen, sondern bezeichnen berechtigte individuelle Wünsche und gesellschaftspolitische Aufgaben. Chancengleichheit und soziale Gerechtigkeit sind für ihn Voraussetzungen, damit sich der einzelne im privaten und öffentlichen Leben entfalten und verwirklichen und seine Fähigkeiten zum Wohl der Gesellschaft optimal einsetzen kann. Für Sepp Rottmayr haben die Begriffe Chancengleichheit und Gleichberechtigung nichts mit Gleichmacherei zu tun:

„Gleichberechtigung heißt nicht, gleich sein, gleich viel haben, gleich viel gelten, gleich viel erreichen, gleich viel verdienen, gleich viel bewirken, also nicht gleich viele Möglichkeiten haben, es heißt nicht einmal gleich viel verantworten, nein, es heißt, das gleiche Recht haben, die gleiche Ausgangsbasis. Gleichberechtigung heißt bildlich: Alle Personen, zwischen denen Gleichberechtigung herrscht, stehen auf einer gemeinsamen, waagrechten Ebene, und über ihnen hängen unterschiedlich hoch die erstrebenswerten Güter der Welt wie: Erfolg, Macht, Geld, Ansehen. Alle haben denselben Boden, die gleiche Ausgangsbasis, jeder darf sich die Güter holen, aber die Möglichkeiten sind unterschiedlich, der eine ist klein, der andere ist groß, der Dritte kann hoch springen, der Vierte ist zu schwer, der Fünfte will gar nicht springen. Alle sind ungleich und doch haben sie das gleiche Recht – die gleiche Chance."

Aufgabe der Politik ist es heute, dafür Sorge zu tragen, daß diese Form der Gleichberechtigung verwirklicht wird, daß die Rahmenbedingungen für wirtschaftliches Handeln der Menschen und der Unternehmen definiert werden. Dabei ist das Leistungsprinzip, auch das Bemühen um Spitzenleistung, ebenso zu berücksichtigen wie das Prinzip der Chancengleichheit. Der Staat hat darüber hinaus die in unserer Zeit zunehmenden Bemühungen der Wirtschaft um eine an ökologischen Prinzipien orientierte Produktionstätigkeit zu würdigen und voranzutreiben. Erst dann wird der heute scheinbar dominierende Gegensatz zwischen Ökologie und Ökonomie aufzulösen sein.

Sepp Rottmayr rechnet fest damit, daß in einer zukünftigen, überwiegend an ökologischen Kriterien orientierten Selbstverwaltungswirtschaft viele unserer heutigen Probleme im gesellschaftlichen und wirtschaftlichen Bereich zu lösen sein werden. Besonders die institutionellen Großstrukturen, die Großunternehmen und Großtechnologien sowie die Verschmelzung vieler öffentlicher Einrichtungen zu Großkomplexen sieht Rottmayr als Hindernis für die Persönlichkeitsentfaltung des Menschen an. „Eine wucherungsartige Überentfaltung von wenigen, die an der Spitze stehen, und eine Unterentfaltung der vielen da unten. Beides ist keine ganzheitliche menschliche Entfaltung." Hier warten entsprechend große Aufgaben auf die geschulten Realisten aus den Selbstverwaltungsunternehmen.

Über die Demokratisierung der Wirtschaft

Das Zeitalter des Absolutismus war durch einen Satz geprägt, der mit dem damaligen französischen König Ludwig XIV. verbunden wird: „Der Staat bin ich." Zwei Jahrhunderte später setzte sich bei vielen Völkern ein ganz anderes Verständnis durch: „Der Staat sind wir alle."

Ein solcher Bewußtseinswandel sollte langsam auch in der Wirtschaft, vor allem in den Unternehmen einsetzen. Dieser Wandel müßte von der Vorstellung getragen sein, daß eine Betriebsgemeinschaft nicht in zwei Teile zerfällt – hier die Arbeitnehmer und dort die Arbeitgeber –, sondern daß der Betrieb eine Einheit ist und daß er allen gehört. Der Unternehmer sollte nicht mehr mit dieser Einsicht disponieren können, wie es ihm gerade einfällt.

Bedauerlicherweise sind diese Vorstellungen, die der katholischen Soziallehre entstammen, bisher nur wenig umgesetzt worden. Es dominiert heute nach wie vor die Teilung in zwei Interessengruppen. Die Folgen dieser Struktur zeigen sich dann, wenn ein Großunternehmen seine Geschäftstätigkeit einstellen muß: Ein riesiges Heer von hilflosen, abhängigen

---

Dokument 24: Sepp Rottmayr über die Demokratisierung der Wirtschaft

Quelle: *Management Wissen*, 11/1985

Geschulte Realisten

Arbeitnehmern steht auf der Straße und weiß sich nicht zu helfen. Besonders bei Großunternehmen ist die Gefahr vorhanden, daß sie am Markt vorbeiwirtschaften und daß sie nicht flexibel genug sind.

Dabei gibt es kaum eine Existenzberechtigung für große Gesellschaften. In der Vergangenheit hat sich gezeigt, daß selbst bei Projekten mit umfangreichen Aufgaben – zum Beispiel bei den Vorbereitungen zum Mondlandeunternehmen – kleine und innovationsfreudige Firmen mit einer guten Zusammenarbeit die Hauptleistung erbracht haben.

Solche kleineren Betriebe mit einer Belegschaft bis zu 300 Beschäftigten ließen sich auch gut auf demokratische Weise lenken. Sie müßten sich dazu aus Einheiten von sieben bis acht Mitarbeitern zusammensetzen, die jeweils für ihren Funktionsbereich verantwortlich sind. Dadurch könnte jedem einzelnen Verantwortung übertragen werden – das Unternehmen ließe sich so von unter her führen.

Doch bei der Umsetzung in die Praxis beginnen die Probleme. Daß sich heute Demokratien in Betrieben so schwer realisieren lassen, hängt mit den alten Strukturen zusammen, die in einer Polarität zwischen Mitarbeitern verschiedener Hierarchieebenen zum Ausdruck kommen: Der untergebene Arbeitnehmer will keine Verantwortung übernehmen, und der Vorgesetzte will sie nicht abgeben. In solchen Unternehmen würde es die Belegschaft in der Regel ablehnen, den Betrieb zu übernehmen, auch wenn sie ihn zu günstigen Bedingungen angeboten bekäme.

Um hieran etwas zu ändern, müßte vielen Mitarbeitern zunächst beigebracht werden, wie sie die Existenzrisiken in der Wirtschaft bewältigen können.

Dokument 24 (Forts.)

13. Kapitel

Selbstverwaltung und Unternehmertum – *Krebsmühle* GmbH

Ein Unternehmensmodell, das nicht ohne weiteres mit Beteiligungsformen traditioneller Unternehmen verglichen werden kann, ist die Krebsmühle GmbH – Arbeiterselbsthilfe. Arbeit ist hier ein Bestandteil des Lebens, Arbeit wird gelebt. Entstanden aus der Alternativ-Bewegung und initiiert von Selbsthilfegruppen Arbeitsloser, hat sich die Krebsmühle zu einem erfolgreichen selbstverwalteten Unternehmen entwickelt, mit dem als Konkurrent auf dem Markt gerechnet werden muß. Den Mitgliedern der ASH ist es gelungen, ihre Lebens- und Arbeitswelt nach ihren eigenen Gesichtspunkten und Wertvorstellungen zu gestalten. Traditionelle Unternehmen erkennen zunehmend die Vorteile solcher Modelle und sind dabei, Teile daraus zu übernehmen und in ihre eigene Unternehmenskultur zu integrieren.

Die Selbsthilfe

Die Entstehung vieler der hier beschriebenen Unternehmensmodelle fällt nicht zufällig in die Zeit der ausgehenden sechziger bis Mitte der siebziger Jahre. Denn das Jahr 1968 markiert einen Wendepunkt in der gesellschaftlichen und wirtschaftlichen Entwicklung der Bundesrepublik Deutschland, dessen Bedeutung erst heute, nach 20 Jahren, im historischen Rückblick voll erfaßt werden kann.

Die Bundesrepublik hatte zuvor nach einem einmaligen wirtschaftlichen Aufschwung die erste ernste Wirtschaftskrise überstanden, da kündigten sich in den Universitäten und Hochschulen Bewegungen an, die die Grundlagen des gesellschaftlichen Nachkriegssystems in diesem Land erschüttern sollten. In der Studentenbewegung manifestierte sich die Kritik der jungen Generation an wirtschaftlichen und gesellschaftlichen Strukturen insgesamt. Vietnamkrieg, Notstandsgesetze und Hochschulreform sind die Stichworte, an denen sich der Protest festmachte.

Auch wenn der Höhepunkt der Studentenbewegung mit dem Jahr 1968 bereits überschritten war, so haben sich seitdem doch tiefgreifende Veränderungen im gesellschaftlichen Gefüge der Bundesrepublik und vieler anderer Industrienationen vollzogen. Die Politik der inneren Reformen und der Liberalisierung durch die sozialliberale Koalition, die Entstehung der Frauenbewegung, das sich langsam entwickelnde Bewußtsein für die „Grenzen des Wachstums", die Kritik am Rüstungswettlauf, die Nord-Süd-Problematik, die Wirtschaftskrisen 1973/74 und 1977/78 und die aufkommende Massenarbeitslosigkeit in den achtziger Jahren haben das Bild von Wirtschaft, Staat und Gesellschaft nachhaltig verändert.

Die sogenannten „neuen sozialen Bewegungen", Anti-Kernkraft, Friedens-, Frauen-, Umweltbewegung und andere haben zu einer erheblichen Sensibilisierung und zunehmend kritischen Einstellung gegenüber wesentlichen wirtschaftlichen und gesellschaftlichen Einrichtungen geführt.

Unter dem Stichwort „Alternativbewegung" ist seither eine bunte Vielfalt neuer Protestformen, Lebens- und Arbeitsstile, Weltanschauungen, sozialer Aktivitäten und „Subkulturen" entstanden (Huber, J., siehe Literaturverzeichnis):

- Bürgerinitiativen,
- Ökologie- und Anti-Kernkraft-Bewegung,
- alternative Lebensstile und Konsumkritik,
- Frauenbewegung,
- Friedensbewegung und Dritte Welt-Initiativen.

Viele dieser Bewegungen gehören heute zu den anerkannten und positiv zu bewertenden Ausdrucksformen einer pluralistischen Gesellschaft.

In der Form von „Alternativbetrieben" – heute würde man „selbstverwaltete Betriebe und Unternehmen" sagen – sind Elemente der Protestbewegung auch zu einem volkswirtschaftlichen Faktor geworden.

Wie in der Geschichte oft zu beobachten, schlägt sich Gesellschaftskritik zunächst in Druckerzeugnissen nieder – alternative Verlage, Druckereien, Zeitschriften und Buchläden können seit der Studentenbewegung als die ersten alternativen Wirtschaftsbetriebe bezeichnet werden. Heute sind selbstverwaltete Betriebe darüber hinaus in vielen Branchen, vor allem im Dienstleistungsbereich und im Handel, präsent. Die Schätzungen über die Größe des alternativen Sektors sind sehr ungenau: 10 000 bis 14 000 Projekte mit etwa 80 000 bis 120 000 Mitarbeitern und einem Kreis von Sympathisanten von insgesamt etwa 500 000 Personen dürften die Größe des Marktes erkennen lassen (Reader zur Projektmesse, siehe Literaturverzeichnis), der besonders im Bereich des biologisch-dynamischen Anbaus und der Naturkost mittlerweile auch von traditionellen Unternehmen erschlossen wird.

Selbstverwaltete oder alternative Betriebe und Unternehmen zeichnen sich insbesondere durch drei Merkmale aus: „Die ökonomische Situation des Betriebes, die emotionale Situation zwischen den Mitgliedern und der politische Ansatz auf Veränderung der Gesellschaft. Diese drei Faktoren sind unabdingbar notwendig. Sie stehen in einem gleichgewichtigen Verhältnis zueinander" (Reader zur Projektmesse). Selbstverwaltete Betriebe erheben nicht nur den Anspruch, die Arbeitstätigkeit und die innerbetriebliche Organisation anders zu gestalten; gerade das Verhältnis der Gruppenmitglieder untereinander, die gleichen Lebens- und Arbeitsauffassungen, die in einem Projekt realisiert werden sollen, sind wesentliche Grundlage des Selbstverständnisses alternativer Betriebe. Viele neue Unternehmensformen und Beteiligungsmodelle unterscheiden sich von einer traditionellen Betriebsorganisation dadurch, daß herkömmliche Formen eines zentralisierten, hierarchischen Betriebsablaufs zugunsten einer materiellen und/oder immateriellen Beteiligung der Arbeitnehmer am Betriebsgeschehen aufgebrochen wurden. Die Alternativbetriebe unterscheiden sich von den konventionellen Beteiligungsmodellen noch insofern, als hier eine sozial- und gesellschaftspolitische Vision oder Zielvorstellung die Grundlage für das wirtschaftliche Handeln und die Struktur der innerbetrieblichen Organisation darstellt; eine Zielvorstellung, die ausdrücklich über die bestehenden Formen der Arbeits- und Lebensgestaltung hinausgeht.

Alternativbetriebe sind entstanden aus einer grundsätzlichen Kritik betrieblicher und gesellschaftlicher Organisationsformen. Ihr Ziel ist deshalb eine Veränderung dieser Organisationsformen. In den vielen Betrieben und Projekten soll beispielhaft gezeigt werden, daß solche Veränderungen möglich sind und funktionieren. Auch wenn im Zeichen einer zunehmenden „Professionalisierung der Szene" wirtschaftliche Aspekte des betrieblichen Handelns in den Vordergrund treten, bleibt das Grundverständnis der Mitarbeiter in den alternativen Projekten überwiegend wirtschafts- und gesellschaftskritisch.

ASH-Menschen machen Wirtschaft

Die ASH, Arbeiterselbsthilfe (früher Arbeitslosenselbsthilfe), Frankfurt-Oberursel, ist eines der bekanntesten Projekte im selbstverwalteten Bereich. Es handelt sich dabei um eine Gruppe von etwa 40 Personen, die seit 1977 in einer ehemaligen Brotfabrik des Berliner Unternehmers Horst Schiesser, der Krebsmühle in Oberursel, leben und arbeiten. Von Anfang an dabei waren Karl Bergmann und Gudrun Schmidt. Viele Mitglieder der Gruppe haben sich bereits 1975 in Frankfurt zusammengeschlossen. Sie waren zum Teil Studenten oder arbeitslos oder hatten schon lange Jahre in anderen Betrieben gearbeitet. Gemeinsam war ihnen, daß sie die traditionellen Arbeitsformen in undurchschaubaren, hierarchisch strukturierten Organisationen ablehnten und großstädtischen Lebensformen in Frankfurt und Umgebung kritisch gegenüberstanden. Karl Bergmann berichtet aber auch von der durchaus positiven Zielvorstellung der Gruppe, in einem konstruktiven, dem einzelnen Mitglied große Freiräume eröffnenden Projekt, selbst aktiv zu werden, um die Lebens- und Arbeitssituation aller zu verbessern. Ziel war der Aufbau einer anderen, besseren Realität und nicht allein die Kritik am Bestehenden.

Die Gruppe übernahm zunächst Arbeiten im handwerklichen Bereich, vor allem Renovierungen und Entrümpelungen. Brauchbare Möbel wurden auf dem Gelände einer ehemaligen Schuhfabrik in Frankfurt-Bonames aufgearbeitet und weiterverkauft. Die schlechte Lage am Stadtrand von Frankfurt und die ständige Bedrohung der materiellen Existenz durch den geplanten und immer wieder hinausgeschobenen Abriß der Fabrikhallen zwangen die ASHler allerdings bald dazu, ein neues Firmengelände zu erschließen. Schließlich entdeckten sie 1977 in Oberursel die Krebsmühle und pachteten sie zunächst für 7000 DM Monatsmiete. Die Krebsmühle war damals ein halb verfallener Gebäudekomplex mit einer potentiellen Nutzfläche von mehreren tausend Quadratmetern.

Der Umzug und die Inbesitznahme der Krebsmühle war der entscheidende Wendepunkt in der Geschichte der ASH und ist noch heute für die Alternativbewegung ein beispielhafter Schritt. Ohne jedes Eigenkapital und ohne die Möglichkeit der Kreditnahme wurde hier ein unternehmerisches Risiko eingegangen, das jedem klassischen Unternehmer zur Ehre gereichen würde. Allein das Vertrauen in die gestalterischen Möglichkeiten der Zukunft und in die Kraft der Gruppe haben es möglich gemacht, daß die Krebsmühle heute ein Beispiel für die Leistungsfähigkeit des alternativen Sektors ist.

Schon bald nach dem Umzug wurde der Gruppe klar, daß sich die umfangreichen Investitionen in die Krebsmühle nur dann lohnen, wenn man Eigentümer des gesamten Komplexes ist. Der Pachtvertrag wurde daher bald in einen Mietkaufvertrag umgewandelt. Der gemeinnützige Verein „Hilfe zur Selbsthilfe" ist seither Eigentümer des Geländes. Die Mietkaufsumme beträgt 20 000 DM pro Monat, was in etwa dem gesamten Monatsumsatz der ASH zum Kaufzeitpunkt entsprach. Der Kauf des Geländes und die Notwendigkeit zu investieren (bisherige Investitionssumme: 2 Millionen DM) zwangen schließlich zu einer erheblichen Ausweitung der wirtschaftlichen Aktivitäten. „Am Anfang waren die Möbel und nur die Möbel, und über deren Restaurierung (eine Qualifikation, die wir uns erst mal aneignen mußten) und deren Verkauf mußten die laufenden Kosten des Betriebes getragen werden, die Unterhaltskosten der Gruppe, Ausbaumaßnahmen in der Krebsmühle und der Aufbau zusätzlicher Arbeitsbereiche. Denn es war uns klar, daß der Möbelbetrieb mit seinen starken konjunkturellen Schwankungen und seiner unsicheren Zukunftsperspektive als einziger tragender Bereich eine sehr unstabile Basis für unsere Ökonomie und damit unsere Planung darstellt", schildert die Gruppe die wirtschaftlichen Überlegungen nach dem Kauf der Krebsmühle.

Die Entwicklung einer breiteren ökonomischen Basis begann mit der Einrichtung einer eigenen Druckerei, die für die umfangreiche Öffentlichkeitsarbeit der Gruppe auch aus politischen Gründen notwendig wurde. Diese Druckerei konnte bereits nach relativ kurzer Zeit eigenständig arbeiten und einen finanziellen Beitrag zum Aufbau der Krebsmühle leisten.

Mit der Ausweitung des Möbelgeschäftes ging gleichzeitig eine Professionalisierung der Wirtschaftstätigkeit einher. Gebrauchte Möbel und Antiquitäten wurden systematisch aufgekauft und aufbereitet und eine betriebswirtschaftliche Preiskalkulation mit entsprechenden Gewinnzuschlägen eingeführt. Einige Gruppenmitglieder hatten bei einem Aufenthalt in Österreich festgestellt, daß dort furnierte Möbel in überreichlichem Ausmaß angeboten wurden, zu Preisen, die trotz Zoll und Transportkosten einen Handel in der Bundesrepublik noch lukrativ erscheinen ließen. Zusätzliche Lagerräume wurden daher in Wien und in Bad Homburg angemietet und ein Teil der Möbelwerkstatt aus der Krebsmühle ausgelagert. Eine Schreinerei wurde zum ersten „richtigen Betrieb" ausgebaut, andere Tätigkeitsfelder der Mitglieder zu Arbeitsbereichen zusammengefaßt: Laugerei, Werkstatt, Schreinerei, Druckerei und andere.

Einen schweren wirtschaftlichen und moralischen Rückschlag erlebte die Gruppe im Juni 1981, als nach schweren Unwettern ein kleiner Bach auf dem Gelände der Krebsmühle über die Ufer trat und große Teile, insbesondere der Schreinerei überflutete. Viele Bestandteile des Maschinenparks konnte daraufhin nicht mehr genutzt werden oder waren reparaturbedürftig. Zum wirtschaftlichen Schaden kam die demoralisierende Wirkung dieser „Naturkatastrophe", die die Gruppe zu einem Zeitpunkt traf, als nach langen Jahren des Kampfes um das wirtschaftliche Überleben erstmals eine schmale wirtschaftliche Basis entwickelt werden konnte. In dieser Notsituation zeigte sich aber, daß Freunde und Bekannte und das gesamte Umfeld der „alternativen Szene" zu spontaner Hilfe bereit waren und durch Spenden und Kredite zum Wiederaufbau der Krebsmühle beitrugen.

In der Folgezeit entwickelte sich die Mühle zu einem Zentrum der Alternativbewegung und zu einem Ausflugsziel im Frankfurter Raum. Eine Cafeteria mit Küchenbetrieb wurde eingerichtet, die heute ein Kommunikationszentrum für die Mitarbeiter der ASH, deren Familien, Freunde und Gäste ist. Das kulturelle Angebot konnte wesentlich ausgeweitet werden, da ein Theater- und Versammlungsraum in der Krebsmühle eröffnet wurde. Es bestehen intensive Kontakte zu freien Theatergruppen, gewerkschaftlichen und politischen Einrichtungen und zu anderen selbstverwalteten Betrieben. Die Krebsmühle konnte zu einem Forum für alternative kulturelle und gesellschaftliche Aktivitäten ausgebaut werden. Hier fanden 1983 und 1984 die ersten alternativen Projektmessen für selbstverwaltete Betriebe und die ersten Gegen-Buchmessen statt. Viele andere Gruppen aus der Bundesrepublik nutzen die Räumlichkeiten in der Mühle für Zusammenkünfte. Gleichzeitig konnten neue Arbeitsbereiche und Projekte aufgebaut werden: Lehrlingswerkstatt, Fahrradladen, Büro der Öko-Bank, Zeitungen für selbstverwaltete Betriebe und der Verband der selbstverwalteten Betriebe. ASH und in Oberursel sind zu einem Kristallisationspunkt der Szene geworden.

Gesellschaftsrechtlich sind die Arbeitsbereiche und Projekte innerhalb der *Krebsmühle* GmbH zusammengefaßt, die aber mit ihrem jeweiligen Geschäftsführer nur nach außen als Vertretungsorgan der Krebsmühle auftritt. Die einzelnen Arbeitsbereiche sind selbständige Einrichtungen, die auch alle Entscheidungen autonom fällen. Übergeordnete Entscheidungen, die den Gesamtzusammenhang der ASH/Krebsmühle betreffen, werden dagegen im Plenum getroffen, das einmal wöchentlich zusammentritt. Die Arbeitsbereiche legen diesem Plenum in regelmäßigen Abständen Rechenschaftsberichte vor und berichten weiter über aktuelle Ereignisse und Planungen. Zum Plenum sind alle Mitarbeiter zugelassen, sowohl der Kern der Gruppe, der zum Teil mit Familien auf dem Gelände lebt, als auch andere Mitarbeiter. Entscheidungen werden im Plenum nach ausführlicher Diskussion einmütig getroffen – es gibt keine Abstimmungen. Erfahrene, langjährige Mitarbeiter, die in der Krebsmühle leben und arbeiten, haben dabei natürlich, so berichtet Karl Bergmann, mehr Argumentationsgewicht als Mitarbeiter, die lediglich in einem der Projekte mitarbeiten und sich darüber hinaus nicht besonders für die Gesamtzusammenhänge der Gruppe engagieren.

Jeder Arbeitsbereich verfügt über ein eigenes Rechnungswesen. Die aktuellen Daten und Zahlen zur wirtschaftlichen Situation des Bereiches und des Gesamtkomplexes ASH Krebsmühle werden öffentlich diskutiert. Erwirtschaftete Überschüsse werden nicht an die Gesellschafter der *Krebsmühle* ausgezahlt, sondern in den weiteren Ausbau investiert. Die Entlohnung der Mitarbeiter erfolgt nach dem Bedarfsprinzip. Neue Mitarbeiter nennen ihren monatlichen Geldbedarf, über den dann im Arbeitsbereich diskutiert wird. Laut Karl Bergmann hat diese Form der Entlohnung noch nie zu einem Problem geführt. Die Krebsmühle bietet den dort lebenden und arbeitenden Menschen umfangreiche Gemeinschaftseinrichtungen. Fahrzeuge, Küche, Cafeteria und anderes werden gemeinsam genutzt, dienen der Versorgung aller Mitarbeiter.

Wie in allen selbstverwalteten Betrieben und alternativen Projekten hat es auch in der Krebsmühle jahrelange Diskussionen über Fragen der Organisation, Entscheidungsfindung, Hier-

> **Lohn in der ASH**
>
> Wer in der ASH lebt und arbeitet, benötigt für seinen eigenen Lebensunterhalt einen Bruchteil dessen, was normalerweise zum Leben aufgebracht werden muß. Die individuelle Sorge um Wohnung, Ernährung und auch die Versorgung der Kinder entfällt. Dies ist kollektiv abgesichert. Was für eigene Bedürfnisse gebraucht wird, kann jeder unkontrolliert aus einer gemeinsamen Kasse entnehmen.
>
> Diejenigen Gruppenmitglieder, die außerhalb wohnen, erhalten einen Lohn. Für sie gelten ja andere Bedingungen, unter denen sie ihren Lebensunterhalt bestreiten müssen. Doch die Höhe dieses Lohns legen sie nach Maßgabe ihrer Bedürfnisse selbst fest.
>
> Gleichen Lohn für alle halten wir für ungerecht, nicht nur, weil das, was notwendigerweise zum Leben benötigt wird, unterschiedlich sein kann. Die Menschen sind verschieden und mit ihnen auch ihre Bedürfnisse. Gleichheit kann nur angestrebt werden bezogen auf den Grad, in dem die Summe dieser Bedürfnise befriedigt werden kann. Der Gradmesser hierfür aber liegt im einzelnen selbst. Nur er selbst kann wissen und sagen, was er braucht, um sich zufrieden zu fühlen.
>
> Fast von Anfang an wird bei der ASH diese Art von Entlohnung praktiziert, ernsthafte Schwierigkeiten gab es dabei niemals.

Dokument 25: „Lohn in der ASH"

archie und über den Anspruch der Gruppe hinsichtlich der Arbeitsgestaltung und der politischen Aktivitäten gegeben. Nach über zehn Jahren Selbstverwaltungserfahrung und ständiger Bedrohung durch den wirtschaftlichen Bankrott wird heute bei der ASH und bei vielen anderen selbstverwalteten Unternehmen die wirtschaftliche Konsolidierung der Projekte als zunächst wichtigste Gemeinschaftsaufgabe angesehen. Kulturelle, politische und soziale Aktivitäten haben zu lange im Vordergrund der Arbeit gestanden und bedrohen langfristig die wirtschaftliche Basis, ohne die diese Aktivitäten überhaupt nicht mehr möglich wären. Auch die ASH verlangt von den Mitgliedern und Mitarbeitern Leistung und aktives Engagement für das Gesamtprojekt. Die Konsolidierung der bestehenden Arbeitsverhältnisse ist in den Vordergrund der Aktivitäten der Gruppe gerückt.

Mittlerweile hat sich auf dem Gelände der Krebsmühle ein High-Tech-Betrieb für PC-Satz angesiedelt, an dem die *Krebsmühle GmbH* beteiligt ist; ein Vorgang, der angesichts der lange Jahre hindurch kritischen bis ablehnenden Haltung der Alternativbetriebe gegenüber neuen Technologien bis vor kurzem nicht denkbar gewesen wäre.

Trotz der zunehmenden Betonung des wirtschaftlichen Elementes des Projektes Krebsmühle und einer spürbaren Professionalisierung der Betriebs- und Unternehmensführung gehen die Zielsetzungen und Ansprüche der Mitglieder der ASH und der anderen selbstverwalteten Betriebe weit über den Bereich des Wirtschaftlichen hinaus. Dieser Anspruch ist auch bei der ASH deutlich formuliert (ASH-Krebsmühle − was ist denn das?):

„Die Krebsmühle soll und wird ein Zentrum werden, in dem Arbeit und Leben aufhören, gegensätzliche Begriffe zu sein. Wir entwickeln den Begriff der Arbeit neu in seinem positiven Charakter als integraler Bestandteil des Lebens, als Teil des Selbstfindungsprozesses, als Möglichkeit, die eigenen Grenzen fortwährend zu überschreiten. Wir erhoffen uns, mit unserer Arbeit zu positiven Impulsen beizutragen zu dem Umdenkungsprozeß, dessen gesellschaftliche Notwendigkeit immer stärker zutage tritt und der glücklicherweise auch immer mehr Menschen erfaßt. Unsere Praxis des gleichberechtigten Zusammenarbeitens und Zusammenlebens ist sicher nicht das Modell einer anderen Lebenspraxis für alle Menschen; dazu sind die Menschen zu unterschiedlich; die ASH mag aber als Beweis dafür dienen, daß es immerhin möglich ist, das eigene Leben an menschlichen Wertvorstellungen auszurichten, selbst in den engen Grenzen einer umgebenden Gesellschaft, deren Wertvorstellungen dem Begriff der Menschlichkeit und der zugehörigen

moralischen Kriterien diametral gegenüberstehen. Und an der Verschiebung dieser Grenzen, an der Erweiterung des Freiraums für Menschlichkeit arbeiten wir gemeinsam mit vielen anderen selbstverwalteten Betrieben."

Die „Aussteiger"?

Welches waren die Motive zur Gründung der ASH? Warum sind Ende der siebziger, Anfang der achtziger Jahre viele Menschen aus gesicherten Arbeits- und Lebensverhältnissen „ausgestiegen" oder gar nicht erst „eingestiegen"? Warum gehen Menschen ein ungeheures wirtschaftliches Risiko ein, ohne Kapital, bei unsicheren Zukunftsperspektiven und wenig stabilen individuellen Lebensverhältnissen?

All diese Fragen treffen auf viele Projekte, Betriebe und andere Formen alternativen Lebens und Arbeitens zu. In den Gründerjahren der Alternativbewegung waren die wirtschaftlichen Verhältnisse in den meisten Industrieländern nach überstandener Ölkrise noch relativ stabil, Arbeitslosigkeit und Umweltfragen noch nicht so große Probleme wie heute. Genau dies, nämlich der funktionierende Kapitalismus, war aber der Ansatzpunkt der Alternativbewegung. Viele Aussteiger und Nicht-Einsteiger empfanden damals die Lebens- und Arbeitssituation in den modernen Gesellschaften als nicht akzeptabel.

Im „Reader zur Projektmesse" (siehe Literaturverzeichnis) ist zu lesen:

„Nicht nur die entfremdete Situation am Arbeitsplatz haben wir als lebensfeindlich erlebt, sondern die gesamte Situation des Lebens im Spätkapitalismus. Der einzelne ist isoliert und zerrissen in seinen Lebensinteressen. Arbeit und Freizeit nicht nur verstümmelt, sondern auch schön säuberlich voneinander getrennt; beides hat wiederum nichts zu tun mit dem familiären oder Beziehungsrahmen; wieder ganz woanders versucht man sich politisch einzubringen; dann gibt's noch irgendwo die Wohngemeinschaft und so weiter und so weiter. – Eine Vielzahl von Interessen, die allesamt beanspruchen und nicht zusammenzu-

bringen sind. Was bleibt, ist ein ständiges Gefühl von Halbheit, Unzulänglichkeit und Unzufriedenheit.

Wesentliches Gründungsmotiv etwa der ASH war der Wunsch, mit sich selbst wieder identisch werden zu können über den Aufbau eines Lebensrahmens, in dem alle diese Interessen und Bedürfnisse einen Schnittpunkt finden. Dazu gehören selbstverständlich ganz wesentlich, auch die Arbeit in Selbstbestimmung zu bringen, das heißt der Aufbau eines eigenen Betriebes. Aber der Betrieb ist dennoch nur ein Teil des Ansatzes. Die meisten der damals vollzogenen Betriebsgründungen waren in dieser oder ähnlicher Weise politisch motiviert und darauf gerichtet, eine umfassende Alternative zu Leben und Arbeiten im Kapitalismus modellhaft zu entwickeln. Politisch haben wir das begriffen als Propaganda der Tat."

Die Arbeit in den Projekten, der Aufbau einer anderen Lebens- und Arbeitswelt wurde und wird auch heute noch als politische Aufgabe angesehen, als Propaganda der Tat. Selbstverwaltete Betriebe sollen zwar keine Vorbilder sein, aber Beispiele für Möglichkeiten alternativen, selbstbestimmten Lebens und Arbeitens abgeben. Die Projekte und Betriebe haben sich nie in eine Isolation zurückgezogen, sondern haben versucht, aktiv über ihre unmittelbare Umgebung hinaus zu wirken. Die gesamte Alternativbewegung wurde bald Gegenstand wissenschaftlicher Forschung in Universitäten und Hochschulen. Besonders in Berlin konnte eine breite Öffentlichkeit interessiert werden. Der alternative Sektor ist dort zu einem auch vom Senat anerkannten und geförderten Faktor der Sozial- und Wirtschaftspolitik geworden. Zusammenkünfte, Kongresse, Vernetzungen, Publikationen und eine ausgeprägte Öffentlichkeitsarbeit haben diese Experimente eines Lebens außerhalb der bürgerlichen Arbeitswelt in das Bewußtsein der Bürger und der Politiker gerückt.

Alternative Organisationsformen sind längst nicht mehr der exotische Traum von Spinnern. Viele Elemente daraus werden ausführlich diskutiert und untersucht oder in traditionellen Betrieben in Form von Mitarbeiterbeteiligungsmodellen übernommen. Wesentliche Elemente dieser Organisationsformen sind:

- die Abkoppelung der Entscheidungsbefugnis vom Eigentum am Kapital,
- Abbau hierarchischer Verhältnisse,
- das Prinzip des dezentralen Betriebsaufbaus,
- Selbstverantwortlichkeit,
- „gleicher Lohn für alle",
- Neutralisierung des Kapitals.

Jedes Projekt, jeder Betrieb zeichnet sich durch unterschiedliche Regelungen und Übereinkünfte hinsichtlich dieser Merkmale aus. Man findet heute innerbetriebliche Regelungen auch in vielen anderen Unternehmungen und Institutionen, die zumindest ansatzweise an diesen Prinzipien orientiert sind, die diese Prinzipien auch im Sinne einer Corporate Identity nach innen und außen propagieren. Der Ansatzpunkt und die Ansprüche der Alternativbewegung und der selbstverwalteten Betriebe, wo diese Prinzipien der innerbetrieblichen Organisation weitestgehend verwirklicht sind, geht jedoch über die bestehenden Verhältnisse hinaus.

„Die Entwicklung selbstverwalteter Betriebe ist ein Versuch, innerhalb des kapitalistischen Wirtschaftssystems möglichst modellhaft Arbeitszusammenhänge und Produktionsverhältnisse zu entwickeln, die sich an den Bedürfnissen der Notwendigkeiten des Menschen orientieren, mehr noch: ein Versuch, den Wunsch nach Selbstverwirklichung der einzelnen Mitarbeiter möglichst weitgehend zur Richtlinie der betrieblichen Entwicklung zu erheben und dennoch oder darüber hinaus der Effizienz herkömmlicher Betriebe in nichts nachstehen zu müssen. Wir kamen aus politischen Zusammenhängen, in denen wir für Begriffe wie Konsumterror und Entfremdung sensibilisiert wurden. Wir hatten die Monotonie der Arbeit in Büros und Fabriken und das individuelle Karrierestreben allenthalben erlebt und wünschten uns Gemeinsamkeit, befriedigendes Zusammenarbeiten. Wir hatten immer nur Ohnmacht und Unterdrückung erfahren, in der Familie, in der Schule, während der Dienstpflicht, in der Fabrik und auf der Straße bei Protesten gegen Völkermord und Spekulatentum; jetzt wünschen wir uns eine solidarische Gemeinschaft, in der niemand Macht über niemanden ausüben sollte."

Die „Aussteiger"?

Seit der Gründungsphase mußten die alternativen Betriebe eine schwierige Entwicklung überleben. Kapitalknappheit und versperrter Zugang zu Krediten drängten viele Projekte in die Hinterhöfe verlassener Industrieansiedlungen. „Selbstausbeutung", überlange Arbeitszeit aufgrund veralteter Ausstattung und ineffizienter Organisation sowie das Primat ideologischer und politischer Werthaltungen haben lange Zeit viele Projekte in ihrer Existenz bedroht.

Start ohne Kapital

Aus acht Jahren eigener Erfahrung wissen wir, daß für alle selbstverwalteten Betriebe ein zentrales Problem existiert: die „Unterkapitalisierung". Was heißt das?

Die Arbeit in selbstverwalteten Betrieben wird in der Regel ohne größere finanzielle Eigenmittel, also ohne Anfangskapital begonnen. Bei der ASH waren dies vor acht Jahren ganze 250 DM, die alle zusammen mitbrachten.

Diese Unterkapitalisierung zwingt die Kollektive „in die Hinterhöfe", zwingt sie dazu, aus obskuren Schuppen noch einigermaßen nutzbare Werkstätten zu machen. Die Maschinen stammen aus vierter oder fünfter Hand und sind in keiner Weise mit den Produktionsmitteln herkömmlicher Betriebe vergleichbar. Daß unter solchen Bedingungen in den letzten Jahren überhaupt was entstehen konnte, grenzt schon an Wunder. Daß das meiste heute noch besteht (zum Vergleich: Bei neugegründeten Betrieben überlebten nur die Hälfte die ersten drei Jahre), zeugt deutlich von der in den selbstverwalteten Betrieben über das Prinzip der Selbstverwaltung freigesetzten Produktivkraft Eigeninitiative und Eigenverantwortlichkeit – eine Qualität unserer „Mitarbeiter", von herkömmlichen Unternehmern neidvoll-fasziniert zur Kenntnis genommen und doch für diese unerreichbar, weil sie mit dem Organisationsprinzip Selbstverwaltung untrennbar verknüpft ist.

Während sich einige Betriebe mittlerweile aus dieser mißlichen Anfangssituation befreien konnten (meist mit Hilfe von

---

Dokument 26: Die Anfänge der ASH

> Privatkrediten von Freunden oder aber Hilfestellung der Selbsthilfeorganisation „Netzwerk"), wird immer deutlicher, daß der Zugang zu „veralteten" Maschinen demnächst verbaut wird, weil gerade dieses Produktionspotential im Zuge der Krise und der Verschrottung zunehmend vernichtet wird.
> Unterkapitalisierung läßt sich nur ausgleichen über Kredite. Die Möglichkeiten privater Darlehen und auch die bescheidenen Mittel von „Netzwerk" sind allzu schnell ausgeschöpft. Geld von öffentlichen Förderungsmitteln oder Banken aber gibt es für selbstverwaltete Betriebe in der Regel nicht.
> Hier ist es wiederum gerade die Selbstverwaltung, die die Möglichkeiten in diese Richtung stark eingrenzt, da die Banken solche Betriebe als wirtschaftliche Unternehmen nicht ernst nehmen. Die kollektive Betriebsführung ist ihnen suspekt und erscheint ihnen alles andere als „kreditwürdig".

Dokument 26 (Forts.)

Es ist daher um so erstaunlicher, daß viele Projekte und Betriebe die Gründungsphase überhaupt überlebt haben und bis heute eine finanzielle und wirtschaftliche Konsolidierung erreichen konnten. Diese Konsolidierung ist verbunden mit einem härteren Wettbewerb, da die traditionellen Marktnischen, in denen sich die selbstverwalteten Betriebe zunächst oft ansiedelten, zum Beispiel handwerkliche Produkte, Umweltprodukte, Papier, Naturkost, Dienstleistungen aller Art, auch von anderen Unternehmen entdeckt wurden. Wirtschaftliche Notwendigkeiten zwangen viele Projekte dazu, entweder effizienter zu wirtschaften und die sozialen, gestalterischen, politischen und zwischenmenschlichen Aspekte des betrieblichen und privaten Alltags zurückzustellen oder aber mit dem wirtschaftlichen Bankrott auch die Basis einer freiheitlichen, selbstverwalteten Lebens- und Arbeitswelt zu verlieren. Die Ansprüche vieler Projekte, sozial deklassierten Menschen und Aussteigern eine Lebens- und Arbeitsmöglichkeit zu schaffen, aus denen heraus auch die ASH entstanden ist, können damit nicht mehr uneingeschränkt eingelöst werden. „Wir können und wollen keine Therapie mehr machen und private und zwischenmenschliche Konflikte und Beziehungskrisen lösen", sagt Karl Bergmann.

Selbstverwaltete Betriebe und alternative Projekte sind und bleiben ein soziales und arbeitsgestalterisches Experiment, bei dem aber eine erfolgreiche Wirtschaftstätigkeit als Basis für alle anderen Ausdrucksformen und Aktivitäten einer alternativen Kultur nun anerkannt wird.

Die neuen Unternehmer?

Der alternative Sektor hat in den letzten Jahren seine Leistungsfähigkeit und seine Bedeutung für die Volkswirtschaft insgesamt unter Beweis gestellt. Trotz aller Probleme und struktureller Benachteiligungen ist es hier gelungen, einige tausend Arbeitsplätze neu zu schaffen.

In den letzten Jahren ist das Konzept der „dualen Wirtschaft" umfassend diskutiert worden (ASH-Krebsmühle, siehe Literaturverzeichnis):

„Auf der einen Seite der stark subventionierte und bis ins letzte durchrationalisierte Bereich der normalen kapitalistischen Wirtschaft, in dem fleißig Profite geschaufelt werden und das Lohnniveau der dort Beschäftigten mindestens einigermaßen gehalten werden kann; auf der anderen Seite der „alternative Sektor", der sich derer annimmt, die als Spreu vom Weizen getrennt wurden, die hinuntergefallen sind in der allgemeinen Jagd auf die Arbeitsplätze, die Unqualifizierten, die Langsamen, alle die, die ihre Ellbogen nicht entsprechend einsetzen konnten oder wollten."

Eine solche Funktionsteilung und Unterscheidung der „traditionellen" und der „alternativen" Wirtschaft ist heute nicht mehr angemessen. Im Gegenteil: Es findet eine ständige Durchdringung beider Sektoren mit Ideen, Wertvorstellungen, Planungen und Regelungen statt. Auf seiten der Alternativen in Form der Professionalisierung der Betriebs- und Unternehmensführung und auf seiten vieler traditioneller Betriebe in Form der Übernahme bestimmter Funktionsprinzipien des alternativen Sektors. Selbstverwaltete Betriebe und deren Mitarbeiter und Mitglieder haben sich, auch wenn dies dort sicher (noch) nicht gern gehört wird, als innovative Unternehmer erwiesen. Es ist ihnen gelungen, ihre Lebens- und Arbeitswelt, wenn auch in bestimmten Grenzen, nach eigenen Gesichtspunkten und Wertvorstellungen zu gestalten, und sie haben darüber hinaus das wirtschaftliche und gesellschaftliche Leben der Bundesrepublik aufgelockert, Beispiele gegeben und Alternativen aufgezeigt. Sie haben neue demokratische Organisationsformen, neue Arbeitsformen und eine neue Gestaltung zwischenmenschlicher Beziehungen in den Betrieben erprobt.

Wesentliche Keimzelle der Alternativbewegung war die Ablehnung der Trennung von Arbeits- und Privatleben, der Wunsch nach Selbstverwaltung, Identifikation, Abbau von Hierarchien, Entwicklung neuer kreativer und menschengerechter Arbeitsformen. Teile dieser Prinzipien sind in veränderter Form und unter anderen Bedingungen auch in die Konzepte moderner Unternehmensführung eingegangen, auch wenn in den traditionellen Betrieben, was von den Alternativen immer wieder betont wird, das „Kapitalverwertungsinteresse" im Vordergrund aller Aktivitäten steht und nicht das Experimentieren für ein sinnvolles Leben in einer postkapitalistischen Gesellschaft. Auch wenn die Schlagworte „neue Unternehmer", „Kollektivunternehmer" oder „neue Selbständige" in der „Szene" nicht gerne gehört werden, so ist die Bezeichnung „Unternehmer" für Menschen wie Karl Bergmann und viele andere im Hinblick auf deren gestalterische und sozial-innovative Funktion sicher angemessen.

In einem Sammelband über Finanzierungsmodelle selbstverwalteter Betriebe beschreibt Peter Otten (siehe Literaturverzeichnis) die Zukunftsperspektiven dieser neuen Unternehmensformen:

„Es wird in Zukunft keinen Marktmechanismus und keinen technologischen Imperativ mehr geben, der die Entstehung großer, zentralisierter und bürokratisch organisierter Betriebe erzwingt. Damit kann und wird kein Widerspruch mehr bestehen zwischen der demokratisch verfaßten kleinen Gruppe, die allein die Probleme eines selbstverwalteten Betriebes bewältigen kann, und den Notwendigkeiten der Betriebsführung sich konzentrierender Unternehmen.

Die Chancen von selbstverwalteten Betriebskollektiven werden objektiv und subjektiv steigen. Die neue Arbeitsteilung der dritten industriellen Revolution verlangt Kooperation und demokratische Abstimmung, nicht aber Autokratie und Hierarchie. Die Dezentralisierung verlangt eine vertikale Form der Kooperation und Kommunikation und keine zentrale, das heißt hierarchische Vernetzung. Das Management in kleinen, von gleichartigen aber hochqualifizierten Informationshandwerkern, Ingenieuren oder Managern betriebenen Unternehmen verlangt eine sozial integrative, auf Zustimmung und nicht auf Gefolgschaft abgestimmte Führung. All das sind Elemente, die in keiner Betriebsverfassung besser realisiert werden können als im selbstverwalteten Betrieb. Genossenschaftliche Produktionskollektive, alternative Projekte und vergleichbare Experimente werden in Zukunft also nicht Exoten der Entwicklung sein, sondern deren Avantgarde. Sie praktizieren nämlich schon jetzt und in Zukunft vermehrt, was nicht genossenschaftlich organisierte Betriebe erst noch lernen müssen. Betriebliche Stabilität nämlich, so stimmen Managementtheoretiker und -praktiker in amerikanischen Großunternehmen (zum Beispiel GM-Betriebe in Tarrytown oder Lakewood) heute schon überein, wird in zunehmendem Maße abhängig sein von Motivation, von demokratischer Mitbestimmung, von funktionaler Egalität und arbeitsteiliger Nivellierung – und nicht zuletzt auch vom motivationsstabilisierendem Mitbesitz."

Peter Otten

14. Kapitel

Ein neues „System Arbeit" – randstad Organisation für Zeit-Arbeit GmbH

Die unternehmerische Tätigkeit des Zeitarbeitsunternehmens randstad erstreckt sich auf die Überlassung von Arbeitsleistungen an Unternehmen der Wirtschaft und die öffentliche Verwaltung zum Ausgleich von Personalengpässen. Dies ist aber nicht der alleinige Unternehmenszweck; randstad ist eine Beschäftigungsgesellschaft, die Arbeitnehmern – je nach persönlicher Zielsetzung, Lebenssituation oder beruflichen Wünschen – Arbeiten nach Maß, und zwar im Hinblick auf Lage und Dauer der Arbeitszeit, anbietet. Deswegen müssen randstads Führungskräfte die Fähigkeiten ihrer Mitarbeiter schnell erkennen und nachhaltig fördern, um Kunden und Mitarbeiter auf Dauer zufriedenstellen zu können.

Das Unternehmen

„Wir leben in einer Zeit des Umbruches, in der die Erfahrungen der Vergangenheit nicht mehr gültig sind oder der Erfahrungswert oder das Erfahrungskapital sich sehr viel schneller verbraucht als üblicherweise." So lautet das Fazit eines Vortrages von Professor Kurt H. Biedenkopf im Rahmen der „Fünf-Uhr-Tee-Veranstaltungsreihe" der *randstad*. Biedenkopf begründet dieses Statement am Beispiel von zehn Entwicklungstendenzen, die Gesellschaft und Arbeitswelt in den Industrienationen nachhaltig verändern werden. Neben der demographischen Entwicklung, dem Ende des exponentiellen Wachstums, der Emanzipation der Frauen und der Umweltpolitik sind es besonders die sich abzeichnenden Veränderungen auf dem Arbeitsmarkt, die nicht mit den Erfahrungen aus den sechziger und siebziger Jahren zu vergleichen sind. Besonders der Einsatz neuer technischer und organisatorischer Verfahren in Fabriken und Büros, die sich auf die Mikroelektronik als Basistechnologie zurückführen lassen, werden das „System Arbeit" nachhaltig beeinflussen. „Bürokommunikation", „Informations- und Kommunikationstechnik", „Vernetzung", „CAD" (Computerunterstütztes Konstruieren) und „CIM" (Computerintegrierte Verarbeitung) sind die Schlagworte einer revolutionären Veränderung.

Eng verbunden mit diesen Entwicklungstendenzen ist ein massiver Einstellungs- und Wertewandel großer Teile der Bevölkerung gegenüber der Arbeit und der individuellen Leistung. Schon heute sind fast zwei Drittel der Arbeitnehmer bereit, einen begrenzten Einkommensverlust hinzunehmen, wenn dadurch die Arbeit interessanter wird. Die Trennung von Arbeit und Freizeit, starre Arbeits- und Betriebszeiten, privates Statusdenken und die Verlagerung der Individualität auf den Feierabend und das Wochenende werden von immer weniger Zeitgenossen akzeptiert. Damit besteht aber auch die Chance, die individuelle Leistungsbereitschaft, die sich zunächst in die Freizeit verlagert hatte, wieder in die Arbeitswelt, wenn auch unter anderen Bedingungen, zurückzuholen.

Ein Unternehmer, dessen wirtschaftliches und politisches Engagement sich um die Lösung der mit diesen Veränderungen verbundenen Probleme dreht, ist Werner Then, Geschäftsführer der *randstad* GmbH mit Sitz in Eschborn. Then ist Vorstandsmitglied des Bundesverbandes Zeitarbeit e. V. (BZA) und Vorsitzender der Deutschen Management Gesellschaft (DMG). In den sechziger Jahren war er einer der führenden Repräsentanten der Sozialausschüsse der CDU und hatte innerhalb der Partei verschiedene hauptberufliche Managementfunktionen inne. Seit 1961 widmete er sich voll dem Aufbau der deutschen Tochter des niederländischen Zeitarbeitsunternehmens *randstad*, das heute zu den Großen der Branche zählt. Then ist darüber hinaus ein aktiver Publizist, der regelmäßig Beiträge und Kolumnen in verschiedenen Wirtschaftszeitschriften veröffentlicht. Sein Generalthema ist die „Entwicklung des Systems Arbeit", die daraus resultierenden Herausforderungen für die Parteien und Tarifpartner und die Perspektiven einer neugestalteten Arbeitswelt. Einer der wichtigsten Schritte auf dem Weg zu einer neuen Arbeitsgesellschaft ist für ihn die Flexibilisierung des „Systems Arbeit" in jeglicher Form. Werner Then ist der Auffassung, daß das Jahrhundert der kollektiven Einheitsregelungen der Arbeitswelt zu Ende geht. Vor uns liege eine Epoche der Individualität und Autonomie für mündige und sozial abgesicherte Bürger.

„Weder Beschäftigungsformen, Arbeitszeiten noch unsere sozialen Sicherungssysteme müssen von der Sache her einheitlich und starr sein. Die wesentlichen Sachzwänge haben wir selbst geschaffen, also können wir sie mit Mut, Kreativität und Intelligenz auch wieder auflösen. Ein offenes, flexibles ‚System Arbeit' ist die nächste Phase in der Entwicklung unserer sozialen Marktwirtschaft. Mit den heutigen Möglichkeiten der Technik sind wir in der Lage, neue Arbeits- und Beschäftigungsstrukturen zu schaffen. Die Wünsche der Arbeitnehmer nach mehr Freiheit im Arbeitsleben und die durch einen sich verstärkenden Wettbewerb immer notwendiger werdende schnelle betriebliche Anpassungsfähigkeit führen bei intelligenter Gestaltung zu einer wirtschaftlichen Dynamik und mehr Humanität."

Werner Then

Zeitarbeitsunternehmen wie *randstad* haben sehr frühzeitig den Bedarf der Unternehmen nach einer flexiblen Betriebsorganisa-

Das Unternehmen

tion aufgegriffen und in ein Dienstleistungsangebot umgesetzt. Unternehmer wie Werner Then sehen sich durch die neueren Entwicklungen auf dem Arbeitsmarkt, durch die nicht mehr übersehbaren Veränderungen im „System Arbeit" bestätigt.

randstad – mehr als Zeitarbeit

Der Name „Randstad" bezeichnet eine niederländische Landschaft im Raum Rotterdam-Amsterdam-Den Haag, die zu den am schnellsten gewachsenen europäischen Wirtschaftsregionen zählt. Das Unternehmen *randstad* wurde 1961 von Dr. Frits Goldschmeding und Gerid Daleboudt gegründet, die in einer wissenschaftlichen Untersuchung sowohl von seiten der Arbeitnehmer als auch auf Unternehmerseite eine Nachfrage nach flexibler Arbeit feststellten. Die deutsche Tochter *randstad Organisation für Zeit-Arbeit* GmbH wurde 1968 gegründet und seither von Werner Then als Geschäftsführer aufgebaut und geleitet. Das Unternehmen mit der Hauptverwaltung in Eschborn ist heute mit 20 Niederlassungen in der Bundesrepublik vertreten. Das Stammkapital beträgt 1,5 Millionen DM bei einem Umsatz von etwa 100 Millionen DM. 1985 konnte ein Wachstum von 40 Prozent und 1986 von 20 Prozent gegenüber dem jeweiligen Vorjahr erzielt werden. Bei *randstad* bestehen zur Zeit mehr als 2800 sogenannte überbetriebliche Arbeitsplätze, auf denen im Jahresverlauf mehr als 8500 gewerbliche Arbeitnehmer und Angestellte je nach Wunsch kürzer oder länger oder auch auf Dauer arbeiten. Für Organisations-, Führungs- und Verwaltungsaufgaben sind weitere etwa 170 Angestellte tätig.

Die Mitarbeiter eines Zeitarbeitsunternehmens erbringen ihre Arbeitsleistungen bei den Kunden dieses Unternehmens, wie dies etwa Monteure, Außendienstmitarbeiter, Handwerksgesellen und Mitarbeiter von Wartungsfirmen auch tun. Die überbetrieblich beschäftigten Zeitarbeitsmitarbeiter sind Spezialisten hinsichtlich einer schnellen Anpassung und Flexibilität. Zeitarbeitsunternehmen liefern also flexible Arbeit, außerbetriebliche Personalreserven und ermöglichen damit ihren Kunden eine flexible Arbeitsorganisation. Gleichzeitig werden auch individuelle Arbeitswünsche der Arbeitnehmer erfüllt.

Immer mehr Unternehmen nutzen die Dienstleistung dieser „außerbetrieblichen Personalabteilung" bei unvorhergesehenen oder größeren Auftragseingängen, technischen Engpässen, als Krankheits-, Urlaubs- und Schwangerschaftsvertretung sowie bei Weiterbildungsmaßnahmen, wenn Fachkräfte und Spezialisten im eigenen Betrieb fehlen, aber auch zur Überbrückung bei Kündigungen.

55 Prozent der *randstad*-Mitarbeiter sind Angestellte und werden für Büro- und Verwaltungsaufgaben sowie in den Bereichen EDV, Konstruktion und Technik eingesetzt. Alle übrigen arbeiten in der Produktion, im Montage- und Reparaturbereich oder erbringen einfache Arbeitsleistungen als Angelernte und Ungelernte. Bei etwa 70 Prozent der Arbeitseinsätze beträgt die Beschäftigungsdauer bei einem Kunden weniger als vier Wochen, etwa 20 Prozent der Kunden nehmen eine Einsatzdauer von drei Monaten bis zur gesetzlichen Höchstdauer von sechs Monaten in Anspruch. Fast 30 Prozent der *randstad*-Mitarbeiter werden während ihres Einsatzes von den entleihenden Unternehmen abgeworben – ein Zeichen für Qualität.

Zeitarbeit hat für die Unternehmen viele Vorteile. Die Beschäftigung von Zeitpersonal reduziert nicht nur die Personalkosten, sondern auch den Verwaltungsaufwand, wie er bei Anwerbung und Beschäftigung eigener Mitarbeiter entsteht, wenn sie nur vorübergehend beschäftigt werden können. Außerdem übernimmt das Zeitarbeitsunternehmen alle Arbeitgeberrisiken, zum Beispiel auch das Auswahlrisiko, denn Zeitpersonal kann unverzüglich ausgetauscht werden, wenn die Arbeitsleistung nicht den Anforderungen des Kundenbetriebes genügt.

Mit den überbetrieblich Beschäftigten wird von den Zeitarbeitsunternehmen ein schriftlicher Arbeitsvertrag im Rahmen des Arbeitnehmerüberlassungsgesetzes abgeschlossen. Alle Mitarbeiter haben ein sicheres Arbeitsverhältnis. Das Beschäftigungsrisiko liegt voll beim Zeitarbeitsunternehmen. Beispielsweise wird Lohnfortzahlung im Krankheitsfall, bei Urlaub und auch dann geleistet, wenn vorübergehend kein Einsatz bei einem Kunden möglich ist. Natürlich unterliegen alle überbetrieblich Beschäftigten dem gesetzlichen Kündigungsschutz. Auch für

Zeitarbeitnehmer gilt das Arbeits- und Sozialrecht in vollem Umfang.

Gesetzliche Grundlage der Zeitarbeit ist das 1972 verabschiedete „Gesetz zur Regelung der gewerbsmäßigen Arbeitnehmerüberlassung" (AÜG). Es sichert in erster Linie den sozialen Schutz der Arbeitnehmer und schafft einen gesetzlichen Rahmen für die Tätigkeit der Zeitarbeitsunternehmen. Gleichzeitig dient es der Abgrenzung der Zeitarbeitsfirmen gegenüber der staatlichen Arbeitsvermittlung. Das Gesetz sieht eine gewerberechtliche Erlaubnis für die Zeitarbeitsunternehmen vor, um unseriöse Firmen vom Markt fernzuhalten und den sozialen Schutz der überbetrieblich beschäftigten Zeitarbeitnehmer zu gewährleisten.

Nach Günter Wallraffs Enthüllungen über unseriöse und kriminelle Praktiken im Rahmen von Werkverträgen und illegaler Vermittlung (siehe Literaturverzeichnis) bemühen sich die seriösen Unternehmen der Branche, zum Beispiel die Mitglieder des Bundesverbandes Zeitarbeit e. V. (BZA), ihre Mitgliedschaft im BZA als Qualitätsmerkmal der Zeitarbeit deutlich herauszustellen. Sie wollen sich so von den Praktiken der „schwarzen Schafe" und von illegaler Beschäftigung und organisierter Schwarzarbeit abgrenzen.

Werner Then bot 1986 demjenigen seiner Führungskräfte eine Prämie von 2000 DM, dem es gelingt, mit Günter Wallraff, incognito oder nicht, einen Arbeitsvertrag abzuschließen, damit er so die Normalität eines seriösen Zeitarbeitsunternehmens kennenlernen könne.

Alle *randstad*-Mitarbeiter sind grundsätzlich unbefristet beschäftigt. Das Arbeitnehmerüberlassungsgesetz läßt befristete Arbeitsverträge nur dann zu, wenn ein in der Person des Arbeitnehmers liegender sachlicher Grund vorliegt. Dieser sachliche Grund muß im Arbeitsvertrag fixiert werden und für die Bundesanstalt für Arbeit überprüfbar sein, denn als zuständige Erlaubnisbehörde führen die Landesarbeitsämter bei den Zeitarbeitsunternehmen regelmäßig Prüfungen durch.

Die Kalkulation der Stundensätze ist bei *randstad* offengelegt und damit für jedermann nachprüfbar.

Zwischen der Deutschen Angestellten-Gewerkschaft und dem Zeitarbeitsverband wurden bereits 1970 Tarifverträge für Zeitarbeitnehmer abgeschlossen. Then war als damaliger Präsident des Unternehmensverbandes Zeitarbeit einer der entscheidenden Initiatoren dieses Tarifvertrages.

Der Deutsche Gewerkschaftsbund allerdings verweigert der Zeitarbeit bis heute die Anerkennung und damit eine entsprechende tarifvertragliche Absicherung der fast 80 000 regulären Arbeitsverhältnisse der in der Branche beschäftigten Mitarbeiter. Der DGB verweist dabei auf die unseriösen Praktiken einiger Zeitarbeitsunternehmer, während Werner Then und der Bundesverband Zeitarbeit gerade die tariflose Situation für gewerbliche Arbeitnehmer dafür verantwortlich machen, daß unseriöse Praktiken entstehen konnten. „Die Verweigerung eines Tarifvertrages leistet illegalen Praktiken Vorschub und diskriminiert die fast 200 000 Menschen, die im Verlaufe eines Jahres bei Zeitarbeitsunternehmen tätig sind." Dem BZA schwebt als Ziel ein allgemein verbindlicher Tarifvertrag mit einer Einzelgewerkschaft des DGB vor.

Neben den Vorteilen für die entleihenden Unternehmen, also die Kunden der Zeitarbeitsbranche, verweist man bei *randstad* auch auf die volkswirtschaftlichen und arbeitsmarktpolitischen Vorteile der Arbeitnehmerüberlassung: „Zeitarbeit baut Brücken und funktioniert sowohl als arbeitsmarktpolitischer wie auch als sozialer Stoßdämpfer. Die Zeitarbeit hat das Instrumentarium des Arbeitsmarktes erweitert und bietet Gestaltungsoptionen für offenere Beschäftigungsstrukturen, eine variable Arbeitsorganisation und flexible Arbeitskapazitäten, ohne daß dies zu Lasten der sozialen Absicherung der Arbeitnehmer geht. Diese betriebswirtschaftlichen Vorteile wurden schon immer von den großen Unternehmen erkannt und gerade in letzter Zeit verstärkt auch von Mittel- und Kleinbetrieben genutzt."

Aufgabe der Führungskräfte und Disponenten bei *randstad* ist es, die individuellen Nachfragen nach Zeitarbeit und flexibler Arbeitszeit mit dem Bedarf der Unternehmen an zusätzlichen Mitarbeitern in Übereinstimmung zu bringen. Eventuell auftretende Zeiten einer Nichtbeschäftigung müssen vom Arbeitgeber *randstad* bezahlt werden. Das Unternehmen verfügt mittlerweile über Kompetenzen in der Bewerberauswahl, der Personalplanung und -führung und über Kenntnisse allgemeiner Entwicklungstendenzen des Arbeitsmarktes in vielen Branchen und Bereichen, wie sie selbst die Personalabteilungen großer Unternehmen und Konzerne nicht aufweisen können. Alle Interessenten, die sich um eine Führungsaufgabe bei *randstad* bewerben – auch die Disponenten und Einsatzleiter – müssen sich neben der üblichen Bewerberauslese einem eintägigen Eignungstest unterwerfen und werden sechs Monate auf ihre Arbeit vorbereitet. Immerhin obliegt ihnen die Auswahl der überbetrieblich beschäftigten Zeitarbeitnehmer sowie die Analyse und Realisierung der Leistungsanforderungen der Kunden. So werden alle Bewerber für überbetriebliche Beschäftigung von den *randstad*-Personaldisponenten und Einsatzleitern auf ihre fachliche und persönliche Eignung überprüft. Denn die berufliche Qualifikation und die persönliche Einsatzbereitschaft und Zuverlässigkeit der überbetrieblich arbeitenden Mitarbeiter sind die Grundlage für die Qualität der angebotenen Dienstleistungen und damit für den Erfolg des Unernehmens. „*randstad* macht keine halben Sachen", so eine Werbeaussage.

Zeitarbeitsunternehmen leisten in betriebswirtschaftlicher und volkswirtschaftlicher Hinsicht sowie bezüglich der individuellen Arbeitsmöglichkeit einen Beitrag zur Dynamisierung und Flexibilisierung des Arbeitsmarktes und des „Systems Arbeit", was, so Werner Then, unabdingbar zur neuen Gestaltung der Arbeit unter Berücksichtigung der betrieblichen Notwendigkeit und der individuellen Bedürfnisse der Menschen dazugehört.

„*randstad* ... das ist eine Haltung"

randstad – das ist mehr als Zeitarbeit. Das ist, wie es ein Mitarbeiter in einer Dienstbesprechung ausdrückte, eine „Haltung". So lag es auch nur in der Konsequenz des Geistes, in dem *randstad* gegründet wurde, wenn Werner Then bereits 1970 veranlaßte, daß ein *randstad*-Betriebsrat gewählt wurde. Heute bestehen aufgrund eines Tarifvertrages mit der DAG und einer Zustimmung des Bundesarbeitsministers drei regionale Betriebsräte und ein Gesamtbetriebsrat. Der Gesamtbetriebsratsvorsitzende ist befugt, an den Sitzungen der *randstad*-Management-Gruppe teilzunehmen. Anfang 1988 wurde übrigens das Verfahren zur Wahl eines Aufsichtsrates eingeleitet, da *randstad* aufgrund seiner Mitarbeiterzahl dem Mitbestimmungsgesetz unterliegt.

Ausgehend von einer klar definierten Firmenphilosophie haben Kapitalgeber und Geschäftsleitung neben der wirtschaftlichen Ausrichtung des Unternehmens auch sozialethisch begründete Zielsetzungen für die Zusammenarbeit der Mitarbeiter vorgegeben. Gemeinsam mit den Mitarbeitern und auch dem Betriebsrat wurde nach einigen Jahren praktischer Übung das „*randstad* Unternehmensstatut" verfaßt, das in erster Linie als Handlungsanleitung und Element der innerbetrieblichen Ausbildung sowie als Kompaß für die Führungskräfte dient. „Wir wollen im ‚Sozialverband' Unternehmen eine neue Qualität des Führens und der partnerschaftlichen Zusammenarbeit ermöglichen. Dazu halten wir das Prinzip der Dezentralität bei kleinen überschaubaren Organisationseinheiten für eine wesentliche Voraussetzung", heißt es in dem Statut. Bei *randstad* denkt man subsidiär und verfolgt deshalb eine konsequent dezentrale Organisationsentwicklung, die den Mitarbeitergruppen vor Ort, in den einzelnen Niederlassungen, ein Höchstmaß an Entscheidungskompetenz, Dispositionsfreiheit und Entfaltungsmöglichkeiten eröffnen soll. Geschäftspolitische Initiativen gehen im Sinne von teilautonomen Gruppen in der Regel von den Mitarbeitern aus, die über eine genaue Marktkenntnis verfügen, aus der sie die für ihre Region optimale Geschäftspolitik ableiten. Unternehmensführung, erläutert Werner Then, wird als Dienstleistung am Mitarbeiter aufgefaßt. Die Funktion der Zentrale in Eschborn ist „Begleitung und Halt geben, Kümmern, Helfen im Sinne eines Dienstleistungszentrums für die gesamte *randstad*-Organisation".

Das Selbstverständnis der *randstad*-Mitarbeiter und die im Unternehmensstatut festgeschriebene Grundeinstellung kann als weitgehende immaterielle Mitarbeiterbeteiligung interpretiert werden, in die zum Teil auch die überbetrieblich Beschäftigten einbezogen sind. Diese haben neben dem Recht, individuelle Arbeitswünsche vorzubringen, auch die Möglichkeit, bestimmte Arbeitseinsätze, etwa in der Rüstung, in der chemischen Industrie oder in Großunternehmen, abzulehnen.

Die *randstad*-Unternehmensphilosophie ruht auf zwei Säulen: auf einem aus der humanistisch-christlichen Tradition hervorgegangenen Menschenbild, dem sich insbesondere Werner Then verpflichtet fühlt, und auf einem Festhalten an der Gemeinsamkeit der Werte aller Bürger, wie sie im Grundgesetz der Bundesrepublik formuliert sind und dort insbesondere die Wirtschaftsordnung der sozialen Marktwirtschaft betreffen.

Allgemeine Grundsätze und Prinzipien

Menschenwürde und Menschenrechte

Unter Menschenwürde versteht *randstad* den Anspruch des Menschen, als individueller, naturgegebener Träger geistig-sittlicher Werte geachtet zu werden. Außerdem umfaßt der Begriff der Menschenrechte nach unserer Auffassung die angeborenen, unveräußerlichen Rechte und Freiheiten, die dem einzelnen allein durch sein Menschsein zustehen.

Grundgesetz

Menschen-bild	Gemeinsame Werte der Bürger

So verstanden basiert das Selbstverständnis von der Würde und den Rechten des Menschen auf den in modernen Staatsverfassungen gewährleisteten Grundrechten der Menschen,

---

Dokument 27: Allgemeine Grundsätze und Prinzipien bei *randstad*

die in der Bundesrepublik Deutschland in den Artikeln 1 bis 19 des Grundgesetzes festgelegt sind.

Der Inhalt dieser Grundrechte schließt aber – übertragen auf die Arbeitswelt – zugleich auch die Pflicht der eigenen persönlichen Mitverantwortung des Arbeitgebers und aller Mitarbeiter ein: nämlich Freiheitsräume für alle Beteiligten zu schaffen, zu beachten und, wo sie gefährdet sind, zu schützen.

Menschenbild

Die psychische Beschaffenheit des Menschen, seine Fähigkeit, Erwartungen und Verhaltensweisen sind nach unserer Auffassung nicht nur von Erbanlagen bestimmt. Sie werden von ständigen Einflüssen seiner Umwelt ebenso beeinflußt, wie durch die Aus- und Rückwirkungen seiner individuellen Handlungen und Einstellungen.

Wir sehen im Menschen ein zur Freiheit begabtes, zur Eigenverantwortung verpflichtetes und zum sozialen Handeln ausgerichtetes Wesen, dessen Ziele und Vorstellungen durch drei grundlegende Bedürfnisarten bestimmt werden:

– den Wunsch, eine anspruchsvolle Aufgabe zur Selbsterfüllung und -verwirklichung auszuführen (individueller Mensch),
– Kontaktbedürfnis (sozialer Mensch),
– Eigennutz (ökonomischer Mensch).

Dieser allgemeine, humanistische Ansatz findet seine Begründung nicht nur in einer, sondern in verschiedenen Weltanschauungen (Humanismus, Christentum) sowie der abendländischen Tradition. In Respekt vor diesem Menschenbild sind wir, *randstad*, bestrebt, unseren Mitarbeitern den notwendigen Freiraum und die Voraussetzungen zur Selbstentfaltung und zur Erfüllung ihrer vielschichtigen Bedürfnisse zu schaffen und zu erhalten.

Dokument 27 (Forts.)

Im Gegensatz zu einem rein individualistischen oder rein kollektivistischen Menschenbild, wie sie in der Form des Frühkapitalismus oder des Totalitarismus repräsentiert sind, geht man bei *randstad* davon aus, daß der Mensch ein selbständiges Wesen ist, das ständig von seiner Umwelt beeinflußt wird und dessen Handlungen wieder auf die Umgebung, also auf andere Menschen, zurückwirken. Im Rahmen dieses „personalen Menschenbildes" werden die Grundsätze „soziale Freiheit" einerseits und „Chancengleichheit" andererseits akzeptiert, die wiederum in das Rechts- und Sozialstaatsprinzip des Grundgesetzes und in die als soziale Marktwirtschaft mit Privateigentum gestaltete Wirtschaftsverfassung einmünden. Die Eigentumsordnung des Artikels 14 des Grundgesetzes ist für Werner Then das beste Beispiel für dieses Prinzip: Während Absatz 1 ausdrücklich das Privateigentum an den Produktionsmitteln festschreibt, wird in Absatz 2 auf die sozial verpflichtende Komponente des Eigentums verwiesen, die nach Thens Überzeugung auch die Forderung beinhaltet, die Arbeitnehmer am wirtschaftlichen Erfolg eines Unternehmens teilhaben zu lassen. Weitgehende Freiheit des einzelnen und soziale Verpflichtung gegenüber der Gemeinschaft sind die sich gegenseitig bedingenden Seiten einer an der menschlichen Würde orientierten Gesellschaftsform. Weder ein ungehemmter „Ellbogenkapitalismus" noch die Unterdrückung jeder individuellen Initiative durch einen zentralen Planungsapparat sind erstrebenswerte Beispiele einer Wirtschaftsordnung; nur der gerechte Ausgleich zwischen Individualität und Verantwortung, so wie er im Grundgesetz und in der Idee der sozialen Marktwirtschaft verankert ist, kann den Nutzen des einzelnen und der Gemeinschaft insgesamt vermehren. Werner Then und die Mitarbeiter von *randstad* machen die Idee der sozialen Marktwirtschaft, wie sie von Ludwig Erhard und Alfred Müller-Armarck formuliert und praktiziert wurde, zum wesentlichen Bestandteil der *randstad*-Führungsphilosophie.

So ist es nicht verwunderlich, daß gerade in letzter Zeit in Schriften und Vorträgen von Werner Then immer wieder die Begriffe vom „Recht auf Zeiteigentum" und vom „verantworteten Management" oder von der „gesellschaftlichen Verantwortung der Unternehmer" auftauchen.

Allgemeine Zielsetzung

Unsere unternehmerische Zielsetzung orientiert sich an diesen Leitsätzen:

1. Wir nutzen Wachstumsmöglichkeiten effektiv, sofern dies entweder für das allgemeine oder das Interesse der mit dem Unternehmen Verbundenen sinnvoll ist.
2. Wir streben einen befriedigenden Gewinn an, der die Sicherheit aller mit dem Unternehmen Verbundenen gewährleistet.
3. Wir streben nach Kontinuität.

Dabei soll unser Handeln von Qualitätsbewußtsein, Zuverlässigkeit, Dienstbereitschaft und sozialem Engagement gekennzeichnet sein.

Aus den zuvor beschriebenen Einstellungen und Absichten ergeben sich folgende Konsequenzen:

- Durch weitere Spezialisierung in verschiedenen Unternehmensbereichen ein hohes Niveau der Dienstleistungen zu erreichen.
- Leistungen zum angemessenen Preis anzubieten.
- Sich der Notwendigkeit zur ständigen Veränderung und Anpassung der verschiedenen Dienstleistungsaktivitäten bewußt zu sein.
- Organisatorische Veränderungen nur nach einem aktiven Mitwirkungs- und Lernprozeß des Managements und der Mitarbeiter zu vollziehen. So sollen unsere Organisationsstrukturen nicht überwiegend formalistisch bedingt sein, sondern von den Mitarbeitern mitgestaltet werden.
- Allen Mitarbeitern Arbeitsbedingungen zu schaffen, die sowohl im materiellen als auch immateriellen Sinn Chancen zur Entwicklung und Entfaltung der in jedem einzelnen liegenden Möglichkeiten gewährleisten.
- Jedem Mitarbeiter – im Sinne von Personalentwicklung – durch systematische Aus- und Weiterbildung sowie Betreuung Aufstiegsmöglichkeiten zu bieten.

Dokument 28: randstads Ziele und Motive

- Eine vertrauensvolle und partnerschaftliche Zusammenarbeit mit unseren Kunden und Mitarbeitern zu schaffen und zu bewahren.
- Ein kooperatives Verhältnis mit Lieferanten finanzieller oder materieller Dienstleistungen unter Bedingungen aufrechtzuerhalten, die sowohl im ökonomischen wie auch zwischenmenschlichen Bereich die Kontinuität der Verbindung sicherstellen.

Unsere Motivation

Die Beweggründe für die Entwicklung unseres Selbstverständnisses basieren auf der Einsicht, innerhalb unseres Einflußbereiches die theoretisch begründeten gesellschaftlichen und wirtschaftlichen Ordnungsvorstellungen unseres staatlichen Systems in die Praxis umzusetzen. Dies dient sowohl der Kontinuitätssicherung unseres Unternehmens wie der Sozialen Marktwirtschaft.

Bei *randstad* haben die ökonomischen Interessen des Unternehmens und die individuellen Interessen der Mitarbeiter gleichrangige Bedeutung.

In diesem Sinne sind unsere leitenden Mitarbeiter verpflichtet, sowohl wirtschaftlich effektiv wie auch sozial ausgewogen zu handeln. In dieser Forderung sehen wir keinen unüberbrückbaren Gegensatz. Gleichwohl sind wir uns der darin enthaltenen Spannung bewußt. Eine schriftliche Handlungsanweisung als Leitlinie erscheint uns notwendig und sinnvoll.

Daneben verdeutlicht diese umfassende Beschreibung allen Mitarbeitern unseres geographisch stark dezentralisierten Unternehmens die „Ethik unserer Gruppe". Der „Stil unseres Hauses" soll als Prüfstein dienen, an dem jeder, der innerhalb des Unternehmens tätig ist, sein Handeln messen und kontrollieren kann.

So hat jeder die Möglichkeit zu prüfen, ob seine Einstellungen und sein Verhalten in ein zwar nur unvollkommen beschreib-

Dokument 28 (Forts.)

> bares, aber doch sehr gut nachzuempfindendes System hineinpassen.
>
> Schließlich fühlen wir uns für die Bedingungen verantwortlich, unter denen unsere Mitarbeiter ihre Arbeit verrichten und gleichzeitig einen wesentlichen Teil ihres Lebens verbringen.

Dokument 28 (Forts.)

Das Unternehmen selbst wird als Teil eines übergeordneten gesellschaftlichen Systems gesehen, dessen Werte und Zielsetzungen auch für die Zusammenarbeit im Unternehmen verbindliche Richtlinien sind. Die Form der Zusammenarbeit umfaßt mehr als nur die im Unternehmen Beschäftigten und deren Angehörige. Ganz oder teilweise sind auch andere Gruppen an der Arbeit und am Erfolg eines Unternehmens beteiligt: Kapitalgeber, Kunden, Lieferanten und nicht zuletzt die Kommunen und das Staatswesen als ganzes. Die Kreativität eines Unternehmens liegt daher im gemeinsamen Interesse aller mit dem Unternehmen Verbundenen. Werner Then, der die wirtschaftliche Entwicklung und die Philosophie des Unternehmens *randstad* wesentlich geprägt hat, faßt die Unternehmensgrundsätze zusammen: „Für mich gilt Respekt vor mündigen Menschen. Ein Betrieb ist für mich eine team-orientierte Leistungsgemeinschaft und ein Sozialverband. Mein wichtigstes Führungsprinzip ist, Führung als Dienstleistung zu sehen, Mitarbeiter weiterzubringen, sie zu Selbstverantwortung sowie Selbstentfaltung zu führen." Er sieht das Bild eines Unternehmers geprägt von Mut, Risikobereitschaft, Verantwortungsbereitschaft und in der Zukunft mehr noch durch gesellschaftliche Verantwortungsbereitschaft.

„Die Aufgabe des Unternehmers in der vor uns liegenden Phase der Entwicklung unserer Gesellschaft ist es, unsere demokratische Kultur, wie wir sie im Alltag leben dürfen, mit ihren Freiräumen, Kommunikations- und Informationsmöglichkeiten nun auch in der Leistungsgemeinschaft Betrieb behutsam umzusetzen und zu verwirklichen."

Werner Then

Service-Leistungen

randstad Korrespondenz „Arbeit zur Zeit"	Ein kostenloser Informationsdienst für Personalfachleute. Erscheint mindestens sechsmal jährlich mit einer Auflage von 20 000 Exemplaren.
randstad 5-Uhr-Tee	Eine Veranstaltungsreihe für Führungskräfte und Personalfachleute mit namhaften Referenten aus Wirtschaft, Wissenschaft und Politik. (...)
Dämmerschoppen	Kleine Gesprächsrunde zu personalwirtschaftlichen Fragen für Personalleiter und andere leitende Mitarbeiter unserer Kundenfirmen.
Veranstaltungen für Betriebsräte	Gedankenaustausch zur aktuellen Tarif- und Personalpolitik mit dem randstad-Betriebsrat.
Arbeitshilfen	für die tägliche Arbeit der Personalleiter: zum Beispiel Urlaubsplaner, randstad-Jobsharing-Mustervertrag, Personal-Wählscheibe, Kostenvergleiche und Checklisten.
Information	über das Arbeitnehmerüberlassungs-Gesetz (AÜG) und andere Fragen aus dem Personalbereich.
Beratung	durch unsere Führungskräfte in personalwirtschaftlichen Fragen.

Dokument 29: Service-Leistungen von randstad

Then sieht den wesentlichen Unterschied zwischen einem Manager und einem Unternehmer darin, daß der Manager in der Regel mehr das Operative, vielleicht noch das Strategische organisiert und managt, während der Unternehmer langfristiger, in Entwicklungen und in Risiken, in Marktnischen und in Herausforderungen denken muß. Die Aufgabe des Unternehmers in der Zukunft ist die Umsetzung der demokratischen Kultur unserer Gesellschaft auch innerhalb des Betriebes, denn nur mit einem offenen, kooperativen Führungsstil kann ein Unternehmen angemessen geführt werden. In der Praxis hat sich *randstad* aufbauend auf der Firmenphilosophie eine Organisationsstruktur gegeben, die konsequent an der Hauptaufgabe des Unternehmens orientiert ist, dem schnellen Zusammenführen von kurzfristigem und vorübergehendem Arbeitskräftebedarf mit den besonderen individuellen Arbeitswünschen der Arbeitnehmer. Alle Tätigkeiten sind auf die Schnittstellen zum Kunden ausgerichtet. Die einzelnen Funktionen und Führungsaufgaben sind detailliert beschrieben. Die jeweils übergeordnete Ebene hat entsprechend dem Subsidiaritätsprinzip in erster Linie unterstützende und nicht anweisende Funktionen gegenüber der Basis zu erbringen. Grundlagen der gemeinsamen Arbeit sind kooperatives Führungsverhalten, gemeinsam erarbeitete Ziele und Maßnahmen, team-orientiertes Handeln, Delegation von Aufgaben und weitgehende Entscheidungsfreiheit auf der Grundlage der fachlichen und persönlichen Kompetenzen der einzelnen Mitarbeiter. Daß *randstad* ein erfolgreiches Unternehmen mit einer erfolgreichen Unternehmenskonzeption ist, zeigen nicht zuletzt die jährlichen Zuwachsraten. Darüber hinaus verfolgt man eine ausgesprochen selbstbewußte und offensive Öffentlichkeitsarbeit, die gerade die Unternehmensphilosophie in den Mittelpunkt stellt. Der „*randstad* Service" umfaßt neben den umfangreichen publizistischen Aktivitäten des Geschäftsführers Then die in Dokument 29 aufgeführten Produkte.

Das „System Arbeit"

Bei *randstad* ist man gewissermaßen von Berufs wegen mit der Reaktion auf Veränderungen des Arbeitsmarktes befaßt. Die

Abschätzung zukünftiger Entwicklungstendenzen in der Arbeitswelt gehört zu den grundlegenden Planungsdaten der Geschäftspolitik. Es liegt daher in der Natur des Unternehmenszweckes selbst, wenn im Rahmen der Öffentlichkeitsarbeit und des gesellschaftspolitischen Engagements der Mitarbeiter immer wieder auf den Veränderungsprozeß der Arbeit und der Gesellschaft und die daraus zu folgernden Schlüsse für die Gestaltung der Arbeitsorganisation hingewiesen wird. Dabei ist wiederum das *randstad*-Unternehmensstatut Grundlage für die arbeitsmarkt- und gesellschaftspolitischen Empfehlungen.

Die *randstad*-Analyse zur Arbeitsmarktentwicklung konstatiert bis zum Jahr 2000 gravierende Umbrüche im „System Arbeit", womit die Gesamtheit der organisatorischen, rechtlichen, sozialen und technischen Aspekte der Arbeitswelt umschrieben werden. Die Geschwindigkeit des Entwicklungs- oder Evolutionsprozesses nimmt dabei ständig zu. Vertrautes und persönliche Erfahrungen werden schnell durch neue Entwicklungen überholt. Die Ursachen für diesen Umbruch werden in den technischen Neuerungen, in der Einstellungsveränderung der Menschen und den anders gearteten Bedürfnissen der Menschen und Märkte gesehen. Fakten dieser Entwicklung sind:

- größere Konjunkturschwankungen,
- Ausweitung des weltweiten Wettbewerbs,
- Einsatz neuer Techniken mit entsprechenden Produktivitäts-, Informations-, Organisations- und Bewußtseinseffekten,
- Erwartung größerer Freizügigkeit in der Arbeitswelt,
- Bedeutungszuwachs der Berufstätigkeit auch für Frauen,
- demographische Entwicklung, wachsender Anteil der älteren Menschen,
- Trend zu größerer Selbständigkeit und Eigenverantwortung,
- zunehmende Kritik an einer einseitig orientierten Leistungsgesellschaft,
- Veränderungen des Konsum- und Verbraucherverhaltens,
- Problem der Umweltzerstörung,
- Sättigungstendenzen auf vielen traditionellen Märkten und damit Verringerung der Wachstumsraten.

Darüber hinaus wird das „System Arbeit" auch durch Veränderungen in der Werteskala unserer Gemeinschaft beeinflußt.

„Die Einstellungen der Menschen zu Produktion, Dienstleistungen, Produktionsverfahren, zu Macht- und Marktverhältnissen, zu Unternehmensführung, aber auch zu Arbeitszeit, Freizeit und Beschäftigungsformen sind mit der Zeit einem Wandel unterworfen. Die Veränderungen der Werteskala betreffen die emotionalen, organisatorischen und produktionstechnischen Erwartungen sowie die Vorstellungen von den Verhältnissen und Bedingungen, unter denen Menschen mit Freude und Erfolg arbeiten können. Nach mehr als 30 Jahren gelebter demokratischer Kultur mit ihren Freiheiten erwarten die Menschen nunmehr auch in der Arbeitswelt freiheitlichere Bedingungen mit mehr Wahlmöglichkeiten. Der Mensch überdenkt sein Verhältnis zu Ökonomie und Arbeit, zu Konsum und Besitz. Eine Folge wird sein, daß reine Erwerbsarbeit, die bisher kulturbestimmend und für den einzelnen Grundlage seiner persönlichen Identität gewesen ist, immer mehr in den Hintergrund tritt (...). Wenn lediglich die Bekämpfung der Arbeitslosigkeit zur Debatte steht, wird über das falsche Thema diskutiert. Im Mittelpunkt der Betrachtung müßte die künftige Ausgestaltung des ‚Systems Arbeit' stehen. Es geht also um die Gestaltung der Zukunft der Arbeit unter anderen technischen Voraussetzungen und neuen Wertvorstellungen des Menschen. Wir müssen dabei überkommene Führungs- und Organisationsstrukturen in unseren Unternehmen überprüfen, um neuen Entwicklungen Raum zu geben und gleichzeitig die bisherige Sozial- und Tarifpolitik in Frage stellen. Die derzeitigen Gesetze und die heutige Tarifpolitik sind doch lediglich das Ergebnis bisheriger Einsichten und Erkenntnisse, also die Wahrheit von gestern. Jetzt sind wir an dem Punkt angelangt, Arbeit freier, vielfältiger und durch die Möglichkeiten der Technik völlig anders gestalten zu können."

Werner Then

So die Analyse von Werner Then in einem Beitrag anläßlich eines Symposiums der Ludwig Erhard-Stiftung.

Staat und Tarifpartner, vor allem aber Führungskräfte und Unternehmen, sind dazu aufgerufen, an einer neuen Ordnung der Arbeitswelt mitzuwirken. Der Arbeitsmarkt, so Werner Then, sei heute das eigentliche schutzbedürftige Element unserer Wirtschaftsordnung. Nur wenn es gelingt, die Funktionen dieses Marktes von der starren und bürokratischen Reglementierung zu befreien, könne er wieder zu einem wichtigen Element des Ausgleichs des Arbeitsplatzangebotes und der Nachfrage nach Arbeit werden. Das Festhalten der Gewerkschaften an der Fiktion des sicheren Arbeitsplatzes ist für Then schlicht und einfach eine überholte Ideologie, mit der gesellschaftliche Machtpositionen gefestigt werden sollen. Diese Ideologie teilt die Gesellschaft in Arbeitsplatzbesitzende und Arbeitslose und verhindert das Entstehen neuer, flexibler und zukunftsorientierter Arbeitsmöglichkeiten. Die Aufgaben aller gestaltenden Kräfte in unserer Gesellschaft muß es sein, durch mehr Beweglichkeit im Arbeitssystem eine strukturelle Beschäftigungssicherheit zu erreichen.

„Die entscheidende Frage besteht darin, wie wir die Technik von morgen mit den Menschen von heute und der Organisation von gestern zusammenbringen. Die Aufgabe lautet, mit der neuen Technik und den neuen Einsichten organisatorische, soziale und gesellschaftliche Innovationen hervorzubringen."
Werner Then

Folgende Ansätze und Möglichkeiten sieht Then für die Ausgestaltung und Weiterentwicklung des Systems Arbeit:
– Ausbau der gleitenden Arbeitszeitsysteme und Einführung von Jahresarbeitszeitregelungen,
– Vergrößerung des Angebots an Teilzeitarbeitsplätzen,
– mehr überbetriebliche Arbeitsplätze in der Zeitarbeit,
– Verfügungstage, Langzeiturlaub, Sabbatzeiten und anderes,
– Ausbau und Anerkennung der Möglichkeit für Parallel- und Zweitberufe,
– Einrichtung von Tele- und Heimarbeitsplätzen für den einzelnen und für Gruppen,
– gleitende Einstiegsphasen in das und Ausstiegsphasen aus dem Berufsleben,
– Flexibilisierung der individuellen Lebensarbeitsphase,
– Verlagerung und Auslagerung von betriebsfremder Arbeit an spezialisierte Zulieferer und neue Selbständige im Rahmen von Werk- und Dienstverträgen,
– Beteiligung der Arbeitnehmer am Produktivvermögen der Wirtschaft und am Gewinn der Wirtschaft,

- neue Entlohnungsformen,
- Trennung von Arbeits- und Betriebszeiten zur besseren Auslastung der Produktionsanlagen,
- Erweiterung der gesetzlichen, tarifpolitischen und finanziellen Spielräume, die die Entstehung von neuen Dienstleistungsberufen oder Selbständigkeit in kreativen, kulturellen, familiären oder sportlichen Bereichen zulassen.

Um diese neuen Möglichkeiten zu schaffen, muß eine Flexibilisierung von Technik, Organisation, Führung, Arbeitsformen, Arbeitszeiten, Bezahlung und Mitarbeiterqualifikationen, aber auch eine beweglichere Infrastruktur erreicht werden. Der deutlich sichtbare Wandel in der Gesellschaft und im „System Arbeit" kann, so Then, eine Chance und ein Zeichen von Freiheit sein. Flexible Arbeit und eine dynamische, anpassungsfähige Gesellschaft können den neuen Herausforderungen gewachsen sein.

Flexibilisierung der Arbeit

Das wichtigste Element der neuen Gestaltungsaufgabe, so Then, ist die Flexibilisierung der Arbeit. „Ein flexibles Arbeitssystem, in dem man auch weniger arbeiten kann, wird den Arbeitsmarkt in Bewegung und damit fast einer Million Menschen zusätzliche Beschäftigung bringen." Neben der zeitlichen Flexibilisierung, das heißt der Abkoppelung der Betriebszeiten von den Arbeitszeiten durch flexible Tages-, Monats-, Jahres- und Lebensarbeitszeiten, ist eine organisatorische, technische und räumliche Flexibilisierung anzustreben. Bisher waren oft eine maximale Arbeitsteilung und Arbeitszerlegung das wirtschaftliche Organisations- und Kontrollprinzip der Arbeitsgestaltung, vor allem in den Produktionsbetrieben. Die neue Organisation der Arbeit muß durch eine Zusammenfassung von Arbeitsbereichen und Aufgaben gekennzeichnet sein, damit flexible Produktionsstrukturen entstehen können. Große, starre Produktionseinheiten müssen zu kleinen, überschaubaren Abteilungen reorganisiert werden, die sich durch eine wesentlich größere Anpassungsfähigkeit auszeichnen, und in denen die Arbeitnehmer ihre Arbeitszeit und die Arbeitsabläufe selbständig regeln können.

Flexibilisierung der Arbeit

Daneben ermöglichen dezentrale Strukturen ein größeres Maß an individueller Gestaltungsfreiheit und Selbstentfaltung, was zu mehr Eigeninitiative, Eigenverantwortlichkeit und sachgerechten Arbeitsabläufen und somit zu besseren Produkten führt. Vor allem die moderne Computer-, Kommunikations- und Steuerungstechnik bietet gute Möglichkeiten für dezentrale, teilautonome Lösungen. Die bisherige strikte Trennung von Arbeitsplatz und Wohnung kann so tendenziell aufgehoben werden. Mitarbeiter von Zeitarbeitsunternehmen und freie, selbständige Mitarbeiter könnten auch kurzfristige Personalengpässe ausgleichen und die Anpassungsgeschwindigkeit der Unternehmen wesentlich verbessern. Gleichzeitig würde sich das Know-how der Mitarbeiter und der Unternehmen erhöhen, wenn größere, gesteuerte Fluktuationen der Beschäftigten eintreten würden. Eine permanente Kommunikation zwischen internen und externen Mitarbeitern ist das beste Mittel gegen Betriebsblindheit und innerbetriebliche Erstarrung.

Die Höherqualifizierung und Fortbildung der Arbeitnehmer ist eine Schlüsselfrage der Arbeitsflexibilisierung. Weiterbildung sollte Teil der Arbeitszeit sein. Sie darf nicht zu weiterem Spezialistentum führen, sondern muß in die Breite gehen, damit die Mitarbeiter vielfältiger – multifunktional – an mehreren Arbeitsplätzen eingesetzt werden können.

Eine Beteiligung der Mitarbeiter am Gewinn des arbeitgebenden Unternehmens und am Produktivkapital der Wirtschaft hätte nicht nur positive Folgen für die Arbeitsmotivation und das „unternehmerische Denken", sondern würde auch zu flexiblen Entlohnungsmöglichkeiten führen, die die traditionelle Tarifpolitik erweitern und ergänzen könnten. Ähnliches gilt für das System der sozialen Sicherheit, dessen starre Gestaltung heute ein wesentlicher Kostenfaktor für die Unternehmen ist. Ein variables Sozialversicherungsrecht, eine neue Arbeitszeitordnung, ein größeres Maß an individueller Vertragsfreiheit und Tariföffnungsklauseln, damit Betriebsräte und Unternehmensleitungen im Sinne von Subsidiarität die für jedes Unternehmen optimalen Gestaltungsmöglichkeiten selbst festlegen können, sind in den Augen von Werner Then weitere Schritte zu einer unternehmensgerechten und menschengerechten Flexibilisierung. Die gesamte gesellschaftliche Infrastruktur wird sich an die Notwendigkeiten des neuen „Systems Arbeit" anpassen müssen. Dazu zählen insbesondere die Verkehrsdienstleistungen, Ladenöffnungszeiten, Freizeit, Kultur- und Sporteinrichtungen bis hin zu den Medien, Kindergärten, Schulen und Hochschulen sowie die Dienstleistungen der Behörden, Banken und Versicherungen.

Werner Then entwirft damit das Bild einer neuen Arbeits- und Gesellschaftsordnung, die bisher Utopie ist und gegen die es massiven Widerstand und vielfältige Argumente nicht nur von den Gewerkschaften, sondern auch von Unternehmern gibt. Denn dieser Entwurf stellt nicht nur die derzeitige Arbeitsordnung in Frage, sondern auch die traditionelle Unternehmensordnung. Alle diese Veränderungen ziehen Konsequenzen auch im Hinblick auf eine neue Personalführungsstruktur nach sich. Die wachsende Demokratisierung von Teilbereichen der Gesellschaft, die dynamische Entwicklung der technologischen Bedingungen in den Unternehmen und die Anforderungen einer flexiblen Arbeitsordnung haben auch neue Formen der Personalführung und -entwicklung hervorgebracht, die sich allmählich durchsetzen werden. Die Personalführung wird ein höheres Maß an sozialer Kompetenz aufbringen müssen. Von Führungskräften wird erwartet werden, daß sie mehr „Spielführer" und „Regisseure" sind und den Arbeitsgruppen und Abteilungen ein höheres Maß an Selbststeuerungsmöglichkeiten überlassen. Dies wiederum bedingt eine demokratische, menschenorientierte Unternehmenskultur, das heißt mehr Information, offene Kommunikation und mehr Mitgestaltungs- und Entfaltungsmöglichkeiten für die Mitarbeiter. Das bedeutet auch einen offeneren und konstruktiveren Umgang mit dem Betriebsrat, dessen Mitverantwortung für den Erfolg und die Kreativität des Unternehmens herausgefordert ist.

> **Methoden der Führung**
>
> In der sozialpsychologischen Grundlagenforschung hat es in den letzten Jahrzehnten nicht an Anstrengungen gefehlt, allgemeinverbindliche Führungsmethoden zu entwickeln. So entstand eine Vielzahl von unterschiedlich begründeten Führungsmodellen. Sie wurden teilweise als neue Heilslehren gepriesen und häufig ebenso rasch wieder verworfen.
>
> Rückblickend und aufgrund eigener Erfahrung stellen wir fest: Einen allgemeingültigen Führungsstil und das ideale Führungsverhalten gibt es nicht. Das bedeutet für uns:
>
> - Wir führen kooperativ.
> - Wir delegieren Aufgaben, Befugnisse und Verantwortung.
> - Übertragen die aus gesellschaftlichen Veränderungen gewonnenen Erfahrungen in die Arbeitswelt.
> - Spannungen werden – soweit unvermeidbar – durch ständige Kommunikation von vornherein so gering wie möglich gehalten.
> - Konflikte werden einvernehmlich – ohne „Sieger" und „Besiegte" – in gegenseitigem Respekt geregelt.
>
> Unter methodischen Gesichtspunkten gliedern wir den Führungsauftrag unserer Mitarbeiter in vier Funktionsbereiche:
>
> *Kommunikation*
>
> Die Unternehmensleitung verpflichtet sich, neue Ziele rechtzeitig bekanntzugeben und zu begründen.
>
> Mitarbeiter und Arbeitsgruppen werden für die jeweils zu erbringende Aufgabe gründlich vorbereitet.
>
> Für die im Zusammenhang mit der zu erbringenden Arbeitsleistung notwendigen Einzel- und Gruppengespräche steht ausreichend Zeit zur Verfügung.
>
> Unser innerbetriebliches Kommunikationssystem besteht neben den gesetzlich obligatorischen Betriebsversammlungen und Sprechstunden des Betriebsrates aus folgenden Einrichtungen:

Dokument 30: Methoden der Führung bei *randstad*

- turnusmäßige Besprechungen zwischen Geschäftsleitung und Führungskräften
- regelmäßige Konferenzen der Führungskräfte
- regelmäßige Mitarbeiterbesprechungen innerhalb der Funktionseinheiten
- betriebliche Informationsschriften „*randstad* Spiegel", „*randstad* interna" und „Betriebsrat Info"

Mitwirkung

Für die Führung unserer organisatorischen Einheiten ist jeweils ein Leiter verantwortlich. Diese Gruppenleiter haben die Aufgabe, teamorientierte Strukturen zu sichern, das Team zu fördern und alle Initiativen auf die Ziele der Gruppe und des Unternehmens auszurichten. Sie regeln die Aufgabenverteilung innerhalb des Teams und sorgen für den Informationsaustausch mit den anderen Bereichen des Unternehmens. Die Leiter haben die Aufgabe, ihre Mitarbeiter mitdenken und mitwirken zu lassen.

Delegation

Wir delegieren das Erstellen der jährlichen Planungsgrundlagen an die zuständigen Mitarbeiter. Aus den Einzelzielen der verschiedenen Bereiche entwickelt die Unternehmensleitung gemeinsam mit den Führungskräften die jährlichen Planungsvorgaben. Diese werden wiederum in Teilziele gegliedert und von den zuständigen Bereichen in eigener Verantwortung verfolgt. Durch die damit verbundenen Aktivitäten entfalten die Abteilungen neue Initiativen, so daß ein ständiger Prozeß der Willensbildung alle Bereiche des Unternehmens von unten nach oben und umgekehrt durchdringt.

Die Handlungsfreiheit unserer Führungskräfte findet dort ihre Grenzen, wo Mitarbeiter in ihren Arbeitsbereichen aufgrund fachlicher Qualifikation, Können und Erfahrung in der Lage sind, selbständig eine folgerichtige Entscheidung zu treffen. In Umkehrung hierzu wird die Handlungsfreiheit unserer Mitarbeiter dort eingeschränkt, wo die zuvor aufgeführten Kriterien (noch) nicht in ausreichendem Maße vorhanden sind. In

Dokument 30 (Forts.)

Flexibilisierung der Arbeit

diesen Fällen stellen wir – nach eingehender Erläuterung – das Direktionsrecht der Führungskraft über die Entscheidungskompetenz der Mitarbeiter.

Kontrolle

Kontrolle hat auch dienende Funktion. Sie hilft unseren Mitarbeitern bei der Durchführung ihrer Aufgaben und zeigt gegebenenfalls Möglichkeiten auf, wie eine Arbeit einfacher und/oder effektiver ausgeführt werden kann. Jeder Mitarbeiter wird im Rahmen eines einheitlichen Beurteilungssystems von seinem zuständigen Vorgesetzten „kontrolliert". Die Stärken und Schwächen werden besprochen. Weiterbildungsmaßnahmen können ein Ergebnis sein.

Wenn das Arbeitsinteresse einzelner Mitarbeiter nachläßt oder gar fehlt, ist es Aufgabe der Führungskraft, zunächst zu prüfen, ob dieses Desinteresse möglicherweise auf Führungsfehler oder organisatorische Mängel zurückzuführen ist, damit keine falschen Schlüsse gezogen werden.

Es entspricht dem Geist dieses Unternehmensstatuts, das kooperative Miteinander und die sachlich-kritische Auseinandersetzung ständig zu suchen. Nur so wird eine Abstimmung mit den Vorstellungen aller Mitarbeiter erreicht und unsere Zielsetzung, alle Aktivitäten des Unternehmens kooperativ zu erarbeiten und zu realisieren, möglich.

Dokument 30 (Forts.)

Demokratische Unternehmenskulturen

Unternehmenskultur ist in den letzten Jahren zu einem Modewort in der Diskussion über Unternehmensformen und Organisationen geworden – von vielen Firmen in Hochglanzbroschüren für Kunden und Mitarbeiter propagiert. Dennoch weist dieser Begriff in seinem Bedeutungsinhalt darauf hin, daß Arbeit in einem Unternehmen mehr ist als die Erstellung von Gütern und Dienstleistungen unter Zuhilfenahme vorgegebener technisch-organisatorischer Verfahren. Unternehmenskultur umfaßt mehr als gut formulierte Führungsrichtlinien oder ein angemessenes Betriebsklima. Sie ist die Summe der Selbstverständlichkeiten im Betrieb und umfaßt gerade auch das Führungsverhalten. Denn ein Unternehmen ist in erster Linie ein Sozialverband von Menschen, die einen großen Teil ihrer aktiven Lebenszeit in diesem Zusammenhang verbringen. Müßte Unternehmenskultur daher nicht eine Ausprägung der in unserer Gesellschaft gelebten demokratischen Kultur sein, in der gemeinsam getragene Werte und Verhaltensweisen einer freien Gesellschaft das Führungsverhalten und die Entscheidung im Hinblick auf Mitarbeiter, Zusammenarbeit, Technik, Organisation, Produkte beziehungsweise Dienstleistungen bestimmen?

„Unternehmenskultur ist Geistkapital und fördert, wenn sie sich ständig mit den Menschen des Betriebes und mit den gesellschaftlichen Entwicklungen sowie mit der Umwelt beschäftigt, den Unternehmenszweck und die Chancen auf dem Markt. Die Gründe hierfür sind einleuchtend, denn in einer gelebten demokratischen Unternehmenskultur darf der Mensch ‚er selbst' sein, er wird nicht nur mit seinen körperlichen Leistungen und geistigen Fähigkeiten rational gefördert, sondern er darf auch mit Herz und Seele, das heißt mit seinen Gefühlen anwesend sein."

Werner Then

Die bisherige Unternehmenskultur, so Then, war in der Mehrzahl der Betriebe eine Kultur der Zwänge, der Organisation und der Bürokratie. Es war eine Kultur der Vorgesetzten, die herrschten und keine Rückfragen zuließen. Dies führt dann natürlich zu einem Verlust an Zustimmung, Identifikation und oft zur inneren Kündigung. Deshalb ist es eine wichtige Aufgabe, unter dem Begriff Unternehmenskultur eine neue Strategie auf den Weg zu bringen, die auf eine Veränderung des Bewußtseins der Führungskräfte, der Mitarbeiter und der Unternehmer hinzielt. Ansonsten werden die Wünsche, Bedürfnisse, Fähigkeiten und Talente und die Bereitschaft der Menschen, aktiv mitzuarbeiten und mitzugestalten, mangels Chancen im Betrieb dann in den Bereich der Freizeit und der „Schattenwirtschaft" abwandern.

Führung und Management müssen neben dem rationalen auch wieder ein normatives, werteorientiertes Element enthalten, das die Mitarbeiter nicht nur in ihrer betrieblichen Funktion anspricht, sondern in ganzheitlicher Weise auf die Persönlichkeiten der Menschen eingeht. Nur so können sich kreative und engagierte Mitarbeiter entfalten und damit den Unternehmenserfolg bestimmen. Die Führungskräfte und Unternehmer müssen zu Moderatoren und Entwicklern werden, die die Mitarbeiter bei der Erledigung ihrer Aufgabe beraten und unterstützen. Sie müssen „Macht teilen", Geduld für den Prozeß des Miteinander aufbringen und letztlich auch bereit sein, den Erfolg zu teilen. Bei *randstad* ist man besonders darauf bedacht, daß die Führungskräfte ihre Mitarbeiter in den Entscheidungsprozeß einbeziehen. Führungsansprüche sollen nicht durch traditionelle, organisatorische oder gruppenspezifische Macht begründet sein, sondern vor allem durch persönliche, fachliche Qualifikationen und funktionale Autorität der Führungskräfte legitimiert werden, was letztlich eine Form von sozialer Kompetenz ist. Information der Mitarbeiter über alle Details der Unternehmensentwicklung und permanente Kommunikation sollen zu einem einheitlichen Wissensstand der Mitarbeiter beitragen und unabhängig von der Hierarchieebene zu mehr Engagement für das Unternehmen ermutigen. Auch die Zusammenarbeit mit dem Betriebsrat wird besonders gepflegt. Sie geht weit über die im Betriebsverfassungsgesetz vorgesehenen Möglichkeiten hinaus.

Die Realisierung einer demokratischen Unternehmenskultur erfordert soziale und organisatorische Innovationen im Betrieb, die mit den Stichworten Dezentralisierung, Subsidiarität, flexible Arbeitsorganisation, Information und Kommunikation, materielle und immaterielle Mitarbeiterbeteiligung und Selbstkontrolle beschrieben werden können. Eine solche Unternehmenskultur kann aber weder geplant noch konstruiert werden. Es handelt sich hier um einen Prozeß, um eine kontinuierliche Entwicklungsaufgabe.

Die Herausforderungen einer neu zu gestaltenden Arbeitswelt liegen nach Werner Then in sechs Bereichen:

1. Unternehmensphilosophie

Eine Unternehmung ist eine Einrichtung, die nicht außerhalb der Gesellschaft existiert. Menschliche Verhaltensweisen, Zwecke, Absichten und Werte und gesellschaftliche Einflüsse, wie etwa die Forderung nach mehr Demokratie, humaneren Arbeitsplätzen und Selbstbestimmung der Mitarbeiter, wirken sich hier massiv aus. Die unternehmensinterne Organisation und die Personalführung müssen im Sinne einer menschlichen und effizienten Arbeitsgestaltung darauf reagieren, müssen Positionen beziehen und den Beitrag des Unternehmens zur gesellschaftlichen Entwicklung verdeutlichen.

2. Sinn der Arbeit

Der Unternehmenszweck, sowohl in wirtschaftlicher als auch in volkswirtschaftlich-gesellschaftlicher Hinsicht, und die darauf ausgerichteten Arbeitsabläufe müssen von den Mitarbeitern akzeptiert und positiv bewertet werden. Nur wenn der Sinn der eigenen Tätigkeit und der positive Beitrag zur Unternehmensentwicklung gesehen werden, werden sich Mitarbeiter aktiv engagieren. Das bedeutet auch, daß Fragen der Ökologie, der Produktgestaltung und der Wiederverwendung von Materialien usw. anderes offensiv diskutiert werden müssen.

3. Soziale und kommunikative Kompetenz

Führungskräfte mit sozialer und kommunikativer Kompetenz sind gefordert, die gruppendynamischen Abläufe und den Prozeß des Miteinanders konstruktiv zu organisieren. Eine einvernehmliche Regelung und eine Akzeptanz von Konflikten gehört ebenso dazu wie selbstkritische Überprüfung der eigenen Funktion.

4. Gruppenbewußtsein

Eine Belegschaft oder eine Gruppe von Mitarbeitern in einer Abteilung ist mehr als die Summe ihrer Teile. Mitarbeiter und Vorgesetzte müssen an einem gemeinsamen Image und an von allen akzeptierten Werten und Zielsetzungen arbeiten, um die Aktivitäten der einzelnen zu einem sinnvollen Gruppenergebnis zusammenzuführen. Kommunikation und Information sind dazu die wichtigsten Hilfsmittel. Nur wenn der einzelne Mitarbeiter sich mit den Zielen der Arbeitsgruppe identifiziert und über alle relevanten Informationen verfügt und wenn eine entsprechende Organisation die individuellen Handlungen aufeinander abstimmt, wird die Arbeitsgruppe insgesamt optimale Leistungen erzielen.

5. Ein neues „System Arbeit"

Arbeitsflexibilisierung, demokratische Unternehmenskulturen, Mitarbeiterbeteiligung und die Abkehr von traditionellen, aber überkommenen Wertvorstellungen über die Arbeitswelt auf seiten der Unternehmer, der Politiker und Tarifpartner können zu einer neu gestalteten Arbeitswelt führen, die den Herausforderungen der Zukunft in individueller, gesellschaftlicher und arbeitsmarktpolitischer Hinsicht gewachsen ist.

6. Kybernetische Mechanismen

Die unternehmerische und wirtschaftliche Entwicklung muß als komplexer Prozeß begriffen werden, in dem alle Teile wechselseitig voneinander abhängig sind. Eingriffe und Veränderungen müssen diese Wechselwirkungen berücksichtigen. Die Systeme und deren dezentrale Einheit (Abteilungen) dürfen nicht als starre Struktur organisiert werden, sondern müssen Möglichkeiten der autonomen Selbststeuerung und Selbstorganisation enthalten. Nur so kann eine betriebswirtschaftlich und volkswirtschaftlich notwendige Anpassungsflexibilität erzielt werden.

Werner Then beschäftigt sich im Rahmen seiner unternehmerischen Tätigkeit bei *randstad* und seinen politisch-publizistischen Aktivitäten seit mehr als 20 Jahren mit diesen Fragestellungen. Seine an der Idee der Sozialen Marktwirtschaft orientierten

Überzeugungen sind die Grundlage der *randstad*-Unternehmensphilosophie. Persönliche Überzeugungen, Unternehmenszweck und Unternehmensorganisation können hier als Einheit angesehen werden, die eine gestalterische Perspektive über die Grenzen des Unternehmens hinaus darstellen soll. Werner Then und die Firma *randstad Organisation für Zeit-Arbeit* GmbH sind ein Beispiel für einen Unternehmer und ein Unternehmen, deren Aktivitäten und Zielsetzungen über die rentable Gestaltung des Betriebszweckes hinausgehen. Der Unternehmenszweck von *randstad* ist Teil der wirtschaftlichen und sozialpolitischen Zielvorstellungen des Unternehmers. Diese wiederum bestimmen weitgehend die Art und Weise der innerbetrieblichen Leistungserstellung und des menschlichen Miteinanders und wirken gleichzeitig beispielgebend über das Unternehmen hinaus.

15. Kapitel

Wird der Unternehmer noch gebraucht?
von Reinhard Mohn

Ohne kreative unternehmerische Leistung wird es keinen Fortschritt in der deutschen Wirtschaft geben, ist die Hypothese Reinhard Mohns in diesem Beitrag. Es besteht die Gefahr, daß der Unternehmer von heute sich zusehends zum bloßen Manager entwickelt, ohne wirklichen Bezug zum Unternehmen. Das Eigentum liegt oft ausschließlich in den Händen von Kapitalgebern, die nur an den Dividenden interessiert sind. Doch wichtig für den Erfolg eines Unternehmens ist eine persönliche Zielsetzung der Führungskräfte, eine Lebensphilosophie, die die Mitarbeiter motiviert und leistungsfähiger macht. Mohn zeigt, wie wichtig kreatives unternehmerisches Verständnis für alle Führungskräfte ist, damit Partnerschaft nicht nur unsere Wirtschaft positiv beeinflußt, sondern unsere gesamte Gesellschaft zu „neuen Ufern" führt.

schaftskonzeption des Sozialismus liegen zum einen in der Unterschätzung des Schwierigkeitsgrades der Führungsaufgabe und zum anderen in der Fehleinschätzung originärer menschlicher Wesensart. Der Versuch der Unterdrückung natürlichen individuellen Selbstverwirklichungsstrebens hat dort nicht nur die Leistungsbereitschaft der Menschen geschädigt, sondern vor allem ihrem Kreativitätspotential die Chance genommen. Dieses in unserer Zeit nicht zu begreifen und zuzugeben, kommt einer völligen Entwertung linker Kritik am Unternehmer gleich.

Noch relativ am besten wird der Unternehmer heute von den Menschen beurteilt, die ihn persönlich kennen und die Auswirkungen seiner Arbeit erfahren. Im Durchschnitt respektieren nämlich die Mitarbeiter eines Unternehmens die Haltung und Leistung ihres Chefs in erstaunlichem Umfang. Sie wissen auch um die Bedeutung seines Führungsbeitrages für ihr eigenes Wohlergehen. In der Tat eine Argumentation von Gewicht!

Diese Einschätzung des Unternehmers in unserer Zeit möchte ich ergänzen durch eine Darstellung der Entstehung und Handhabung unternehmerischer Führung im Bereich der Wirtschaft. Meines Erachtens ist es gerechtfertigt, die früheren Tätigkeiten des Handwerkers, Kaufmanns und Bauern abzugrenzen von der unternehmerischen Funktion, die sich in dieser Form erst im 19. Jahrhundert ergab. Erst die Veränderung der gesellschaftlichen und wirtschaftlichen Verhältnisse nach der französischen Revolution führte zu Bedingungen, die den uns heute bekannten Typ des Unternehmers prägten. Die Entwicklungen in Wissenschaft und Technik ergaben die Voraussetzungen für die Industrialisierung mit ihrer Massenproduktion. Der Abbau der Handelsschranken und verbesserte Verkehrsverhältnisse ließen zugleich Märkte von bisher unbekannter Größe entstehen. Der Wettbewerb war erst schwach ausgebildet und die Steuerlast minimal. Diese Bedingungen erlaubten eine üppige Kalkulation, verbunden mit einer hohen Eigenkapitalbindung. Selbst die damaligen Regierungen begrüßten und förderten diesen wirtschaftlichen Aufschwung – ohne wirksam zu reagieren, als sich die gesellschaftliche Unverträglichkeit des Systems abzeichnete. Wohl selten hat es für die Wirtschaft in einer Zeitepoche so enorme Expansions- und Gewinnchancen gegeben!

Über die Bedeutung des Unternehmers in unserer Wirtschaft gibt es derzeit unterschiedliche Auffassungen. Die größere Anzahl unserer Mitbürger steht dem Unternehmer nicht gerade ablehnend gegenüber, empfindet aber Unbehagen bei persönlichem Fehlverhalten, wie zum Beispiel Machtmißbrauch, überzogener Selbstdarstellung oder unangemessenem Lebensstandard. Die Kritik potenziert sich, wenn die auf dem privaten Eigentum beruhenden Führungsrechte an Unternehmererben geraten, die fachlich und charakterlich der Führungsaufgabe nicht gewachsen sind. In solchen Fällen wird der Umwelt allzu deutlich demonstriert, daß das kapitalistische System neben seiner Ungerechtigkeit auch erhebliche Führungsrisiken in sich birgt. Früher wurden solche Bedenken überdeckt durch spektakuläre Erfolge, die einzelne Unternehmer während der Gründerzeit erzielen konnten. Die heutigen Marktverhältnisse und gesellschaftlichen Rahmenbedingungen lassen solche für jedermann erkennbaren Erfolge nur noch selten zu. So ist es verständlich, daß Ruhm und Image des Unternehmers verblassen. So ist auch zu bedenken, daß das inzwischen erreichte demokratische Selbstverständnis unserer Bürger auf mehr Gerechtigkeit, Menschlichkeit und Selbstverwirklichung ausgerichtet ist. Hier haben sich neue Maßstäbe gebildet. Verhaltensweisen, die in dieses neue Bild nicht passen, werden entsprechend kritisch eingestuft. In der Tat ist es ja auch so, daß der liberale Kapitalismus sich niemals durch Menschlichkeit ausgezeichnet hat. Wenn sich die westlichen Demokratien trotzdem für die auf Eigentum begründete Wettbewerbswirtschaft entschieden haben, so geschah dies aus der Erkenntnis, daß keine andere Wirtschaftsordnung auch nur ähnlich gute Resultate bei der Versorgung des Marktes vorzuweisen hatte. Diese Begründung ist unseren Bürgern nicht immer deutlich. Entsprechend sollten wir Verständnis für ihre kritische Einstellung aufbringen.

Anders muß allerdings die Kritik der linken Systemverbesserer bewertet werden. Wenn diese Leute für sich ein wissenschaftlich abgesichertes Vorgehen in Anspruch nehmen, so ist anzumerken, daß ihre Propagierung der staatlich gelenkten Planwirtschaft in der Praxis total versagt hat und auch in der Theorie nicht schlüssig ist. Die entscheidenden Irrtümer in der Wirt-

Die Wende dieser Entwicklung zeichnete sich ab, als unter dem Einfluß demokratischen Gesellschaftsverständnisses der Freiheitsraum des Unternehmers zunehmend durch gesellschaftliche und gewerkschaftliche Einwirkungen begrenzt wurde. Bis zum heutigen Tag dauert die Umformung der Wirtschaftsordnung an. Vieles ist in menschlicher Hinsicht verbessert worden. Die heutige Form der Sozialen Marktwirtschaft kann als ein gesellschaftsverträglicher Kompromiß bewertet werden. Sicherlich ist aber dieser Entwicklungsprozeß noch nicht abgeschlossen. Nach der Lösung der sozialen Frage müssen wir nunmehr im Interesse der Menschlichkeit und Leistungsfähigkeit der Wirtschaft zugleich herausfinden, wie in der Welt der Arbeit die Zielsetzung der Selbstverwirklichung, der materiellen Gerechtigkeit und sozialen Verantwortung verbunden werden kann mit der uns abverlangten Evolutionsbefähigung und Leistungsfähigkeit. Mir scheint, hier zeichnet sich eine neue Jahrhundertaufgabe ab! Die wirtschaftlichen Chancen der „Gründerzeit" zu erfassen und zu gestalten, war das Verdienst von Männern, für deren Wesensart und Tätigkeit sich später der Begriff des „Unternehmers" ausbildete. Diese Männer verstanden es, das Potential der entstehenden Märkte mit den sich rasch entwickelnden Fertigungsmöglichkeiten und Produkten zu verbinden. Ihre Leistung bestand darin, alle vom Fertigungs- und Verteilungsprozeß betroffenen sachlichen und personellen Komponenten richtig einzuschätzen und optimal miteinander zu verknüpfen. Dazu war außergewöhnliche Gestaltungskraft ebenso erforderlich, wie Urteilsvermögen. Dieses aber sind Eigenschaften, die unter Menschen nur selten anzutreffen und nur begrenzt erlernbar sind. Im Verhältnis zu dem Millionenheer der Beschäftigten sind es realtiv wenige Unternehmer gewesen, die mit ihrer kreativen Befähigung die wirtschaftliche Evolution der Zeit bestimmten.

In diesem Zusammenhang ist bemerkenswert, wie gering wir heute bei all den vielen Vorschlägen zur Verbesserung unserer Wirtschaftsordnung die Bedeutung unternehmerischer Tätigkeit bewerten. Mancher Theoretiker glaubt, daß Systematik und Fleiß allein schon den Erfolg gewährleisten. Aber man möge sich nicht täuschen: Ohne die kreative unternehmerische Leistung wird es keinen spürbaren Fortschritt in unserer Wirtschaft geben!

Nachstehend möchte ich zum besseren Verständnis der Thematik die Besonderheit unternehmerischer Arbeit und Wesensart beschreiben. Mir scheint, daß gerade beim Unternehmer der Wunsch nach Selbstverwirklichung, Bewährung und Erfolg besonders ausgeprägt ist. Dieser Typus will seinen eigenen Weg gehen. Er bringt dazu Mut und Engagement mit, und er braucht viel Freiheit. Konventionen und überlieferte Weisheiten hinterfragt er kritisch. Früher als andere Menschen erspürt er neue Entwicklungen und Möglichkeiten. Er ist bereit, für die Durchsetzung seiner Überzeugung jegliche Last auf sich zu nehmen. Und diese Lasten sind beim Beschreiten neuer Wege nicht gering! So wird dem Unternehmer ein außergewöhnliches Maß an Mut, Kraft und Durchhaltevermögen abverlangt. Er muß es ertragen können, lange Zeit auf den Erfolg zu warten. Hohn und Spott seiner Zeitgenossen dürfen ihn nicht verunsichern.

Als Leiter eines Wirtschaftsunternehmens muß er insbesondere Menschen beurteilen, motivieren und führen können. Eine solche Fähigkeit setzt eine entsprechende Sensibilität voraus. Vor allen Aufgabenstellungen des Unternehmers hat wohl inzwischen die Personalarbeit den wichtigsten Rang eingenommen. Der Unternehmer selbst bedarf einer klaren persönlichen Zielsetzung oder Lebensphilosophie, die seine Haltung bestimmt und seine Tätigkeit in ein positives Verhältnis zu seinen Mitmenschen versetzt. Die frühere Interpretation seiner Zielsetzung als Gewinnmaximierung ist für den Unternehmer unserer Zeit unzureichend und gefährlich zugleich! Der Unternehmer muß im Rahmen unserer Gesellschaftsordnung seine mit vielen Rechten verbundene Tätigkeit zugleich auch als eine Verpflichtung gegenüber der Gesellschaft zu begreifen. Er sollte trotz des in unserer Verfassung garantierten Rechtes auf Eigentum beachten, daß dort auch mahnend steht: „Eigentum verpflichtet!" Dieser Sachverhalt begründet auch die von unseren Unternehmern vielfach noch unzureichend wahrgenommene Verpflichtung, die Gesellschaft und insbesondere die Mitarbeiter über Ziele und Entwicklung des Unternehmens zu unterrichten. Wenn der heutige Unternehmer falsch verstanden und oft genug unzutreffend beurteilt wird, ist das in nicht geringem Maße auch auf seine eigenen Versäumnisse im Bereich der Information zurückzuführen.

Wird der Unternehmer noch gebraucht?

Über alles Wissen und alle Intelligenz hinaus braucht der Unternehmer einen Sinn für das Mögliche und damit zugleich Phantasie und visionäre Kombinationsfähigkeit. Diese Eigenschaften müssen gepaart sein mit Gestaltungskraft und Urteilsfähigkeit. Auch das Durchhaltevermögen des Unternehmers spielt bei der kreativen Leistung eine wichtige Rolle. Die zündende Idee, der gedankliche Durchbruch kommen nicht ohne Bemühen und nicht sofort. Es ist manchmal auch falsch, konzentriert ein Problem anzugehen. Häufig stellt sich nämlich die optimale Lösung erst ein, wenn sich in einer Zeit der Muße und bei eher meditativem spielerischem Denken plötzlich eine Kombination von Faktoren abzeichnet, die zu einer verwertbaren Lösung ausgebaut werden kann. Zwar beflügelt den Unternehmer die Überzeugung, auf dem richtigen Weg zu sein, aber er weiß auch, daß zu jedem neuen Schritt Risikobereitschaft und Mut gehören. Diese Gefährdungen und die sich oft einstellende Einsamkeit dürfen den Unternehmer nicht anfechten. Sie gehören zu seiner Arbeit und seiner Welt, ebenso wie die Freude am Gestalten und das große Glück, das die Bestätigung durch den Erfolg auslöst. Wenn wir versuchen, den Typus des Unternehmers unter den wirtschaftlichen und gesellschaftlichen Bedingungen des 19. und 20. Jahrhunderts zu charakterisieren, so scheinen mir die nachstehenden Thesen gerechtfertigt zu sein.

Das liberale und strikt erfolgsorientierte System der Marktwirtschaft bewirkte neben vielem anderen insbesondere eine hervorragende Auswahl und Ausbildung der in der Wirtschaft führenden Persönlichkeiten. Kein anderes Ordnungssystem hat bis zum heutigen Tage eine bessere Auslese getroffen als dies der Markt mit seinen harten Bewährungsproben vermocht hat. Diese Bewertung gilt sowohl für den Aufstieg eines Unternehmers als auch für seinen Untergang. Es lohnt, an dieser Stelle einen Vergleich mit der entsprechenden Personalarbeit im öffentlichen Dienst anzustellen. Die Fehlleistungen, die mangelnde Flexibilität und die unzureichende Produktivität im Bereich der öffentlichen Hand zeigen drastisch, wie man es nicht machen darf! Der Unternehmer hat keinen Anspruch auf Sicherheit und soziale Hilfestellung. Er muß Erfolg haben – oder abtreten. Dies sind die Spielregeln des Wirtschaftssystems, das sich bisher in allen

Teilen unserer Welt als das erfolgreichste bewährt hat. Keine noch so differenzierte Planwirtschaft hat die personellen Führungsressourcen so gut gelenkt – und den Markt so gut versorgt. Die in unserer Zeit stets erhobene Forderung notwendiger sozialer Rücksichtnahme ist beim Unternehmer selbst fehl am Platze. Dieser erwartet und fordert das auch gar nicht. Die Chance der Bewährung und die Freiheit zum Gestalten sind für ihn viel wichtiger. Wir müssen allerdings sehen, daß das unternehmerische Risiko in unserer Zeit der Großbetriebe nicht nur den Unternehmer persönlich betrifft. Deshalb ist es erforderlich, die Arbeitsprämisse des Unternehmers nach freier Entfaltung in Einklang zu bringen mit einer notwendigen Risikobegrenzung für die Gesellschaft. Ein solcher Kompromiß bedeutet zwar ein Stück weniger unternehmerischer Freiheit, ist aber deshalb noch nicht systemsprengend. Schließlich wollen wir auch nicht übersehen, daß heute der internationale Markt dem Unternehmer sehr viel größere Erfolge ermöglicht als in früherer Zeit.

Die Wirksamkeit des marktwirtschaftlichen Systems beruht nicht zuletzt darauf, daß sich in ihm eine hohe Übereinstimmung zwischen den Anforderungen der gestellten Aufgabe und der persönlichen Motivation der Unternehmer ergab. Der Markt verlangte den Erfolg. Der Unternehmer suchte ihn als Ausdruck seines Strebens nach Selbstverwirklichung. Der Markt verlieh Reichtum, Macht und Ansehen – Attribute, die wohl die meisten Menschen verlocken. Die Aufgabenstellung des Unternehmers in der Marktwirtschaft gewährte Selbständigkeit und Freiheit – Bedingungen, die gerade ausgeprägte, eigenständige Persönlichkeiten suchen. Wir müssen bei dieser Charakterisierung auch auf das wiederholt bei großen Unternehmern anzutreffende gesellschaftliche und ethische Engagement verweisen. Dieses war zwar in früherer Zeit keine unabdingbare Prämisse des Erfolges, hat aber in vielen Fällen zur Stabilität der Unternehmen entscheidend beigetragen. Die Übereinstimmung der gegebenen Arbeitsbedingungen und der persönlichen Zielsetzung des Unternehmers wird besonders deutlich bei einem Vergleich mit der Aufgabenstellung der Führungskräfte im staatlichen Bereich. Der Selbstverwirklichung sind dort durch ein komplexes Netz von Gesetzen und Vorschriften enge Grenzen gesetzt. Wenn man akzeptiert, daß für den Erfolg das Führungssystem den entscheidenden Einfluß ausübt, kann man sich leicht erklären, worauf das bedauerliche Leistungsniveau der öffentlichen Hand zurückzuführen ist. Das marktwirtschaftliche System, dessen Repräsentant der Unternehmer ist, darf jedenfalls für sich in Anspruch nehmen, die Bedürfnisse der Menschen besser befriedigt zu haben als alle planwirtschaftlichen Alternativen. Ganz besonders muß darauf verwiesen werden, daß die Wettbewerbswirtschaft bezüglich der für unseren Lebensstandard wichtigen Evolutionsbefähigung der Planwirtschaft überlegen ist. Auch dieser Vorteil, der sich ganz wesentlich aus der Arbeit freier unternehmerischer Kreativität ergibt, muß als ein wesentlicher Bestandteil des marktwirtschaftlichen Systems gewürdigt werden.

Es wäre falsch und unredlich, wenn wir den Vorteilen der von Unternehmern geprägten Marktwirtschaft nicht auch ihre Nachteile gegenüberstellen würden. Die Marktwirtschaft ist auf Leistung und Erfolg ausgerichtet. Sie braucht liberale Arbeitsbedingungen und ist stets bestrebt, Hindernisse auszuräumen oder zu umgehen. Als solche Hindernisse empfindet sie auch notwendige Eingriffe des Staates, selbst wenn diese zum Beispiel mit der Kartellgesetzgebung der Aufrechterhaltung ihres eigenen Bestandes dienen. Andere gesellschaftliche Erfordernisse, die ihren Ausdruck finden in der Sozial- oder Steuergesetzgebung, werden nur widerstrebend akzeptiert. In der Tat haben wir ja auch erfahren, daß die optimale Grenzziehung zwischen dem Freiheitsraum für die Wirtschaft und der berechtigten Rücksichtnahme auf Belange der Gesellschaft eine schwierige und wohl niemals endgültig zu lösende Aufgabe darstellt. Hier liegen sicher noch weitere Lernprozesse vor uns: Die Wirtschaft muß begreifen, daß sie ohne stabile gesellschaftliche Verhältnisse langfristig keinen Erfolg haben kann, und die Gesellschaft sollte einsehen, daß der Freiraum der Wirtschaft eine Prämisse ihrer Leistungsfähigkeit ist.

Es ist sehr ermutigend zu erleben, wie sich in unserer Zeit in dieser Hinsicht zunehmend eine Konvergenz der Auffassungen ergibt. Es scheint mir sogar möglich zu sein, daß nach zwei Jahrhunderten auf den Schutz des arbeitenden Menschen ausgerichteter Sachpolitik nunmehr vorrangig Initiativen entstehen, welche Arbeit und Leistung als wesentliche Teile menschlicher Selbstverwirklichung begreifen und entsprechend mehr Freiheit und Selbstverantwortung in der Arbeitswelt fordern. Als Beispiel dafür möchte ich das zunehmende Engagement von immer mehr Mitarbeitern nennen, das sich als Folge der Delegation der Verantwortung und im Rahmen der Mitbestimmung am Arbeitplatz ergibt. So könnte ich mir vorstellen, daß die gegenwärtige Form der Sozialen Marktwirtschaft in unserem heutigen Streben nach mehr Humanität eine Wandlung zu liberaleren Verhältnissen und einem stärkeren Engagement aller Beschäftigten erfährt. Jedenfalls ist mir eine solche Evolution vom liberalen Kapitalismus über die soziale Marktwirtschaft zu menschlicheren und wirkungsvolleren Arbeitsformen eher vorstellbar als ein Erfolg aller derzeitig zu beobachtenden Reformansätze in der Wirtschaft der sozialistischen Länder. Den Kapitalismus kann man ohne entscheidende Substanzverluste gesellschaftsverträglich gestalten. Ob es dem Osten gelingen wird, ein nur annähernd gleich effizientes Wirtschaftssystem zu entwickeln, erscheint recht unglaubhaft. Der Hauptgrund für diese negative Einschätzung liegt darin, daß man es im Osten nicht versteht, die Bedingungen menschlicher Motivation im Wirtschaftssystem wirksam werden zu lassen.

Den gegenseitigen Einfluß von Gesellschaftsordnung und Wirtschaftssystem sollten wir nicht unterschätzen! Um die derzeitigen Rahmenbedingungen für unsere doch recht leistungsfähige Wirtschaft zu verstehen, müssen wir einen kurzen historischen Rückblick tun: Im Verlauf des 19. Jahrhunderts veränderte die sich durchsetzende demokratische Staatsform das Selbstverständnis der Menschen. Aus Untertanen wurden Bürger mit eigenen Vorstellungen über die Gestaltung ihres Lebens und ihres Verhältnisses zum Staat. Die Gewerkschaften begleiteten diese Entwicklung in ihrer Rolle als Sprecher der Arbeiter und Angestellten und mit der Durchsetzung sozialer Schutzbestimmungen gegen Not, Überforderung und Krankheit. Parallel dazu wurden die Rechte des Kapitals erheblich beschnitten und die Kapitalbildung der Unternehmer stark reduziert. Hier wurde eine Veränderung des Kapitalismus eingeleitet, deren Folgen heute noch nicht bewältigt sind.

Wird der Unternehmer noch gebraucht?

Aus Gründen der Gerechtigkeit müssen wird uns für eine breitere Vermögensstreuung einsetzen. Aber wir dürfen dabei nicht übersehen, daß sich dann die Arbeitsprämissen und die Motivationselemente für die Unternehmer erheblich verändern. Aus diesem Sachverhalt ist keineswegs der Schluß zu ziehen, alles beim alten zu lassen. Wir müssen uns um neue Einstellungen und Ordnungen bemühen, die der sich abzeichnenden Entwicklung Rechnung tragen. Diese Bemühungen zur Weiterentwicklung des kapitalistischen Systems halte ich für viel dringender als die weitere Perfektion des sozialen Netzes. Für mich ist es nicht nur eine Vermutung, sondern eine Gewißheit, daß sich für die vor uns stehenden Reformaufgaben in Wirtschaft und Gesellschaft Lösungen finden lassen. Allerdings wird die Durchsetzung neuer Strukturen in der Wirtschaft harte Auseinandersetzungen zur Folge haben und viel Zeit erfordern. Wir wollen hoffen, daß wir diesen Wandlungsprozeß bewältigen bei Aufrechterhaltung der Bedingungen, unter denen unternehmerische Kreativität wirksam werden kann!

Die Transformation des Kapitalismus ergibt sich aber nicht nur aus veränderten gesellschaftlichen Stukturen. Auch die Wirtschaft selbst wurde vor völlig neue Aufgaben gestellt. Infolge des Fortschritts in Wissenschaft und Technik nahm die Vielfalt und Qualität der Produkte rasch zu. Der internationale Wettbewerb beschleunigte diese Tendenz und löste eine für die Wirtschaft gänzlich unbekannte Evolutionsgeschwindigkeit aus. In vielen Produktionsbereichen waren nur noch riesige Anlagen mit einer gewaltigen Kapitalausstattung den Anforderungen des Marktes gewachsen. Mit der bis dahin üblichen Führungstechnik des Unternehmers waren solche Aufgaben ebensowenig zu bewältigen wie sich das Privatvermögen als unzureichend für die Deckung des Finanzbedarfs erwies. Zusammengenommen führte diese Entwicklung zu einer erheblichen Steigerung des Schwierigkeitsgrads unternehmerischer Arbeit bei gleichzeitiger Einbuße ihrer früheren Anreize. So erklärt es sich, daß in unserer Zeit die bisher bewährte Funktion des Unternehmers immer mehr in Frage gestellt wird. Zwar beobachten wir noch im Mittelstand den Unternehmer in einer annähernd gleichen Rolle wie damals, aber auch hier ergeben sich zunehmend Qualifikationsprobleme und Finanzierungsschwierigkeiten. Die früher normale Kontinuität einer Firma in Besitz und unter Führung einer Familie kann heute kaum noch als eine weiterführende Lösung angesehen werden. In allen Betrieben rücken Experten und Manager in der Unternehmenshierarchie auf und verdrängen den Eigentümer-Unternehmer. In unseren Großbetrieben ist dieser Prozeß schon so weit fortgeschritten, daß man von einer vollzogenen Trennung von Führung und Kapital sprechen kann. Unter dem Eindruck gewandelter Bedingungen hat sich eine völlig andere Unternehmensstruktur ergeben. So stellt sich uns die Frage, welche Auswirkungen diese eher zwangsläufigen Veränderungen auf die Funktionstüchtigkeit der kapitalistischen Wirtschaftsordnung haben werden.

Zur Vorbereitung der Folgerungen nachstehend einige Überlegungen:

1. Die ursprünglich autoritäre Führungstechnik des Unternehmers wird der Aufgabenstellung in unserer Zeit nicht mehr gerecht. Der Unternehmer muß lernen, Funktionen zu spezialisieren, Verantwortung zu deligieren und zu koordinieren. Seine Aufgabe liegt immer weniger in der Ausgestaltung einzelner Tätigkeiten als in der Koordination und Gewichtung der verschiedenen Leistungskomponenten. Zugleich ist das seine vornehmste Aufgabe, den Kurs der Unternehmenspolitik zu bestimmen.

2. Die Evolution ist ein nicht mehr fortzudenkendes Element unserer Zeit geworden. Sie erfordert Kreativität und Gestaltungsvermögen. Die Aufgabenverteilung innerhalb des Unternehmens verlangt zunehmend, solche Befähigungen auch bei untergeordneten Führungskräften und Spezialisten auszubilden. Dabei muß der Unternehmer begreifen, daß Kreativität und Einsatzbereitschaft eine Identifikation der Betroffenen mit der Zielsetzung und Verhaltensweise des Unternehmens voraussetzen. Entsprechend muß sein Führungsstil in bezug auf die Meinungsbildung und Kooperation dem Selbstverständnis der leitenden Mitarbeiter Rechnung tragen.

3. Die Finanzierungserfordernisse übersteigen immer mehr die Kapitalbildungsmöglichkeiten des Unternehmers. Bei den

sich heute anbietenden Alternativen der Finanzierung sollte der Unternehmer darauf bedacht sein, Kapitalgeber zu gewinnen, die seiner Einstellung zum Unternehmen möglichst nahestehen. Die Beteiligung von Führungskräften und Mitarbeitern am Unternehmenskapital bietet dazu neben der Finanzierung eine gute Möglichkeit, die Funktion des Kapitals im Unternehmen verständlicher zu machen und Entscheidungen im Sinne des Unternehmens zu erleichtern. Insbesondere die Führungskräfte werden auf diesem Wege zu unternehmerischem Denken und Handeln erzogen. Auch wenn es nicht einfach sein wird, unter den Führungskräften durch Delegation der Verantwortung und Beteiligung an Erfolg und Finanzierung unternehmerisches Verhalten auszulösen, muß dieser Versuch gemacht werden. Je näher man der Zielsetzung unternehmerischen Verhaltens kommt, um so besser wird dieses für die Führungsleistung des Unternehmens sein. Wir sollten nämlich nicht übersehen, daß die eingetretene Aufsplittung der unternehmerischen Funktion in Führung und Kapital eine Verschlechterung der Funktionstüchtigkeit des kapitalistischen Systems bedeutet. Oft genug ist zu beobachten, daß Manager persönliche Ziele, die mit Glanz und Größe des Unternehmens verbunden sind, höher bewerten als eine ausgewogene Firmenpolitik. Und auf der anderen Seite beobachten wir zunehmend den Kapitalisten, der nur noch an der Dividende, aber nicht am Wohlergehen seines Unternehmens interessiert ist.

4. Die sich vergrößernde Distanz von Kapital und Führung wirft auch die Frage auf, ob die für die Wirksamkeit des Kapitalismus wichtige Lenkungsfunktion des Kapitals noch hinreichend wahrgenommen wird. Die Einwirkungen der Hauptversammlungen und der Aufsichtsräte auf die Unternehmensführung werden zwar entsprechend dem Aktiengesetz gehandhabt, ob eine solche Praxis aber als ausreichend bewertet werden darf, möchte ich energisch in Frage stellen. Im Regelfall ist nämlich der Einfluß des meist nicht am Unternehmenskapital beteiligten Vorstands in der Willensbildung einer Aktiengesellschaft dominierend. Die Einbeziehung der Vertretungen des Kapitals in den Entscheidungspro-

zeß erfolgt nur gezwungenermaßen und wird oft genug als störend empfunden. Dazu ist festzustellen, daß bei dieser Entwicklung eine der Stärken des Kapitalismus, nämlich die Durchsetzung des Kapitalinteresses bei der Gestaltung der Unternehmenspolitik, in Frage gestellt wird. Zwar befindet sich diese Problematik seit geraumer Zeit in der Diskussion, nennenswerte gesetzliche oder praktische Konsequenzen sind aber bisher nicht festzustellen. Unserer Zeit ist deshalb die Aufgabe gestellt, dieser Entartung des kapitalistischen Systems entgegenzutreten. Praktisch führt das zu der Folgerung, eine bessere Vertretung des Kapitals durchzusetzen. Diese muß in der Lage sein, einen zeitnahen und qualifizierten Dialog mit der Exekutive zu führen. Die Wahrnehmung der Überwachungsaufgabe ist nicht ausreichend, vielmehr sollte die Meinungsbildung im Vorstand durch Beratung und Dialog beeinflußt werden. Es muß erreicht werden, daß die Zusammenarbeit von Vorstand und Aufsichtsrat wieder möglichst nahe an die unternehmerische Führungspraxis herankommt!

5. Die Abweichung von der ursprünglichen Arbeitsweise des Unternehmers ist auch durch die heutige Praxis bei Auswahl und Ausbildung des Führungsnachwuchses begründet. Zu einseitig wird versucht, dem gestiegenen Schwierigkeitsgrad durch ein umfangreicheres Bildungsangebot beizukommen. Kritisch muß hier angemerkt werden, daß es uns noch nicht gelungen ist, eine brauchbare Synthese zwischen Wissen, praktischer Erfahrung und menschlicher Bildung zu finden. Derzeit wird die Bedeutung des theoretischen Rüstzeuges völlig überbewertet. Der menschliche Bildungsprozeß und die praktische Erfahrung kommen zu kurz. So ist wohl Hans Werner von der „Kaderschmiede" für Führungskräfte in Fontainebleau zuzustimmen, wenn er formuliert:

„Die europäischen Unternehmen und Universitäten produzieren nach wie vor einen Überschuß an fachlich zwar qualifizierten und fleißigen, meist aber nur wenig kreativen und kaum genialen Führungskräften."
Hans Werner

Wird der Unternehmer noch gebraucht?

Als Fazit bleibt also festzustellen, daß auch auf dem Gebiet des personellen Nachwuchses die Weichen noch keineswegs auf unternehmerische Führungskräfte gestellt sind.

6. Schließlich ist noch anzumerken, daß die veränderten Arbeitsbedingungen die Attraktivität unternehmerischer Tätigkeit stark vermindert haben. Manch älterer Unternehmer hat resigniert, und manche Führungsnachwuchskraft glaubt, in anderen Karrieren bessere Möglichkeiten zu haben. Zwar fördert der Staat Existenzgründungen und betont die Bedeutung des Unternehmers in der Wirtschaft, aber er tut dies nur halbherzig, und ich bin überzeugt, daß die zuvor beschriebenen Hindernisse für den Erfolg des Unternehmers mit den Mitteln der bisherigen Initiativen nicht ausreichend abgebaut werden können.

Wenn man nun versucht, den vorstehend beschriebenen Prozeß zu werten, stellt sich in der Tat die Frage, ob in der Zukunft der Unternehmer noch gebraucht wird. Ist es etwa so, daß die neuen Aufgaben in der Unternehmensführung und eine weiterentwickelte Führungstechnik den Unternehmer, der zwei Jahrhunderte erfolgreicher Wirtschaftsgeschichte prägte, überflüssig gemacht haben? Um diese Fragestellung richtig zu beantworten, ist es hilfreich, den führungstechnischen Leistungsstand der großen internationalen Kapitalgesellschaften zu analysieren. Bei diesem Bemühen muß man sich allerdings vergegenwärtigen, daß frühere Erfolge dazu führen können, über lange Zeiten schwache gegenwärtige Führungsleistungen zu überdecken. Entsprechend ist es mit einer Beurteilung der Führungsleistung in Gestalt einer Momentaufnahme, zum Beispiel der Auswertung einer Bilanz, nicht getan. Eher erscheint es hilfreich, die Gründe für den permanenten Wechsel in der Rangfolge der größten Unternehmen dieser Welt zu analysieren. In diesem Auf und Ab drücken sich natürlich verschiedene Faktoren, wie zum Beispiel Marktveränderungen und neue Produktentwicklungen aus. Mir scheint aber, daß in den meisten Fällen für den Aufstieg und den Abstieg eines Großunternehmens in erster Linie die Führungsleistung verantwortlich war. Die entscheidenden Fehler der Führung der abgestiegenen Großunternehmen möchte ich nachstehend aus meiner Sicht definieren.

Erster Fehler:

Zentralistische und autoritäre Führungssysteme, die weder der Größe noch dem Schwierigkeitsgrad der Aufgabenstellung gerecht werden.

Zweiter Fehler:

Die Überforderung der Unternehmensspitze in bezug auf Kreativität und Flexibilität, die erforderlich sind, um im internationalen Wettbewerb mit der Evolution Schritt zu halten.

Dritter Fehler:

Die unzureichende Beachtung der Tatsache, daß sich in unserer Zeit das Selbstverständnis der Mitarbeiter entscheidend geändert hat und Möglichkeiten der Selbstverwirklichung und menschlicher Arbeitsbedingungen gesucht und gefordert werden.

Vierter Fehler:

Man begreift nicht, daß die gesellschaftliche Entwicklung in Wirklichkeit über die Definition des Unternehmensziels als Gewinnmaximierung hinausgeführt hat. Heute muß das Unternehmensziel als optimaler Leistungsbeitrag für den Markt unter Berücksichtigung der Interessen von Kapital, Management und Arbeit definiert werden.

Für manche dieser Mängel sind in Theorie und Praxis bereits Lösungen gefunden worden. Der Zusammenhang der verschiedenen Schwachstellen wird aber nicht hinreichend beachtet. Erst wenn wir begreifen, daß Strukturen und Regeln gefunden werden müssen, welche die Identifikation der Betroffenen mit der Aufgabenstellung auf breiter Basis bewirken und damit das Fundament für eine Multiplizierung von Kreativität und Einsatzbereitschaft legen, dürfen wir hoffen, den uns heute gestellten Aufgaben zu entsprechen. In Wirklichkeit schlummert nämlich in dem gewaltigen Heer der Beschäftigten in der Wirtschaft genau das Leistungspotential, das unsere Großbetriebe am nötigsten braucht. Von Ausnahmen abgesehen, haben wir es aber bisher noch nicht verstanden, diese Kräfte freizusetzen.

Auf dem Wege zur Lösung dieser führungstechnischen Jahrhundertaufgabe lohnt es sich, noch einmal zurückzuschauen und den seinerseits überaus erfolgsträchtigen Arbeitsstil des Unternehmers in Bezug zu setzen zu der sich heute stellenden Aufgabe: Der Unternehmer hat die ihm gestellte Aufgabe, wirtschaftliche Möglichkeiten zu erfassen und zu gestalten, unter relativ einfachen Bedingungen optimal bewältigt. Die Veränderung gesellschaftlicher und wirtschaftlicher Voraussetzungen hat später zu einer Überforderung geführt.

Der führungstechnische Versuch, durch Spezialisierung, Delegation und Koordination gleichwertige Führungsleistungen zu erzielen, ist nicht gelungen. Während Größe und Schwierigkeitsgrad der Aufgabe mehr oder weniger bewältigt wurden, konnte die Komponente der unternehmerischen Kreativität nicht befriedigend übertragen werden.

Ursprünglich resultierte der Erfolg des Unternehmers aus einer hohen Übereinstimmung persönlicher Begabung und Ziele mit der ihm gestellten Aufgabe. In unserer Zeit arbeiten die Führungskräfte in der Wirtschaft nicht mehr unter gleichartig zielkonformen und motivierenden Bedingungen. Beim Eigentümer-Unternehmer wirkten die Sanktionen für Fehlverhalten radikal. Heute wird unzureichende Führungskompetenz erst spät erkannt und weniger konsequent geahndet. Trotz aller Bemühungen um den Führungsnachwuchs gelangen immer mehr Manager als Unternehmer in die Schaltstellen der Wirtschaft. Die für die Strukturierung unserer Gesellschaft verantwortlichen Politiker sind mehr auf Menschlichkeit und Gerechtigkeit bedacht als auf wirtschaftlichen Erfolg und Evolutionsbefähigung. Die Bedeutung unternehmerischer Kreativität und gestalterischer Initiative für den Lebensstandard und die Entwicklung unserer Gesellschaft wird nicht ausreichend erfaßt.

Nach dieser Analyse der Bedingungen und der Entwicklung unternehmerischer Tätigkeit einerseits und der Bewertung alternativer Führungsformen andererseits stellt sich die Frage, ob und wie unser sich auf privatem Eigentum gründendes kapitalistisches Wirtschaftssystem in Zukunft erfolgreich arbeiten kann. Zu Beginn solcher Überlegungen erscheint es mir hilfreich, die zeitlich parallel verlaufende Strukturveränderung in der Wirtschaft der sozialistischen Länder zu bewerten. Sehr verkürzt möchte ich die dortige Entwicklung auf den Umstand zurückführen, daß der Staatskapitalismus der Schwierigkeit der Aufgabenstellung nicht gewachsen ist und – was in den Auswirkungen viel gravierender ist – mit seinem Dirigismus die für Leistung und Fortschritt unentbehrlichen Impulse unternehmerischer Menschen unterdrückt. Es ist interessant und bedauerlich zugleich, daß die unabweisbar gewordenen Reformen in den Ländern des Staatskapitalismus diese entscheidenden Voraussetzungen erfolgreicher Wirtschaftstätigkeit nicht beachten.

Für unsere eigenen Überlegungen müssen daraus aber Konsequenzen gezogen werden. Die Tendenz der Entwicklung in der Struktur und Arbeitsweise unserer Unternehmen darf deshalb nicht in erster Linie auf mehr Systematik zielen, sondern vielmehr auf eine richtige Positionierung des Menschen im Arbeitsprozeß. Ich erinnere daran: In den vergangen Jahrhunderten war der Unternehmer deshalb erfolgreich, weil die Aufgabenstellung seiner persönlichen Zielvorstellung und Veranlagung entsprach. Die Entwicklung des kapitalistischen Systems hat aber heute zu Arbeitsbedingungen für die Führungskräfte in der Wirtschaft geführt, die in sehr viel geringerem Maße den Vorstellungen des unternehmerischen Menschen gerecht werden. Dazu kommt, daß mit dem fortschreitenden Prozeß der Aufspaltung von Kapital und Führung eine wesentliche Lenkungskomponente unseres Wirtschaftssystems und zugleich ein wichtiger Anreiz für unsere Führungskräfte verschwinden. Wenn wir diesen Vorgang nicht erfassen und geeignete Konsequenzen ziehen, müssen wir damit rechnen, daß die Evolutionsbefähigung unserer Wirtschaft drastisch abnimmt und die Tendenz zur Bürokratisierung und zum Großunternehmen immer stärker wird. Damit würden wir uns dem Zustand nähern, dem die Wirtschaft in den sozialistischen Ländern gerade zu entkommen trachtet!

Angesichts dieser Bewertung des Ist-Zustandes und einer voraussichtlichen Entwicklung unseres Wirtschaftssystems in der Zukunft sind wir aufgerufen, darüber nachzudenken, wohin die Reise gehen soll und wie wir den Kurs der Wirtschaft beeinflussen können. Aus diesem Grund stelle ich nachstehend ein Kon-

Wird der Unternehmer noch gebraucht?

zept in der Form von These und Vorstellungen vor, das zu diskutieren mir ratsam erscheint. Es wäre zu begrüßen, wenn ein beginnender Dialog zur Meinungsbildung beitragen und den Weg für eine Richtungsbestimmung freimachen würde.

An den Anfang einer Richtungsbestimmung gehört die Untersuchung der Frage, ob heute die Gründung eines Unternehmens und eine unternehmerische Tätigkeit begabtem Nachwuchs hinreichend verlockend erscheint. Als entscheidende negative Prämisse muß bedacht werden, daß die gesellschaftlichen und wirtschaftlichen Rahmenbedingungen jegliche Unternehmertätigkeit erheblich erschwert haben. Die staatlich begünstigte Hilfestellung für Existenzgründungen ist zwar dem Grunde nach richtig, aber keine Kompensation für die erschwerte Laufbahn bei gleichzeitig deutlich geringeren Vorteilen und Chancen.

Hier stellt sich eine an die Gesellschaft gerichtete politische Frage: Ist der gesellschaftliche Rang unternehmerischer Tätigkeit richtig eingeschätzt und kommt die politische Bewertung adäquat in den vom Staat gesetzten Rahmenbedingungen zum Ausdruck? Ich befürchte, daß die negativen Hypotheken unserer kapitalistischen Vergangenheit die unbefangene Beantwortung dieser Frage stark belasten und eine sachdienliche Politik erschweren. Diese Auffassung beruht auch auf der Überzeugung, daß allen öffentlichen Erklärungen zum Trotz Wesen und Bedeutung unternehmerischer Initiative nur unzulänglich verstanden werden. Erschwerend kommt hinzu, daß die schon weit fortgeschrittene berufliche Spezialisierung das Verständnis der Vertreter verschiedener Berufsgruppen für die Funktion anderer Tätigkeiten und ihren gesellschaftlichen Wert stark behindern. Die oft erhobene Forderung nach einem beruflichen Austausch von Beamten und Managern oder nach „mehr Unternehmer in die Politik" kennzeichnet dieses Mißverständnis. Die Spezialisierung der beruflichen Tätigkeit ist eine Prämisse des Erfolges geworden, und nur noch bei einfacheren Sachverhalten und auf einer niedrigeren Ebene der Führungshierarchie ist noch ein Austausch möglich und fruchtbar. Faktisch hat die Spezialisierung zu einer derartigen Einengung der Urteilsfähigkeit auch bei unseren Politikern geführt, daß die Einschätzung unternehmerischer Tätigkeit und ihre richtige Förderung verhindert werden.

Der Vielzahl notwendiger Änderungen der Rahmenbedingungen für unternehmerische Tätigkeit steht jedenfalls bislang kein ausreichender politischer Willle zur Kursänderung gegenüber.

Fazit: Der unternehmerische Nachschub wird sicherlich quantitativ und möglicherweise auch qualitativ schlechter ausfallen. Sollte das eintreten, hat unsere Gesellschaft einen sich erst langfristig abzeichnenden, kostspieligen Fehler gemacht. Es könnte sich nämlich erweisen, daß wir in dem Bemühen um mehr Menschlichkeit das für den Wohlstand und die Evolutionsbefähigung unserer Gesellschaft entscheidende Kreativpotential vernachlässigt haben.

Ein noch relativ freundliches Bild ergibt sich bei der Bewertung der Arbeitsprämissen für den Unternehmer im mittelständischen Bereich. Hier finden wir Betriebe mit langer Familientradition ebenso wie zahlreiche Neugründungen aus der Zeit nach dem letzten Krieg. In den Jahren des Wiederaufbaus mußten die meisten Unternehmen wieder von vorn beginnen. Der Markt wurde neu verteilt. Viele traditionsreiche Unternehmen waren untergegangen und Neugründungen traten an ihren Platz. Eine unglaubliche Nachfrage in praktisch allen Bereichen von Konsumartikeln bis zum Eigenheim beflügelte die wirtschaftliche Entwicklung. Diese abnorme Situation bedeutete eine Zeit par exellence für den unternehmerischen Menschen. Der unternehmerischen Leistung und dem Erfindungsreichtum des Mittelstandes gebührt ein wesentlicher Anteil am „deutschen Wirtschaftswunder". In dieser Zeit zählten nicht mehr Ansehen und frühere Marktposition, sondern Erfindungsgabe und Talent für das Improvisieren. Mut und Urteilsfähigkeit ersetzten Exaktheit und Systematik. In diesen Jahren hatte man wenig zu verlieren – aber man wollte überleben und auch gewinnen! Höchste Belastungen und außerordentliche Chancen hielten sich die Waage. Von diesen Impulsen hat der Mittelstand lange gezehrt. Der Aufschwung beförderte neue Talente an die Spitze und bewirkte mit ihnen neue Lösungen. Aber diese Epoche geht zu Ende! Die zuvor beschriebenen Erschwernisse unternehmerischer Tätigkeit sind auch im Mittelstand zu einer drückenden Last geworden. Die erforderliche Umstellung auf neue Finanzierungskonzepte beeinträchtigt die aus dem Eigentumsverständnis resultierende Identifizierung des Unternehmers mit seiner Aufgabe. Die lange gepflegte Familientradition scheitert zunehmend angesichts der heutigen Führungs- und Finanzierungsanforderungen. Der unabweisbar gewordene Zwang zur Delegation von Teilverantwortlichkeiten mindert die zentrale Rolle des Unternehmers als Initiator und Gestalter. Die steuerlichen und sozialen Belastungen lassen jeden Schritt in Neuland zu einem hohen Risiko werden. Noch zehrt der mittelständische Unternehmer von der Substanz der Vergangenheit, von erreichten Marktpositionen und vom Kapital. Aber die Gewinnspannen werden kleiner und viele Unternehmer glauben nicht mehr an ihre Zukunft. Zu hart wurde durch die internationale Konkurrenz der Wettbewerb, zu hoch wurden die Hürden für Innovationen. Insbesondere für ältere Unternehmer stellt sich die Frage, ob es nicht besser ist, die Selbständigkeit aufzugeben und sich an ein Großunternehmen anzulehnen. Natürlich gibt es für den Unternehmer auch die Alternative, Fremdkapital aufzunehmen. Diese Lösung entspricht aber sehr wenig dem unternehmerischen Selbstverständnis. Eine schlimme Alternative ist die Entscheidung, von der Substanz zu leben, solange es geht. Das bedeutet nämlich in den meisten Fällen, in Unbeweglichkeit auszuharren bis zum bitteren Ende. Aber wir müssen verstehen, daß gerade für den älteren Unternehmer die Kraftanstrengung einer Vorwärtsstrategie eine Überforderung darstellt.

Daß in unserer Zeit des Wandels für den Tüchtigen auch Chancen liegen, haben andererseits auch viele Unternehmer begriffen. Es ist erstaunlich und bewundernswert, mit welchen Lösungen sie auf die neuen Verhältnisse reagiert haben. So dürfen wir befriedigt feststellen, daß das unternehmerische Element nicht untergegangen ist. Aber doch müssen wir – ähnlich wie beim unternehmerischen Nachwuchs – die Frage aufwerfen, wohin die Reise geht. Ich habe Sorge, daß der heutige durch den Mittelstand präsentierte Pluralismus abgelöst werden könnte durch eine geringere Zahl größerer Unternehmenseinheiten. Es mag durchaus sein, daß solche Betriebe im Einzelfall eine höhere Produktivität erreichen. Ob aber die Gesamtheit kreativer unternehmerischer Impulse dann noch der heutigen entspricht, erscheint mir sehr fraglich. Das wäre aber dann für unsere Gesellschaft ein großer Verlust! Denn gerade von diesen Fähigkeiten wird unsere Position im internationalen Markt bestimmt.

Mein Fazit aus dieser Beurteilung der Entwicklung des Mittelstandes führt zu den nachstehenden Forderungen:

- Im Interesse unserer Gesellschaft müssen die Belastungen des Mittelstandes reduziert und die Flexibilität im Arbeitsmarkt erhöht werden. Die anerkennenswerten Bemühungen zum Schutze des Menschen haben die Innovationsfähigkeit unserer Wirtschaft gefährlich beeinträchtigt. Es mag sein, daß diese Auswirkung früher nicht gesehen wurde. Sie ist aber gegeben und im wohlverstandenen Interesse unserer Gesellschaft nicht vertretbar!
- Die Möglichkeiten der Fremdfinanzierung für den Mittelstand müssen vereinfacht und verbessert werden. Dabei müssen wir darauf achten, daß die Entscheidungsfreiheit und mit ihr die Motivation des Unternehmers nicht beeinträchtigt werden.
- Der Unternehmer sollte begreifen, daß er in seinem Betrieb aus Arbeitern und Angestellten Partnern werden lassen muß, wenn er genügend Kreativität und Leistungsbereitschaft und damit Erfolg in seinem Betrieb erreichen will. Dazu ist es erforderlich, daß er sein Selbstverständnis und die Ziele des Unternehmens überdenkt und seine Führungstechnik ändert. Er sollte die Mitarbeiter am Unternehmen materiell und gestalterisch beteiligen. Der Unternehmer muß begreifen, daß ein solches Vorgehen nur einen scheinbaren Verzicht darstellt. In Wirklichkeit bedeuten solche Entschlüsse eine wichtige Investition für den Erfolg und die Zukunftssicherung seines Unternehmens.

Ganz wesentlich unterschiedlich präsentieren sich die Bedingungen für unternehmerische Arbeit im Großunternehmen. Hier wurde inzwischen der Unternehmer-Eigentümer durch das Management und eine Vielzahl von Aktionären abgelöst. Die in der Person des Eigentümer-Unternehmers gewährleistete Ausrichtung und Koordination aller Wirkungskomponenten des Unternehmens wurde dabei auf zwei Gruppen übertragen, die recht unterschiedliche Ziele verfolgen können. Das Management denkt sicherlich auch an Erfolg, interpretiert diesen aber häufig anders als der Aktionär. Das Kapital und insbesondere der Kleinaktionär verstehen schon längst nicht mehr die Arbeitsbedingungen ihres Unternehmens und können zu Führungsentscheidungen kaum noch etwas beitragen. Diesen Anspruch erhebt es (das Kapital) auch gar nicht. Sein Interesse beschränkt sich auf die Dividendenzahlung, und wenn der Aktionär nicht zufrieden ist, verabschiedet er sich vom Unternehmen durch den Verkauf seiner Anteile. Größere Unterschiede zum Eigentümer-Unternehmer sind kaum denkbar!

Auch die Einstellung des Managements zur Führungsaufgabe im Großunternehmen hat sich gewandelt. Da die Vorstände und Geschäftsführer in einem großen Unternehmen nur selten an ihrer Firma beteiligt sind, ergibt sich für sie ganz automatisch ein anderer Bezug zum Kapital. Als Werkzeug wird natürlich auch in unserer Zeit noch viel Kapital benötigt; für ein gutes Management ergeben sich dadurch aber nur geringe Abhängigkeiten, da es durchaus möglich ist, sich Finanzmittel auf dem Kapitalmarkt zu beschaffen. Den Führungseinfluß des Kapitals, sei es durch die Hauptversammlung oder den Aufsichtsrat, bewertet die Exekutive recht gering. Man legt auf eine echte Mitwirkung auch kaum Wert. Treffender wäre es, zu sagen, man bemüht sich nur, mit diesem Einfluß fertig zu werden.

So ist es dahin gekommen, daß die einst überragende Führungsrolle des Kapitals zu einer Hilfsfunktion abgesunken ist. Hier hat sich eine entscheidende Wendung zum Schlechten im kapitalistischen System ergeben. Denn das sollte uns klar sein: Wenn das Kapital seine Interessen nicht mehr aktiv wahrnimmt, verlieren die Führungsentscheidungen in der Wirtschaft einen erheblichen Teil ihrer Qualität!

Auch noch andere Unterschiede im Verhalten des Managers im Vergleich zum Eigentümer-Unternehmer sind zu beachten. Natürlich sucht auch der Manager im eigenen Interesse den Erfolg. Aber sein Zielverständnis ist stark persönlich gefärbt. Da ihn die Höhe der Dividende persönlich kaum betrifft, verfolgt er konsequent andere selbstgesetzte Ziele. Diese definieren „Erfolg" oft genug als Größe und Anerkennung anstelle einer sachgerechten Unternehmensentwicklung. Die Bemühungen amerikanischer Manager, kurzfristige Erfolge aufzuweisen, kennzeichnen dieses Verhalten. Ein Unternehmer muß strategisch denken und befähigt sein, lange Zeit auf Erfolg und Anerkennung warten zu können. Vielen Managern aber erscheint das im Rahmen ihrer Karriereplanung und angesichts ihrer Eitelkeit und Geltungssucht wenig verlockend. Gleichermaßen kritikwürdig ist die Neigung des Managers, den Kapitaleinfluß auf die Unternehmensführung zu minimieren und die Dividendenzahlung an das Kapital als Unkosten zu bewerten, die möglichst reduziert werden müssen. Bei einer solchen Einstellung fehlt es an Einsicht in die Funktionselemente der kapitalistischen Wirtschaftsordnung! Die persönliche Bindungslosigkeit des karriereorientierten Managers zu seinem Unternehmen ist ein weiterer folgenschwerer Unterschied im Vergleich zum Eigentümer-Unternehmer. Die Führung eines Unternehmens braucht Kontinuität. Jeder Wechsel in der Spitze des Unternehmens kostet Zeit und Geld. Ein Unternehmer kommt sehr selten auf die Idee, sich von seiner Firma zu trennen. Eher strebt er nach kontinuierlichem Erfolg bis hin zur Bewahrung der Familientradition. Für den Unternehmer bedeutet das Ausscheiden aus einem Betrieb zugleich meistens das Ende seiner Laufbahn. Erfolgsbewußte Manager aber suchen oft genug ihr Glück auch anderswo – und haben nicht selten damit sogar recht!

Diese unterschiedlichen Verhaltensweisen zwischen dem Unternehmer-Eigentümer und dem Manager haben erheblichen Einfluß auf das Schicksal eines Unternehmens. Mir scheint deshalb, daß es lohnt, den Versuch zu machen, an der Spitze unserer Unternehmen wieder unternehmerisches Verhalten anzustreben, und zwar in erster Linie durch Einführung unternehmerischer Arbeitsbedingungen!

An dieser Stelle bietet es sich an, darüber nachzudenken, ob die Tendenz zum Großunternehmen unausweichlich und richtig ist. Das wechselvolle Schicksal großer Konzerne legt zumindest die Vermutung nahe, daß sich Größe und Leistungsfähigkeit nicht in allen Fällen entsprechen. Die optimale Unternehmensgröße richtet sich auf der einen Seite nach sachlichen und auf der anderen Seite nach persönlichen Gegebenheiten. Die Stärke des

Wird der Unternehmer noch gebraucht?

mittelständischen Betriebes zum Beispiel liegt in der Funktionstüchtigkeit des Unternehmers. Dieser personenbezogene Vorteil kann aber auf den heutigen Großbetrieb nicht mehr übertragen werden. Und umgekehrt kann im sachlichen Bereich nur ein Konzern mit seinen großen Ressourcen bestimmte Aufgabenstellungen bewältigen. Wir müssen daraus folgern, daß für eine jegliche Aufgabenstellung die optimale Unternehmensgröße in Abhängigkeit von ihren Bedingungen zu definieren ist. Während die sachlichen Prämissen eines solchen Optimums relativ einfach zu bestimmen sind, trifft das für die personellen Gegebenheiten nicht zu. Nachstehend möchte ich die führungstechnischen Erfordernisse in Abhängigkeit von den Anforderungen des Großunternehmens beschreiben.

Viele Aufgabenstellungen können überhaupt nur noch von Großunternehmen gelöst werden. Man denke zum Beispiel an den Bedarf an Führungskompetenz, Fachwissen und Kapital, um ein international tätiges Unternehmen erfolgreich operieren zu lassen. Angesichts dieser Gegebenheiten ist die Frage zu stellen, ob sich durch die Größe der Betriebe die unternehmerische Aufgabenstellung verändert hat. Auf die eingetretene Trennung zwischen Kapital und Führung wurde schon zuvor hingewiesen. Ebenso wichtig ist es aber, zu erkennen, daß die Führungsaufgabe in der Konzernspitze nur noch entfernt mit der ursprünglichen unternehmerischen Tätigkeit zu tun hat. Eine Konzernleitung muß Grundsätze definieren, planen, kontrollieren und koordinieren. Im strategischen Bereich hat sie auch unternehmerische Entscheidungen zu fällen. Für eine solche Aufgabenstellung wird eine Konzernspitze, die in ihrem Vorstand neben Funktionsvertretern auch Leiter größerer Unternehmensbereiche aufweist, am besten qualifiziert sein. Bezüglich der unternehmerischen Funktion aber sollten wir zur Kenntnis nehmen, daß diese Aufgabenstellung zunehmend auf die Geschäftsführer und Abteilungsleiter übergegangen ist. Diese Führungskräfte sind nämlich noch in der Lage, den Markt und die Produktionsmöglichkeiten zu beurteilen. Ihre Kreativität und Urteilsfähigkeit sind am ehesten geeignet, die Evolution zu befördern und die Wettbewerbsfähigkeit des Unternehmens zu sichern. Je mehr ihr Freiheitsraum eingeengt wird durch eine zu weitgehende funktionale Spartenkompetenz oder eine zu gering bemessene Zuständigkeit, um so schwächer wird ihr unternehmerischer Wirkungsgrad. Auch hochqualifizierte Spezialisten in zentralen Stäben und eine perfekte Matrix-Organisation können die unternehmerische Gestaltung und Korrdination der entscheidenden Wirtschaftskomponenten nicht ersetzen. Ebenso können vertikale Hierarchien nicht die Vielzahl und Kompliziertheit der Entscheidungsprozesse bewältigen, die angesichts der heutigen Entwicklungsgeschwindigkeit in der Wirtschaft verlangt werden. Alle diesbezüglichen Versuche sind bisher ohne überzeugenden Erfolg geblieben. Die Ineffizienz der Großorganisation beruht letzten Endes auf dem Irrtum, die unternehmerische Funktion durch eine Perfektion der Vorschriften ersetzen zu können. Hierzu ist anzumerken, daß selbst die sorgfältigsten Organisationshandbücher und Vorschriftensammlungen niemals dem heutigen raschen Evolutionsprozeß gerecht werden können. Das Versagen einst führender Großunternehmen unterstreicht diese Aussage ebenso wie die Ineffizienz unserer staatlichen Verwaltungen. Auch das Scheitern der Planwirtschaft in den sozialistischen Staaten hat letztlich eine ähnliche Begründung.

Wer diese Zusammenhänge von Größe und unternehmerischer Funktion erfaßt hat, muß darum bemüht sein, die Organisation und Führungstechnik eines Betriebes so zu gestalten, daß auf allen Ebenen und in allen Tätigkeitsbereichen genügend unternehmerische Kreativität zur Entfaltung kommen kann. Wir haben in unserer Zeit darüber nachzudenken, ob es möglich ist, in unseren Großunternehmen wieder Bedingungen zu schaffen, welche das Heranwachsen und Wirken unternehmerischer Menschen gestattet. Die in der modernen Führungstechnik propagierte Delegation der Verantwortung beinhaltet dafür bereits einen wichtigen Schritt in die richtige Richtung. Der Freiraum eines Geschäftsführers ist eine unabdingbare Prämisse für sein Heranwachsen zum Unternehmer – und zugleich eine Forderung, die eigenständige Menschen als wesentlichen Teil ihrer Selbstverwirklichung erheben. Natürlich muß die Führungstechnik bestrebt sein, vermeidbare Fehler zu verhindern. Aber die weitere Perfektion der Schadensverhütung ist für das Großunternehmen bei weitem nicht so wichtig wie die Heranbildung eines unternehmerischen Nachwuchses. Sicher werden moderne Instrumente der Planung und Kontrolle eine Prämisse für die Gewährung des Freiraums im Rahmen eines Profit Centers sein. Aber diese Instrumente dürfen nicht so gehandhabt werden, daß sie den unternehmerischen Lernprozeß verhindern!

Neben dem gestalterischen Freiraum bedarf die unternehmerische Führungskraft auch adäquater menschlicher und materieller Arbeitsvoraussetzungen. Ein Unternehmer sucht das Erfolgserlebnis, und er verdient dann auch den Beifall dafür. Ein Unternehmer sollte für seinen Einsatz und seine Kreativität gewinnorientiert bezahlt und nach Möglichkeit auch am Kapital seines Unternehmens beteiligt werden. Gerade der persönliche Bezug zum Kapital ist in unserer Zeit eine wichtige Bedingung für die Sicherung einer unternehmerischen Führung und damit für die Bewahrung der Leistungsfähigkeit des Kapitalismus und der Marktwirtschaft. Da bei den heutigen riesigen Kapitalausstattungen der großen Firmen eine wirkungsvolle Kapitalbeteiligung schwierig geworden ist, empfehle ich außer einer Beteiligung noch eine fallweise Honorierung außergewöhnlicher unternehmerischer Leistungen in Form von „Unternehmer-Prämien".

Es versteht sich, daß unternehmerische Arbeitsbedingungen allein noch keine Unternehmer heranwachsen lassen. Eine sorgfältige und ständige Führungsnachwuchsarbeit muß den Nachschub für die Unternehmerlaufbahn gewährleisten. Das Lernen und das sich Bewähren in der Praxis wird dann genau wie bei dem früheren selbständigen Unternehmer zum Aufstieg des Tüchtigen und dem Ausscheiden des weniger Qualifizierten führen. Nach unserem heutigen Empfinden sind solche Konsequenzen und Sanktionen sehr hart – aber systemgerecht und unerläßlich. Auf der Befähigung der Führung und auf dem in der Marktwirtschaft laufend stattfindenden Ausleseprozeß beruht eine der Stärken des kapitalisitschen Systems. Für ein Großunternehmen sind solche Personalinvestitionen die wichtigsten im Hinblick auf Erfolg und Kontinuitätssicherung. Das Großunternehmen ist auch gut beraten, wenn es anstrebt, die Besetzung des Vorstands aus seinem eigenen unternehmerischen Nachwuchs zu bestreiten. Unternehmerisch geschulte Führungskräfte mit einer langjährigen Unternehmenskenntnis werden im

Regelfall Quereinsteigern in der Unternehmensspitze überlegen sein.

Wir wollen uns daran erinnern: Der Unternehmer war früher besonders erfolgreich, weil die Aufgabenstellung seiner Begabung und Zielsetzung entsprach. Heute ist es uns aufgegeben, dafür zu sorgen, daß auch in unseren Großunternehmen wieder unternehmerische Arbeitsbedingungen für unsere Führungskräfte hergestellt werden. Zwar verlangt der gesellschaftliche Entwicklungsprozeß ein Umdenken in vieler Hinsicht und auch das Setzen neuer Ziele. Es geht aber nicht darum, das kapitalistische System und die Marktwirtschaft abzuschaffen. Vielmehr geht es darum, dieses System den heutigen Gegebenheiten anzupassen. Das Streben des Unternehmers nach Freiraum muß nicht berechtigten Forderungen unserer Gesellschaft widersprechen. Unsere Politiker sollten dazu in Wahrnehmung ihres Mandats begreifen, daß heute Menschlichkeit und Effizienz der Wirtschaft zueinander in Abhängigkeit stehen. In unserer Zeit geht es nicht mehr um den Ausbau des sozialen Netzes. Heute geht es darum, den Freiraum und die Verantwortlichkeit des einzelnen zu vergrößern. Diese Zielsetzung muß auch auf bessere Arbeitsbedingungen für den unternehmerischen Menschen ausgerichtet sein. Es ist mir deutlich, daß es in einer Demokratie nicht einfach ist, relevante Erkenntnisse zu vermitteln und in Politik umzusetzen. Aber zum Trost: Ohnehin stehen die Vertreter unseres Staates jetzt in vielen Bereichen vor der Notwendigkeit, harte Entscheidungen zu treffen. Die Gewährleistung von Arbeitsbedingungen für unternehmerisches Handeln sollte in diesem Sinne Priorität haben.

So wie unsere Gesellschaft lernen muß, die unternehmerische Funktion richtig zu bewerten, so müssen wir auch in der Wirtschaft entsprechende Konsequenzen ziehen. Gerade in unserer Zeit brauchen wir wieder den Unternehmer, und wir sollten bemüht sein, Bedingungen zu schaffen, die seinen Vorstellungen von Selbstverwirklichung entsprechen. Allerdings muß dann auch die heutige Führungskraft begreifen, daß sich die Zielsetzung eines Unternehmens nicht mehr allein mit dem Begriff der Gewinnmaximierung darstellen läßt. Die demokratische Verfassung unserer Gesellschaft hat in den Menschen ein anderes

Selbstverständnis heranwachsen lassen. Man folgt nicht mehr überlieferten Strukturen, und man ist auch nicht mehr bereit, den eigenen Lebensanspruch zugunsten der Gemeinschaft zurückzustellen.

Während früher in der Welt der Arbeit der Unternehmer mehr oder weniger allein Selbstverwirklichung erfahren konnte, erwarten und verlangen dieses heute auch seine Führungskräfte und Mitarbeiter. Die Ansprüche an das Unternehmen und seine Zielsetzung gehen in unserer Zeit über die materiellen Forderungen hinaus. Das Erleben der Selbstverwirklichung in der Welt der Arbeit auf der Basis von Gerechtigkeit, Menschlichkeit und gestalterischem Freiraum gewinnt eine immer größere Bedeutung. Dabei ist es bemerkenswert und zugleich ein großer Glücksfall, daß die neuen Bedingungen des Wirtschaftsprozesses weitgehend im Einklang stehen mit dem von einem neuen Selbstverständnis geprägten Bestrebungen der in Umternehmen Tätigen. Der Größe und Komplexität der in unserer Zeit gestellten Aufgaben werden wir nur mit engagierten und kreativen Mitarbeitern gewachsen sein. Diese Wandlungen muß der Unternehmer begreifen. Für ihn müssen „Unternehmenskultur" und „Unternehmensverfassung" lebendige und praktikable Begriffe sein. Nur ein der Gesellschaft zugewandter und in diesem Sinne politisch engagierter Unternehmer wird die Aufgaben der Zukunft lösen können. Ein Unternehmensleiter ohne einen schlüssigen und ehrlichen Bezug zum Mitmenschen und zur Gesellschaft wird es in Zukunft schwer haben. Er verfolgt falsche Ziele! So meine ich, daß jeder Unternehmer heute gut daran täte, seine eigene Lebensphilosophie zu überprüfen und seine Arbeit in einen positiven Bezug zur Gesellschaft zu stellen.

Diese Forderung beinhaltet eine ganz wesentliche Veränderung der Motivationsbedingungen des ursprünglich kapitalistischen Systems, und es muß deutlich darauf hingewiesen werden, daß die Änderungen sehr viel höhere menschliche Anforderungen stellen. Statt wie früher dem natürlichen Egoismus zu folgen, muß der Unternehmer in der Zukunft auch an seine Mitmenschen denken. Er sollte seine Führungsaufgabe deshalb eher als ein ihm von der Gesellschaft übertragenes Mandat empfinden. Führung heißt in unserer Zeit zugleich auch dienen! – Wir wollen hoffen, daß wir den kreativen Menschen mit dieser neuen Zielsetzung nicht überfordern. Aber die Einsicht, daß Menschlichkeit und Effizienz sich nicht zu widersprechen brauchen, sondern sich in unserer Zeit geradezu bedingen, mag hier zur Lösung der Problematik führen. Der unternehmerische Mensch sucht den Erfolg. Wenn dieser Menschlichkeit voraussetzt, sehe ich begründete Hoffnung, daß die geforderte Reform des Kapitalismus gelingt.

Ich möchte aber nicht nur die Erschwernisse des Wandels anführen. Wenn Erfolg Befriedigung gewährt, so wird es in Zukunft auch das Bewußtsein tun, in menschlicher Hinsicht erfolgreich gewesen zu sein. Diese neue Seite der Erfolgsbilanz wiegt schon in unserer Zeit schwer. Sie wird zunehmend an Bedeutung gewinnen und gewürdigt werden! Wäre der Mensch nur durch materiellen Erfolg zu motivieren, wie könnte man dann den selbstlosen Einsatz so vieler Menschen im Verlauf der Geschichte und auch in unserer Zeit erklären? So hoffe ich, daß auch der Unternehmer in Zukunft seine Arbeit danach ausrichtet, wie sie von der Gesellschaft bewertet wird.

Wenn wir nun das Fazit aus den vorstehenden Überlegungen ziehen, so sollten wir besser nicht fordern, die Unternehmerfunktion im überlieferten Sinne zu erhalten. Richtiger erscheint mir das Bestreben, gewisse Eigenschaften des unternehmerischen Menschen zu bewahren und sie mit neuen Zielsetzungen zu verbinden. Heute und auch in der Zukunft wird die Evolution von unternehmerischer Kreativität und Gestaltungskraft bestimmt. Und das sollten wir deutlich erfassen: Die Entwicklungsgeschwindigkeit in allen unseren Lebensbereichen wird noch zunehmen. Ohne Bereitschaft zur Flexibilität und ohne schöpferische Gestaltungskraft werden wir uns in dem weltweiten Wettbewerb der Leistungen und Systeme nicht behaupten können. Diese Entwicklung ist vorgegeben – ein Versuch, ihr zu entrinnen, könnte weder erfolgreich sein, noch würde er unserer eigenen Wesensart entsprechen. Unsere Alternative muß heißen, sich der Herausforderung zu stellen und sie schöpferisch und zugleich menschlich zu bewältigen.

Eine entscheidende Verantwortung in diesem Prozeß obliegt unseren Politikern. Sie müssen die Rahmendaten und Struktu-

Wird der Unternehmer noch gebraucht?

ren vorgeben, innerhalb derer sich unsere Wirtschaft und Gesellschaft entwickeln können. Dazu sei an dieser Stelle angemerkt, daß es mit der einfältigen Empfehlung, „mehr Demokratie zu wagen", nicht getan ist. Hilfreich wäre es, unsere Politiker würden beginnen, ihre eigene demokratische Führungstechnik weiter zu entwickeln. Mir scheint nämlich, daß unsere Demokratie nicht in erster Linie von rechten oder linken Extremisten bedroht ist, sondern durch die Unfähigkeit unserer Parteien und unseres Staates, ihren Auftrag zu erfüllen. In bezug auf die Wirtschaft bedeutet dieses, daß eine noch so menschlich gemeinte Politik ihr Ziel verfehlen muß, wenn dabei die Gesetzmäßigkeiten erfolgreicher Arbeiten verletzt werden. Unsere Politiker müssen begreifen, daß gerade die Zielsetzung der Menschlichkeit heute mehr Freiheit und Verantwortung des einzelnen beinhaltet. So richtig der Aufbau des sozialen Netzes in den vergangenen anderthalb Jahrhunderten war, heute heißt das wichtigste Ziel „Menschlichkeit" – und zwar in sehr unterschiedlichen Formen der Ausprägung.

Gleichzeitig müssen unsere Politiker erfassen, daß Ruhe und Ordnung in einer Zeit schnellen Wandels keine weiterführenden Elemente sind. Die erfolgreiche Bewältigung der Zukunft beruht auf der Befähigung unseres Volkes, mit der Entwicklung nicht nur Schritt zu halten, sondern diese kreativ mitzugestalten. Diese Prämisse kann unter gewissen ordnungspolitischen Strukturen als gegeben betrachtet werden. Sehr verkürzt heißt die notwendige Formel: „Mehr Freiheit für mehr Menschen!" Und dieses gesellschaftspolitische Ziel gilt nicht nur im Bereich der Wirtschaft, sondern noch mehr in den Tätigkeitsbereichen unseres Staates. Der Staat hinkt mit seiner Organisation, seiner Führungstechnik und seiner Zieldefinition mindestens ein halbes Jahrhundert hinter der Zeitentwicklung her. Ein Blick über die Grenzen zeigt, daß dieses Übel viele Völker betroffen hat. Die Diagnose der Fehlentwicklung ist gar nicht so schwer: Die überkommenen staatlichen Führungssysteme genügten menschlichen und sozialen Anforderungen in einer Zeit eher statischer Verhältnisse. Heute sind diese Prämissen nicht mehr gegeben. Aber trotzdem finden wir nicht den Weg zu einer sachgerechten Neuordnung unserer Gemeinschaft. Ein Blick auf die Wirtschaftserfolge in der Gründerzeit könnte uns der anstehenden Lösung näherbringen: Wir müssen mit ordnungspolitischen Maßnahmen wieder Freiraum für den unternehmerischen und kreativen Menschen schaffen! Gelingt uns das nicht in absehbarer Zeit, wird die Bürde unseres Staates zu einer im internationalen Wettbewerb nicht mehr tragbaren Last.

Doch nun wieder zur Arbeitsweise und Verfassung unserer Wirtschaft. Dort sehen die Verhältnisse aufgrund des permanenten Wettbewerbsdruckes und Evolutionszwanges nicht ganz so betrüblich aus. Aber auch hier gibt es guten Grund, darüber nachzudenken, ob die derzeitigen Strukturen und Führungstechniken den Aufgabenstellungen der Zukunft gerecht werden können. Die entscheidende Wende im Denken muß aus der Erkenntnis kommen, daß nicht mehr Kapital und Markt den Erfolg bewirken werden, sondern in erster Linie der kreative und gestalterisch begabte Mensch. Und von diesen haben wir in Wirklichkeit in unseren Unternehmen mehr, als uns derzeit bewußt ist. Es ist eine dringliche Aufgabe unserer Wirtschaft, erstens die Bedeutung des kreativen Menschen für den Erfolg wieder zu entdecken und zweitens ihm adäquate Arbeitsmöglichkeiten einzuräumen.

Vorstehend habe ich dargelegt, daß in unserer Zeit aus gesellschaftlichen Gründen neue Bedingungen für den unternehmerischen Menschen geschaffen werden müssen. Daß dieses möglich ist, gilt längst als bewiesen. Wir müssen nur den sich abspielenden Prozeß begreifen und rechtzeitig die Weichen stellen. Unsere Reaktionen in dieser Richtung unterliegen in zeitlicher Hinsicht Zwängen. Der Wettlauf politischer und wirtschaftlicher Systeme fordert uns zum Handeln auf. Wenn wir genügend Leistungsbereitschaft und Kreativität aufbringen wollen, müssen wir jetzt dafür sorgen, daß in unseren Unternehmen mehr Menschen ihre Selbstverwirklichung finden können. Diese Forderung stellt die Basis für eine echte Identifikation mit der beruflichen Aufgabe und für eine auf Motivation beruhende Einsatzbereitschaft dar. Es ist mir deutlich, daß eine solche Zielsetzung sehr hohe Forderungen beinhaltet und nicht alle unsere Mitarbeiter in gleichem Maße betrifft. Trotzdem gilt: Je mehr Identifikation mit der Aufgabe, um so höher die Leistungsfähigkeit des Unternehmens. Mir scheint, daß das in unserer Zeit sich durchsetzende Modell des partnerschaftlichen Unternehmens hier einen Hinweis auf den einzuschlagenden Weg geben kann.

Für richtige und falsche Entwicklungen gibt es in unserer Zeit in Ost und West viele Beispiele. Ich möchte hoffen, wir lernen aus ihnen rechtzeitig – und damit meine ich unsere Unternehmer und Politiker gleichermaßen. Der Weg zum Ziel ist schwierig und zeitaufwendig. Aber ich glaube, er ist der einzig erfolgversprechende. Und wenn wir ihn beschreiben, winkt uns als Lohn nicht nur die Sicherung des Status quo. Ich bin überzeugt, daß die Aktivierung des unter unseren Beschäftigten bestehenden Kreativpotentials für unsere Betriebe die Erschließung einer wesentlichen Kraftquelle bedeuten wird.

So lautet die Antwort auf die von mir gestellte Frage, ob der Unternehmer noch gebraucht wird, deutlich: „Ja!" Wir brauchen sogar den unternehmerisch handelnden Menschen in unserer Zeit mehr denn je. Der Unternehmer der Zukunft wird andere Zielsetzungen haben und sich anders verhalten müssen. Aber der ursprüngliche und dominierende Impuls des sich Bewährenwollens und des Gestaltenwollens wird bestehen bleiben und weiterhin Erfolge bewirken. Ich hoffe, daß unsere Gesellschaft noch rechtzeitig erkennt, welchen Rang sie dem unternehmerischen Menschen in ihrem eigenen Interesse einräumen muß!

Literaturverzeichnis

AGP, Leitbild der „Arbeitsgemeinschaft zur Förderung der Partnerschaft in der Wirtschaft", Kassel.

ASH-Krebsmühle – was ist denn das?

ASH-Krebsmühle: Wirtschaftskrise und Alternativbetriebe als „Nothelfer".

Beyer, H./Lezius, M., Materielle und immaterielle Mitarbeiterbeteiligung in der Bundesrepublik Deutschland, in: FitzRoy, F. R./Kraft, K., Mitarbeiterbeteiligung und Mitbestimmung im Unternehmen, Berlin/New York, 1987, S. 29.

Blake, R. B./Mouton, J. S., Verhaltenspsychologie im Betrieb, Düsseldorf/Wien, 1974, S. 33.

Brügge, P., Die Anthroposophen, Reinbek, 1984.

Derschka, P., Wachstum mit mündigen Mitarbeitern, *Management Wissen* (Sonderdruck) 2/1986.

Dietz, D. G., *OBI*-Sonderdruck, *bau & heimwerker markt* 8/1987.

Dräger, Ch., Laudatio anläßlich der Verleihung des Partnerschaftspreises 1987 der Stiftung „Sozialer Wandel in der unternehmerischen Wirtschaft" an die Firma *Nixdorf Computer* AG.

Dräger: Mehr Qualität – Aktuelles über die Qualitätszirkel bei *Dräger*, erste Ausgabe Juni 1986.

Dräger: Vermögen bilden mit Genußscheinen.

Dräger: Zusammenarbeiten im Dräger Qualitätssystem.

Dräger: Geschäftsbericht 1986.

Friedriszik, R., in: *Management Wissen* 7/1986.

Guski, H. G./Schneider, H. J., Betriebliche Vermögensbeteiligung in der Bundesrepublik Deutschland Teil II, Köln, 1983 s.m.

Herr, Th., Katholische Soziallehre – Eine Einführung, Bonifatius Verlag, Paderborn, 1987.

Huber, J., Wer soll das alles ändern?, Berlin, 1984.

Jaeschke, D., Das *PSI* Modell, in: FitzRoy, F. R./Kraft, K., Mitarbeiterbeteiligung und Mitbestimmung im Unternehmen, Berlin/New York, 1987.

Kaltenbach, Horst G., Unternehmensentwicklung, Würzburg, 1988.

Klages, H., Empirische Bestandsaufnahme des Wertewandels, in: Bertelsmann Stiftung: Unternehmensführung von neuen gesellschaftlichen Herausforderungen, Gütersloh, 1985.

Kugler, W., Rudolf Steiner und die Anthroposophie, Köln, 1980.
Kugler, W., a. a. O., S. 27.
Mohn, R., Der Mensch in der Welt der Arbeit, in: Bertelsmann Stiftung, a. a. O., S. 22.
Mohn, R., Wird der Unternehmer noch gebraucht?, Bertelsmann Stiftung, 1987.
Offizielle Informationsbroschüre der *Drägerwerk* AG: *Dräger:* Das Unternehmen. Die Märkte. Die Produkte.
Otten, P., Es gibt nichts Gutes, außer man tut es ..., in: Kuck, M./ Loesch, A., Finanzierungsmodelle selbstverwalteter Betriebe, Frankfurt a. M./New York, 1987.
o. V., „Kaum eine Existenzberechtigung für Großunternehmen", Ingenieurbau-Gesellschafter Sepp Rottmayr über die Demokratisierung der Wirtschaft, *Management Wissen* 11/1985.
Peters, T. S./Waterman, R. H., Auf der Suche nach Spitzenleistungen, 1983.
PSI-Modellstruktur, *Kassandra* 4/1985, S. 24.
PSI: Stärke im Konflikt – 13 Jahre Erfahrung mit einem unkonventionellen Unternehmensmodell, *PSI*-Unternehmensbroschüre.
Reader zur Projektmesse, 1984, S. 23.
Reader zur Projektmesse, 1984, S. 84, 11.
Riekhof, H.-Ch., Der andere Weg – Das Beteiligungsmodell der *Keramik Manufaktur Kupfermühle, zfo* 3/1983, S. 17.
Rottmayr, S., Gleichberechtigung und Hierarchie, Referat zu einem Wochenendseminar der G.I.M., 1981.
Schumpeter, J. A., Kapitalismus, Sozialismus und Demokratie, 5. Auflage, München, 1980, S. 213 ff.
Steiner, R., Die Kernpunkte der sozialen Frage, Dornach/Schweiz, 1980.
Steiner, R., Die Philosophie der Freiheit, Dormand/Schweiz, 1986.
Steiner, R., Soziale Zukunft, Dornach/Schweiz, 1981.
Taylorix-Unternehmensbroschüre, Philosophie und Strategie der *Taylorix* Organisation.
Wallraff, G., Ganz unten, Kiepenheuer + Witsch, Köln, 1985.
Zwiesele, R., Leitlinien zur Verbesserung der Führung und Zusammenarbeit, *Taylorix*-Unternehmensbroschüre.
Zwiesele, R., Soziales Lernen im Betrieb, Stuttgart, 1982.

Außerdem wurden den Autoren von den betreffenden Unternehmen Informationsbroschüren, Prospekte, Geschäftsberichte etc. zur Verfügung gestellt, die hier nicht im einzelnen aufgeführt worden sind.

Verzeichnis der Abbildungen und Dokumente

Abbildungen

Abbildung 1:	Organigramm der *Keramik Manufaktur Kupfermühle*	46
Abbildung 2:	Die Beteiligungsverhältnisse bei der *Keramik Manufaktur Kupfermühle*	48
Abbildung 3:	Der Wirtschaftsbeirat der *Keramik Manufaktur Kupfermühle*	49
Abbildung 4:	Die Unternehmensverfassung der *Keramik Manufaktur Kupfermühle*	52
Abbildung 5:	Arbeitsbereiche und Institutionen der Anthroposophen (Auswahl)	116
Abbildung 6:	Die *OBI*-Gruppe 1987	131
Abbildung 7:	*OBI*-Führungsdreieck	133
Abbildung 8:	Das Verhaltensgitter (GRID)	140
Abbildung 9:	Die Unternehmensstruktur der *Stoll GmbH & Co. KG*	150
Abbildung 10:	Mittelfristige Unternehmensplanung bei *Taylorix*	207
Abbildung 11:	Immaterielle Beteiligung – Beteiligung der Mitarbeiter an Unternehmensentscheidungen	212
Abbildung 12:	Organisation der *Hewlett-Packard GmbH*	218
Abbildung 13:	*HP*-Way – Die Firmenphilosophie	220
Abbildung 14:	*HP*-Way – Volkswirtschaftlich-gesellschaftliches Gesamtgefüge	223
Abbildung 15:	*HP*-Arbeitszeitmodell	226
Abbildung 16:	Organisation der *PSI*	235
Abbildung 17:	*PSI*-Modellstruktur	239
Abbildung 18:	Rechtsstruktur der *Gruppe Ingenieurbau München*	257

Dokumente

Dokument 1:	Betriebsvereinbarung Wirtschaftsbeirat der *KMK*	62
Dokument 2:	Unternehmensziele und Unternehmensgrundsätze der *Drägerwerk* AG	73
Dokument 3:	Das Personalwesen hilft durch Information, Kommunikation und Training	79
Dokument 4:	Qualitätszirkel im *Drägerwerk*	81
Dokument 5:	Arbeitsschritte des Qualitätszirkels im *Drägerwerk*	82
Dokument 6:	*Dräger*-Genußscheine: Das Angebot 1987	85
Dokument 7:	Stiller Gesellschaftervertrag der *Wieseler Haustechnik* GmbH	98
Dokument 8:	Auszug aus dem *WALA*-Partnerschaftsmodell	125
Dokument 9:	Die *WALA-Heilmittel* GmbH über ihre Ziele (Auszug)	126
Dokument 10:	Präambel der WALA- und Dr. Hauschka-Stiftung	127
Dokument 11:	Die Brücke zum Verkaufserfolg	136
Dokument 12:	Die *OBI*-Führungsgrundsätze. Konsequenzen eines Menschenbildes	146
Dokument 13:	Unternehmensgrundsätze der *Sedia Stoll* GmbH	160
Dokument 14:	„Wilkhahn. Sitzt.", Design als Mittel zur Unternehmenssicherung, von Theodor Diener	173
Dokument 15:	Auszug eines Vortrages von Fritz Hahne an der Southern Illinois University, USA, 1987	181
Dokument 16:	Die Unternehmensphilosophie von *Taylorix*	193
Dokument 17:	Weiterbildung bei *Taylorix*	197
Dokument 18:	Schwerpunkte der *Taylorix*-Unternehmensstrategie	201
Dokument 19:	Planungsstufen bei *Taylorix*	205
Dokument 20:	Der Führungsstil bei *Hewlett-Packard*	224

Dokument 21:	Grundlagen der Selbstbestimmung bei *PSI*	242
Dokument 22:	Wertorientierungen des *PSI*-Firmenmodells	246
Dokument 23:	Personalisierung von Konflikten	249
Dokument 24:	Sepp Rottmayr über die Demokratisierung der Wirtschaft	266
Dokument 25:	„Lohn in der ASH"	278
Dokument 26:	Die Anfänge der ASH	283
Dokument 27:	Allgemeine Grundsätze und Prinzipien bei *randstad*	299
Dokument 28:	*randstads* Ziele und Motive	302
Dokument 29:	Service-Leistungen von *randstad*	305
Dokument 30:	Methoden der Führung bei *randstad*	313

MIX
Papier aus verantwortungsvollen Quellen
Paper from responsible sources
FSC® C105338

If you have any concerns about our products,
you can contact us on
ProductSafety@springernature.com

In case Publisher is established outside the EU,
the EU authorized representative is:
**Springer Nature Customer Service Center GmbH
Europaplatz 3, 69115 Heidelberg, Germany**

Printed by Libri Plureos GmbH
in Hamburg, Germany